日本列島における戦争と国家の起源

藤原 哲 著

同成社

目　次

序　章……………………………………………………………………1
　　はじめに　1
　　第1節　本書の位置づけ　2
　　第2節　研究を開始する前の留意点　6

第1章　殺傷人骨の分析による弥生時代の戦闘戦術………………11
　　第1節　研究史と研究の方法　11
　　第2節　弥生時代の武装および武器の機能区分　12
　　第3節　殺傷人骨の分類と評価　16
　　第4節　弥生時代の戦いの具体像　28

第2章　環濠集落からみた弥生時代における戦闘論の再検討………33
　　第1節　環濠集落をめぐる研究史　33
　　第2節　環濠集落の成立と展開　35
　　第3節　環濠集落の評価　41
　　第4節　環濠集落と弥生時代の戦闘像　47

第3章　副葬・生産・保有の様相からみた弥生集団の武装度………49
　　第1節　弥生時代の武器をめぐる研究史　49
　　第2節　弥生時代の武器副葬にみる武器の社会的価値　50
　　第3節　弥生時代の鉄器生産にみる鉄製武器の普及　57

第4章　弥生時代における武装集団の実像………………………67
　　第1節　弥生時代の武装集団像に関する研究史と本書の立場　67
　　第2節　弥生時代における武装集団の実像　69

第 5 章　古墳時代における戦闘の具体像
　　　　──『日本書紀』の戦闘記述に関する批判的検討──……………75
　　第 1 節　研究の方法と『日本書紀』の研究小史　75
　　第 2 節　『日本書紀』戦闘記述の分析　78
　　第 3 節　東アジア各地域における武器・武具の組成と戦闘の様式　94
　　第 4 節　古墳時代における戦闘の具体像　103

第 6 章　甲冑の副葬に関する武器副葬の分析………………………… 109
　　第 1 節　甲冑の副葬に関する研究史と研究の方法　109
　　第 2 節　副葬資料にみる甲冑副葬古墳の分類とその評価　113
　　第 3 節　武器と被葬者との関係性　124
　　第 4 節　甲冑副葬各型式の社会的背景　130

第 7 章　副葬品配列の分析からみた武器の社会的価値……………… 133
　　第 1 節　古墳主体部における武器配置の分類　133
　　第 2 節　武器配列における具体事例の分析　134
　　第 3 節　武器副葬の時代的特徴と変遷　141
　　第 4 節　副葬品配列の方法からみた武器の価値　145

第 8 章　古墳時代における武装集団の事例的研究
　　　　──宮崎県島内地下式横穴墓群の分析──………………… 153
　　第 1 節　島内地下式横穴墓群の概要　153
　　第 2 節　島内地下式横穴墓群における副葬品と被葬者との相関関係　161
　　第 3 節　島内地下式横穴墓群における共同体の復元　164
　　第 4 節　南九州地域における地下式横穴墓群の位置づけ　171

第 9 章　古墳時代中期社会の構造的把握………………………………… 177
　　第 1 節　古墳時代中期に関する研究史　177
　　第 2 節　古墳時代中期における近畿地方の古墳階層と武器副葬　179
　　第 3 節　古墳時代中期の鉄器生産について　183

第 4 節　古墳時代中期の武装集団　190
　　第 5 節　古墳時代中期社会における軍事組織の構造　196

第 10 章　武人埴輪からみた古墳時代の武装集団モデル …………… 199
　　第 1 節　武人埴輪の研究史　199
　　第 2 節　武人埴輪の分類　202
　　第 3 節　古墳祭祀における形象埴輪の象徴的特質　210
　　第 4 節　武人埴輪の出土状況とその変遷　212
　　第 5 節　形象埴輪の造形原理と武人埴輪の政治性　215
　　第 6 節　武人埴輪の階層的構造　218
　　第 7 節　武装集団モデル　222

第 11 章　古墳時代における武装集団の実像 …………………………… 231
　　第 1 節　考古学的な個別事実（現象）と研究史および本書の立場　231
　　第 2 節　古墳時代の軍事組織像　240

第 12 章　軍事組織の変遷に関する理論的考察 ………………………… 247
　　第 1 節　軍事組織の分析に関する理論的前提　247
　　第 2 節　弥生・古墳時代の軍事参与率・服従度・凝縮性　250
　　第 3 節　弥生・古墳時代における軍事組織の歴史的位置づけ　254
　　第 4 節　軍事組織の変化と画期　257

第 13 章　戦争の考察をめぐる理論的な展望と本書の位置づけ …… 263
　　第 1 節　戦争の概念について　263
　　第 2 節　戦争の起源について　271
　　第 3 節　戦争と国家の関係性について　285

終　章 ……………………………………………………………………………… 295

付表 1　環濠集落・環濠遺跡一覧 …………………………………………… 297

付表2　『日本書紀』の武器・戦闘記述一覧……………………………………303
付表3　古墳時代の甲冑副葬古墳一覧……………………………………………311

引用・参考文献……………………………………………………………………315

あとがき……………………………………………………………………………363

図版・表目次

図 1 　土器等に描かれた戈と盾の人物像 …………………………………… 13
図 2 　登場する主な骨格部位 ……………………………………………… 17
図 3 　Ⅰ（スダレ）タイプ殺傷模式図 ……………………………………… 20
図 4 　各タイプの殺傷模式図 ……………………………………………… 28
図 5 　韓国の環濠集落（遺跡）と日本の早期～前期（前半）の環濠が
　　　指摘される遺跡 ……………………………………………………… 36
図 6 　弥生時代前期（後半）環濠の地域性 ………………………………… 39
図 7 　騎兵および馬甲・馬冑による戦闘図 ……………………………… 100
図 8 　敦煌莫高窟285窟壁画に描かれた重装騎兵の戦闘図 …………… 101
図 9 　甲冑副葬の各型式とその標識遺跡 ………………………………… 115
図 10 　紫金山古墳の遺物出土状況 ………………………………………… 117
図 11 　武器の大量埋納 ……………………………………………………… 120
図 12 　武器配置型式の模式図 ……………………………………………… 135
図 13 　C3型武器配置 ………………………………………………………… 142
図 14 　武器の集積（B2型武器配置） ……………………………………… 145
図 15 　A2型武器配置 ………………………………………………………… 146
図 16 　藤ノ木古墳・鴨稲荷古墳の副葬状況 ……………………………… 150
図 17 　島内地下式横穴墓群の横穴墓と出土遺物 ………………………… 155
図 18 　島内地下式横穴墓群の横穴墓分布図（1） ………………………… 158
図 19 　島内地下式横穴墓群の横穴墓分布図（2） ………………………… 159
図 20 　島内周辺における地下式横穴墓出土の鉄器と集落出土鉄器 …… 169
図 21 　南九州地域の主要な古墳群位置図 ………………………………… 172
図 22 　黒田長山古墳群における副葬武器の階層序列 …………………… 193
図 23 　武人埴輪Ⅰ類 ………………………………………………………… 203
図 24 　武人埴輪Ⅱ類 ………………………………………………………… 205

図 25　武人埴輪Ⅲ類・Ⅳ類 …………………………………………………………208
図 26　綿貫観音山古墳における武人埴輪出土地点 ……………………………220
図 27　武装集団モデル A ………………………………………………………223
図 28　武装集団モデル B・C・D ………………………………………………225
図 29　軍事組織の変化要因 ……………………………………………………258

表 1　弥生時代の殺傷人骨一覧 ……………………………………………… 18
表 2　環濠集落・環濠遺跡の分類一覧 ……………………………………… 42
表 3　弥生時代前期〜中期の主要な武器出土墳墓一覧 …………………… 54
表 4　弥生時代における近畿地方の鉄器量（旧五畿内地域）……………… 59
表 5　弥生時代における近畿地方の鉄器量（旧畿外地域）………………… 59
表 6　弥生時代後期の主要な武器出土墳墓一覧 …………………………… 62
表 7　弥生時代後期の武器組成・比率 ……………………………………… 64
表 8　武器を副葬する古墳被葬者一覧 ………………………………………126
表 9　島内地下式横穴墓群の性別・年齢別遺物統計 ………………………162
表 10　島内地下式横穴墓群の性別・年齢別遺物統計（100 数比率）………162
表 11　古墳時代の殺傷人骨一覧 ………………………………………………165
表 12　アンジェイエフスキーによる軍事組織の諸類型 ……………………248
表 13　縄文時代の殺傷人骨一覧 ………………………………………………283

付表 1　環濠集落・環濠遺跡一覧 ………………………………………………297
付表 2　『日本書紀』の武器・戦闘記述一覧 …………………………………303
付表 3　古墳時代の甲冑副葬古墳一覧 …………………………………………311

日本列島における戦争と国家の起源

序　章

はじめに

　戦争や軍事組織といった暴力に関する研究テーマは、非常に古くから関心が寄せられている問題であり、同時にきわめて現代的な課題でもある。本書は、戦争という現象を学術的に研究し、その理解を深めることによって現在と未来の平和や安全に寄与することを目的としている。

　戦争や暴力については対象とする分野は非常に幅が広い。原始・古代といった歴史的な分野に限れば、戦争の起源や、国家形成と戦争との関係などが重要な論点として知られている。しかしながら、いきなりこのような象徴的な概念を考察することはできない。

　そのため、特定の地域（日本列島の弥生時代と古墳時代）の具体的な考古資料から、戦闘や軍事組織の具体像を復元することで、原始・古代における武器や戦闘方法、武装集団などを明確にし、戦争の起源や国家と戦争の関係について考えていきたい。

　この目的を達成するための目標として、本書では次の3つを主要な視点として考察を進める。

　　① 弥生時代と古墳時代の具体的な戦闘形態を復元する。
　　② 弥生時代と古墳時代の具体的な武装集団や軍事組織を復元する。
　　③ 軍事組織の変遷を通じて、その変化や画期を解明する。

　そしてこれらの検討を十分に踏まえた上で、最終的に、戦争の起源や国家形成と戦争との関係といった課題について、理論的に論じたい。

第1節　本書の位置づけ

1．研究の前提と方向性

　本書における主要な資料は考古遺物としての"武器"である（本書を理解する上で重要な概念で、特に文章中その意味に注意を要する場合、適宜""を付す）。武器は刀剣や弓矢などの攻撃具（狭義の武器）と、甲冑などの防具（武具）とに分かれるが、本書では特に断りのない限り両者を一括して"武器"と表現する[(1)]。

　利器である武器の第一義的な意味は、攻撃用の武器が"殺傷のための道具"であり、防御用の武具が"身を守るための道具"である。ただし、第7章でモノの価値的な検討を行う際に詳説するが、武器をはじめとする道具一般においては、使用価値以外にも交換価値や象徴・記号的な価値などが存在する。

　したがって実際に武器が使用されるさまざまな局面に関していえば、戦闘以外の"儀礼"や"威信財"としての側面もきわめて重要である。ところで、これまで考古学で武器を扱う場合には、その儀礼性や威信財としての属性に、やや偏重して研究が行われてきた経緯がある。

　たとえば、弥生時代の武器研究においては副葬された武器が呪術的な祭器であるという見解が大勢を占めていた時期があり（森貞 1966）、副葬武器の考察では祭祀儀礼との関連性や、威信財としての階層性などが論じられることが多かった。古墳時代の武器でも、鉄鏃の儀仗的な側面や（水野敏 2009）、威信財としての甲冑の配布や流通が主として検討されてきた（藤田和 2006、川畑 2015）。

　その反面、武器から軍事的な背景を検討しようとする場合においては、無条件的に武器を"戦闘や武人の痕跡"と結び付け、これを政治・経済的な事象で解釈する場合がほとんどであって、武装集団や軍事組織そのものの集団構成原理やその変遷過程といった、より象徴性の高い社会的な考察が行われることは非常に少なかったといえる。

　具体的にいうと、原田大六や近藤義郎・今井堯は群集墳における副葬品の階層差から当時の軍事組織のあり方を推察するが（原田 1962、近藤・今井 1971）、その方法は、やや単純化すれば馬具を副葬している群集墳の被葬者は"乗馬し

て戦う下級指揮者"であり、刀剣や鏃だけが副葬された被葬者は"歩兵"と認定する論法であった。ここでは、副葬品としての武器をアプリオリに実用品とみなし、かつ副葬された考古遺物が直接的に、実際の社会組織を表しているという無条件な前提に立脚して軍事組織像が推定されたのである。

同様な視点は藤田和尊や田中晋作による古墳時代の甲冑研究でも行われている。藤田和尊は古墳における副葬武器が被葬者の武装状況のおおよそを反映している、との前提に立ち、武器・武具の質・量的な優劣をもって軍事的・政治的位置関係の格差を反映すると考え、ここから古墳時代における政権構造の様相を論じる（藤田和 2006）。

加えて、軍事組織をめぐる研究においては、その解釈部分や結論部分で"ヤマト朝廷"や"中期畿内政権"といった政治的な現象で議論が解決される場合がほとんどであって、軍事組織そのものの歴史的な位置づけや、軍事組織と社会との関係性について問われるようなことは稀であった。

副葬武器から生前の個人武装や軍事組織を検討する方法論については、水野敏典がその問題点を指摘しているが（水野敏 1993）、田中晋作の提起した"常備軍"をめぐる論争中においても（田中晋 1993a・b）、古墳出土遺物である武器や武具は葬送儀礼行為の痕跡を示すものであり、直接的に生前の武装内容や個人（集団）の保有・保管状況を示さないのではないか、といった問題提起が行われた（松木 1994）。

かかる指摘は、これまで古墳時代の戦闘や軍事組織を検討する多くの研究が墳墓（古墳）出土の資料に立脚せざるを得なかった考古学にとって、研究そのものの根本的な見直しを迫る疑義であったといえる。

上記のような研究動向を踏まえ、本書では武器を儀礼道具や威信具としてのみ把握するのではなく、かといって、武器を直接的に戦士や軍事組織と結び付けることも行わない。

本書の基本スタンスは、武器の儀礼的側面や威信財的側面の価値について十分留意しつつも、武器の社会的な側面の検討を通じて、弥生時代から古墳時代に至る武装集団や軍事組織を考察するところにある。

すなわち、本書の方向性は以下のごとくとなる。まず最初に形而下的な、手で触れることのできる物的な存在である武器を介して、武器の使用に伴う戦闘

方法や、儀礼を介した武器の使用といった実証可能な現象を復元する。次いでより高度に抽象化された武装集団や軍事組織という社会集団の存在や構成原理を考察し、これを歴史的な事象として理論的に位置づける。本書の独自性、これまでの分析と異なる特色は、この視点と構成とにある。

2．方法論的前提

上記の研究の方向性に従い、具体的な考古資料の分析に際しての方法論的な前提について次に触れる。

考古学を用いた物的なモノの研究方法としては、主に遺物からの分析と、遺構からの分析という両面が存在する。一般にモノ（考古資料）の実社会における一連の流れ（ライフヒストリー）は、次のような過程や推移が想定できる。

"生産"→"流通"→"使用"→"廃棄"

この中において、それぞれのモノは個々人や集団と関わることにより社会的な関係性を帯び、かつそれぞれの過程で大地に痕跡を残す活動が生じた場合に遺構が形成される。考古学では、こういった生産、流通、使用、廃棄の各ステージにおいて残存する物的な痕跡を調べることで、主としてどのように製作され（生産段階）、どのように入手し（流通段階）、どのように扱われ（使用段階）、どのように廃棄されたか（廃棄段階）、といった歴史的な事象を学術的に分析することが可能となる。

日本の考古学研究においては、それぞれの個別資料について製作技術を基礎とする型式学的な方法論が主流であるため、個別遺物の編年や製作技術について検討されることが多かった。

研究事例が豊富にある古墳時代の甲冑研究を例にとると、1920年代から1940年代までは後藤守一や末永雅雄が甲冑の基礎的な型式学的研究を試み、雑多な武器の器種を明確にしていった（後藤 1928、末永 1934）。1950年代から1970年代においては各型式間の前後関係、すなわち甲冑の編年作業が、製作技術の分析を通じて盛んに行われ、概ね1980年代までには甲冑編年の大枠が定まることになる（小林謙 1974、野上 1975）。

甲冑編年の大枠が定まったとはいえ、その後も製作技術の精緻な観察による編年の再検討や細分は現在も常に進行中である（吉村 1987、滝沢 1991、高橋

工 1995、橋本達 2006、阪口 2009、鈴木一 2010、川畑 2011)。また、近年においては内山敏行や清水和明を中心に、これまで検討されることが少なかった挂甲の詳細な技術的検討も活性化するなど（内山 2008、清水和 2009）、製作技法分析の裾野も大きく広がっていった。

　こういった甲冑研究の主流、遺物の詳細な製作技術を基礎とした型式学的な分析という方法論的立場においては、川畑純が述べるように、「詳細な型式学的分析から開始される武器・武具研究は、古墳時代の軍事的機構の描写にはほとんど寄与しない」（川畑 2015）という側面がある。なぜならば、個々の遺物の製作技術にもとづく詳細な型式学的研究は、遺物の一連のライフヒストリーのうちの、始点としての"生産"ステージ（どのように製作されたか）の社会的な背景が主として分析の対象になるためにほかならない。

　純粋な遺物の型式学的な研究を行う場合、目前に観察できる材質や製作技法といった"生産"状況に関する情報量が最も多く、出土状況を加味することで"流通"や"廃棄"に関する情報を得ることができるが、これに対し"使用"に関する情報量は最も少ない。このような、考古遺物の資料としての本質的な制約のために、考古学においては武器の使用や戦闘の形態、さらに武装集団（軍事組織）の分析といった研究事例は、編年や工人組織の追求に比べれば圧倒的に少なくならざるを得ないのである。

　上記のように、遺物研究としての型式学的な研究のみでは実際の使用状況に関する検討が困難ではあるが、遺構（遺物の"廃棄"ステージ）の分析に目を転じると、遺物がどのように用いられたのかという痕跡が残る場合がある。その最も明確な事例は、殺傷人骨などに残された武器による実際の殺傷痕跡であり、その状態から過去において武器が使用された状況を実証的に復元することが可能になる。

　ただし、実用具としての道具の使用痕（武器でいえば殺傷人骨など）はきわめて希少な事例であり、時代的にも地域的にも普遍的に追及できるような性質のものではない。一方、遺物の廃棄ステージとしての副葬行為、つまり祭祀や儀礼に伴う遺物の廃棄状況に関しては資料が豊富であって、通時代的に資料にもとづいて検討することができるといった研究上の利点がある。

　改めて確認しておくと、武器の副葬や廃棄行為は儀礼的な状況を直接的に示

すものであって、実用具としての武器の使用方法を明らかにするものではない。しかしながらその背景には、儀礼という使用段階において武器が選択され、それを副葬したという選択上の原理や価値的な序列といった社会的背景を指摘することはできる。したがって、武器の副葬（廃棄）状況からは、武器に対する当時の社会や集団における思惟・原理・価値などを考察することが可能である。

このことから、武器副葬の分析手法としては、武器と戦闘や戦士を直接的に結び付けるのではなく、その社会背景に存在する威信や価値といった間接的な分析を行うことで、戦闘のための道具である武器がどのように扱われていたのかを実証的に解明することができ、このような学術的な手順を踏むことによってはじめて、武器からその社会における戦闘や軍事組織の位置づけを考察することができるのである。

本書では、具体的な武器の使用痕や戦闘が描かれた資料がある場合は、これを分析の対象として直接的に戦闘の具体像を復元する。使用の痕跡が希薄な場合には、次策として"廃棄"（副葬）という最終的な使用段階を示す遺構の検討から、"モノ"よりも"コト"（現象）を介した社会的な背景を復元することで、間接的ながら戦闘のあり方や集団としての武装状況（軍事組織）について考察を行うこととしたい。

第2節　研究を開始する前の留意点

1．年代観について

研究を開始するに先立って、本書の中で用いる弥生時代および古墳時代の年代観や編年の対応関係について簡単に記しておく。

弥生時代においては土器の相対編年にもとづいて、弥生時代前期・中期・後期の区分を基本とし、北部九州において水田遺構が発見された突帯文期を早期として弥生時代に含む。また、古墳時代開始の契機を奈良県箸墓古墳の出現とし、それ以前の庄内式を弥生時代終末期とする。

それぞれの年代観は、近年の自然科学分析での研究成果を参照とし次のとおりとする。

　　弥生時代早期：紀元前10世紀後半〜前7世紀

弥生時代前期：紀元前 8 世紀初め〜前 4 世紀前半
　弥生時代中期：紀元前 4 世紀半ば〜前 1 世紀
　弥生時代後期：紀元 1 世紀〜 2 世紀前半
　弥生時代終末期：紀元 2 世紀半ば〜 3 世紀半ば

　古墳時代においては、前期・中期・後期の三時期に大別し、相対年代の詳細は『前方後円墳集成』の 10 期編年（以下、集成編年）を基礎とする。

　近年の甲冑研究では、橋口達也が帯金式甲冑の出現から終焉までを古墳時代中期と位置づけ、中期の開始を紀元 370 年頃まで引き上げ、中期の終わりを TK47（後期の開始は MT15）段階まで引き下げている（橋本達 2005・2010）。

　これらの研究成果を受け、本書では集成編年 1 期から 4 期前半までを古墳時代前期、集成編年 4 期後半から 8 期までを古墳時代中期、集成編年 9 期と 10 期とを古墳時代後期とする。具体的には、奈良県箸墓古墳の造営を古墳時代前期の開始とし、中期的な帯金式甲冑の出現（大阪府津堂城山古墳の築造時期前後）から短甲製作の終焉（TK47）までを古墳時代中期とし、それ以降（MT15）を後期とする。

　その暦年代観は、次のとおりである。
　　古墳時代前期：3 世紀半ば〜 4 世紀中葉
　　古墳時代中期：4 世紀後半〜 6 世紀初頭
　　古墳時代後期：6 世紀前半〜 7 世紀代

　なお、古墳を記述する際に古墳の墳形を省略する場合は、前方後円墳を前円、帆立貝式古墳を帆貝、前方後方墳を前方、円墳を円、方墳を方とする。たとえば、全長 280 m の前方後円墳である箸墓古墳であれば"奈良県箸墓古墳（前円：280 m）"と記している。

2．用語と概念について

　本書で用いる用語、特に"戦争"、"軍事組織"、"国家"といった重要な概念については、第 12 章や第 13 章の理論的な考察部分において詳細に取り上げるが、議論を進めるにあたって理解すべき必要最低限の用語について、ここで簡単にまとめておく。

　まず"戦闘"とは、組織間における暴力行為の具体的な行使を意味している。

そして、暴力や戦闘のための道具である"武器"を保有した社会集団を"武装集団"と称する。

より特化した"軍事組織"という概念は、軍事を司る組織体、具体的には戦闘目的（抑止力としての戦力も含む）のために組織された集団、またはその集団の結合体としての社会的な実態を指している。ここでいう軍事組織とは、社会における軍事的なさまざまな要素や力（パワー）を組織化したものでもあるため、その背後にある社会組織や政治機構（たとえば"国家"）のあり方と非常に深い繋がりを有している。

したがって、もし物的な資料から武器を所持した集団を明らかにし得たとしても、その集団の社会組織や政治機構を明らかにしない限りは、それが群集による暴徒なのか、組織的な盗賊なのか、傭兵なのか、常備軍なのか、などの判断は容易ではない。むしろ考古資料では、象徴化された社会的な存在としての軍事組織しか認識できないために、ここでは、個別な検討事例から想定される集団に対して原則として武装集団という用語を用い、より象徴的な検討において軍事組織の用語を用いたい。

その他、本書では古墳時代以降の近畿地方における政治組織の名称として"ヤマト政権"という用語を用いている。ヤマトの用法は国号としてのヤマト（倭）、令制にもとづいた行政範囲のヤマト（大和）、地理的な地域的名称（奈良盆地東南部の三輪山麓周辺）としてのヤマトなど多岐に及ぶが、出現期の大規模な古墳は、ヤマトと称される奈良県（三輪山麓）に集中しており、古墳時代においてヤマトを含む近畿地方に政治的な中心部分が存在していたことは周知のとおりである。

このため本書では、古墳時代における政治組織を"ヤマト政権"とし、軍事的な視点からその政治や社会の側面について明らかにしていきたい。またヤマト政権の用語について、時期を限定する場合には"中期ヤマト政権"と呼び、中央と地方との関係性を強調する場合は"ヤマト中央政権"とも記す場合もあるが、いずれも同じ趣旨であることを付言しておく。

最後に、本書では"未開（Primitive）"、"野蛮（Savege）"といった単語が登場することもある。現在では適切とはいえないが、学史を検討する必要性に鑑みて、原文のあり方を尊重してあえてそのままにしており、特別な意図はない

ことを断っておく。

註

(1) 武器の名称については時期によって変化があるため、原史料や参考文献の字句を除いて、文中では主として冑（カブト）や甲（ヨロイ）、剣（ケン）、刀（カタナ）、矛（ホコ）、槍（ヤリ）、弓（ユミ）、矢（ヤ）、盾（タテ）、で用語を統一した。

第1章 殺傷人骨の分析による
弥生時代の戦闘戦術

第1節 研究史と研究の方法

　弥生時代は、日本の歴史上において武器が普遍的に出土するようになる時代である。これらの武器が戦闘用の道具として実際に用いられた場面とはどのようなものであったのだろうか。この問題に取り組むにあたり、本章では弥生時代の武器の使用方法について検討を試みたい。その方法として同時代における対人殺傷の実例を示す"殺傷人骨"を取り上げる。

　殺傷人骨とは、道具（武器）により殺傷や加害行為が加えられた人間の骨であり、武器と殺傷行為の関係により生起した痕跡、と言い換えることができる。殺傷人骨も遺跡から出土する以上、考古資料の一部といえるが、古人骨を研究対象とする形質人類学の主な資料でもある。

　古人骨調査そのものの研究は、考古学者ではなく形質人類学者に依存することが多かった。そのため弥生時代の戦闘に関しても、これまで佐原真（1979）・松木武彦（1989）など武器（考古学）からのアプローチと、金関丈夫（1951）・中橋孝博（1999）など古人骨（形質人類学）からとの両面から研究が進められてきた。

　これに対し、橋口達也は武器と殺傷人骨とを正面から取り扱い、研究を大きく進展させた（橋口1995）。だが、殺傷人骨も詳細にみていくと、それがきわめて多様であることがわかる。したがって、その分析と評価にはまだまだ多くの検討が残されているといえるであろう。

　具体的な課題の一つは殺傷人骨と武器との有機的な関係、それがどのような行為によって殺傷されたかの目的や意図を復元し、殺傷行為という人間行動そ

のものを解明することである。こういった課題に対し、本章では考古学サイドからの分析を試みるが、その方法としては考古学的な型式学的方法を援用し、遺構と遺物、特に武器と人骨との関係について調査したい。ここでいう型式学的方法とは主に以下のようなものである。

通常、考古資料はさまざまな行動の結果として一定の産物・痕跡・関係を生む。しかし個々の物的特徴は千差万別で、殺傷人骨と一口にいっても右腕に切り傷があるもの、寛骨に刺し傷があるものなど殺傷の状況はきわめて多様である。一方、そうした個別性を超えた共通的特徴もある。刺突具で刺され嵌入しているもの、利器によって斬られたもの、鈍器によって殴られたものなどの集合である。

考古資料はこのような特殊と普遍の統一物であり、機能・役割などの共通性によって分類された概念が型式の設定である（近藤義 1976）。特に"型式"として事象を抽象する場合には、物質的な痕跡から過去の人びとの行為を復原することがきわめて重要な課題であるから（横山 1985）、類似した殺傷状況や人骨の解剖学的特徴にもとづいて使用された武器を想定し、さらにそれを基礎として人間の行動や殺傷状況を復原するといった手法が大きな意味をもってくる。

さて、このようにして考古学的事実と解剖学的な諸事実にもとづいて資料を型式化した後には、これら諸型式がどのような人間行動によるものかを考えなければならない。それらの課題はまた人間の行動に関する他の諸学科、文化人類学などの事例を参照して考察したい。

考古学的な型式分類のみでは、静的な物的結果のみを抽出するという限界があり、それらの生起過程や形成活動に関しては、文化人類学などとの比較検討において初めて、現実的な仮説を提示することができるからである。

第2節　弥生時代の武装および武器の機能区分

本題に入る前に弥生時代の武装の全体像を概観し、次いで対人殺傷の道具となる個々の武器の機能を考察する。ただし、本章では弥生時代における武器の実用面を考察するため、刃部が鈍化し実用機能を失った祭器形武器については割愛する。

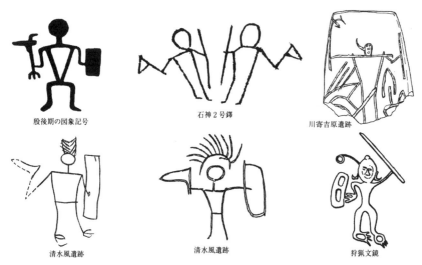

図1 土器等に描かれた戈と盾の人物像

　弥生時代の土器や銅鐸などには、武器を持った人物が描かれた絵画資料が存在する。このうち、武器（武装）に関するものは概ね同一のモチーフで描かれている。それは"戈と盾を持った人物"である（図1）。

　佐賀県川寄吉原遺跡の銅鐸形土製品には正面を向いた顔が表現され、腰に剣のようなものを帯び、右手に柄の短い戈、左手に小さな持盾と思われるものを持つ人物が描かれている（高島 1980）。奈良県清水風遺跡の絵画土器には2人の人物が戈と盾を持ち、頭部に羽根のような飾り物を付けており（藤田三 1999）、奈良県石神2号鐸にも戈と盾が描かれている。さらに古墳時代前期の狩猟文鏡にも同様のモチーフがあるが、武器の時代（時期）性を反映してか戈ではなく長剣と盾を持っている。

　これらの資料は、絵画土器というあり方から具体的な戦闘の場というよりは"模擬戦"などの場、もしくは祭礼などの儀礼の場とする見解が強い（桑原 1997）。描かれた描写が神話の一種であるならば、彼らは戈や盾といった武器を持つ戦士姿の神々であるかもしれない。この"戈と盾"というモチーフ（漢文で表現するところの"干戈"）は中国大陸ではすでに殷の時代からあり、弥生時代の図案を中国大陸からの影響と考える深澤芳樹の論考がある（深澤 1998）。

さらに、このモチーフを"方相氏"や道教と結び付ける考え方も指摘されている（春成 2007）。

絵画土器で認められる戦士像の儀礼的な要素については、上記のようにすでに多くのことが指摘されているのであるが、武器との関連で考察すると、儀礼などの特殊な場面における武装のモチーフは、弥生人が自らの武器に抱いていた思想の断片を表現しているといえるだろう。それは儀礼やハレの場など、人びとが見守る重要な場面において弥生人自身が抱いた武装が"戈と盾の戦士"だったと思われるのである。また、深澤の論考にあるように、これらの武装のルーツは大陸に求められるが、これは武器が渡来する段階で武装・儀礼・闘争思想・象徴などが一体となってもたらされたためだと考えられる。

一方、3世紀末に書かれたとされる文献史料、『魏志』倭人伝には「兵用矛盾木弓、木弓短下長上、竹箭或鐵鏃或骨鏃」という一文がある。『魏志』倭人伝の文章の多くは「魏略」などの文献を基としていると考えられているが、『漢書』地理志粤地条には「兵則矛盾刀木弓弩竹矢、或骨爲鏃」という類似した一文があり、この箇所については『漢書』に拠ったとも思われる（石原編訳 1985）。しかし同時に、『漢書』においてみられる「刀」や「弩」が削られ、「鐵鏃」が加わっているなど『魏志』倭人伝の記述者は慎重に語句を選んでいる。結果として、現実の考古資料に近い情報が記されており、弓を説明した「木弓短下長上」などは和弓の特徴的な使用法であって、銅鐸絵画にも描かれている射法である（後藤 1937b）。

これらの記述がある程度の事実を反映していれば、彼らがみた倭人は長兵と盾、弓矢で武装した戦士像が浮かび上がってくる。出土遺物が多い剣は、普遍的な護身用であったためか、わざわざ特記するほどのことはなかったのかもしれない。なお、弥生時代の防具としては盾の他に木製短甲や組み合わせ木甲が知られている（神谷 2013）。

以上、弥生時代の全体的な武装について指摘したので、次いで個々の武器の機能についてみていこう。武器の機能区分については藤尾慎一郎の検討に詳しく（藤尾 1999）、それを参照してまず次の3つに区分する。

　　Ⅰ　至近距離戦用武器（短刀・短剣）
　　Ⅱ　接近戦用武器（矛・戈・剣・刀・斧）

Ⅲ　遠距離戦用武器（弓矢・投石・投弾・投槍）

(1) 剣・刀

弥生時代の剣・刀は大型のものと小型のものがある。実用面からみた場合、大型と小型は機能的差異が考えられるため区別しておきたい。

まず、大型の剣・刀としては主として鉄製のものがある。機能的には諸刃造の剣が"突く"、片刃造の刀は"切る"であり、主に接近戦用の武器となる。実例では剣身40cm以上の鉄剣、70cm以上の素環頭鉄刀などが知られている。

これら大型の刀剣類は、ほぼ後期以降の鉄製品を中心とした希少な存在であり、青銅製、石製などの大部分は小型のものである。出土例の多い石剣をみると、柄の部分も寸法が短く片手で持つ"短剣"である。

近畿地方ではかつて打製石槍と呼ばれた石器があり、その機能としては剣、槍、戈などが考えられているが、柄が伴わない限りその断定は困難である。しかし幅2.5～5cm、長12cm以上のものは、大阪府瓜生堂遺跡出土の樹皮を巻いた例などから短剣であると判断されている（禰宜田 1986）。

これら短剣の機能は、大刀・剣とは異なって"突く""刺す"機能が想定できる。大刀や剣ではあまり近すぎると切れないが、取っ組み合いで刀剣を使用するなら寸法が短い短剣が有利である。すなわち、短剣は機能的にみれば肉薄戦闘用（至近距離戦用）なのである。

(2) 矛・戈

矛・戈は長い柄をもつ。そのため、ある程度の距離を保つ接近戦での威力は大きい。矛は機能的には槍と同じく"突き刺す"ものである（槍との違いは柄の着装方法）。戈は柄に対し直角ないしは斜めに装着するため"薙ぐ""引っ掛ける""振り下ろす"機能が想定できる。

(3) 弓矢

弥生時代の弓はすべて自然木を利用した丸木弓である。矢の考古資料は鏃が主であり石鏃・鉄鏃・銅鏃・骨鏃などがある。さまざまな形態があるが、基本的には"射通す""射切る""射砕く"機能が考えられる。狩猟具か武器かの識別について佐原真や松木武彦は、打製石鏃のうち重量2g・全長30mm以上のものを"戦闘石鏃"（＝武器）とする（佐原 1964、松木 1989）。しかし、人骨に刺さっているなど明らかに対人殺傷用に使用されている鏃にもきわめて小型

のものがあり、単純に区分することはできない。

第3節　殺傷人骨の分類と評価

1．殺傷人骨の分類

殺傷人骨、広義には武器が出土する"戦士の墓"は 1986 年に橋口達也が集成した段階で 45 例（橋口 1986）、10 年後に藤尾慎一郎が再集成した段階では 101 例が知られている（藤尾 1996）。

とはいえ残存状況が良好なものは少なく、大部分は剣・鏃の切先類のみであって「戦死か刑死か副葬か」（松木 2000）、議論の分かれるところである。したがって本章では確実な、または可能性が高い対人殺傷例を取り上げてその分類を行い、その他の武器出土の墓（いわゆる"戦士の墓"）は必要に応じて触れるということを基本方針とした。

図2および表1にみるように確実な、あるいはその可能性が高い殺傷人骨は約 40 数例を挙げることができるが、前節の武器の機能的区分からこの殺傷例は以下のように分けることができるであろう。

Ⅰ　至近距離戦用武器（短刀・短剣）による殺傷
Ⅱ　接近戦用武器（矛・戈・剣・刀・斧）による殺傷
Ⅲ　遠距離戦用武器（弓矢ほか）による殺傷
Ⅳ　遠・近距離戦用武器の複数による殺傷

(1)　Ⅰ　**至近距離戦用武器による殺傷**（スダレタイプ）

至近距離戦用武器（短剣）の殺傷が想定されるものには福岡県スダレ遺跡、福岡県永岡遺跡、長崎県根獅子遺跡、大阪府勝部遺跡の出土人骨がある。これらは剣類の切先が刺突された状態で出土しており、人骨嵌入例という物的証拠から、ほぼ確実に武器による対人殺傷である。

福岡県スダレ遺跡第3号甕棺（K3）人骨は熟年の男性、甕棺に埋葬された人骨の右側椎弓板には凝灰岩製の石製切先が嵌入していた。切先の主軸は前頭・矢状・水平面それぞれ 10°・45°・45°の角度をなし、剣面は被害者の腹背におおよそ向いている。このため、加害者は被害者の背後から殺傷行為に及んだものと判断されているが、殺傷行為が首の付け根から胸椎にまで達しようとする場

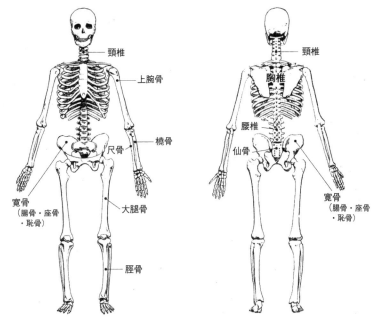

図2　登場する主な骨格部位

合、皮下組織・背筋群など約7.5 cmにわたって貫かれなければならないという解剖学的所見があるため、背後からの「「右利き」の逆手に振り上げた一撃」が考えられている（永井ほか 1976）。

　この他、福岡県永岡遺跡の95号甕棺（SK95）の熟年男性には、右腸骨に銅剣が嵌入しているため、右外側やや下方より斜め上方へと突き刺された状況が復元でき、同じ永岡遺跡100号甕棺（SK100）の若年男性は、左仙腸関章部に銅剣が嵌入しているために、後方やや下から斜め上へと貫かれたと復元されている（中橋 1990）。大阪府勝部遺跡の第2区墓域・第3号墓では肋骨および腰骨に食い込むようにサヌカイト製石剣（石槍）が存在しており、背中を右後方から腰にかけて突き刺したような状況にある（豊中市 1972）。

　これらに対し、長崎県根獅子遺跡の第2号人骨は熟年女性で、右側前頭骨外面に青錆化した金属の断面が確認されたが、残存部が先端のごく一部であるため全体形の復元は難しく、最初に調査にあたった金関丈夫は銅鏃説（金関

表 1　弥生時代の殺傷人骨一覧

所在地	遺跡名	遺構名・性別	時期	殺傷具	殺傷状況（出土状況）	殺傷方法（復元）	文献	タイプ
福岡県	新町	24号 ♂	早・前期	柳葉式石鏃2	左大腿骨に嵌入	後方から弓矢で射られる	志摩町教委 1987	Ⅲa
	永岡	9号 ♂	中期・前	利器（鋭利な刃物？）	右腕に骨折治癒例	利器による殴打	筑紫野市教委 1990	Ⅱb
	永岡	10号 ♂	中期・中		眼窩上・右腕に外傷	利器による殴打	筑紫野市教委 1990	Ⅱb
	永岡	32号 ♂	中期・前		左橈骨骨折	利器による殴打	筑紫野市教委 1990	Ⅱb
	永岡	95号 ♂	中期・前	銅剣	左腸骨に嵌入・首欠	後下方より至近距離加撃	筑紫野市教委 1990	Ⅰ
	永岡	100号 ♂	中期・前	銅剣・石剣	左仙骨に嵌入（銅剣）	後方やや下から斜め上へ	筑紫野市教委 1990	Ⅰ
	隈・西小田	2・K-491 ♂	中期・後	利器	頭頂左に傷	左上方から剣で斬りつける	筑紫野市教委 1993	Ⅱa
	隈・西小田	3・K-16 (♂)	中期・後		第5頸椎以上が欠落	首狩	筑紫野市教委 1993	Ⅱc
	隈・西小田	3・K-40 (♂)	中期・後	利器	左眼窩上縁に切傷・左尺骨骨折	斬られる、及び殴打	筑紫野市教委 1993	Ⅱa
	隈・西小田	3・K-55 ♂	中期・前	（銅剣左寛骨臼内に存）	第2頸椎以上が欠落	首狩	筑紫野市教委 1993	Ⅱc
	隈・西小田	6・K-77 ♂	中期・後		頭のみ小児棺内に埋葬	首狩	筑紫野市教委 1993	Ⅱc
	隈・西小田	6・K-101 ♂	中期・後		首なし	首狩	筑紫野市教委 1993	Ⅱc
	隈・西小田	10・K-159 ♂	中期・後	鈍器	前頭骨陥没	（生前に）鈍器により殴打	筑紫野市教委 1993	Ⅱb
	隈・西小田	10・K-215 ♀	後期		左尺骨骨折	利器による殴打	筑紫野市教委 1993	Ⅱb
	隈・西小田	10・K-218 ♂	中期・後	石鏃5、及び銅剣恥骨に嵌入	腰・下肢にも傷多数	矢を射こみ、石剣でとどめ	筑紫野市教委 1993	Ⅳ
	隈・西小田	10・K-315 ♂	中期・前		頭なし・左大腿骨に傷	首狩	筑紫野市教委 1993	Ⅱc
	塚崎東畑	1号 ♂	中期・前	骨鏃、石鏃	左右大腿骨	下半身を射られる	福岡県教委 1997	Ⅲa
	横隈狐塚	T-7	中期	石剣2、又は利器	左尺骨切傷、頭蓋離断？	刀剣による殺傷、首狩？	小郡市 2001	Ⅰ・Ⅱ
	横隈狐塚	K-157 ♂	後期	利器（刀剣類？）	大腿骨大きく削られる	刀剣による殺傷・首狩	小郡市教委 1985	Ⅱa
	スダレ	K-3 ♂	中期・中	石剣	胸椎に嵌入	背後から逆手により殺傷	穂波町教委 1976	Ⅰ
	カルメル修道院内	ST-07	中期・後		首だけの埋葬	首狩	福岡県教委 1992	Ⅱc
	高木	D-2	中期・初	石剣・磨鏃・打鏃	頭下部と腹部に	矢を射込み、剣でとどめ	福岡県教委 1977	Ⅳ
佐賀県	吉野ヶ里	SJ0329	中期・中		頭骨なし・手首と肩に傷	刀剣による殺傷・首狩	佐賀県 1992	Ⅱ
	吉野ヶ里	SJ0312	中期・中	石鏃10	骨盤付近より出土	多数の矢を射られる	佐賀県 1992	Ⅲc
	三津永田	32号	後期	鉄鏃	右大腿骨外側	下肢を射られる	橋口 1995	Ⅲa
	高志神社	SJ016	中期・中		頭骨なし	首狩？	千代田町教委 2000	Ⅱc
	高志神社	SJ018	中期・中	銅剣1・石剣1・石鏃1	左寛骨に銅剣、後方左から嵌入	弓矢、及び後方より短剣	千代田町教委 2000	Ⅳ
長崎県	根獅子	2号 ♀	中期・初 弥生	銅剣	頭頂部に嵌入	銅鏃・戈説あり 利器による殴打	金関 1951 内藤ほか 1973	Ⅰ？ Ⅱb
	根獅子							
	沖ノ原	♂	前期	石鏃	第2腰椎に嵌入	石側面から射込まれる	内藤 1974	Ⅲa
	有喜貝塚	三号 ♂	弥生？	鉄鏃	胸腔から出土（左胸第2肋骨）	胸に射られる	浜田ほか 1926a・b	Ⅲb

第1章 殺傷人骨の分析による弥生時代の戦闘戦術　19

所在地	遺跡名	遺構名・性別	時期	殺傷具	殺傷状況（出土状況）	殺傷方法（復元）	文献	タイプ
山口県	土井ヶ浜	124号 ♂	前期	打鏃11、牙鏃2		多数の矢を射られる	金関ほか1961	Ⅲc
鳥取県	青谷上寺地	110点(10体～)	後期	銅鏃・金属刀剣類	銅鏃の嵌入・斬創・突創	殺傷人骨110点	鳥取財団2002	Ⅱ・Ⅳ
兵庫県	新方	1号 ♂	前期	打製石鏃1	胸～腰に石鏃	腰上部を射られる	神戸市教委2003	Ⅲb
	新方	3号 ♂	前期	打製石鏃17（胸部多）	様々な角度から全身	多数の矢を射られる	神戸市教委2003	Ⅲc
	玉津田中	ST40004	中期	銅剣	下腹部（脂肪酸分析）	腹を刺される	兵庫県教委1994	Ⅰ
大阪府	勝部	2号	中期	打製石鏃5	胸～腰部から	多数の矢を射られる	豊中市教委1972	Ⅲc
	勝部	3号	中期	打製石剣	腰部	背中を右後方から刺す	豊中市教委1972	Ⅰ
	亀井	1号・1主体♂	中期・後	サヌカイト片	頭骨		大阪文化財センター1982	
	亀井	1号・6主体	中期・後	打製石鏃1	胸部から	胸に射られる	大阪文化財センター1982	Ⅲb
	亀井	2号・2主体♂	中期・後	打製石鏃1	胸部から	胸に射られる	大阪文化財センター1982	Ⅲb
	亀井	2号・4主体♂	中期・後	打製石鏃1	胸部から	胸に射られる	大阪文化財センター1982	Ⅲb
	山賀	9号	中期	石鏃4、サヌカイト1	肩～腰部から	多数の矢を射られる	大阪文化財センター1984	Ⅲc
	瓜生堂	6号	中期	磨製石鏃1	頸部から	首を射られる	瓜生堂調査会1973	Ⅲb
	巨摩廃寺	2号・2主体♂	中期・後	石鏃1	頸部から	首を射られる	大阪文化財センター1981	Ⅲb
奈良県	四分	3号 ♀	中期・後	石鏃	胸	胸に射られる	片山・杉原1998	Ⅲb
	四分	4号 ♂	中期・後	刀剣類	全身に4～5箇所	利器で斬りつけられる	片山・杉原1998	Ⅱa

1951）、橋口達也は銅剣説（橋口 1986）、春成秀爾は殺傷された位置から銅戈の可能性も指摘している（春成 1990b）。

以上、北部九州・近畿地方において認められた刺突用具による殺傷では、その確実な嵌入例の大部分において"背後からの至近距離殺傷"が想定できた。使用される刺突具としては短剣類が中心であったと考えられる。したがって、スダレタイプの特徴としては"短剣による背後からの殺傷"とまとめることが適切であろう（図3）。他の人骨に伴わない切先出土例についての詳細は不明であるが、上の確実な嵌入例から判断すると、一部の副葬例（福島日 1998）を除いて背後からの至近距離攻撃である可能性が高い。荒田敬介の分析によれば、弥生墓の棺内から出土した衝撃武器の鋒は8割弱が人体に嵌入していたものであり、特に九州北部に集中していたとされる（荒田 2011）。

荒田の分析は鏃を多く含んでいるが、短剣切先のみが出土した"戦士の墓"

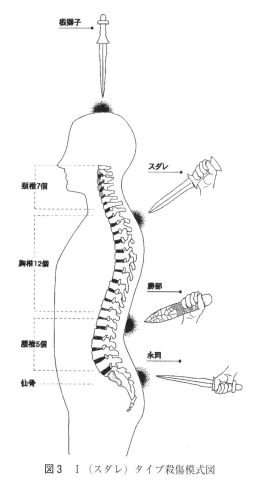

図3　Ⅰ（スダレ）タイプ殺傷模式図

を類例に含めると、スダレタイプは北部九州における前～中期において最も盛んであり（藤尾1996）、九州以外では愛媛県持田3丁目遺跡、岡山県四辻土壙墓など中国・四国・近畿地方でも数例を認めることができる。

(2) Ⅱ　接近戦用武器による殺傷（狐塚K157タイプ・永岡K10タイプ・カルメルタイプ）

刀剣などによる接近戦用武器による殺傷はきわめて多岐にのぼるため、Ⅱa（狐塚）・Ⅱb（永岡K10）・Ⅱc（カルメル）の各タイプに細分しておく。

Ⅱaの狐塚タイプは福岡県横隈狐塚遺跡K157例を標識とするもので、接近戦用武器（刀・剣・矛・戈）による殺傷である。具体的には、刀剣など利器による切傷として残る。

横隈狐塚K157号人骨は後期の成人男性、保存状態が良好であったにもかかわらず、頭骨および第4頸椎から上が欠損しており、第5頸椎と左大腿骨に鋭い切断面が認められる。特に大腿骨には緻密質を大きく削り取った傷があり、このきわめて鋭い切断面には鋭利な金属器（おそらく鉄刀）による殺傷が想定できる（松下1985、橋口1995）。

Ⅱbの永岡K10タイプはこれとは異なり、利器によって殴られた痕跡を残すものである。福岡県永岡遺跡K9号をはじめ、同10号・32号、福岡県隈・西小

田 10 地点 K218 号などの出土人骨に骨折痕が認められている（中橋 1997）。骨折例のみでは殺傷によるものか否かは断定しがたいものの、上記のような腕の外側に骨の折れた傷は、正面の敵が振り下ろしてきた武器を防ごうとした可能性があるという解剖学的所見(碇ほか 1997)から殺傷例の細分型式としておく。

Ⅱcのカルメルタイプは利器によって首を切断する、いわゆる首狩例である。福岡県カルメル修道院内遺跡では、ST07 号墓において首だけの埋葬がみられた。福岡県隈・西小田遺跡 6 地点 K77 号墓でも頭のみを小児棺に埋葬していたが、逆に同遺跡 3 地点 K16 号人骨は第 5 頸椎以上を欠いている。これらの確認できる頸椎はほとんど第 3 頸椎より下位のもので占められているが、解剖学的には第 3～5 頸椎あたりがいわゆる首であるため、首を切断したものと判断されている（中橋 1999）。

以上のような接近戦用武器（利器・鈍器類）による殺傷は切傷などの痕跡として残るので、人骨残存の良好な場所において発見されることが多い。そのため、分布としては見かけ上の偏りが著しい。福岡県横隈狐塚遺跡をはじめとする福岡県隈・西小田遺跡、福岡県永岡遺跡などの福岡県中南部（中期後半）に多く、山陰の鳥取県青谷上寺地遺跡（後期）で集中的に検出されるほか、奈良県四分遺跡（中期後半）などにおいても認められている。

(3) Ⅲ 　遠距離戦用武器による殺傷（新町タイプ・亀井タイプ・新方タイプ）

遠距離戦用武器（弓矢）の確実な類例は少ないが、弓矢による殺傷例については次のように細分しておきたい。

　Ⅲa　新町 24 号タイプ：少数（5 以下の鏃）の弓矢による下肢（腹・腰）への殺傷

　Ⅲb　亀井 2 号タイプ：　少数（5 以下の鏃）の弓矢による上肢（胸）への殺傷

　Ⅲc　新方 3 号タイプ：　多数（5 以上の鏃）の弓矢による殺傷

Ⅲaの標識遺跡である福岡県新町遺跡では、弥生時代早期の 24 号人骨に柳葉式磨製石鏃が嵌入していた。左大腿骨頭部に嵌入していた磨製石鏃は刺突時の衝撃で先端が欠損しており、出土状況から射角は後方・斜め上から前下方へと射込まれたもので、厚い大殿筋を刺し貫いて大腿骨に達し、体内で 3 片に割れたものと考えられている（中橋ほか 1987）。

鏃が人骨に嵌入した例は珍しく、長崎県沖ノ原人骨、福岡県塚崎東畑1号、佐賀県三津永田32号がほぼ確実な対人殺傷例である。たとえば、前期の沖ノ原人骨では壮年男性の第2腰椎の椎体右側面で石鏃1個が水平に嵌入しており解剖学的には右側面から射込まれ、側腹壁、肝臓、腎臓を貫き、大腰筋を通って椎体に達したと判断される（内藤 1974）。これらの殺傷人骨に共通する特徴としては、腰部以下に遠距離戦用武器（鏃）が嵌入し、背後もしくは側面から射込まれていることが挙げられる。

Ⅲbの標識遺跡である大阪府亀井遺跡では、KM－H1トレンチから中期末の方形周溝墓が2基検出されているが、埋葬主体部にある人骨にはいずれも石鏃が伴っていた。たとえば、組合式木棺の1号墳1号主体では男性の左側頭骨にサヌカイト破片（石鏃？）が突き刺さった状態で検出され、1号墳6号主体では右胸に相当する位置から石鏃1が出土している。直接に嵌入したものではないが、石鏃などは骨格まで達することは稀なので骨に達しなかったのであろう。

類例としては他に大阪府瓜生堂遺跡6号、大阪府巨摩廃寺2号、奈良県四分遺跡3号などがあり、先にみたⅢa（新町）タイプとの違いは胸・頸・腕など上半身の位置で鏃が出土することにある。

Ⅲcの標識遺跡となる兵庫県新方遺跡は、1997年と1999年の調査において6体（1体は合葬）の弥生前期人骨が発見され、うち5体に石鏃が伴っていた。中でも3号人骨は全身にわたって17基の石鏃が検出されている。これら石鏃の方向は一定しないため、さまざまな角度から、おそらく何人もの手によって弓矢を射込まれるような加撃状況が想定されている（片山一 1998）。

類例としては山口県土井ヶ浜遺跡124号（打製石鏃11・牙鏃2）、大阪府山賀遺跡9号（打製石鏃4・サヌカイト片1）、大阪府勝部遺跡2号（石鏃5）において人骨と遠距離専用武器（鏃）が共伴している。いずれも人骨に嵌入していないが、胸部を中心に集中して出土しており"何人もの手によって弓矢を射込まれる"といった加撃状況が想定されるのは同前である。

また、石鏃のみが検出された"戦士の墓"を含めると、福岡県三国の鼻遺跡6号木棺墓、佐賀県吉野ヶ里遺跡SJ0312、島根県友田遺跡SK18、岡山県清水谷遺跡木棺墓、兵庫県駄坂・船隠9号墳、大阪府雁屋遺跡1号周溝墓、京都府豊岡1号墓なども、石鏃が墓坑底面周辺において胸・腰部で集中的に、かつ鏃の方向

はばらばらな状態で出土しており、その多くは（実用のショックで）先端を欠損していることからも人体へ加撃した新方タイプである可能性が高い。

(4) Ⅳ　遠・近距離戦用武器の複数による殺傷（隈・西小田 K218 タイプ）

遠距離戦用武器（鏃）と至近・近距離戦用武器（剣ほか）の両方によって加撃を受けたものである。福岡県隈・西小田遺跡 10 地点 K218 号人骨を標識とする。隈・西小田遺跡群では甕棺墓数 1,550、人骨 429 という大規模な弥生時代の墓地群が検出されているが、特徴的な事柄として激しい戦闘があったことをうかがわせるような殺傷人骨が多い。

その中で隈・西小田 10 地点 K218 号人骨（熟年男性・中期後半）は特に激しい殺傷例の代表である。頭部および第 1〜第 4 頸椎がなく右骨盤恥骨部には銅剣先が刺入・残存し、その恥骨下肢には半円形の刺入孔がみられる。右大腿骨には前方よりの円形刺入口、中央前内側には長さ 10 mm に及ぶ浅い刀傷、左大腿骨中央前内側に刺入痕、右脛骨近位部前面に 18×4 mm の刺入口、中央前面に浅い刀傷、右脛骨近位部に前面より後側上方へ向かう深さ約 30 mm の穿孔痕、左脛骨近位部前面内側面に 7×6×9 mm の刺入傷痕が認められている。またこの他に 5 つの石鏃が共伴していた。このような事例は希少であるが、遠距離戦用武器と近距離戦用武器が共伴して出土した人骨例は、福岡県高木遺跡 D12、佐賀県高志神社遺跡 SJ016 などが挙げられる。

また、弥生時代後期の鳥取県青谷上寺地遺跡では KLA8 区の溝状遺構から 5,300 片を超す大量の人骨が検出されており、110 片（少なくとも 10 体分）の人骨に殺傷痕跡が確認されている。殺傷痕は刺創痕や割創痕など多様であり、受傷部は頭骨から腓骨までみられ大部分の人骨は受傷後まもなく死亡している。人骨は男性骨が多いが女性や子供も含み小児・成人ともに背部の創痕が多い。この中で、No. E-1 人骨の寛骨には人体の左側面方向から銅鏃が嵌入しており後部には切創痕も認められる。そのため、まず遠くから弓矢で傷を負わせて倒し、さらに近づいて斬りつけたような状況が考えられている（井上・松本 2002）。

2．対人殺傷事例の評価

型式的な分類を済ませたので、さっそく各型式の比較と評価に取り掛かろう。

弥生時代の殺傷人骨も詳細にみていくとさまざまなタイプが確認できた。分類できたものだけでも以下のように多岐にのぼる。

	Ⅰ	スダレタイプ	短剣による至近距離（背後からの）殺傷
	Ⅱa	横隈狐塚タイプ	刀剣類による近距離からの殺傷
	Ⅱb	永岡タイプ	利器による殴打
	Ⅱc	カルメルタイプ	首の切断（首狩）
	Ⅲa	新町タイプ	弓矢による下肢への殺傷（側・後背）
	Ⅲb	亀井タイプ	弓矢による上肢への殺傷（正面）
	Ⅲc	新方タイプ	多数の弓矢による遠距離からの殺傷
	Ⅳ	隈・西小田タイプ	遠距離と至近・近距離の複数からの殺傷

これらは考古資料の性質上、断片的な結果としての静的な分類にならざるを得ない。したがって正確な殺傷状況の復元は不可能であることを最初に記しておく。しかしながら、少なくとも各型式が生じた背景には当時の武器の使用状況や、対人殺傷状況の差異がわずかながらでも存在したと考えるべきであろう。以下では、各型式を比較検討することで、具体的な弥生時代の対人殺傷法を浮かび上がらせていきたい。

　Ⅰ（スダレ）タイプの特徴は短剣による至近距離からの殺傷としてまとめることができた。その確実な人骨例は少ないものの、短剣切先が出土するという墓の多くも一部の副葬を除けばこの類型に属するといえるであろう。本章で扱ったⅠタイプの時期は弥生中期にほぼ集中しているが、短剣切先のみ出土した事例を含めると、藤尾慎一郎が集成した101例のうち、概ね43例を数えることができた。このうち41例が北部九州に集中しており、時期的にみれば弥生前期（Ⅰ期）が13例、弥生中期前半（Ⅱ期）が15例、弥生中期中頃（Ⅲ期）が12例、弥生中期後半（Ⅳ期）が1例である（藤尾 1996）。これらのことから、短剣類による殺傷が北部九州の弥生時代前半（Ⅰ～Ⅲ期）に集中していたことは間違いない。

　使用された武器は片手で持ち至近距離戦闘に適した短剣である。先にみたように、確実な嵌入例から考えると、この短剣による殺傷方法は"背後からの殺傷"の可能性が最も高いと評価することができる。

　これに対し、Ⅱタイプは刀剣類での近距離殺傷や切傷などから構成された、

刀剣や戈・矛などによる意図的な殺傷行為である。このうち、Ⅱaタイプは福岡県隈・西小田K491人骨にみられる頭頂左の傷や、隈・西小田K40人骨に残る左眼窩上縁の切傷の例がある。またⅡbタイプは、腕の外側に骨の折れた防御損傷が存在することなどから、正面から攻撃された状況が推察できよう。他方、Ⅱcタイプは利器によって首が切断された例である。いわゆる首級をあげるという戦闘の状況が真っ先に思い浮かぶが、人類学・民族学では首狩りが"人身供儀・流血供儀"と結びついた事例が多いという報告がある（山田隆治 1960）。

　注意すべき事柄として、横隈狐塚K157人骨や吉野ヶ里SJ0329人骨などでは傷が1カ所ではなく、複数の箇所に残っている事実が挙げられる。そういった満身創痍の状況で首狩りまで行われているため、首狩りの事例としては激しい戦闘、特に集団間での戦闘が生起し、その後で首狩りが行われるといった可能性をまずは指摘したい。しかし一方では、上記の殺傷人骨は単独で埋葬されていることが多いという事実があり、特に首だけが通常の集団墓から出土する例も認められる。奈良県四分遺跡では、男女2人が同時に埋葬されていたが女性（3号人骨）は頭部が西側、男性（4号人骨）は頭部が東側を向くなど特異な検出側（Ⅱa・Ⅲタイプ）も知られている。そのため殺傷人骨を単純に戦闘の結果と判断するのは躊躇するところであり、儀礼的な可能性も排除することはできない。

　いずれにせよⅡタイプ、特にⅡcの首狩り例は現在のところ日本列島内では北部九州のみにみられる習俗であり、同地域では武器を使用したかなり激しい殺傷行為（決闘・殺人・戦闘・儀礼など）が行われたことだけは確かであろう。

　Ⅲタイプは弓矢による遠距離からの殺傷である。この行為に関しては物理的に考えても矢が人骨に嵌入する事例は希少であって、殺傷されたものかどうかの判断から始めなければならなかった。確実な対人殺傷例としては、福岡県新町24号、長崎県沖ノ原人骨、佐賀県三津永田32号例などを挙げることができる。これらは腰部以下に石・鉄鏃が嵌入しており、背・側面からの遠距離殺傷がみられるⅢaタイプのものである。これに対し、Ⅲbタイプは胸や腕などから石鏃が出土するもので、Ⅲcタイプは多数の石鏃が人骨と共伴するものであった。いずれも確実な嵌入例はないものの、先にその出土状況から殺傷の可能性を指摘した。

ところで、弓矢を使用した遠距離戦闘に関する示唆的な考古遺物として防御用の盾がある。弥生時代の盾は大部分が大型の置盾であるが、この置盾には岡山県南方遺跡出土の打製石鏃が射込まれた例が知られており、弓矢攻撃の防御に機能していたことがわかる。このことから、弥生時代における遠距離戦闘が生じた場合は、置盾を置いて盾越しに矢を射合うといった集団間の戦闘方法が推察できる。中世でいうところの"盾突戦"である。この置盾の出土は近畿地方に多いが（芋本 1986）、近畿地方の弥生遺跡では、時として膨大な石鏃類（"戦闘石鏃"を含めて）が出土しており、古くより集団間の遠距離戦闘が行われていたことが指摘されている（佐原 1979）。

　本章の殺傷人骨でいえば、背後・側面から殺傷したⅢaタイプは、福岡県新町24号、長崎県沖ノ原人骨、福岡県塚崎東畑 K157 など、弥生早～前期の北部九州地方にかけて分布している。Ⅲbタイプの例は、兵庫県新方1号のほか、大阪府亀井2号、大阪府亀井6号、大阪府瓜生堂6号、大阪府巨摩廃寺2号、奈良県四分4号など弥生中期の近畿地方に多い。したがって、弥生中期の近畿地方では大量に鏃を消費するような集団間の戦闘があり、同地域を中心に分布するⅢbタイプの殺傷事例は、集団的な戦闘中に遠距離から矢、または流れ矢などで殺傷を受けた可能性が高いと考える。

　逆に、背後や側面から殺傷を受けたⅢaタイプは、集団間での戦闘結果であることを否定するものではないが、状況的には個人的な戦闘や暗殺などの可能性が高いと考えている。想像をたくましくすれば、Ⅲaタイプの殺傷は待ち伏せや背後から近づいた歩射であろうか。

　一方、ⅢcタイプはこれらⅢa、Ⅲbタイプと異なり、多くの石鏃が人骨と共伴しており、"何人もの手によって弓矢を射られる"といった特殊な状況であった。しかも、山口県土井ヶ浜124号、大阪府勝部2号、兵庫県新方3号などの人骨においては意図的に頭蓋が割られたような状況にある。特に土井ヶ浜124号では軟部組織が付着している段階で顔面を破壊されているため、きわめて凄惨な行為が行われたと考えられている（松下 2001）。これらの特異例から判断すると、松木武彦が分析したように「標的となった人物は固定されていたか、死後に遺骸に向けて射込まれたものと考えられる」（松木 2000）のであって、Ⅲc（新方）タイプは儀礼的な要素などがきわめて強かった可能性が高い。縄文時代

から古墳時代にかけては、遺体そのものを断体する儀礼行為が存在していたことも指摘されているが（田中良 2008）、兼康保明が指摘するような"王殺し"や"持衰"の殺害などがこれに類するのかもしれない（兼康 1996）。

もちろん、Ⅲcタイプの殺傷が戦闘で生じないとは断言できない。しかし、殺傷人骨が取り上げられる場合、戦闘と結び付けられる点が多かったことを考えると、儀礼的な可能性は大いに強調しておきたいところである。

Ⅳタイプの殺傷例は、至近・近距離専用武器（刀剣類など）と遠距離専用武器（弓矢）とが並存している殺傷例である。福岡県隈・西小田10地点K218号人骨では5つの石鏃が供伴するが、人骨には剣類の切先が刺入し、かつ頭部が切断されている。佐賀県高志神社SJ016においても寛骨に銅剣が嵌入し、同時に石鏃が供伴している。鳥取県青谷上寺地 No.E-1人骨においても銅鏃が嵌入し、後部に切傷が認められる。このため、Ⅳタイプでは、まず矢を射込み、剣でとどめを刺すという戦闘が行われた可能性がきわめて高いといえよう。もちろん、個人的な殺戮なのか、集団的な戦闘であったのか、リンチのようなものなのか、あるいは儀礼的なものであったのか、などについての判断はきわめて困難である。

たとえば、先にみた鳥取県青谷上寺地遺跡での110片の殺傷人骨には女性や子供のものも含まれ、かつ背部の創疵が多いものだった。これなどについては、註1にあるマリン族の"壊走"(1)などのような状況も想定可能であって、短絡的に"集団戦"と判断することはできない。ただし、近年では弥生時代の戦闘に関して集団戦を想定する論者が多い（橋口 1995、中橋 1999）。それらの点に関していえば、これまで検討した各型式のうちでは、Ⅳタイプが最も集団的な戦闘による殺傷の可能性が高いということはできるであろう。むしろ殺傷人骨において重視すべきは思ったよりも戦闘、特に集団戦と断定できる資料は少ないといった点にこそ、求められるかもしれない(2)。

Ⅳタイプそのものは弥生中期より認められている。類例は少ないものの、福岡県隈・西小田遺跡（中期・後半）や鳥取県青谷上寺地遺跡（後期）などで、集中的に多数の斬傷のある殺傷人骨（Ⅱaタイプ）が検出されているところである。もちろん、人骨の遺存状況などについては注意すべきであるが、弥生中期後半〜後期にかけて大量の殺傷人骨が1遺跡から出土するようになるのは、

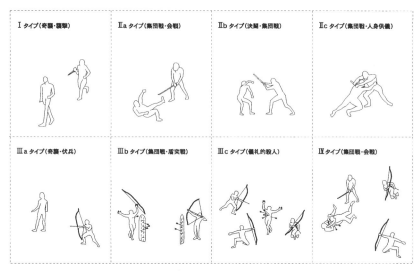

図4　各タイプの殺傷模式図

改めて注目しなければならず、弥生時代後半においては次第に集団的な戦闘の比重が高まっていくと推察しておきたい。

第4節　弥生時代の戦いの具体像

　弥生時代の戦闘像に関しては、資料上の制約から細部までの状況復元は不可能である。しかしこれまでの検討の結果から考察された殺傷行為を、一案として図4のとおり模式的に復元した。

　もちろん、殺傷方法の可能性は無限に考えることができるのであって、これはあくまでも一仮説（モデル）にすぎず、個々の殺傷例すべてがこれにあてはまるわけでもない。なぜならば、考古学的な型式分類では、最終段階を起点とする静的な結果としての、特徴を捉えた区分しかできないためにほかならないからである。しかしながら、弥生時代の戦闘や"戦争"とも形容される武力抗争の最大の根拠とされてきた殺傷人骨もかなりバラエティーに富んでおり、同時代の対人殺傷方法がきわめて多様であり複雑であった、と評価することはで

きるだろう。

　このことを念頭において、弥生時代の具体的な戦闘像を復元する考察を続けよう。そのためには、観念的な可能性を列挙するのではなく、文化人類学や歴史学的な諸事例を参考にして、実際の人間行動としての殺傷行為を検討し、武器が残存している現象に関して、可能な限り現実に即した仮説を提示していくことが重要である。以下ではこういった点に留意して、もう少し弥生時代の戦闘にこだわってみたい。

　さて、民族学・人類学の事例をみてみれば、伝統的社会の戦闘においてはさまざまな戦闘があり、段階的にエスカレートする場合が多い（註1参照）。そのような事例を参考にすると、多様な対人殺傷が認められる弥生時代の武力抗争もいくつかの段階があり、実際に集団的な戦闘にまで発展するのはきわめて稀だったのではないだろうか。民俗学・人類学の事例でみられるように、伝統的社会において頻繁に行われる戦闘は、報復闘争型の戦闘や儀礼的な戦闘である。多用される戦術としては"野戦"よりも"奇襲・襲撃・裏切り"などが多い（大林 1984）。

　西日本、特に北部九州の弥生時代早～中期にかけては、確実な人骨嵌入例（Ⅰ・Ⅲaタイプ）では"背後からの殺傷"が多く目立っていた。そのような殺傷方法がどのようなものであったのかを考えると、肉薄戦闘用の短剣で近づき、背後から強襲する殺傷状況が推定できる。代表的なスダレ遺跡の事例には、背後からの至近距離殺傷後、少なくとも2カ月ほどは余命を保った後に落命したという解剖学的所見があるので、組討などでとどめを刺されたというよりは突発的な殺傷行為の蓋然性も認められるだろう。

　これらの殺傷状況から、上記にあるような伝統的社会で多用された戦闘を類推することはできないだろうか。すなわち、背後から殺傷する事例の多い弥生時代前半の西日本一帯においては、"奇襲・襲撃・裏切り"といった数人単位の戦術こそが戦闘の中核をなしていた可能性が大きいと評価したいのである。

　一方、畿内地方の殺傷行為においては、弓矢による戦闘や儀礼の可能性が高いと考えたが、註1の例で参考になるものに矢合戦だけでは死傷者や負傷者が出ることが少ないという民族誌的な事実がある。

　一般には、弓矢などの投射武器よりも刀剣などの衝撃武器のほうが戦闘の威

力が高いといわれており（Turney-High 1971）、日本中世の戦闘においても射芸だけでは戦闘の決着がつかないため刀剣のほうが決死・決戦の武器であった（近藤好 1997）。南北朝時代の軍忠状を分析したコンランによると、太刀で切られた場合は半分、矢で射られた場合は5分の1が死に、槍（鑓）で突かれた場合は致命的であるという（コンラン 1997）。考古資料としても弥生時代の弓は縄文以来の丸木弓であって、相対的に威力・殺傷率ともに低いと考えられる。実験考古学の結果でも、確かに鏃の重量が重くなる（＝質量が大きい）ほど弓矢の破壊力は増すが、一方で矢の初速度が遅くなる（石井ほか編 2002）ため、弥生時代の戦闘石鏃では弓そのものの改良が伴わない限り、かなり接近しなければ軍事的効果を得ることは難しいといえよう。

　これらの諸条件を考慮すると、弥生時代において遠距離戦用武器（弓矢）が主体の戦闘が生じた場合、決定的な打撃力には欠けるのであって、徹底的な殺し合いまでには発展せずに限定的な戦闘、もしくは遊戯的・儀礼的な要素が高かったのではないかと推察することができる。[3]

　戦闘と遊戯を結びつけることは、現代人にとっては違和感があるかもしれないが、近代的な総力戦を除けば前近代の戦闘には"遊び・儀礼・賭け・競争"などの形式を装うことはきわめて多い（ホイジンガ 1989）。また、儀礼的な戦闘に関していえば、絵画土器にみられる戈と盾を持つような祭祀的な模擬戦（中村友 1987）が行われていたことも、考古学的に指摘することが可能である。

　これまで、弥生時代の戦闘観では"戦争"は弥生時代から、といった見解があり（佐原 1979）、殺傷人骨はその最たる証拠として受け止められてきた。しかしそれにも関わらず、具体的な戦闘戦術などに関してはほとんど検討されることはなかった。本章ではこれを具体的に検討したが、その結果では、弥生時代の対人殺傷はきわめて多様にして複雑であることが評価できた。特に弥生時代前半（早期～中期）の戦闘では"奇襲・襲撃・裏切り"や儀礼的な戦闘・殺人の可能性が高いことを指摘した。このような戦闘スタイルは、人類学・民族学でいう"未開戦争（Primitive War）"において特に頻繁に行われている戦術であって、弥生時代の大部分の闘争も、同じ性質の戦闘が行われたと評価したい。[4]

　ただし、弥生時代の中期後半～後期では、福岡県隈・西小田遺跡や鳥取県青谷上寺地遺跡などⅡ・Ⅳタイプの殺傷人骨がまとまって出土する例が知られて

おり、武器として威力の増した鉄器の殺傷痕も顕著になっていく。弥生時代後半から古墳時代にかけての農耕社会の再編成においては、規模が大きくなった集団的な戦闘も生起していった蓋然性が高いといえるだろう。

註
(1) 著名な南米ヤノマメ族は熱帯ジャングルで焼畑農耕を主として生活している。その最も無害な暴力は、誹謗中傷を原因とする"胸叩きの決闘"（chest-pounding duel）である。これは交互に胸を殴り合うものであり血を流さないといったルールが守られる。次の暴力レベルは"棍棒での闘い"（club fight）であり同じく交互に棍棒で頭を殴りあう。そして死者が出るようなことになれば"襲撃"（raid）に発展する。襲撃の目的は敵の数名を殺してみつからないうちに素早く逃れることにある。襲撃は報復襲撃を生み、数名単位の小競り合いのような襲撃が頻繁に続く。実際、ほとんどの戦争はこういった報復動機によって引き伸ばされる。究極の暴力レベルは"nomohoni"と呼ばれる裏切行為であり、偽って相手を饗宴に招き一気に多数を騙し討ちにする（シャグノン 1977、Chagnon 1983）。

　東ニューギニアのマリン族は焼畑農耕を主とするが、人口密度はヤノマメ族より高く氏族集団を基本単位としている。ここでは殺人・呪い・女性の誘拐・レイプなどを原因として争いが起きる。始まりは"なんでもない戦い"（noting fight）であり、敵対する2集団は置盾と弓で武装し横列に並び盾越しに矢を射かけあう。この矢合戦（bow-and-arrow fight）では遊戯的な性格が強く死者や重傷者が出ることは滅多にない。戦いがエスカレートすると斧・槍などが使用される"本当の戦い"（true fight）の"襲撃"（raid）や"壊走"（rout）に発展する。"襲撃"とは夜陰に乗じて敵の村を襲うものであり、敵の数名を殺害すると撤退する。"壊走"とは究極の戦いであり、敵の村を襲い火を放って男・女・老人・子供の見境なく殺戮する（Vayda 1976）。
(2) 武器と殺傷人骨との関係性から武器の使用方法と戦闘像を検討した。しかしながら、これらの考古学的な諸事実をいくら集めたとしても"集団"や"武力衝突"を直接的に証明することが非常に困難であることを自覚する必要がある。

　戦争を直接的に把握できるような考古資料としては、実際に戦闘が行われた戦場を発掘して証拠をみつけることが確実な研究方法である。戦場の発掘調査は戦場考古学（Battlefield Archaeology）という一分野として確立され、海外ではカスター将軍側が全滅したビッグ・ホーンの戦いやトルコのガリポリの戦場跡などが知られている。日本でも沖縄戦の塹壕、満州国の虎頭要塞、南洋諸島の戦跡などの調査が行われており、熊本県西南戦争遺跡は国指定史跡となり、長崎県原城跡の島原の乱の発掘調査からは多数の殺傷人骨が検出されている。

しかしこれら戦場考古学の事例は近現代のものが中心であって、通常、文献記録の残らない原始・古代の戦場を発掘調査で証明できるような事例はまず存在しない。文献史料により実際に戦場となったことが推定される中世城郭を実際に発掘調査しても殺傷人骨や武器が出土することは基本的にはなく、物質資料から戦闘の実像を直接把握することはきわめて困難であるとされる（中井 2010）。

また形質人類学（骨考古学）の立場から、殺傷（受傷）人骨のほとんどは埋葬行為が行われたものであり"戦争"と"諍い"を混同してはならないという指摘もされている（谷畑・鈴木 2004）。

(3) キース・オッターバインによれば武器の種類と社会の集積化にはある程度の関連が認められる。集権化された社会では投射武器（projectile weapon）よりも、衝撃武器（shock weapon）が使用される蓋然性が高い（Otterbein 1994）。そのため、至近・近距離武器が主体となる九州の戦いがより凄惨であり、激しい戦いは権力集中の発達をいち早く促した可能性も指摘できる。文化的背景としては尚武の気風を育み、荒々しい男らしさや残忍な攻撃性が褒め称えられる社会を想定する。北部九州のみでみられる首狩りや、青銅武器が大型化し、祭器として崇められるという考古学的事実は、そういった社会体系から説明することができるであろう。

一方、畿内では弓矢という遠距離武器が主体であり、戦闘の徹底性は低く、より儀礼的・スポーツ的な戦闘が主であったのではないであろうか。畿内では抑制的な暴力儀礼や小競り合い、または祭礼が徹底的な死闘を避ける文化様式を築いており、より緩やかな共同体（大畿内）として均衡を保っていたと評価したい。

(4) ハリー・ターニー＝ハイは"未開の戦争（primitive war）"が"真の戦争（true war）"を超える境界（military horizon）として1. 戦術的作戦（tactical operations）、2. 明確な指揮と統制（definite command and control）、3. 敵の抵抗を排し戦闘を遂行する能力（ability to conduct a campaign）、4. 明確な動機（the motive must have some clarity）、5. 十分な補給（an adequate supply）を挙げている（Turney-high 1971）。このターニー＝ハイの区別にはかなり理念的であるとの反論もあるが（栗本 1999）、ローレンス・キーリーも指摘しているように前国家段階の戦争と国家段階の戦争ではさまざまな点で異なっているという事実は残っているといえる（Keeley 1996）。

第2章　環濠集落からみた弥生時代における戦闘論の再検討

第1節　環濠集落をめぐる研究史

　弥生時代の具体的な戦闘像に関する言及は、これまで剣や矛といった代表的な武器よりも、石鏃や高地性集落・環濠集落などから検討されることが多かった。その結果、弥生時代の具体的な戦闘像は防御集落（環濠集落）を攻撃する集団戦闘というイメージで復元されるようになる。しかしながらこのような戦闘イメージは果たして正しいものであろうか。本章では環濠集落を考察することで弥生時代における戦闘論の再検討を行いたい。

　環濠集落（囲郭集落、環溝集落）とは"堀や溝で囲まれた集落"のことを指す。このうち弥生時代の環濠集落をはじめて考古学的に検討したのは鏡山猛である。鏡山はその遺構を"環溝住居趾"と称し「幾つかの家戸を構成要素とする住居集団の一地劃」として集落論の中で環濠を解釈した（鏡山 1956a・b・1958・1960）。

　他方、ほぼ同じ時期に小野忠凞によって高地性集落の研究が行われ、環濠の機能論（環濠機能＝防御用）に注目が集中されるようになると（小野 1951）、環濠集落に関する議論や歴史的な評価は、その防御性や戦闘に関する内容の比重が大きくなり環濠と戦闘論とが結びつく契機となった。

　1970〜1980年代を通じては、環濠の機能的な側面を防御性に求める見解が大勢を占めるようになり、環濠集落＝防御集落という図式から弥生社会の戦乱を政治的・社会的に解明しようとする研究が相次いで行われた。

　石野博信は低地の環濠の防御性についてはじめて言及し（石野 1973）、佐原真は環濠集落を「濠や土塁をめぐらす防御的なムラ」と説明した（佐原 1979）。

環濠集落を総括的に取り上げた都出比呂志も環濠の機能的な側面に注目し（都出 1983）、大規模な環濠集落に関しては"城塞集落"という用語を用いている（都出 1997）。森井貞夫も環濠集落と高地性集落の両者について、防御的機能を発達させた集落の意味で城塞集落の名称を使用しているが（森井 2015）、いずれにせよ環濠集落の防御集落としての評価が研究史上において注目されてきたといえる。

田中義昭の研究にあるように、集落論の枠組みで環濠を考察し"拠点集落"の概念を提示する研究もみられたが（田中義 1976）、しかしながら、環濠集落を取り扱う研究においては環濠集落や高地性集落の防御集落としての位置づけが重視され、弥生時代の戦乱的な様相を解明することに関心が集まることが多かったのである（森岡 1996、松木 1995b）。

これら研究の進捗と同時に、1980年代には大阪府池上・曽根遺跡や佐賀県吉野ヶ里遺跡の調査などで大々的な報道が繰り広げられ、環濠集落は国民的な注目も浴び、"弥生時代の集落＝環濠集落＝防御集落"という認識が一般化するようになっていった。

1990年代以降に至ると、環濠の機能を防御用以外に求める研究も多くなる。環濠の機能に象徴的な面を求めるもの（武末 1990、吉留 1994）、用・排水的機能を重視するもの（前田 1996）、集落や集団を維持するための機能的装置として環濠を評価するもの（岡本 1998、菅 1999、豆谷 2003、小出 2006）など多様な見解が示され、環濠集落を短絡的に防御集落とみなすことに対して再検討の機運が高まっている。

一方、弥生時代の集落研究そのものとしては先に触れた田中義昭の拠点集落論の他に、単位集団論や弥生都市論（乾 1996、広瀬 1998）、基礎集団論（若林 2001）などがあり、集落論の一分野として環濠集落を取り上げる研究が行われている。たとえば、関東において安藤広道が集落群の中での環濠集落を検討しているが、この対象は、関東地方の中の鶴見川流域が中心であってかなり地域が限定されている（安藤 2003）。

個々の遺跡や地域の研究は重要であるが、近年では環濠集落の集成（埋蔵文化財研究会・東海埋蔵文化財研究会 1988、大阪府立弥生文化博物館 2001）や韓国や中国など東アジアでの成果も広く知られるようになった（九州考古学

会・嶺南考古学会 1998、中村編 2001、朱永剛 2002、Nikitin ほか 2002、日韓集落研究会編 2009、李秀鴻 2015)。また各地域の事例研究では環濠のさまざまな特色も指摘されるようになるなど（片岡 2003、山崎ほか 2005、鳥取県教育委員会監修 2005）、全国的にも東アジア全域でも環濠集落の基礎的な資料の蓄積は非常に進んできており、環濠集落の全体像を検討することも可能になってきている。

　そこで本章では、環濠集落をやや鳥瞰的に概観し、弥生集落全体の中で環濠集落が占める位置について検討し、時期的・地域的な特色を抽出しながら、環濠集落の性格について検討したい。そして従来、防御集落として説明されることの多かった環濠集落の再検討を通して、弥生時代の具体的な戦闘イメージの是非について論じてみたい。

第2節　環濠集落の成立と展開

1．環濠集落の出現

　弥生時代において環濠集落が出現する背景には、朝鮮半島南部からの一系列だけのものではなく、より古い縄文時代以来の北方ルートと長江流域との関係が存在した公算が大きいという見解もある（寺沢薫 1999）。しかしながら、石器や土器など総合的な文化的所産から考えて、直接的な祖形としては韓国南部地域を源流とするのが妥当であろう。

　韓国における環濠集落について、李秀鴻の集成によれば青銅器（無紋土器）時代～三韓時代の 48 遺跡が挙げられている（李秀鴻 2015）。なお、李秀鴻は上村里遺跡、八達洞遺跡、芳基里遺跡の環濠とされている遺構は、単なる溝や近代の遺構などが想定されることから集成から除外しているが、付表1の集成では、参考の意味も兼ねて上記遺跡も含めている。

　さて韓国の環濠について、日本列島の最も古い板付遺跡の環濠と比較してみると、韓国では大栗里遺跡のように比較的古い環濠が清原でみつかっているものの、環濠の大部分は蔚山（検丹里、明山里）、大邱（東川洞）、昌原（南山）、晋州（大坪里玉房）などの嶺南地方、かつて慶尚道と呼ばれていた朝鮮半島南東部に集中している。

図5　韓国の環濠集落（遺跡）と日本の早期〜前期（前半）の環濠が指摘される遺跡
　　（番号は付表1と対応）

　立地条件については、小地域ごとに異なる傾向があり、蔚山地域は丘陵地域での、晋州地域は低地地域での環濠が多い。一般的な傾向としては丘陵上に立地するものが多いが、南山遺跡のように比高90mにも達する高地性の遺跡も含まれている。このような占地は低台地（11m）に立地する板付遺跡と比べると一つの相違点である。

　環濠の平面形態としては、李秀鴻によれば卵型から円形、多条溝など8形態に分類され時期的な差異が推定されている。日本の環濠集落との関係が最も深い無紋土器中期（青銅器時代）の環濠は119×70mの卵型の楕円形を示す検丹里遺跡が最も典型的な形態であって、概ね日本列島の初期環濠は韓国のものと類似している。環濠の断面形がⅤ字溝主体である点も日韓の環濠に共通する。

　このように日韓の環濠には相違点も認められるものの共通する要素が多く、日本列島における環濠の源流は韓国のものに求めることができる。こういった韓国の環濠集落が嶺南地方などを中心に比較的局地的な集落分布を示すことは、日本列島の環濠集落を考えるにあたって非常に重要である（図5）。

　日本列島において弥生時代早期〜前期初頭（夜臼〜板付Ⅰ式期）で環濠と考

えられる遺構が検出されたものは福岡県江辻遺跡、福岡県那珂遺跡群、福岡県有田遺跡群、福岡県板付遺跡、福岡県上岩田遺跡、福岡県東郷登り田遺跡、福岡県今川遺跡、佐賀県小楠遺跡などである。しかし福岡県江辻遺跡の溝は非常に小規模で集落の周りを全周しないことも明らかになっており、環濠集落ではない可能性が高い。その他でも集落構造の明確なものはほとんど存在せず、現在の発掘成果では弥生時代早〜前期初頭の環濠集落はほぼ皆無であるか、非常に少数であったと評価せざるを得ない。

万人が納得しうる最古の環濠遺構を検出した板付遺跡においても肝心の住居群が環濠内から検出されておらず、住居群については削平されたとする立場（山崎純 1990）と、住居が当初より存在したことに疑問をもつ立場（片岡 2003）があるなど、集落構造としては不明瞭な点が多い。

その他の、比較的早い段階における確実な環濠として福岡県大保横枕遺跡の二重環濠が挙げられる。この環濠は板付Ⅱa式古段階以降に掘削されているが、大保横枕遺跡の環濠内には貯蔵穴やピット、そして環濠掘削前と後世の住居跡が存在するものの、報告書によれば環濠が維持された段階の住居跡は存在せず、むしろ環濠外（南側）に住居が展開しており、環濠内部には同時期の住居が存在していた可能性は低い。

日本列島における環濠そのものについては、近年研究が盛んな^{14}C 年代を採用すると（藤尾 2013）、弥生時代の開始（早期：紀元前 10 世紀後半〜前 9 世紀中頃）よりやや遅れた前 9〜8 世紀頃には確実に出現していたと判断される。しかしながら弥生時代早〜前期の 300 年の時間幅において、北部九州で環濠の可能性が高い遺跡は数例で、多くても 10 数例にすぎないのが実情である。

大保横枕遺跡のように弥生時代初期の環濠内には集落が存在していなかった可能性が高いが、もしこれらを集落（環濠集落）と仮定したとしても、環濠を伴う遺跡の数は限られるために、弥生文化が開始された段階においては環濠を巡らす集団と巡らさない集団とが併存しており、環濠集落そのものは少数派の、きわめて特殊な集落形態であったと評価することができるであろう。

弥生時代前期後半〜中期初頭、いわゆる環濠集落は爆発的に増加し、その分布も九州から中国、四国、近畿、東海まで拡大するとされてきた。しかし北部九州の福岡県葛川遺跡、福岡県大井三倉遺跡、福岡県光岡長尾遺跡、福岡県横

隈北田遺跡、福岡県横隈山遺跡、福岡県彼坪遺跡、福岡県神手遺跡、福岡県大硴遺跡、佐賀県八ツ並金丸遺跡、山口県綾羅木郷遺跡、山口県吉永遺跡、山口県下東遺跡、広島県大宮遺跡、愛媛県岩崎遺跡などの環濠内部における発掘成果からすれば、環濠内に同時期の住居がみられる例、すなわち環濠（大溝）が集落を巡るという集落景観を復元できる事例はほとんどない。むしろ事実としては環濠内には住居がみられず、貯蔵穴群のみが検出される事例が圧倒的に多いのである。

　貯蔵穴専用環濠の存在は早くより指摘されていたが、前期後半の北部九州〜瀬戸内東部地域においては、貯蔵穴専用環濠こそが一般的な環濠のあり方といえる。[1] 佐賀県吉野ヶ里遺跡など環濠を伴う集落の存在も確実であろうが、当該地域の弥生集落全体から勘案すると、環濠を有する遺跡そのものが部分的である上、さらに住居群を伴うもの（環濠集落）となると、その存在はきわめて特殊な事例といえる。

　弥生時代前期後半〜中期初頭の山陰地域の環濠においても、積極的に集落とされるものはほぼ皆無である。島根県田和山遺跡、鳥取県清水谷遺跡、鳥取県天王原遺跡などの調査成果では環濠内部には貯蔵穴さえもなく、極端にいえば何もない空白地を環濠で囲っているものが目立つ。日本海側の兵庫県東家の上遺跡、京都府扇谷遺跡、京都府途中ヶ丘遺跡でも環濠と考えられる大溝が検出されているが、トレンチ調査が主で環濠内部の住居群の様子はよくわかっていない。

　確実な環濠集落、集落域を溝が巡っていると考えられる遺跡をまとまって認めることができるのは瀬戸内東部〜近畿地方にかけてである。当該地の環濠集落は低地に立地し溝の断面形態はU字溝、多条溝を指向するなど、台地に占地しV字溝を巡らす北部九州や山陰の環濠とはまったく異なった様相を示す。

　瀬戸内東部の最も古い（Ⅰ様式古〜中）環濠集落の一つとしては兵庫県大開遺跡が挙げられ、岡山県百間川遺跡、岡山県清水谷遺跡、香川県龍川五条遺跡、香川県中の池遺跡、香川県鴨部・川田遺跡、香川県鬼無藤井遺跡などで住居群や遺構群を取り囲む環濠が報告されている。これより東の近畿地方では大阪府田井中遺跡、大阪府池上・曽根遺跡、奈良県唐古・鍵遺跡、和歌山県堅田遺跡、京都府雲宮遺跡、三重県大谷遺跡、三重県永井遺跡などの環濠内には住居群や

図6　弥生時代前期（後半）環濠の地域性（番号は付表1と対応）

ピット群が検出されている。三重県筋違遺跡、愛知県山中遺跡、愛知県松河戸遺跡などでも前期の環濠がみつかっているが住居群の構造がよくわからず、環濠集落になるか否かは今後の調査が必要であろう（図6）。

　上記のように農耕文化が日本列島に成立するとされる弥生時代早～前期については、一時期における同時代の遺跡や集落全体を考慮すると、環濠集落の数は決して多くはなく分布も偏在的でやや特殊な集落形態であったと評価することができるであろう。

2．環濠集落の展開

　弥生時代中期以降の環濠については地域差がきわめて大きいため、以下に地域ごとに概観する。

(1) 九州地域

　北部九州では前期末に多数みられた貯蔵穴専用の環濠は中期初頭までにほぼ廃絶し、中期を通じては佐賀県吉野ヶ里遺跡や長崎県原の辻遺跡などの若干例

を除いて環濠は発達しない。この地域において環濠集落が顕著になるのは弥生時代後期以降である。

　九州における後期の環濠は実に多様で、非常に小さい円形の環濠（佐賀県原古賀三本谷遺跡）、小さい方形の環濠（福岡県野方中原遺跡、福岡県比恵遺跡、福岡県穴江塚田遺跡）、大型の方形環濠（佐賀県千塔山遺跡）、平地の大型円形環濠（福岡県今宿五郎江遺跡、福岡県平塚川添遺跡、福岡県雀居遺跡）、高地性の小さな環濠（福岡県西ノ迫遺跡）、台地上の大型環濠（熊本県蒲生上原遺跡）丘陵上の大型環濠（熊本県西弥護免遺跡）など実にさまざまである。また佐賀県吉野ヶ里遺跡や長崎県原の辻遺跡など、前期から営まれている環濠集落は弥生時代後期に最も大規模化する。

(2) 中国・山陰地域

　中国・山陰地域でも貯蔵穴専用環濠や、空白地を囲っていたような環濠は中期初頭までにほぼ廃絶する。山口県下では突抜遺跡、宮ヶ久保遺跡、朝田墳墓群、岡山遺跡など中期の環濠集落や高地性集落がやや集中的にみられるが、特に大規模なものや安定的に長期にわたる集落は存在しない。弥生集落全体に占める環濠集落の数も少なく、広島県助平2号遺跡や鳥取県妻木晩田遺跡、兵庫県大盛山遺跡など、前期末にみられたような空地を囲む環濠遺跡が中〜後期を通じて散発的に現れる他は環濠集落をあまりみることができない。

　島根県では古志本郷遺跡などで後期の環濠集落の指摘がある。しかしそれらの遺跡では大溝が確認されるものの、乱流的な溝や自然流路の自然堤防上に集落が占地している状況であって、確実に集落を巡っているのかについては詳細な検討が必要である。

(3) 近畿地域

　瀬戸内東部〜近畿地方にかけては前期末の環濠集落が一定数認められたが、瀬戸内東部では中期初頭までに環濠のほとんどは廃絶する。

　一方、近畿地方においては大阪府池上・曽根遺跡、和歌山県太田・黒田遺跡、奈良県唐古・鍵遺跡、奈良県多遺跡、奈良県平等坊・岩室遺跡、奈良県坪井・大福遺跡など、主に前期から環濠集落として継続する遺跡で円弧を描くような大溝が多数検出されている。それらの環濠集落は平面規模が300〜500m以上のきわめて大規模な集落であるのが特徴で、沖積低地上に営まれ多条環濠の例

が多いという特色を示す。

　近畿南部の環濠集落は中期末に最盛期を迎えるが、滋賀県下之郷遺跡、滋賀県服部遺跡、滋賀県下鈎遺跡など近畿北部ではやや遅れて中期末〜後期に大規模化している。

(4) 関東・中部地域

　東日本での弥生中期中頃以前に遡る環濠の検出例は少なく、静岡県西通北遺跡、神奈川県中里遺跡、埼玉県池上遺跡などで検出された溝において環濠の指摘もなされている。しかし内部構造が不明で環濠とするのに否定的な見解もあるなど、明確な環濠集落はほぼ皆無といってよい。

　弥生時代中期末の段階では、西日本では確実な環濠集落は少ないが、これに反して関東地方では、環濠集落が爆発的に増大する。

　神奈川県朝光寺原遺跡、神奈川県大塚遺跡、神奈川県権田原遺跡、神奈川県砂田台遺跡、東京都飛鳥山遺跡、千葉県国府台遺跡、千葉県大崎台遺跡、千葉県道庭遺跡など、関東地方の環濠集落は概ね等質的である。径100〜200mほどの集落規模、台地上に掘削されたV字溝、環濠内にみられる数十棟の竪穴住居、環濠外に存在する方形周溝墓群の墓域という点でほぼ共通する。

　東海・中部地方では、愛知県朝日遺跡など大規模な環濠集落もみられるが、それは例外的な存在である。愛知県梅坪遺跡、愛知県見晴台遺跡、愛知県三王山遺跡、愛知県猫島遺跡、愛知県伝法寺野田遺跡などのように、環濠は径100〜150mほどの中・小型のものが多く、近年の調査では三重県堀町遺跡、三重県天王遺跡、愛知県赤日子遺跡など、後期の環濠が数多く報告されている。

　また北陸地方では後期を中心に石川県杉谷チャノバタケ遺跡、新潟県裏山遺跡など高地性の環濠集落が目立つ。

第3節　環濠集落の評価

1. 環濠集落の分類

　以上、環濠遺跡・環濠集落の実例をみてきた。ここでは以下の視点から環濠遺跡・環濠集落の大まかな分類を行ってみよう。

　まず、遺跡の構造上を集落（Ⅰ）と非集落（Ⅱ）とに大別した上で、集落の[2]

表2 環濠集落・環濠遺跡の分類一覧

類型	性格	遺跡数	割合
Ⅰ-a1	小型低地集落	33	17%
Ⅰ-a2	小型台地集落	42	21%
Ⅰ-a3	小型高地集落	16	8%
Ⅰ-b1	中型低地集落	11	6%
Ⅰ-b2	中型台地集落	25	13%
Ⅰ-b3	中型高地集落	3	2%
Ⅰ-c1	大型低地集落	13	7%
Ⅰ-c2	大型台地集落	4	2%
Ⅰ-c3	大型高地集落	5	3%
Ⅱ-a1	小型低地非集落	9	5%
Ⅱ-a2	小型台地非集落	21	11%
Ⅱ-a3	小型高地非集落	9	9%
Ⅱ-b1	中型低地非集落	0	0%
Ⅱ-b2	中型台地非集落	1	1%
Ⅱ-b3	中型高地非集落	3	2%
Ⅱ-c1	大型低地非集落	0	0%
Ⅱ-c2	大型台地非集落	1	1%
Ⅱ-c3	大型高地非集落	0	0%

規模を小型（a）、中型（b）、大型（c）に分け、また農耕を行う上で重要な立地の条件から低地（1）、台地（2）、高地（3）に分類する[3]。これらの組み合わせによって環濠集落・環濠遺跡は理念的にはⅠ-a1型からⅡ-c3型まで18類型に分けることができる（表2）。

環濠内から住居などが認められず、貯蔵穴や土坑、空白地のみであるものは非集落の環濠遺跡（Ⅱ型）として大別しておいたが、貯蔵穴専用環濠などの性格としては除湿・対獣対策などの環濠を、何もない空白地を環濠で囲っているものなどについては、特別な区域を聖別するような象徴的機能を考えており、集落域を堀や溝で囲む環濠集落とはまったく異なる特殊な遺構の性格が想定される。

付表1でまとめておいたように、環濠を伴う遺跡の可能性が高いもので管見に触れたものは約300遺跡、分類できた日本列島内の遺跡数は196遺跡であるが、このうち非環濠集落（Ⅱ型）は44遺跡にも及び、明確な環濠遺跡全体数（196例）の22％を占めている。

従来、環濠集落として一括されてきた遺跡においても非集落の環濠遺跡が多いのであり、このことは"環濠集落＝防御集落"という説明の多かった環濠の機能を考える上でも重要であって、弥生時代の恒常的な戦闘状況の表れとして環濠集落が位置づけられてきたことの再検討が必要であろう。

では環濠集落の存在はどのような意味があるのだろうか。環濠集落（Ⅰ型）の中で最も多いものはⅠ-a2型（小型台地の集落）で、次いでⅠ-a1型（小型低地集落）、Ⅰ-b2型（中型台地の集落）の順となる。

このうち、小型低地の環濠集落は前期後半の西日本に多く環濠の断面がU

字型を呈し、中型台地の環濠集落は中期末～後期の関東地方に多くV字溝となるなどの差異はあるものの、農耕文化が開始された弥生時代という歴史性から考えると、東西それぞれの地域において本格的に農耕文化が定着した段階（西日本では前期末、東日本では中期末～後期）に出現する集落という共通項を有している。環濠集落の類型のうちで最も多いのはこのような社会的背景の下で成立した集落であり、これは環濠遺跡全体の約半数を占めている。

西日本における農耕文化定着期の環濠集落は概ね小規模で、土器型式が1型式程度の短期間のものが多い。たとえば兵庫県大開遺跡（Ⅰ-a1型）の環濠集落は畿内第Ⅰ様式古段階から中段階に営まれ、集落規模も最大で長辺70m、環濠内の主要遺構は竪穴住居4棟、貯蔵穴11基であって、その集落人口も30～40人規模を超えることはないであろう。西日本における弥生時代初頭の非常に小さな農耕集団が営んだ集落類型の一つといえる。

一方、関東地方で農耕文化が本格的に定着する中期末～後期に出現する環濠集落はやや規模が大きい。著名な神奈川県大塚遺跡（Ⅰ-b2型）の規模は200×130m程度で、竪穴住居85棟、掘立柱建物10棟、土坑7基などが検出されている。竪穴住居の6割に重複関係があるため1時期には概ね150人程度の人口が想定されているが、関東地方の環濠集落も短期間であるものが多く、大塚遺跡も中期後半（宮ノ台期）の期間内に成立・展開・終焉を迎え、断面V字状の環濠も早くより機能を停止している状況が発掘調査により明らかにされている。

2．環濠集落の評価

環濠集落の変遷を検討した結果、西日本においても東日本においても，農耕文化が本格的に定着する段階で、中小の農耕集落と思われる環濠集落が各地域で出現する事例が多いことを明らかにした。このため、環濠集落の大部分は"農耕文化開始期における初期の農村"という歴史的な意義が付与できるであろう。

ただしこれまでみたように、環濠集落は源流となる韓国地域においても局部的な集落であり、その後の日本列島内における展開においても常に希少な集落形態であった。したがって、農耕文化が定着する場合に必ずしも環濠集落が成立するのではなく、分布の地域差が顕著であることに注意が必要である。

たとえば2006年の『弥生集落の成立と展開』の中では西日本で住居が認められる遺跡（＝集落）として755遺跡が集成されているが（埋蔵文化財研究会2006）、このうち環濠を有する可能性の高いものとしては約70余例で、集落総数の10分の1にも満たない。農耕文化定着期の環濠集落は、集落群全体でみれば希少な事例というのが実情である。
　分布においても環濠集落の偏在性が顕著である。西日本各地において農耕文化が本格的に定着していく弥生時代前期後半をみてみると、環濠集落が顕著なのは瀬戸内東部～近畿地方にかけてであって、北部九州から瀬戸内西部にかけては貯蔵穴専用の環濠が多く、山陰地域は空白地を環濠で囲み、それら以外の地では環濠そのものがみられない、といった地域的な差が大きい。
　弥生時代中期以降は農耕文化の定着がより東に延伸するが、中～後期における環濠集落は関東南部に集中し、中部地域や北陸地域、もしくは関東以北の農耕文化定着段階に環濠をほとんどみることができないのとは対照的である。
　日本列島における農耕文化開始期には、各地域において中・小の環濠集落（農耕集落）が築かれた傾向を認めるが、しかしながら農耕文化開始期の諸集団の中には、環濠集落を軸として成立する集団と環濠を営まない集団とが並存しており"標準的な弥生集落＝環濠集落"というイメージに反し、むしろ環濠集落を営んだ集団は少数派を占めるものであったと評価することができる。
　すなわち、日本列島に農耕文化が定着する過程においては、文化の伝播とともにさまざまな諸集団が移動・拡散していったと考えられる。各集団においては共同体の伝統的系譜や文化的背景がそれぞれに存在しており、そのうちの一部の特定的な農耕集団たちが、自らの出自（アイデンティティー）や、他集団への防御意識などから、居住域と他とを区別・区画するために環濠を掘削したと考えられるのである。
　特に関東地方の農耕文化定着期（弥生時代中期～後期前半）における環濠集落は方形周溝墓とセットで台地上に築かれ、規模や構造も均一性の高いものが多い（Ⅰ-a2やⅠ-b2型）。しかしながら、そのような関東南部においても、環濠集落は決して均等には分布しない。
　中期後半においては神奈川県横浜市域、千葉県市原市域などの一帯に集中的に環濠集落が分布し、対して東京、埼玉地域では、むしろ後期を中心に環濠集

落が分布するなど、集中する地域や時期に差異が認められているのである。これらの事実からしても、環濠集落はさまざまな小集団の中でも、集落に環濠を巡らすという特定の文化的背景を有する農耕集団たちによって営まれた可能性が高いといえるであろう。

3．高地性集落と環濠との関係

　環濠全体（196 例）の中で、その立地が高地性を示す割合は 20% となるが、高地性の中の内訳としては環濠集落は 15%、非環濠集落は 5% である。

　このうち、広島県助平遺跡（Ⅱ - a3）で典型的にみられるような高地性の非環濠集落における環濠は、聖域や空白地を取り囲むという特徴があるため"集落を守るための環濠"という概念はあてはまらない。それが防御的な観念の発露であるとしても、むしろ環濠の機能としては区画や象徴的な意味合いが強いと考えられるからである。

　ところで、高地性集落そのものについて、都出比呂志は急峻な山頂や尾根上に立地する水稲栽培に不便な場所のもの（A 型）と平地との比高差の少ないもの（B 型）とに細分し、寺沢薫も比高 40 m 以上の①類型と、それ以外の②類型とに区分している（寺沢薫 1978）。このため、高地性の集落については、その様相や性格が多様であって、仮に高地性（の環濠）集落を戦闘に起因する集落とみなした場合においても、これを直接的な戦闘用とみなすか、避難用とみなすか、通信用とみなすかなど、その用途によって復元する戦闘の実像が異なってくるだろう。この違いは弥生時代の具体的な戦闘像を考える上では非常に重要である。

　本章で検討した分類にもとづけば、高地性の環濠集落については平面規模が 150 m 以下の小型の環濠集落が多数を占め、中・大規模の環濠集落は比較的少ない。また小型の環濠集落については防御的な機能の要素が強いものと、住居は存在するが生活の痕跡が希薄で、のろし台や見張り台のような、集落というよりも非定住的な特殊な機能をもつものとの両者が認められる。

　防御的な要素が強いものとしては石川県杉谷チャノバタケ遺跡が挙げられる。チャノバタケ遺跡は A 地区の第 1 環濠と C 地区の第 2 環濠があり、住居の大半が火災住居で罹災するなど緊迫した様相を示している。麻柄一志が調査し

た成果によると、北陸地方の高地性集落には火災住居が多く、かつ火災住居が高地性集落の出現と軌を一にして急増していることから、これらを実際の戦乱に起因した現象だと推定している（麻柄 1999）。

　一方、同じ高地性の環濠集落においても集落というよりも非定住的な特殊な機能（のろし台や見張り台）をもつ遺跡も存在する。一例を挙げると、福岡県西ノ迫遺跡は見晴らし良好の標高 100～131 m という急峻な地形に深い濠を巡らしている。しかしながら、環濠の規模は 35 m と非常に小規模なもので、環濠内からは住居跡が検出され、煮炊き用の甕も検出されているものの、出土遺物がきわめて少ないことから、調査報告者は「生活臭がない」と表現し、生産・埋葬・定住生活を欠いた目的遂行のためだけの特別施設、具体的にはのろし台のようなあり方を想定している。高地性集落ののろし台的な機能は早く都出比呂志が指摘しており（都出 1974）、また中期に多い瀬戸内沿岸の高地性集落については、伊藤実が山上から航路を監視するような機能を想定している（伊藤実 1991）。

　他方、中・大規模な環濠集落については集落規模も大きく複雑であることから単なる防御用、戦闘用と一概に規定することは難しい。たとえば、大阪府観音寺山遺跡は丘陵尾根の広範囲に及ぶ大集落で、100 棟を超える竪穴住居跡が検出され、石鏃や尖頭器、投弾といった武器が多く、一定の緊張した社会状況がうかがえる。反面、敲石や磨石といった堅果類を食用にするための道具をはじめさまざまな生産活動の痕跡が存在しているため、環濠が築かれた集落の成立初期には防御的な機能が想定されていたかもしれないが、環濠は短期間に埋没し、その後は山上の生活に適した、堅果類を主とする通常の安定した集落が営まれたと考えられている（若林 2013）。

　以上のように、通常の農耕を生業とするには不適な高地性における環濠集落についても、そのすべてを単純に"環濠＝防御用"とみなすことは難しく、環濠で守られた集落を集団で攻撃するようなイメージの戦闘像を復元できる遺跡はきわめて少ないのが実情である。かといって、何らかの社会的緊張や防御といった戦乱が想定できる高地性環濠集落も確かに存在していることから、環濠をまったく防御とは関係がないとみなすこともまた困難であるというジレンマに陥ることになる。

近年の高地性集落論では、多角的にその性格が追及されているが（森岡 2002）、高地性の環濠集落についてもきわめて多義的な様相が認められるのであって、これまでの研究で多かったように環濠集落や高地性集落を無条件的に防御用とみなし、そこから弥生時代の戦闘像を描く方法についての再検討が必要であることだけは確実であろう。

第4節　環濠集落と弥生時代の戦闘像

　前節において、環濠集落の中で大多数を占める中・小型の低地・台地に存在する環濠集落は、その特定の文化的なアイデンティティーを背景とする初期農耕民の集落であると評価した。

　それ以外の環濠集落については、防御的な機能を完全に否定するものではなく、高地性集落としての環濠集落の中には防御的な機能を多分に有するものも存在している。しかしそれでも弥生社会全体で判断すると、弥生時代の集落像を決して"環濠＝防御用＝戦闘"という図式で一般化することはできない。

　すなわち、武器や殺傷人骨が多い地域（北部九州）では集落に伴う環濠が少なく、逆に武器や殺傷人骨など戦闘の痕跡がほとんどみられない地域（南関東）では環濠集落が発達するという事象は、これまで"環濠集落＝標準的な弥生集落＝防御集落"として説明されることが多かった環濠集落の図式が決して妥当ではないことを示している。

　既往の研究では、弥生時代の始まりについて稲作の開始・武器の出現・防御集落（環濠集落）がほぼ同時期に始まるとされ、"弥生時代の開始＝戦争の開始"という大命題が樹立されてきた（春成 1990a、佐原 1992）。しかしながら"環濠集落＝標準的な弥生集落＝防御集落"といった一般図式が支持できない以上、農耕社会の開始とともに普遍的に集落が防御状態にあるような戦闘が始まったという、戦争の開始についてのパラダイムは転換されなければならない。

　もちろん、筆者は環濠のすべてが戦闘と無関係であると主張するものではなく、そもそも弥生社会は武器が出現し戦闘が本格化した時代である、という歴史認識はこれを追認するものである。しかしながら環濠集落の意義は、それを単に防御集落としてのみ解釈できるのでなく、初期農耕民たちの文化的な象徴

機能といった側面も重視しなければならないことを強調したい。

　議論を、本書の課題である戦闘との関連性に限定すれば、第 1 章でみたように弥生時代の戦闘形態は、奇襲や待ち伏せによる小規模で散発的な戦闘が主流であったと評価したい。そして弥生時代においては普遍的に集落が環濠による防御状態にあるという従来の戦闘像や、こういった戦乱を"倭国乱"といった政治的な現象と直接的に結び付けるイメージは、これを改めなければならないと結論づけるものである。

　註
(1) 竪穴住居の存在がない点については削平されたとする見解が根強いが、北部九州の大多数の環濠内に住居跡の形跡が認められず、竪穴住居が認められる削平のない遺跡においては環濠が認められないことから、特殊な住居形態であったか、もしくは当初から住居が存在しなかった可能性が高いであろう。
(2) 集落概念については、地理学や民俗学では単なる居住域だけを意味せず、ムラ（集落）・ノラ（耕地）・ヤマ（山野）を含む広範囲を社会的統一体とみる見方が強い（福田 1980）。しかし限られた面積の発掘調査に依拠する考古学においては、そのような景観復元は不可能である。そのため、本書では住居群（竪穴住居・掘立柱建物）などの遺構が検出された地点を"集落"として把握する。そして溝によって同時代の住居群が囲まれた遺跡を"環濠集落"とし、集住の痕跡がない、非集落的な景観の環濠を"環濠遺跡"とする。
(3) 小型 (a) とは集落の平面規模（長辺）が概ね 150 m 未満のもの、中型 (b) とは 150〜300 m 程度のもの、大型 (c) とは 300 m 以上のものとし、低地 (1) とは沖積平野などに立地するもの、台地 (2) とは比高差 30 m 未満で海岸段丘や河岸段丘などに立地するもの、高地 (3) とは比高差 30 m 以上で丘陵や山地に立地しているものである。

第3章　副葬・生産・保有の様相からみた弥生集団の武装度

第1節　弥生時代の武器をめぐる研究史

　弥生時代は定型的な武器が出現する時代であり、石製・青銅製・鉄製の各種武器が認められるようになる。本章では、これら武器の副葬や生産、出土状況などの諸相を検討することで、弥生時代における武器の社会的な価値体系や、武器の保有階層を推定し、このことを通じて弥生時代における武装集団について考えてみたい。

　さて、弥生時代の墓域から出土する武器としては、主に北部九州地域において早・前期には磨製石鏃・石剣があり、中期初頭～中期後半は青銅製の銅剣・銅戈・銅矛が副葬され、中期後半以降は鉄剣・鉄鏃などの鉄器が副葬される。

　これら弥生時代の武器に関して、その研究初期においては武器の実用性に疑問を呈する見解が多数を占めていた。細型の銅利器については武器とみなす立場もあったものの、戦闘や軍事組織を研究する以前に、そもそも弥生時代の武器が実用的な武器か祭器かをめぐって議論が行われた。この頃は積極的に戦闘形態や武装集団論を検討する視点が未成熟であったといえよう。

　1951年に小野忠凞により高地性集落を分析した『島田川』の報告書が刊行され、1964年に『紫雲出』の報告書において佐原真が石製武器の発達を論じることで、弥生時代の戦争に関する研究の萌芽が生まれた。これ以降、弥生時代の戦闘論は主として高地性集落や環濠集落、石鏃の大型化現象といった側面から検討されることになるのである。

　1990年代以降に入って、橋口達也は石製武器の使用痕跡（石剣の研ぎ直し）や人骨に嵌入した武器を詳細に分析し、従来、宝器と目されるような武器型の

遺物が実用の武器であることを明確にしたが、このことから、ようやく剣・矛・戈を用いた弥生時代の具体的な戦闘像を分析する環境が整備されるようになった（橋口 1992）。近年においては大藪由美子による骨切創の実験的研究や（大藪 2008）、青銅武器の使用痕跡の分析（柳田 2014）からも、青銅製武器の実用具としての側面に注意が向けられている。

これ以降、弥生時代の具体的な戦闘像の検討が進むものの"倭国乱"という文献的な史料の影響が非常に大きく、弥生時代の戦闘の背景に関しては政治的、あるいは経済的な、やや観念的な解釈が志向される場合が多く、具体的な軍事組織像に関する学術的な検討について言及されることはきわめて少なかった。このことは、古墳時代の軍事組織像の復元が熱心に取り組まれたこととは対照的なあり方をしている。

もちろん、弥生時代の軍事組織や武装集団像を直接的に復元する考古資料は皆無であるが、これまでの発掘調査事例や実証的な研究の蓄積によって、武器をめぐる生産や副葬の状況に関する知見は飛躍的に増大している。また近年では武器を体系的に検討することで階層・地位など、その社会的な背景を検討した寺前直人の研究に代表されるように、武器を介してその社会性や集団性を検討することの有効性が示されている（寺前 2010）。

これらを受け、本章では武器を媒介とした社会や集団性の解明という研究方法により、弥生社会における武器の取り扱いや価値的な背景を想定し、弥生時代の軍事的な諸関係の問題に取り組みたい。

第2節　弥生時代の武器副葬にみる武器の社会的価値

1．弥生文化開始期における石製武器の副葬とその社会的背景

弥生時代はその開始段階より定型化した武器が存在する。弥生時代早期の佐賀県菜畑遺跡は水稲耕作に関連した生産遺跡であるが、この遺跡から大陸系の磨製石剣や磨製石鏃など、実用的な石製武器が出土している。

磨製の武器形石器は、大陸では遼東半島から朝鮮半島にかけて分布するものと同型式であり、日本列島における最も古いものとしては佐賀県菜畑遺跡の山の寺式・夜臼Ⅰ期の包含層から磨製石鏃が、夜臼Ⅱa期の包含層から磨製石剣

が出土しており、夜臼Ⅱb・板付Ⅰ期には北部九州を中心に広範囲に磨製石剣が出土する。

　また、西日本に分布する大陸系磨製石器の組成としては武器（磨製石鏃、磨製石剣）と並んで生産用具（石包丁・石鎌）や工具（伐採斧、加工斧）の存在が知られている（下條 1991）。このことから、巨視的な視点にたてば弥生文化（農耕文化）成立期の農耕民たちは、農耕のための生産具や、道具製作や開発行為に必要な工具を保有すると同時に、戦うための石剣や石鏃で武装した集団であったと評価することができる。

　単に武器を保有するだけではない。福岡県雑餉隈遺跡では第15次調査において石剣や石鏃が副葬された4基の墓が検出されており、それぞれ有柄式磨製石剣や有茎式磨製石鏃が副葬されていた。また、板付Ⅰ式古段階の福岡県田久松ヶ浦遺跡でも有柄式磨製石剣や有茎式磨製石鏃を副葬した墓が検出されており、弥生時代早期には個人を埋葬するに際して武器を副葬するという社会的行為も行われていたことは確実である。

　磨製石剣を副葬する風習は朝鮮半島に起原をもち、大陸系磨製石器の流入とともに北部九州に成立したものと考えられる。嶺南地域の墳墓出土の磨製石剣を分析した平群達哉は、嶺南地域での石剣の副葬行為について、その副葬位置から佩用を示すものや、僻邪の性格をもつなど、いくつかの機能を想定している（平群 2008）。

　日本列島では、磨製の石製武器を副葬する墓について、棺内で石剣、棺外へは石鏃を副葬するといった配置の相違点や、石剣は被葬者の足元方向に、鏃は頭方向へといった配置原理の共通の規範や観念が看取されると指摘されている（山崎頼 2009）。また副葬品として選択される武器は一体式磨製短剣が多く、組合せ式磨製短剣はもっぱら集落遺跡から出土するなど、副葬時の武器の取捨選択が行われていることも明らかにされており（寺前 2010）、弥生時代早・前期の北部九州地域においては、すでに葬送儀礼に際する選択原理や指向など、武器に対する社会的な価値体系が、おそらく武器の流入に付随した思想や儀礼の一環として存在したと考えられる。

　他方、弥生時代の開始期においては、武器の存在や武器の副葬と並んで、第1章でみたような実際に武器によって殺傷された事例、すなわち武器による暴

力的な活動も生起していた。その早い段階の事例としては、弥生時代早期の福岡県新町遺跡24号墓で、被葬者の左大腿骨に磨製石鏃が嵌入した状態で出土したものがある。

　上記のように弥生文化とは、成立の早い段階において武器形の利器を集落内で所持し、被葬者に対しては武器を副葬する行為を行い、状況によってはその武器を実際に対人戦闘に用いるような文化、農耕生産とともに、武器に象徴される武威や暴力といった価値観を内包する社会システムとして構成されていたと評価することができるだろう。

2．北部九州における金属製武器の副葬とその社会的背景

　北部九州における弥生墓制については、群集する集団墓、特定集団墓、そして王墓とも称される特定墓が相次いで出現するようになるのであるが、弥生時代早・前期の石製武器が副葬される墓地は、大部分が高倉洋彰のいう伯玄社タイプであり（高倉 1973）、これらは基本的には集団墓であって、墓制そのものの階層性はほとんどみられない。弥生社会では幼児段階から社会的階層分化や世襲が反映されていた可能性が指摘されてはいるものの（乗安 2005）、早・前期では武器で顕在化する集団内部の階層は未分化であったと評価することができるであろう。

　ところで、福岡県今川遺跡の転用された青銅器、福岡県比恵遺跡の遼寧式銅剣を模した木製品など、弥生時代前期段階に一定の青銅器文化が形成された可能性も指摘されてはいるが、銅剣・銅矛・銅戈といった完形の武器形青銅器が出現するのは弥生時代中期初頭である（吉田広 2014）。また、中期前半においては、鋳型の存在などから青銅器生産が開始していたことが知られている（井上義 2013）。

　その結果、弥生時代中期初頭になると福岡県吉武高木遺跡や佐賀県吉野ヶ里遺跡でみられるように質の高い副葬品をもつ特定の集団墓が現れ、吉武高木3号木棺墓においては多鈕細文鏡やヒスイ製勾玉、碧玉製管玉類と並んで細形銅剣2、細形銅矛1、細形銅戈1といった複数の武器が副葬されるなど、墓制に顕在化する社会の階層性の萌芽が認められる。

　中期前半では福岡県田熊石畑遺跡の銅剣4、銅戈1など、特定の埋葬施設に

多くの武器を副葬する現象がすでに出現しているが、中期後半になると、一定の区画をもち、副葬遺物が豊富な特定墓が出現する。中園聡によれば、弥生時代中期の甕棺墓はエラボレーション（手の込み方、入念の度合い）によってレベルⅠ～Ⅴの5段階のランクが指摘されており、こういった武器を所有、または副葬する事例は北部九州地域における中～高位の社会階層に属する人物であったことがうかがわれる（中園 1991）。

武器が多数副葬されるような人物像については、呪性のシンボルともいえる鏡や玉とともに武器が重視されているなど、祭祀権（政治権）とともに軍事権を掌握した人物が推定できる。北部九州地域に限って述べるならば、弥生時代中期の段階においては、希少な青銅武器を威信財的な扱いで所持することや、武器が特定個人に集中するような社会的な背景が存在していたと評価することができるだろう。

換言すれば、北部九州地域では早くより武器や戦士を尊ぶ社会にあり、武器を威信財として用い、それを死後に副葬するなど、被葬者の戦士的な様相や、集団の武力を個人に還元するような、何らかの集団的な武装の編成原理がすでに形成されていた可能性が認められるのである。

ただし、北部九州地域の墓制から復元される共同体の地理的な範囲（領域）は唐津平野（宇木汲田遺跡）や早良平野（吉武高木遺跡）、佐賀平野（吉野ヶ里遺跡）などきわめて狭い範囲である。弥生時代における北部九州の諸集団は、小平野毎で各個に階層分化が進行したものであって、その武装集団単位も階層化されつつはあるものの、きわめてコンパクトなものであったと考えた方がよいだろう。

ところで、上記のような弥生時代前～中期における武器の副葬という現象は、特に北部九州地方を中心としてのみ認められる。武器の副葬事例は山口県梶栗浜遺跡の箱式石棺から出土した銅剣や、愛媛県持田3丁目遺跡から出土した石剣など、北部九州以外でもわずかながら認めることができ、弥生文化の広がりとともに西日本西部を中心に一定の範囲で拡散していた状況が把握できる（表3）。とはいえ、一般に武器の副葬が全国的に行われるようになるのは弥生時代後期以降であり、それ以前の北部九州以外の西日本各地では、一般的に武器を副葬する風習は希薄である。

表3 弥生時代前期～中期の主要な武器出土墳墓一覧

遺跡名	時期	所在地	主体部名	棺	短兵				長兵				遠距離武器		
					鉄刀	鉄剣	銅剣	石剣	鉄矛	銅矛	鉄戈	銅戈	鉄鏃	銅鏃	石鏃
雑餉隈	早期（夜臼）	福岡県福岡市	15次 SR-003	木棺墓				1							3
雑餉隈	早期（夜臼）	福岡県福岡市	15次 SR-011	木棺墓				1							
雑餉隈	早期（夜臼）	福岡県福岡市	15次 SR-015	木棺墓				1							5
田久松ヶ浦	前期（板付Ⅰ古）	福岡県宗像市	SK206	石槨墓				1							1
田久松ヶ浦	前期（板付Ⅰ古）	福岡県宗像市	SK218	石槨墓				1							2
久原	前期(板付Ⅰ～Ⅱa)	福岡県宗像市	SK4	土壙墓				1							2
志登	前期	福岡県前原市	6号墓	支石墓											6
志登	前期	福岡県前原市	8号墓	支石墓											4
三雲・井原	前期	福岡県前原市		支石墓											5
大友	前期	佐賀県唐津市	3次4号	箱式石棺				1							
板付	中期初頭	福岡県福岡市		甕棺			3			3					
持田3丁目	前期	愛媛県松山市	SK32	木棺墓			1								
持田3丁目	前期	愛媛県松山市	SK34	木棺墓			1								
口酒井	前期	兵庫県伊丹市	木棺墓3	木棺墓											1
板倉	中期初頭	福岡県福岡市		甕棺		1									
吉武高木	中期初頭	福岡県福岡市	4次 1	木棺		1									
吉武高木	中期初頭	福岡県福岡市	4次 2	木棺		1									
吉武高木	中期初頭	福岡県福岡市	4次 3	木棺		2				1		1			
吉武高木	中期初頭	福岡県福岡市	4次 100	甕棺		1									
吉武高木	中期初頭	福岡県福岡市	4次 115	甕棺		1									
吉武高木	中期初頭	福岡県福岡市	4次 116	甕棺		1									
吉武高木	中期初頭	福岡県福岡市	4次 117	甕棺		1									
吉武高木	中期初頭	福岡県福岡市	4次 125	甕棺											1
吉武高木	中期初頭	福岡県福岡市	4次 4	木棺		1									
吉武大石	中期初頭	福岡県福岡市	5次 1	甕棺											1
吉武大石	中期初頭	福岡県福岡市	5次 1	木棺						1		1			
吉武大石	中期初頭	福岡県福岡市	5次 10	甕棺											1
吉武大石	中期初頭	福岡県福岡市	5次 45	甕棺		1						1			
吉武大石	中期初頭	福岡県福岡市	5次 51	甕棺								1			
吉武大石	中期初頭	福岡県福岡市	5次 67	甕棺					1						
吉武大石	中期初頭	福岡県福岡市	5次 70	甕棺		1									
宇木汲田	中期初頭	佐賀県唐津市	61号	甕棺			1	2							
梶栗浜	中期初頭	山口県下関市		箱式石棺			2								
田熊石畑	中期前半	福岡県宗像市					4					1			
隈・西小田	中期前半	福岡県筑紫野市	3次 109号	甕棺			1								
吉武大石	中期前半	福岡県福岡市	5次 53	甕棺						1		1			
宇木汲田	中期前半	佐賀県唐津市	17号	甕棺								1			
宇木汲田	中期前半	佐賀県唐津市	58号	甕棺											
須玖・岡本	中期前半	福岡県春日市	K15	甕棺			1								
鎌田原	中期前葉	福岡県嘉穂郡	8K	甕棺							1				
鎌田原	中期前葉	福岡県嘉穂郡	8K	甕棺							1				
吉武樋渡	中期中葉	福岡県福岡市	3次 77号	甕棺			1								
宇木汲田	中期中葉	佐賀県唐津市	6号	甕棺			1								
宇木汲田	中期中葉	佐賀県唐津市	11号	甕棺			1								
宇木汲田	中期中葉	佐賀県唐津市	37号	甕棺						1					
宇木汲田	中期中葉	佐賀県唐津市	41号	甕棺						1		1			
久原	中期中葉	福岡県宗像市	Ⅳ区1号	土壙墓		1				1					
須玖・岡本	中期後半	福岡県春日市	K1	甕棺			1								
須玖・岡本	中期後半	福岡県春日市	K13	甕棺										1	
板倉C	中期後半	福岡県福岡市		甕棺	1										
吉武大石	中期後半	福岡県福岡市	5次 K28	甕棺		1									
東小田峰	中期後半	福岡県夜須町		甕棺											
立岩	中期後半	福岡県飯塚市	10号	甕棺								1			
立岩	中期後半	福岡県飯塚市	34号	甕棺								1			
立岩	中期後半	福岡県飯塚市	35号	甕棺								1			
立岩	中期後半	福岡県飯塚市	39号	甕棺			1								
切畑	中期後半	佐賀県上峰村	4号	甕棺			1								
久原	中期	福岡県宗像市	Ⅳ区1号	土壙墓					1	1					
吉武大石	中期	福岡県福岡市	5次 5	木棺		1									

遺跡名	時期	所在地	主体部名	棺	短兵				長兵			遠距離武器		
					鉄刀	鉄剣	銅剣	石剣	鉄矛	銅矛	鉄戈	銅戈	鉄鏃	銅鏃	石鏃
比恵	中期	福岡県福岡市	6次 SK28	甕棺			1								
三津永田	中期	佐賀県吉野ヶ里町	104号	甕棺	1										
宇木汲田	中期	佐賀県唐津市	12号	甕棺											
宇木汲田	中期	佐賀県唐津市	18号	甕棺			1								
小姓島	中期末～後期初	長崎県対馬市	5号	箱式石棺	1										
原田1	中期中葉	大阪府能勢町	主体部1	方形周溝墓				1							

　しかしながらこの時期、北部九州以外の西日本各地において武器がまったく存在していなかったわけではない。たとえば、大阪府高宮八丁遺跡では 6,500 m^2 の調査面積において主として前期の石鏃 1,055、石剣 146 などの石製武器が出土しており、狩猟用とするにはあまりにも多い石鏃の量である。また、近畿地方では武器形祭器としての銅戈が存在し、鋳型の存在から中期後葉には生産も行われていたと考えられるが（吉田広 2012）、威信財としてこれを墓へ副葬する風習はない。山陰地域においても、島根県荒神谷遺跡で中細形銅剣 358 が埋納されているが個人への武器の副葬は顕著ではない。

　このように、弥生時代前半（前～中期）においては西日本で広範囲に武器が存在（集落などから出土）する一方、死者に副葬するような（墓から出土する）事例は北部九州とその周辺に限定される。したがって弥生時代の武器副葬は、ある社会や地域の集団内において単に武器の存在のみならず、その付加価値として武器に対する社会的な通念や価値観に対応した葬送風習の差異に起因するものと評価することができる。

3．弥生前期～中期の武器副葬の地域差——北部九州と近畿地方の比較——

　武器が存在する社会において、その副葬の有無に関する現象の差異は、それぞれの集団や地域内における社会的通念上での（武器に象徴される）武威の価値尺度と深い関連性があると考えられる。この価値尺度を明らかにすることは、弥生時代社会における軍事的な諸関係のあり方や側面を認識する上で非常に重要な要素である。そこで武器副葬の風習の有無からはどのような社会的背景が考えられるのか、弥生時代前半（前～中期）の北部九州と近畿地方を対比しながら考察してみよう。

弥生時代前半（前～中期）における武器形遺物の一般的な出土状況をみれば、北部九州においても近畿地方においても集落遺跡から石製武器が出土する事例が多い。このことから、北部九州・近畿地方、そのどちらの社会においても、それぞれ集落の集団成員たちは一定量の武器を保有していたという、集団内における武器の社会的な保有基盤は共通している。

このうち、北部九州では弥生時代の初頭より墓に武器を副葬し、中期の初頭には希少性の高い青銅製武器を複数本副葬するといった、個人の死と武器とを結びつけるような葬送儀礼が行われていた。また、集落内の武器埋納（武末 2010）をはじめ福岡県原町遺跡では武器の大量埋納も行われている。

北部九州の弥生時代前半段階においては、武器の存在、武器の副葬、武器の祭器化現象、殺傷人骨の存在（対人殺傷の発生）など、社会のさまざまな側面において武器の価値が高かったことを示すような考古学的な資料が数多く認められるのであって、そこには武器のステータスが非常に高い社会が存在していたと評価することができるだろう。

ただし、弥生時代前～中期までの北部九州における墓域出土の武器量は大部分が刀剣や矛など1～2本程度にすぎず、威信財としての武器の価値は、まだまだ個人的属性の範囲を超えることはなく、それぞれの集落のあり方も平野単位の小地域でまとまっていたと考えられるため、武器を媒介とした社会的武装集団も、きわめて小さな集団単位であったと考えておきたい。

これに対し、近畿地方の特徴としては第2章でみたように大型の環濠集落が発達し、1遺跡から1,000単位の石鏃など膨大な石製武器が出土することも珍しくはない。しかしながら、近畿地方では青銅武器の大量埋納や墓への武器副葬・武器埋納が希薄であるため、佐原真が示したような戦争を示す考古学的指標（佐原 1999）は北部九州よりは少なく、社会的通念における武器の価値も低く、武器を介した身分的表象は未発達であったと判断したい。

近畿地方の20 cm以上の大型石剣や鉄剣形石剣については、短剣類を所持することを通して、所有者の所属や地位を表示していたとする見解も指摘されているが（寺前 2010）、これら大型短剣は他の石器類と同じく、集落の内部（包含層や溝・土坑）から出土しており、個人の死に際して副葬する青銅武器に比較すれば、階層的に突出するような社会的な武器の価値体系は未形成であった

といえるだろう。

こういった価値尺度の温度差から、北部九州地方においては、弥生文化の開始期より朝鮮半島由来の石製武器を副葬するような個人の存在が認められ、弥生時代中期までには希少な武器を占有する小規模な特定集団や戦士的階層が成立していた蓋然性が高い。対して近畿地方においては、弥生時代前～中期の長期間にわたり武器を所有したのは集落内に住居した一般成員であり、特定の武装集団や戦士階層の成立は未発達であったと推定される。

むしろ前～中期を通じた弥生社会全体をみれば、集落内の成員各自が武装している状況が一般的であり、北部九州地方のようなあり方は先進地帯のごく限られた現象と評価することができるであろう。

第3節　弥生時代の鉄器生産にみる鉄製武器の普及

1．弥生時代の鉄器生産

弥生時代早～前期における武器の廃棄（副葬）の状況を対象に、武器の価値的な背景を検討した。一方、弥生時代後期になると鉄器が普及し、日本列島の広範囲において実用的な鉄製武器が出土するといった、武器を取り巻く社会の大変革が生じていく。

通常、戦いや争い（戦争）はその集団がストックしている武器や武具によって行われるため、実際に武器を用いない場合においても武器や武具の生産や保有数は、その社会や集団の武装度や潜在的な戦力と非常に深く関わっている。そのような意味において、鉄製武器の生産や保有数などは、当時の戦闘や集団の武装度を考察する上での重要な構成要素の一部である。この観点から、以下では弥生時代から古墳時代前期も視野に含めて、鉄製武器の生産に関する検討[(2)]を行いその社会的な背景を考えたい。

日本列島における鉄器の使用は、かつては弥生時代早期にまで遡るとされていた。しかしながら放射性炭素年代にもとづく問題提起（国立歴史民俗博物館 2003）から、前期における鉄器の存在そのものの再検討が行われ、熊本県斎藤山遺跡出土の鉄器など、これまで弥生時代前期とされてきた鉄器の年代的な再考が迫られている（春成 2003）。

製鉄の開始時期がどこまで遡るかは議論の決着がつかず、冶金学の立場でも異なった見解が示され、鉄素材についても見解が分かれるので詳細な言及は避けたいが、福岡県赤井出遺跡 33 号住居において鍛冶工房が検出されていることから（境 2004）、少なくとも鍛冶遺構、炉で熱した鉄素材を鍛冶具で鍛えて製品化するという鉄器の生産（smithing）が遺構・遺物の両面から確証できるのは弥生時代中期後半以降である。中期以前においては鋳造鉄斧を再利用した鉄器の存在が知られているが（野島 2009、藤尾 2014）、弥生時代前半に鉄器が存在したとしても、それはきわめてわずかな量の舶載品であり、社会に与える影響は軽微であったといえるだろう。
　その後、長崎県原の辻遺跡では中期後葉に比定される 10 cm 未満の棒状の鉄器素材が出土しており、棒状素材から鉄鑿、鉄鏃などの製作が行われていたことが推定できるほか、北部九州地域においては鉄戈など長大な鉄製武器の製作も推察されるところである（川越 1968、藤田等 1987）。なお長崎県カラカミ遺跡は、朝鮮半島と北部九州との中継交易基地との指摘があり（宮本 2012）、北部九州地域では弥生時代中〜後期における鉄製品の豊富な流通が想定されている。
　反面、鉄製品や鉄器工房は、弥生時代後期に至ると北部九州よりもその他の地域（中部九州・山陰地域）において多数検出されるようになり（日本考古学協会 2012 年度福岡大会実行委員会 2012）、鉄器の生産技術（smithing）や、鉄器の使用そのものが広く拡散する状況がうかがわれる。日本列島全体でみれば、本格的な鉄器時代は弥生時代後期から開始するといってよい。古墳時代における政治の中心部と推定される近畿地方においても、確実に鉄器生産（smithing）の開始が確認できるのは弥生時代後期からであり、遺構として大阪府星ヶ丘遺跡や、京都府西京極遺跡の鍛冶遺構を挙げることができる（村上 1995、柏田 2009）。
　しかしながら、日本列島各地で鍛冶遺構の発見が続出するようになった 21 世紀の現在においても近畿地方、とりわけ古墳時代には大型古墳に大量の金属製品を副葬するようになる近畿地方中心部（旧五畿内地域）における鉄器生産の痕跡は、わずか数例にすぎないのが事実である。
　弥生時代終末期を中心とする時期には、大阪府中宮ドンバ遺跡 1 号墳など近

表4 弥生時代における近畿地方の鉄器量（旧五畿内地域）

時期	地域	武器			農具		工具				主要器種合計	その他	
		刀	剣	鉄鏃	鍬鋤	鎌	斧	鉇	鑿	刀子		鉄滓	その他
前～中期	旧五畿内地域	2	1	18	1	1	18	7	6	6	60	0	35
後期	旧五畿内地域	0	1	41	3	1	20	20	5	14	105	0	38
終末～古墳初	旧五畿内地域	1	3	11	0	1	1	4	0	5	26	33	11
時期不特定	旧五畿内地域	0	0	5	0	0	5	1	1	0	12	0	35
合計		3	5	75	4	3	44	32	12	25	203	33	119	558

表5 弥生時代における近畿地方の鉄器量（旧畿外地域）

時期	地域	武器			農具		工具				主要器種合計	その他	
		刀	剣	鉄鏃	鍬鋤	鎌	斧	鉇	鑿	刀子		鉄滓	その他
前～中期	旧畿外	0	0	7	0	0	4	1	0	1	13	2	279
後期	旧畿外	8	24	83	0	0	2	75	1	12	205	0	76
終末～古墳初	旧畿外	3	30	87	0	7	8	35	1	10	181	0	47
時期不特定	旧畿外	12	0	0	0	0	5	6	3	1	27	2	16
合計		23	54	177	0	7	19	117	5	24	426	4	418	1274

（集計出典：川越編 2000）

畿地方においても鉄製武器を副葬する墓も認められるが、事例は圧倒的に少ない。このことは、丹後地域（京都府大風呂墳墓群）や但馬地域（兵庫県門谷墳墓群）の墓関連遺跡において鉄剣や鉇、鉄鏃などが多数副葬されていた状況とは対照的である。

試みに、『弥生時代鉄器総覧』の近畿地方の部分（川越編 2000：50-74頁）で、鉄器数を時期と地域とに分けて集計すると表4および5のようになり、武器・農具・工具の主要器種数では、旧五畿内地域で後期105点、終末期26点といった鉄器の出土量となる。これに対し畿内外縁部（現在の近畿地方のうち、旧五畿内以外の京都府北部、兵庫県西部など）の鉄器出土数は後期が205点と、同時期の五畿内地域（105点）の約2倍であり、終末期にはさらに格差が拡大する傾向にある。

禰冝田佳男は"見えざる鉄器"の可能性を強調するが（禰冝田 2013）、再利用や腐食による消失、さらに未発見や未認識の鍛冶遺跡を含めても、弥生時代の近畿中枢部（旧五畿内）は相対的に鉄器の普及量は少なく、実用的な小型工具類を中心にわずかな鉄製品が流通していたと考えるのが自然である。山田隆

一が指摘するように、これまでは近畿地方中枢部の鉄器化を過大に評価しすぎていた傾向があるといえるだろう（山田隆一 1988）。

　弥生時代終末〜古墳時代前期に至って、近畿地方の鉄器量は副葬品を中心として急増する。しかしながらここで注意しなければならないことは、近畿地方では古墳時代に入っても生産遺跡や集落遺跡そのものから鉄器量が急増する様子はうかがえないという事実であり、実用的な小型鉄製品とは異なる威信財としての鉄製品が新たに急増していくのである。

　奈良県纒向遺跡勝山地区からは、古墳時代初頭（布留Ⅰ期）に属する断面形状が蒲鉾形の厚手の羽口が出土しているため、鉄器製作の技術的な進歩は確実であり（村上 1998・2007）、精錬鍛冶（refining）から鍛錬鍛冶（forging）に至る工程の可能性も想定できるなど、鍛冶技術の向上と手工業生産の組織化が図られている様相をうかがうことができる。

　しかしながら上記のような背景を勘案しても、近畿地方における同時期の鍛冶遺構の検出はきわめて少なく、在地の生産力のみで古墳へ副葬された鉄製品の急増を可能とした状況を裏付けることはできないだろう。むしろ古墳時代前期における近畿地域の鉄器量の急増は、一般集落や実用品での需要に応えた生産量の増加というよりは、広範な他地域との交流を通じて、首長層を中心に威信財としての鉄製品が集約されていたという経済的な要因が重要である。

　経済人類学の分野では、非商品経済の下において財の領域が階層化されていることが指摘されており（ロジェ 1984）、鉄製武器などの貴重財（威信財）と小型工具類などの鉄製品とでは、おそらく異なる階層構造のもとで生産や流通が機能していたと考えられる。

　これについては野島永が弥生時代の鉄器の流通について、レンフルーの研究やクラ交換を参考にモデル化しているのが示唆的である（野島 2000）。広域に流通する特定階層のための特別な"限定的生産"を論じる阪口英毅に従えば（花田・阪口 2012）、古墳時代前期に鉄器が急増する背景には、主として首長間同士で流通した希少財が威信財として流通し、それが墳墓に埋葬されたため残存することになったが、実用品である小型の工具類などは徹底的に再利用されたか、従来の小規模もしくは遺構として残らないような鍛冶によって再生産されたため、考古学的に残存することがなかったと推察できる。

すでに先学が指摘しているように、弥生時代後期〜古墳時代前期には広域な鉄器（製品または素材）の流通ルートが確保されたと考えられるのであって（都出 1991、禰冝田 1998）、このことは鉄器生産上での画期というよりも、広域流通などにより近畿地方に威信財が集積されたという政治的な動向に重要な意義があると考える。近畿地方において実質的に鉄器の生産が大規模化するのは古墳時代中期以降まで待たなければならないのである。

2．鉄製武器の出土量

　弥生〜古墳時代における鉄器生産を概観したが、上記のような背景の下、弥生時代後〜終末期になると、利根川以西の汎日本列島的な範囲で鉄製武器が普及し、同時に北部九州のみで認められた武器の副葬が全国的に顕在化するようになる。弥生社会全体における武器のあり方や武器の社会的な価値体系は、鉄製武器が普及し、広範囲に武器副葬が認められる弥生時代後期に大きな転換を迎えると評価することができる。

　弥生時代後〜終末期に広い範囲で成立する弥生時代の墳墓は、墳丘墓、区画墓、台状墓、方形周溝墓など各地域において墓制の違いが著しいものの（岩永 2010）、副葬される武器に注目すると、これらの首長墓においては概ね剣や鏃が数本程度でしかない。たとえば弥生時代後期における佐賀県二塚山46号甕棺には鉄戈1が副葬され、群馬県有馬遺跡では方形周溝墓の埋葬主体にガラス玉などとともに鉄剣1ずつが副葬されている。

　方形周溝墓や土壙墓といった、造墓活動で投下される労働力が比較的少ない場合の副葬武器が鉄剣1や数基の鉄鏃などであるのに対し、円丘部が径40m（両側の突出部を含めた墳長は72m）と、多数の労働力が集積された大規模な首長墓である岡山県楯築墳丘墓の主体部においても、勾玉・管玉などの一連の首飾り以外は鉄剣1点が副葬されていたにすぎず、長辺50m（突出部含む）にも及ぶ大規模な四隅突出墓である島根県西谷3号墳の中心埋葬施設（第4主体部）でも、ガラス製首飾りの他は鉄剣1が副葬されるのみである。福岡県平原弥生墳丘墓も、後漢鏡や仿製鏡、玉類などの副葬品の多さは群を抜いているが、武器類に注目すると副葬量は素環頭鉄刀1にすぎない。

　これら弥生時代後〜終末期における武器が副葬された墓は、宮崎県川床遺跡

表6 弥生時代後期の主要な武器出土墳墓一覧

遺跡名	所在地	遺構名	棺	短兵		長兵	遠距離武器	
				刀	剣・槍	矛、戈	鉄鏃	銅鏃
平	福岡県みやこ町		箱式石棺				9	
高津尾	福岡県北九州市	12号	箱式石棺				2	
高津尾	福岡県北九州市	15号	箱式石棺				2	
高津尾	福岡県北九州市	39号	土壙墓				1	
高津尾	福岡県北九州市	41号	箱式石棺		1			
平原	福岡県糸島市	1号墓主体部	方形周溝墓	1			4	
西一本杉	佐賀県吉野ヶ里町	ST009	土壙墓		2		33	
山古賀	佐賀県吉野ヶ里町	SC19	石棺墓		1			
二塚山	佐賀県吉野ヶ里町	46号	甕棺			1		
横田	佐賀県神埼市		石棺墓		1			
礫石B	佐賀県佐賀市	SC05	石棺墓				1	
久池井C	佐賀県佐賀市	SP07	土壙墓		1			
中原	佐賀県唐津市	ST13145 主体部	墳丘墓		1			
塔の首	長崎県対馬市	3号	箱式石棺			2		
佐護クビル	長崎県対馬市		箱式石棺			3		
下ガヤノキ	長崎県対馬市	F地点石棺	箱式石棺	1	1	1	1	
木坂	長崎県対馬市	5号	箱式石棺		1	1	1	
恵比須山	長崎県対馬市	8号	箱式石棺		1			
東の浜	長崎県対馬市		箱式石棺			2		
ハロウ	長崎県対馬市	5号	箱式石棺				1	
経隈	長崎県対馬市	3号	箱式石棺			2		
トウトゴ山	長崎県対馬市	1号	箱式石棺			1		
東平下	宮崎県川南町	1号	円形周溝墓	1				
川床	宮崎県新富町		周溝墓、木棺墓、土壙墓	1	5		66	
方保田東原	熊本県山鹿市	1号	石棺		1			
下山西	熊本県阿蘇市	2号	箱式石棺		1			
下山西	熊本県阿蘇市	3号	箱式石棺		1			
下山西	熊本県阿蘇市	4号	箱式石棺		1			
唐子台	愛媛県今治市	第3丘	土壙墓		1			
唐子台	愛媛県今治市	第5丘7号	土壙墓					2
唐子台	愛媛県今治市	第5丘11号	土壙墓		1			
唐子台	愛媛県今治市	第10丘4号	土壙墓		1			
平尾	香川県丸亀市	2号墳 第2主体部	円形墳丘墓?		1			
宮山	島根県安来市	4号墳	四隅突出墓	1				
波来浜	島根県江津市	1号墳	方形貼石墓					2
波来浜	島根県江津市	2号墳 3主体	方形貼石墓				1	2
波来浜	島根県江津市	2号墳 4主体	方形貼石墓					2
西谷	島根県出雲市	3号墓	四隅突出墓		1			
紙子谷	鳥取県鳥取市	1号墓	方形墓	1				
宮内第1	鳥取県東郷町	1号墳丘墓 第1主体部	四隅突出墓		1			
宮内第1	鳥取県東郷町	1号墳丘墓 第2主体部	四隅突出墓	1				
楯築	岡山県倉敷市		双方中円形墳丘墓		1			
雲気鳥打	岡山県岡山市	2号墓 第2主体	円形墳丘墓				2	
郷境	岡山県岡山市	2号墓	方形墳丘墓		1			
郷境	岡山県岡山市	3号墓	方形墳丘墓		2		7	
養久山	兵庫県たつの市	40号 2号主体	円形墳丘墓				1	
半田山	兵庫県たつの市	1号墓 第1主体	円形墳丘墓		1		1	
白鷺山	兵庫県たつの市	1・2号	箱式石棺		1			
内場山	兵庫県篠山市	SX09	台状墓		1			
内場山	兵庫県篠山市	SX10	台状墓	1			17	
内場山	兵庫県篠山市	SX11	台状墓		1			
妙楽寺	兵庫県豊岡市	4区	台状墓		1			
大篠岡・半坂	兵庫県豊岡市	2号墓 第4主体	方形周溝墓		1			
大篠岡・半坂	兵庫県豊岡市	1号墓 第3主体	方形周溝墓				1	
上鉢山・東山	兵庫県豊岡市	3-5主体	木棺墓					2
上鉢山・東山	兵庫県豊岡市	4-2主体	木棺墓		1			
上鉢山・東山	兵庫県豊岡市	4-5主体	木棺墓		1		1	
上鉢山・東山	兵庫県豊岡市	1-7主体	木棺墓					2
立石	兵庫県豊岡市	103号	台状墓		1			

第3章 副葬・生産・保有の様相からみた弥生集団の武装度 63

遺跡名	所在地	遺構名	棺	短兵		長兵	遠距離武器	
				刀	剣・槍	矛・戈	鉄鏃	銅鏃
中宮ドンバ	大阪府枚方市	1号	方形墳丘墓		1			
大王山	奈良県宇陀市	9号	台状墓				1	
平尾東	奈良県宇陀市	6号墓	台状墓		1		1	
平尾東	奈良県宇陀市	7号墓	台状墓		1		1	
見田・大沢	奈良県宇陀市	4号	台状墓？		1			
ホケノ山	奈良県桜井市		纒向型前方後円墳					
大山	京都府京丹後市	3号墓	台状墓				1	
大山	京都府京丹後市	5号墓	台状墓				1	
坂野丘	京都府京丹後市	第2主体	円形墳丘墓		1			
帯城	京都府京丹後市	7号墓	台状墓		1			
帯城	京都府京丹後市	B地区	台状墓		3			
西谷	京都府与謝野町	2号墓	台状墓		1			
西谷	京都府与謝野町	4号墓	台状墓		3			
久田山南	京都府綾部市	3号墓 第1主体	台状墓	1	1		3	
大風炉南	京都府与謝野町	1号	台状墓		11		4	
大風炉南	京都府与謝野町	1号	台状墓		2		2	
大風炉南	京都府与謝野町	2号	台状墓		1			
犬石西	京都府与謝野町	8号	台状墓		1			
犬石西	京都府与謝野町	14号	台状墓		1			
囲山	富山県射水市	3号	土壙墓				1	
原目山	福井県福井市	3号墓 3号	土壙墓	1				
原目山	福井県福井市	3号墓 7号	土壙墓	1				
原目山	福井県福井市	3号墓 9号	土壙墓	1				
原目山	福井県福井市	3号墓 13号	土壙墓	1				
小羽山	福井県福井市	26号	四隅突出墓				2	
小羽山	福井県福井市	30号	四隅突出墓		1			
文殊堂	静岡県森町	SF23	周溝墓		1			
文殊堂	静岡県森町	SF70	周溝墓		1			
篠ノ井	長野県長野市	7号	方形周溝墓		1			
篠ノ井	長野県長野市	SK11	土壙墓				1	
村東山手	長野県長野市	SM01	方形周溝墓		1			
滝沢井尻	長野県飯田市		方形周溝墓		2			
根塚	長野県木島平村	6号木棺墓	円形周溝墓		1			
宮脇	千葉県木更津市	3号	方形周溝墓		1		1	
長平台	千葉県市原市	1号墓	方形周溝墓		1			
加茂C	千葉県市原市	C1号墳	方形周溝墓		1			
神門	千葉県市原市	5号墳	方形周溝墓		1		2	
大崎台	千葉県佐倉市	10号墳	方形周溝墓		1			
北通	埼玉県富士見市	8号	方形周溝墓		1			
田端西台通	東京都北区	2号	方形周溝墓		1			
弁財天池	東京都狛江市	1号	方形周溝墓			1		
山王山	神奈川県横浜市	5号	方形周溝墓		1			
王子ノ台	神奈川県平塚市	5号	方形周溝墓		1			
新保田中村	群馬県高崎市		礫床墓		1			
空沢	群馬県渋川市		周溝墓		1			
有馬	群馬県渋川市	2A号 SK41	方形周溝墓		1			
有馬	群馬県渋川市	2B号 SK45	方形周溝墓		1			
有馬	群馬県渋川市	5号 SK84	方形周溝墓		1			
有馬	群馬県渋川市	5号 SK85	方形周溝墓		1			
有馬	群馬県渋川市	6号 SK440	方形周溝墓		1			
有馬	群馬県渋川市	18号 SK134	方形周溝墓		1			
有馬	群馬県渋川市	19号 SK111	方形周溝墓		1			
有馬	群馬県渋川市	19号 SK140	方形周溝墓		1			
井沼方	埼玉県さいたま市	9号	方形周溝墓		1			

表7 弥生時代後期の武器組成・比率（集計出典：川越編 2000）

	鉄剣	鉄刀	鉄鏃	槍・矛	計	比率(%)
墓関連	218	71	315	35	639	28
住居関連	26	16	1159	6	1207	53
土坑・その他	22	6	70	0	98	4
溝	10	2	94	0	106	5
包含層	12	12	193	4	221	10
計	288	107	1831	45	2271	100
比率（%）	13	5	81	2	100	

群から島根県宮山4号墳、愛媛県唐古台墳墓群、大阪府中宮ドンバ1号墳、福井県原目山墳墓群、長野県篠ノ井遺跡、群馬県有馬遺跡など、日本列島のきわめて広い範囲に及ぶ（表6）。しかしながら、弥生時代後期の墳墓における武器副葬は、一部の例外を除けばいずれも鉄製刀剣1、鉄鏃・銅鏃を数本程度副葬した事例が大部分なのである。

弥生時代後期の鉄製品は墳墓のみでなく集落跡からも出土しており、その分布も広い範囲に及ぶため出土数も膨大な数となる。これを一つ一つ検討することは個人としては不可能であるが、先に取り上げた川越哲志による集成データ（川越編 2000）を基に、後期における鉄製武器の組成と出土遺構とをカウントしてみよう。

その結果は表7のとおりであり、弥生時代後期の鉄製武器の出土傾向としては鉄鏃の出土が81％と大部分を占め、鉄製刀剣（18％）、鉄槍・矛（2％）は少数である。ただし、これを墓出土に限定すれば刀剣の割合が45％に跳ね上がる。このことから、副葬武器として選択された器種は刀剣が多く、逆に住居関連から出土する武器は鉄鏃が多いと判断することができる。出土地点（遺構）別では住居関連の出土が過半を占め、墓関連、包含層、土坑と溝の順となる。このため、弥生時代後期の鉄製武器の出土は住居関連が多いことが指摘できる。

もう少し具体的にいえば、弥生時代後～終末期においては、工房跡も含めた遺構としての竪穴住居跡から鉄鏃などの鉄製武器が出土するのが大部分であ

る。他方、この時期は九州から関東地域の広範囲にわたって各地域に首長墓や墳丘墓などが出現するが、かかる階層的な上位に位置づけられる首長層や有力家族層の墓においては、鉄剣を中心とする鉄製武器が副葬される事例が多い。とはいえ、首長墓への副葬量は個人に対し鉄剣や鉄鏃が少量ずつであるにすぎず、副葬武器から社会の階層性や軍事権の独占を想定することは難しい。[3]

村上恭通は弥生時代後期中葉から古墳時代前期初頭に鉄製武器形副葬品が成立する過程として、非画一化段階（弥生時代後期中・後葉）、有稜系鏃に画一化がみられる段階（弥生時代終末～古墳時代初頭）、武器類全体に画一的様相がみられる段階（古墳時代前期）と発展的にまとめ、その背景に朝鮮半島からの情報のフローを読み取っている（村上 1999）。

しかし社会の中で武威が尊ばれ武器を用いた祭祀が重視されていくという歴史的な流れにおいては、単に武器を伴う風習や祭祀の伝達のみではなく、その共同体にとって武器に象徴される軍事が重要な構成要素となったことや、特定首長層という共同体代表のネットワークに武威が付与されていく階層的な武力占有への萌芽も読み取ることができるだろう。

これらの武器の出土状況のあり方から考えて、弥生時代後期においては一般の集落内の竪穴住居に居住する人物が鉄鏃や銅鏃（弓矢）を用いることが多かった半面、地域共同体の首長層は長剣や素環頭鉄刀など、威信財としての武器を所持・副葬している状況が把握できる。これを武装集団のあり方として整理すると、弥生時代後期から古墳時代前期は、社会における共同体内の階層化が進行し、刀剣を佩用する首長層と弓矢による武装を主とする一般成員との間で、武装集団としての機能的な分化や階層の序列化が進行していると想定することができる。同時に、弥生時代後期においては、いまだ集落や住居内から鉄鏃の出土が多いことから、共同体内において軍事に携わった人びとの割合は依然として高く、時代が下るとともに、集団内で軍事に携わる事柄が首長層に集中していくと評価したい。

註
(1) 国立歴史民俗博物館の放射性炭素年代にもとづく年代観の見直しによって、灌漑式水田が出現する山の寺式・夜臼Ⅰ期が前10世紀後半、弥生時代前期の開始（板

付Ⅰ式）が前 8 世紀初頭と指摘された（藤尾 2013）。この長期的な編年観によれば、水稲農耕の開始時期（山の寺式・夜臼Ⅰ期）と農耕集団の武装化が北部九州に広範に成立する（夜臼Ⅱb・板付Ⅰ期）のとは約 100〜150 年の時間差が存在することになる。

(2) 金属製品である鉄器の生産工程は原料（砂鉄・鉄鉱石など）から金属を取り出す工程（製鉄：smelting）、不純物を多く含む鉄原料（鉄塊）から鉄素材を作る工程（精錬：refining）、鍛造（forging）や鋳造（casting）といった鉄素材から鉄製品を製作する工程などが存在する。このうち、弥生時代から古墳時代において検出される鉄器製作関連の遺構・遺物の多くは鍛冶に関連したものであるため、本書で用いる鉄器の"生産"とは主として鍛冶（smithing）の工程を指していることを記しておく。

(3) 例外的に京都府大風呂南 1 号墳では被葬者の頭部付近で鉄剣 11 本が出土するなど武器の多量副葬が知られている。しかしながら丹後地域の鉄剣副葬を分析した福島孝行は、大風呂南 1 号墓の被葬者が女性である可能性もあり、鉄剣が必ずしも階層に直結した副葬品でないことを示唆する（福島孝 2007）。

　弥生社会においても一被葬者に、その個人の使用を超えるような量の鉄剣を副葬するといった事実については、一定の武威や軍事的な側面も考慮しなければならないだろうが、鉄器副葬が多い丹後地域においても通常は鉄剣 1〜2 本を副葬する程度であって、大風呂南 1 号墳のような希少事例を直ちに敷衍化することは慎まなければならない。

第4章　弥生時代における武装集団の実像

第1節　弥生時代の武装集団像に関する研究史と本書の立場

　弥生時代の武器については、研究初期には実用性に疑問を呈する見解が多数を占め、武器の研究は型式学的な編年や流通、系譜論、祭祀論などを主要な論点として推移していた。

　しかしながら1980～1990年代になると、佐原真や橋口達也の研究を受け、弥生時代の具体的な戦闘像が指摘され（佐原 1979、橋口 1995）、その社会も、従来の牧歌的な農村のイメージから、ムラを濠で守りそれをめぐって争いが起こるといった戦闘的なイメージへと移行するようになる。この段階の弥生時代における戦闘のイメージや、その歴史的な評価については、田中琢の『倭人争乱』（田中琢 1991）、佐原真の『日本人の誕生』（佐原 1992）、松木武彦の『人はなぜ戦うのか』（松木 2001b）などの概説書において一般化されている。

　これによれば、田中琢は武器を持つ人物を葬った墓地を"戦闘指揮者の墓"とし、「しだいに激しくなる地域紛争の戦いで、先頭に立って戦った人物だったにちがいない」と評価した。そして丘陵の開発に呼応して、環濠集落を拠点とした村と村の間の争いが激化・恒常化するという歴史的な位置づけを与えた。佐原真も環濠集落を「敵襲を防ぐための防御施設」と断じ、高地性集落や石鏃の大型化の現象から弥生社会の戦闘的な様相をクローズアップする。佐原は弥生時代の初期に九州で行われた戦いを"決闘"、中期に大阪湾で行われた戦いを"集団戦"と規定している。中橋孝博は人骨からの推計人口として福岡県隈・西小田遺跡の中期後半の共同体人口を300人、うち半分が男性であった場合は150人とみなし、弥生時代の戦闘を数十人から数百人規模の集団戦と想定した

（中橋 1999）。これらの知見を総合的に把握した松木武彦は、弥生時代の戦闘について環濠集落などを戦場とする"集落の攻防戦"を典型的な戦闘パターンとし、その規模を数十人から数百人程度と想定する。

　上記の学史による研究成果のうち、本書においても、弥生文化とともに武器が出現し政治的成熟とともに戦闘が激しくなるという事実や現象についてはこれを追認するものである。ただし、縄文時代においても十数例の殺傷人骨が認められており、その殺傷人骨も"背後からの殺傷"事例が多いため（鈴木尚 1975、藤原哲 2004、内野 2013）、きわめて小規模な"闘争"や"争い"は弥生時代以前、おそらく人類の始まりとともに存在したと考えられる。これら戦争の起源や"未開戦争"については、派生する問題が多岐に及ぶので、第13章において改めて理論的に詳細を考察したい。

　また、政治的な成熟とともに鉄器の普及が戦闘の性質を変化させるという研究史で指摘された現象に関しては、本書もこれを認めるものであるが、鉄器の普及はこれまで鉄獲得といった長距離経済の把握という政治・経済的要因を特に重視する立場（都出編 1998、松木 2007）が多かったことに対し、ここでは鉄の普及を戦闘に伴う殺傷威力の増大や、共同体成員の戦闘に参加する割合の変化という側面で重要視する。

　研究史と異なった本書独自の見解は次の2点である。まず具体的な弥生時代の戦闘像について、第1章の殺傷人骨の分析から小規模または儀礼的な性質であったことを論じた。次にこれまで弥生時代の戦闘研究を牽引してきた環濠集落は、第2章でその防御的な機能を決して否定するものではないものの、さまざまな要因や背景を指摘し、一律に環濠集落から戦闘像を考察することに異論を唱えた。この2点が従来の研究との主要な相違点といえる。

　さらに武力発生のメカニズムとしては、橋口達也や松木武彦らが人口圧や耕地の争奪、鉄などの長距離交易というような経済的要因（橋口 2007、松木 2007）を重視するのに対し、本書では民族誌的な事例を基に非経済的な要因を重視する。これと関連するが、既往の研究では、その理論的支柱を史的唯物論に求めることが多かったが、本書では史的唯物論にもとづく学説や経済至上主義を脱し、武力の発生や軍事組織の社会的・歴史的な因果関係を理論的に探ろうと試みる。この研究態度も独自的な姿勢として位置づけられよう。

戦闘の様相としては、これまでの研究の多くが弥生文化成立以降、時間が下るに従って徐々に戦闘が激しくなり"ムラからクニへ"と発達していくと想定されているのに対し、本書では弥生時代の長期編年も参考にしながら、弥生時代の大部分は石製武器で武装した小規模な"未開戦争"段階であると考えた。そして弥生時代後期以降には、鉄製武器の普及などを要因として戦闘の規模や武装集団の階層化が急激に拡大していくと考える。

第2節　弥生時代における武装集団の実像

1．弥生時代早・前期の武装集団（北部九州地域）

　弥生文化の先進地点である北部九州においては、第3章で検討したように弥生時代早期より石製の武器を副葬する風習が顕在化しており、武器の社会的な価値が高い状況がうかがわれるなど、武器を尊重する社会、または戦士的な階層成立の萌芽を認めることができる。

　ただし、北部九州地域においても弥生時代早・前期に限っていえば、いまだ突出した階層化は顕著ではない。したがって、社会階層の格差は小規模か一定の限界を有していたとしなければならない。

　この段階の武器に関しても、主として石製短剣といった護身用、または接近戦用武器と弓矢に限定されるため、弥生時代早・前期の北部九州における武装集団は、基本的には組織化される以前の段階、軍事組織には及ばない、武装化した農耕集団であったと評価することができる。

2．弥生時代中期の武装集団（北部九州地域）

　第3章で述べたように、北部九州地域では弥生時代中期に石製武器に代わって銅剣・銅矛・銅戈といった金属製の武器が出現し、その副葬が始まる。これに加え、中期初頭には"王墓"とも称される質の高い副葬品をもつ特定の集団墓や、青銅製の武器を複数本副葬するような事例が出現する。中期後半に至ると、北部九州地方では日本列島の他地域に先駆けて鉄器の鍛冶製作も開始されており、副葬行為から想定すると社会の階層化が急激に進行していく。

　この段階の北部九州地域の社会においては金属製武器の使用や、武器を媒介

とした社会的なステータスの高さなどから判断して、軍事面での希少武器を独占した集団や、軍事的に特化した戦士階層の存在を推定することができる。そのため、戦士階層が社会の中で定着し、集団内の一定の階層的な武装化、軍事的な組織化が形成されていったと考えられる。

しかしながら、階層化が顕著な北部九州の共同体はきわめて小さな単位であり、武装に特化した戦士集団が成立していたとしても、それはムラ程度の、地域的な各小共同体内の一部に限定された小さな集団内での現象であったと考えられる。

弥生時代の戦闘論で論拠とされた環濠集落については、第2章で検討したように、北部九州の前期末では貯蔵穴専用の環濠が多く、中期では環濠遺構そのものが皆無に近い。そのため、環濠集落をめぐる戦闘情景を普遍的な戦闘パターンと考えるのは困難である。

3．弥生時代前〜中期の武装集団（北部九州以外の弥生文化分布地域）

弥生時代前〜中期にかけては、基本的に武器の副葬は北部九州以外の地域では発達することがない。第3章でみたように、出土する武器の大部分は主として集落からで、石剣や石鏃など石製武器が中心である。

このことから、北部九州以外の弥生文化分布地域においては、武器に対する副葬などの威信財的な社会的ステータスは全般的に低く、特定の戦士階層が武器を独占した様相を想定することは困難である。弥生時代前半の西日本各地においては共同体全体（集落全体）が武装しているような状況が復元できる。

環濠集落の防御的な機能に関しては、第2章の検討においてもこれを完全に否定するものではないため、集団間の戦闘状態や社会的な緊張状態も場合によっては生起した可能性がある。しかしながら環濠集落の大部分は、初期農耕文化における特定農耕集団との関連性が濃厚であり、環濠集落から直截的に戦闘を論じることは困難であるとした。また第1章で検討したように、弥生時代における実際の戦闘は小規模であったと復元できるため、武装集団が形成されていたとしても、それは組織的には未発達な状態であったと評価することができるだろう。

4．弥生時代後期の武装集団

　弥生時代後期は、鉄器の生産と武器を副葬する現象が広い範囲にわたって認めることができるようになる。

　第3章において弥生時代の鉄製武器の出土状況を検討した結果では、武器に対する社会的価値が低かった地点（近畿地方、中国地方、関東地方など）において新たに武器が副葬される現象が出現し、広域に首長墓が形成されていく。このことから、弥生時代後期においては弥生文化が分布する広い範囲において、武器で表象される武威や武力を尊ぶ社会的な価値観が樹立されていく様相をうかがうことができる。

　これらの現象から、弥生時代中期までに北部九州の一部分でのみ発達していた、社会の階層化や武器の価値的な高まり、これに付随する特定の戦士階層の発達や武装集団の成立といった現象も、北部九州一帯のみに留まらず利根川以西の日本列島の広範囲にみられるようになると評価することができる。また弥生時代後期においては鉄器の普及により武器の殺傷能力が増加し、鳥取県青谷上寺地遺跡などでは集中した多数の斬傷のある殺傷人骨が出土するようになるため、後期以降には、戦闘の規模もやや大きくなっていく状況がうかがわれるのである。

　弥生時代後期段階における軍事的な背景は、緩やかな階層差の中で、軍事的指導者層と一般成員とに分かれ関係性が維持されていたと考えられる。そのため、この段階の軍事的な組織体は階層的には一定の限界を有するものであったと評価することができるであろう。

5．弥生時代における集団の武装度に関する変化と画期

　以上、弥生時代における武装集団像の概要をまとめた。これを歴史的な流れの中で位置づけるために、その変化と画期とを考察したい。原始・古代社会における武器や軍事に関連する第一の画期は、定型的な武器が出現し、石製武器（短剣）や弓矢（石鏃）などで農耕民が武装した段階（弥生時代早～前期）が挙げられる。

　社会的な背景では、弥生時代早～前期の北部九州、および前～中期の北部九州以外の弥生文化分布地域においては、階層化の進展が少なく軍事組織的な階

層的序列の形成を認めることができない。また、この段階は特定の墓などへ武器が集中するような武器の独占傾向も少ないため、集落内の一般成員が武装化した共同体全体の武装が想定される。

　一方、戦闘の形態も小規模、または儀礼的なものが主体であったと評価できた。これらの諸要素から第一の画期に成立した段階の弥生社会の武装集団は、組織的には軍事組織以前の、未発達な状況にあったと位置づけられるであろう。

　弥生時代における集団の武装度に関する変化の画期については、各地域間において進展の速度が異なっている。武器の副葬や生産で先進的な北部九州においては弥生時代中期初頭、遅くとも中期末までには社会の一定の階層化が進展しており、希少な金属製武器を独占的に副葬する首長の存在など、軍事的に特化した戦士階層の存在や軍事組織形成の萌芽を早くに認めることができる。

　同様な状況が北部九州以外の地域で進展するのは弥生時代後期、特に弥生時代後期後半である。弥生文化全体で評価する場合は日本列島各地で鉄器の生産が行われるようになり、鉄製武器を副葬する首長墓が形成され、軍事的な階層が広域に成立した段階を弥生時代後期に求めたい。したがって、汎日本列島的には武装集団（軍事組織）の変化における第二の画期は弥生時代後期に位置づけられる。こういった社会の階層化の拡大や、鉄製武器の独占傾向という変革（画期）の延長線上において、古墳時代前期には隔絶した首長層の形成とその武器の独占傾向が著しくなっていくのである。

　ところで、弥生時代後期の戦乱は学史上で"倭国大乱"との関連で多数の議論が行われている。そこで本章の最後に、倭国乱について言及しておこう。

　中国史書によれば、『魏志』倭人伝に卑弥呼が女王として擁立される以前に「倭国乱相攻伐歴年」の記述があり、これについて『後漢書』東夷伝は「桓霊間倭国大乱更相攻伐歴年」と紀元後2世紀半ばとする。また『魏志』倭人伝では邪馬台国と狗奴国との「説相攻撃状」という記述や、卑弥呼死後（3世紀半ば以降）の「更相誅殺、當時殺千餘人」といった戦闘の記述がいくつか知られている（石原編訳 1985）。

　これら記述の史料批判としては「乱」と「相攻伐・相誅殺」という用語の差異を識別する必要性や（丸山 1995）、「桓霊の間」とは後漢王朝が乱れる時期であるため暗愚な皇帝に対する慣用句として「乱」が用いられた可能性も考えら

れるなど（山尾 1986）、"倭国大乱"の性格や年代について文献記録を無批判的に用いることは慎まなければならない。しかしながら、倭国大乱という用語は考古学へも常に大きな刺激を与えてきたという学史があり、弥生時代の戦闘や武装集団像を総合的に評価する場合は避けて通ることができないだろう。

紀元後2世紀後半は、1960～1970年代の考古学の暦年代観によると弥生時代中期が該当するとされ、学史の項でみた小野忠凞や佐原真によって、弥生時代中期の軍事的様相（高地性集落の出現や石鏃の大型化）が倭国大乱と結びつけられてきた（小野 1951、佐原 1964）。その後、高地性集落が増加する時期が中期後半と後期の大きく2時期あることや、弥生時代の暦年代観の見直しによって、史書の記述と高地性集落とを直接的に結びつけることが困難になってきた。

しかし2世紀後半に倭国で大乱があった現象は蓋然性が高いと考えられてきたため、倭国乱と考古学的事実との整合的な解釈が模索されている。倭国大乱を弥生時代後期の高地性集落と結びつける見解（前澤 1996）もあり、弥生時代後期における政治的・軍事的な緊張の歴史的な意義としては、金属やその他の先進的文物の取得をめぐる争いであったと評価されている（松木 2007）。

本章での分析によれば、弥生時代早～前期の北部九州、および前～中期の北部九州以外の弥生文化分布地域においては軍事組織も未熟で、戦闘の形態も小規模または儀礼的なものが主体であったと復元してきた。したがって、この段階の戦乱は各地域のムラ同士の小競り合い程度のものが主体であったと評価したい。

弥生時代後期は日本列島各地で鉄器の生産が行われ、鉄製武器を副葬する首長墓が形成されるなど、軍事的な階層が広域に成立した段階、軍事組織の変化における第二の画期であって、戦闘の規模も拡大していく様子がうかがわれる。このことから弥生時代後期、特に後期後半においては、農耕社会の政治的な再編成や、階層化の進展に伴う首長層の成立、鉄器の普及などの社会的・政治的な複合的要因によって一定の戦乱状況が生じた可能性も高いと評価することができるであろう。

第5章　古墳時代における戦闘の具体像
―― 『日本書紀』 の戦闘記述に関する批判的検討 ――

第1節　研究の方法と 『日本書紀』 の研究小史

1. 『日本書紀』 と兵制史をめぐる研究史

　古墳時代は一定の文字資料を把握することができる最初の時代である。その資料として文献史料と考古資料とを挙げることができるが、しかしながらどちらの資料も制約があって一長一短である。

　文献史料は考古資料より具体的な情報が得られるものの資料の絶対数が極端に少なく、7世紀以前においては『記紀』がほぼ唯一の限られた資料となる。これに加え『記紀』は後世に編纂された二次資料であるため、同時代の情報として参照するのは信憑性に大きな問題がある。

　対する考古資料は年々増加の一途をたどり研究は大いに進展しているようにみえる。しかしながら、考古資料は"沈黙性"という性質があるため『記紀』のような文献史料ほど具体的な歴史像の復元が困難であるという問題点も指摘することができる。

　かつての古代史研究では、文献史学と考古学とで綿密な交流が行われていた。たとえば石母田正、井上光貞、直木孝次郎などは、文献を用いる上で積極的に考古学的事実を分析の材料として取り入れ（石母田 1947、井上光 1949、直木 1968）、逆に後藤守一、末永雅雄、小林行雄などの考古学研究者は積極的に文献記述との整合性を図っている（後藤 1928、末永 1934、小林行 1951b）。

　戦後の古代史研究は、文献研究では津田左右吉の記紀批判を継承することから出発し、考古学では考古資料そのものの詳細な個別研究から開始された。そのことに問題はないが、こういった研究姿勢が推し進められた現状では、資料

数の少ない7世紀以前の文献研究が行き詰まりをみせ、考古学研究では膨大な資料の波に押しつぶされつつあるという、負の問題点が大きくなりつつある。

そこで、本章は『日本書紀』に記載された戦闘（武器）関係記述を検討した上で、一次資料としての考古資料からの資料（記紀）批判を行い、しかる後に文献研究と考古学研究とを総合することで、古代における具体的な戦闘像を復元したい。なお、日本書紀の基本テキストとしては黒坂編（1951・1952）、小島ほか校訂（1994・1996・1998）を参照とした。

さて、『日本書紀』そのものについてはさまざまな角度からの膨大な研究がある。逐一これらの研究を網羅することはできないので、本章で主に問題となる『日本書紀』と武器や軍事との関係を検討した事例を中心に研究史を振り返りたい。

文献史学における古代の軍事研究としては、古くは伊藤東涯が18世紀前半に『制度通』の中で「兵制並ニ本朝軍事ノ事」として兵制の概要を記し（伊藤東 1912）、明治期には栗田寛が「上古の兵制」として律令制下における軍事組織を研究しているなど（栗田 1901）、主として軍事制度（兵制）への関心が特に強い。1940～1960年代には井上光貞や直木孝次郎らを中心に物部や靫負部など『記紀』にも記載のある"大化前代の軍事組織"に関心が集まった時期があったものの（井上光 1949、直木 1968）、資料的制約のためか、下向井龍彦や松本政春の研究にみられるように、近年の兵制史研究は奈良時代以降のものに集中しつつある（下向井 1987、松本 2002、吉永 2016）。

むしろ『日本書紀』に関連した軍事史研究では、歴史学よりも国文学との関連において問題の根源に肉薄した研究が行われている。たとえば、万葉集に記された防人をめぐる考察を通じた国造軍の分析（岸 1955）、『日本書紀』の文学的一側面として平家物語のような"いくさがたり"を読み取ろうとする研究（むしゃこうじ 1973）などが、直接または間接的に『日本書紀』を史料として文学との関連から古代の戦闘や戦争に踏み込んでいる。純粋な歴史学（文献史学）が制度的側面（兵制）に関心が集中したのとは対照的である。

このような研究の傾向の中にあって、笹山晴生は広い視野から古代の軍事組織や沿革などを網羅的に扱っており、『記紀』の戦闘に関する記述についても集団的戦闘に乏しいこと、騎馬による戦闘が少ないこと、姦計が多いことなど、

第5章　古墳時代における戦闘の具体像　77

非常に重要な事柄を指摘している（笹山 1984）。

　また、近年においては『日本書紀』をテキストとして正面から軍事問題を分析する野田嶺志の研究や（野田 2010）、若槻真治の研究（若槻 2009・2011・2013）もみられるようになった。ただし、『日本書紀』は後世に編纂された書籍（二次資料）であるため、これをテキストとして用いる場合は資料批判という方法論的な手続きが必要不可欠である点は十分な注意が必要である。

　本章では上記のような問題点を念頭におき、文献研究と考古学研究とを総合する方法論的手段として、歴史上の第一次資料（考古資料）から二次資料である『日本書紀』の記述を批判的に検討するという手法で分析を進め、古代における戦闘の具体像について検討していきたい。

2．『日本書紀』戦闘記述の分類

　以下の検討部分では『日本書紀』に記載された武器・戦闘記述を取り上げる。なお、ここでいうのは剣・弓・盾などの武器や武具と、これを用いた暴力や戦闘に関する記述である。それらの記述は千差万別でありさまざまな表現がみられる。したがって、いくつかの群に分けて類型的な分類を行うのが適当であろう。また、『日本書紀』は各巻に用語の不統一があり複数の述作者がいたことが指摘され区分論として研究が大いに進んでいる。

　そこで、戦闘記述を A～F の 6 つの類型的表現に区分し、また書紀区分論にもとづく I～VI の 6 つの区分を組み合わせ、これまでの実証的な文献研究や考古学研究からの成果を援用して各記述の検討を行いたい。

　分類の基準となる『日本書紀』の区分論は古くから活発に議論されてきた問題であるが、近年の代表的な区分論である小島憲之と森博達の研究（小島 1988、森博 1999）のうち、森区分の理解には音韻学の知識が不可欠であるため、本章では出典論など歴史的な資料学との関連性が強い小島区分を採用し、『日本書紀』を以下のように区分した。

　　I（巻一・二）
　　II（巻三～十三）
　　III（巻十四～二十一）
　　IV（二十二～二十七）

Ⅴ（二十八）

Ⅵ（二十九・三十）

巻二十八に関しては壬申の乱という一大戦乱が主題となっているため、これを独立させて扱っている。また、本章は古墳時代の戦闘に主眼を置くため、特にⅠ～Ⅲ群を中心として分析を行い、必要に応じてⅣ～Ⅵ群について言及することを断っておく。

武器記述の内容としては、下記の7つの型に分けた。

A 型記述（武器・武装の具体的記述、またはその使用による個人的戦闘）

B1 型記述（簡素・抽象的な国内の戦闘記述）

B2 型記述（簡素・抽象的な国外の戦闘記述）

C1 型記述（具体的な国内の戦闘シーン）

C2 型記述（具体的な国外の戦闘シーン）

D 型記述（儀礼・祭祀における武器関係記述）

E 型記述（その他）

なお、前後に関連性のある記述（援軍要請など）が存在する場合は、具体的な戦闘記述の続きとしてC型に含め、クーデターなどに関しては特に目立った戦闘情景や集団的な戦闘描写があるものを除いてはB1型に含んでいる。

戦闘（武器）記述に関しては、どの記述までを戦闘関係と受け止めるかによって若干のカウント数が異なってくるが、概ね付表2のように数えることができた。これによればⅠ～Ⅵの各群においてもかなり武器・戦闘記述の隔たりがあり、書紀編者の関心の度合い、もしくは編者が利用した原資料（素材）の差が表れている。以下、具体的に検討していきたい。

第2節 『日本書紀』戦闘記述の分析

1．Ⅰ群（巻一～二（神代））における武器・戦闘記述

Ⅰ群、神代上・下巻における武器・戦闘記述は12例と各群の中でも記述数は比較的に少ない。内訳はA型（武器・個人戦闘）記述が6例と半数を占め、D型（儀礼・祭祀）記述が2例、E型（その他）記述が4例である。

具体的な武器の使用例としては「乃ち帯かせる十握 剣（とつかつるぎ）を抜き、寸（つだつだ）に其の

蛇を斬りたまふ」という素戔鳴命の八岐大蛇退治の場面や、味耜高彦根神の「其の帯ける剣大葉刈を抜きて、喪屋を斫仆せつ」などの個人的な武器の使用例が目立つ。儀礼関係としては天照と素戔鳴の誓約の場面や、天石窟戸で天鈿女命が「茅纏之矟」を持つ例がある。

　このようにⅠ群の特色は戦闘記述の希少な点にあり、特に集団的な戦闘記述は皆無である。このことは、書紀編者においても具体的・現実的な戦闘に関する情報が希少であったことの証左となるであろう。武器としても「十握剣」「草薙剣」「大葉刈」などの名称のみでは現実的な検討は困難であるが、「十握」という点から長剣（刀）をイメージしていた様子はうかがうことができる。唯一、この群における具体的な武装として次の記述がある。

〔史料一〕神代上第六段一書第一
　「乃設大夫武備、躬帯十握剣・九握剣・八握剣、又背上負靭、又臂著稜威高鞆、手捉弓箭、親迎防禦。」

　これは天照大神が素戔鳴命を高天原に迎えるときの武装であり、書紀の編者自身が「神代」と称した古い過去のイメージであるが、『古事記』にも「背は千入の靫を負ひ、平には五百入の靫を附け、また臂には稜威の高鞆を取り佩ばして、弓腹振り立てて、堅庭は向股に踏みなづみ、沫雪なす蹶ゑ散して、稜威の男建、踏み建びて、待ち問ひたまひ」と類似した表現があり、『日本書紀』の「一書曰」にも複数の同様な記述が列挙されているので、同種の伝承がかなり広範囲にわたって認知されていたのであろう。

　ところで、考古学的には日本列島において定型的な武器が出土するのは弥生時代以降である。弥生時代の武装としては"鳥装の武人"像が一般的であり、第1章でみたように絵画土器をみると、持盾に柄の短い戈を持つというモチーフが多い。靭・鞆そのものはわずかな実例と形象埴輪によって確認できるもので古墳時代前期を遡るものはない。むしろ、ここで描かれる天照大神の武人像は、従来からいわれているように武人埴輪のイメージと合致している。

　書紀編者自身が換算したところによると神武元年は紀元前660年、この暦は儀凰暦の算法を使って古代に遡って逆算したと考えられている（小川 1997）。

また編者は『魏志』倭人伝の卑弥呼を神功皇后に擬していたようで、神功紀の中に倭人伝の年号を記している。

しかし、書紀編者がイメージした「神代」の武人像は（編者自身の換算に反し）史料的には概ね5〜6世紀を遡ることはできない。この年代観は編者が利用した原資料の（またはその編纂された）上限を示しているといえるであろう。

2．Ⅱ群（巻三〜十三巻（神武〜安康））における武器・戦闘記述

Ⅱ群は巻二（神武）〜巻十三（允恭・安康）を対象としている。このうち、武器・戦闘記述は62例を数えることができた。

各型の記述がみられるが、最も多いのはB1型（簡素な国内戦闘）記述である。これは神武天皇に関する「乃ち偏師（かたいくさ）を分遣（わけつかは）し皆誅（ころ）さしめたまふ」や、崇神天皇の四道将軍の派遣、景行天皇の「石室の土蜘蛛を襲ひて、稲葉の川上に破り、悉に其の党を殺す」などの簡素な戦闘（討伐）記述が多いためである。神夏磯媛の服従には長剣、大鏡、瓊を榊にかけ白旗を掲げるというやや具体的なシーンがあるが、白旗を「亦素幡樹」とする表現は『魏書』など漢籍に多い表現である。その他では「偏師」という言葉が『文選』にみえ、景行天皇の討伐には弓矢を「流らふること雨の如し」という類型的な表現があり、四道将軍の派遣も「既にして共に印綬を授けて将軍としたまふ」というような漢籍的な表現（『後漢書』）で彩られている。将軍の名称自体も中国大陸由来のものである。

B2型（簡素な国外戦闘）記述も5例あるが、これは神功皇后紀にほぼ集中している。その中には「沙至比跪」「木羅斤資」という人名や「多羅」「比利」など地名の字音表記に百済独自の表現がみえ、「百済三書」からの引用が古くから指摘されている（山尾1978、三品2002）。一方で神功皇后の詔には「金鼓無章云々」などの兵書（『呉子』『孫子』）からの漢籍的脚色が認められる。

これら『日本書紀』における漢籍や漢訳仏典の出典に関する研究は河村秀根・益根親子の研究など江戸時代にまで遡る研究があり、多数の出典が知られている。なお、近年では原典の直接利用でなく、類書、特に初唐の欧陽詢などの撰する『芸文類聚』からの孫引きが多いことが指摘されている（小島1988）。

このように、Ⅱ群で最も多いのは伝説的・物語風の記述であり、戦闘記述も

具体性に欠け、内容が紋切り型の簡素なものが中心であるといえよう。このことは書紀編者が利用できた資料が断片的であるか、または政治的な理由によって意図的に創作した結果だと考えられ、内容の資料的な価値には大きな疑問が残る。

　津田左右吉は、神功皇后の新羅討伐、日本尊の熊襲・東国遠征など、仲哀・神功皇后以前の部分に含まれているさまざまな説話について、歴史的な事実の記録として認められず、後人の述作であることを指摘している（津田 1924）。すなわち新羅遠征の物語を神功皇后の時代とし、東国遠征を景行期とする類は後世の時代の反映であるとし、後の時代の事実を上代に移して物語にしたがために内容が空虚（簡素な記載）になったというのである。しかしながら、文字として記された段階で伝承として伝えられてきた物語に新しい衣装を着せた可能性は否定できないため、伝承の核の部分について年代が遡る可能性は高い。

　そのような関係においてⅡ群においても具体的な集団戦闘の記述が初めて出てくる。国内関係（C1型）では神武と長髄彦による孔舎衛坂の戦い、巻五の武埴安彦の乱、巻九の忍熊王の乱、国外関係（C2型）では巻十二の上毛野田道の騎馬戦がある。このほかに巻六の狭穂彦王の乱において「稲城」が初出する。

〔史料二〕神武即位前紀戊午年四月条
　「皇師勒_レ_兵歩趣_二_竜田_一_。（略）時長髄彦（略）則尽起_二_属兵_一_、徼_レ_之於孔舎衛坂_一_与之会戦。有_二_流矢_一_、中_二_五瀬命肱脛_一_、皇師不_レ_能_レ_進戦_一_。（略）却至_二_草香之津_一_、植_レ_盾而為_二_雄詰_一_焉。」

〔史料三〕崇神十年九月条
　「武埴安彦与_二_妻吾田媛_一_謀反逆、興_レ_師忽至。（略）時天皇（略）復遣_二_大彦与_二_和珥臣遠祖彦国葺_一_、（略）与_二_埴安彦_一_挟_二_河屯之_一_、（略）於_レ_是各争_二_先射_一_。武埴安彦先射_二_彦国葺_一_。不_レ_得_レ_中。後彦国葺射_二_埴安彦_一_。中_レ_胸而殺焉。其軍衆脅退。則追破_二_於河北_一_、而斬_レ_首過_レ_半。（略）乃脱_レ_甲而逃之。」

〔史料四〕垂仁五年十月条
　「時狭穂彦興_レ_師距之、忽積_二_稲作_レ_城。其堅不_レ_可_レ_破。此謂_二_稲城_一_也。（略）則将軍八綱田放_レ_火焚_二_其城_一_。」

〔史料五〕神功摂政元年三月条

「爰武内宿禰等選┘精兵┐従┘山背┘出之、至┘莵道┐以屯┘河北┐。忍熊王出┘営欲┘戦。時有┘熊之凝者┐、為┘忍熊王軍之先鋒┐。則欲┘勧┘己衆┐。因以高唱之歌曰、(略) 忍熊王信┘其誘言┐、悉令┘軍衆┐、解┘兵投┘河水、而断┘弦。爰武内宿禰令┘三軍┐、出┘儲弦┐更張、以佩┘真刀┐、度┘河而進之。(略) 軍衆走之。及┘于狭狭浪栗林┐而多斬。」

〔史料六〕仁徳五十三年五月条

「新羅起┘兵而距之。爰新羅人日日挑戦。田道固┘塞而不┘出。時新羅軍卒一人、有┘放┘于営外┐。則掠俘之、因問┘消息┐、対曰、有┘強力者┐。曰百衝┐、軽捷猛幹。毎為┘軍右前鋒┐。故伺之撃┘左則敗也。時新羅空┘左備┘右。於┘是田道連┘精騎┐撃┘其左。新羅軍潰之。因縦┘兵、乗之殺┘数百人┐、即虜┘四邑之人民┐以帰焉。」

　孔舎衛坂の戦い（史料二）で登場する主武器は「矢」「盾」、武埴安彦の乱（史料三）でも矢合戦が描かれ、忍熊王の乱（史料五）では戦闘歌謡を歌った後、計略により「弓」「刀」で攻撃をしている。武器の具体的な形状が不明なので考古資料からの検討の余地はないが、戦闘の内容はきわめて具体的で、何らかの原資料にもとづく記述である可能性が高い。特にいずれも歩兵戦主体で「弓・矢」での戦闘例が多く、戦闘前の熊之凝の戦闘歌謡や、戦術として姦計が目立つ点などは、物的資料からだけではうかがうことのできない興味深い内容といえる。

　戦闘に詭計が多いことについて笹山晴生は、たとえば神武東征における忍坂の酒宴を利用した謀殺、神渟名川耳彦による手研耳尊の睡眠中の射殺、出雲振根の水浴中に相手の真刀と自分の木刀とを取り換えての殺害（『古事記』では倭建尊の話とされる）、日本武尊の童女に変装しての酒宴での謀殺など、騙し討ちに関する物語は『記紀』に共通しているので説話としての成立が古いことを指摘している。(笹山 1984)。笹山の指摘にあるように、『日本書紀』と『古事記』のいずれにも類似の記載があり、かつ物語・説話風な記述に関しては、成立の古い素材を根拠としている蓋然性が高く、古い時代の戦闘を伝えている可能性が高いと考えられる。

　その他の記述としては、史料四にみえる稲城は一般には稲穂か籾を積み上げ

て作った城と解されており、『古事記』においても沙本毘古の乱に際して稲城の記述が認められる。しかし稲を積み上げただけでは堅牢な防御施設にならないだろう。一説には『延喜式』の表現に神垣に懸ける稲が「横山」にたとえられることから、邸宅の周囲の垣に稲を積み懸ける様がむしろ「稲城」の表現にふさわしいという見解もある（仁藤 1998）。考古学からも稲城についての言及があり、かつては囲形埴輪を稲城とみなす見解もあったが（北野耕 1975）、近年では否定されており、囲形埴輪と水との関係性が指摘されている（穂積 2012）。

　稲城についての実証は難しいが、国内において城郭などの恒常的施設がほとんど描かれないのは『日本書紀』の特色の一つである。書紀編者が筆を揮うことができたのは「家の外に城柵を作り、門の傍に兵庫を作る。門毎に水を盛るる船一、木鉤数十を置きて、火災に備へ、常に力人をして兵を持ちて家を守らしめる」（蘇我蝦夷の邸宅の描写・皇極三年十一月条）といった程度であった。

　城郭の少ないことは、乙巳の変に際しても「中大兄、即ち法興寺に入り、城として備ふ」（皇極四年六月条）とあるなど、常設の防御施設が存在しないために寺院を利用している様子が描かれていることも傍証になろう。後述するように、国内に防御施設が少ない事実は考古学からも実証することが可能であって、書紀編者の記事はある程度の史実を反映していると評価することができる。

　一方、上毛野田道の騎馬戦（史料六）は若干の検討が可能である。田道の騎馬戦は書紀編者自らが記すところでは仁徳五十三年（365年）である。

　朝鮮半島での最古の馬具は原三国時代にまで遡るが、漢代あるいはそれ以前の車馬具に系譜が求められるもので、慕容鮮卑の騎乗用馬具に系譜が求められる馬具、柳昌煥や諫早直人のいう"初期馬具"に関連する乗馬の風習（馬具）は4世紀前半に朝鮮半島で受容されており、加耶地方の最古の馬具（轡）は4世紀第2四半期に編年される（李蘭暎・金斗喆 1999、柳昌煥 2008、諫早 2013）。

　日本列島での馬具の普及は5世紀前半とされることが多いが（桃崎 2006）、福岡県池の上6号墳や兵庫県行者塚古墳出土の轡などは4世紀代に含まれる可能性も指摘されており（中山 2001）、纒向遺跡第109次調査で出土した木製輪鐙は4世紀初め（布留1式）に比定されている（橋本輝 2002）。

　上記の考古学的知見は馬具そのものであるが、一方で騎兵の成立に関しては

国内における挂甲の受容を騎馬戦と関連づけようとする意見もある（小野山1959）。しかしながら、日本の甲冑を騎馬戦用とする見解には否定的な意見が多く（増田 1970、穴沢 1988）、日本列島において実用的な馬具が主流となり、騎馬勢力が成長するのは概ね6世紀前半以降としなければならない（岡安 1983）。笹山晴生も『記紀』の戦闘には騎馬による戦闘の記述がほとんどなく、6世紀以前の旧辞の世界にあっては集団的な騎馬戦はふさわしくないと指摘している（笹山 1984）。

　このような考古学的な知見があるため、編者自身の記述した田道の戦闘を歴史的事実として無条件に信じることはできない。また、新羅の勇士の名前が「百衝（ももつき）」という日本的な名前であることからしても、日本側の伝承である可能性が高い（三品 2002）。

　しかし、騎兵による戦場が朝鮮半島であること、田道が上毛野（群馬）の豪族であること、それ以前の記述において騎兵の記述が皆無であることなどはきわめて重要な事柄であると考える。先に述べたように日本において実用的な馬具が主流となるのは6世紀以降であるが、日本の馬具副葬古墳が多いのは群馬県約300基、福岡県約270基、長野県約240基、静岡県約180基、栃木県約100基など（長野県立博物館編 1998）、馬具を副葬する古墳は主に東国を中心に分布している。

　上記の諸点から考えて、上毛野田道の騎兵の伝承は書紀編纂時においていくぶん古くに挿入された上毛野氏の伝承であって、まったくの空想・創作ではないとしておきたい。持統五年八月条の墓記を上進させた十八氏族の中に上毛野氏が含まれており、それら独自の伝承を書紀編者は参考にしたのであろう。

　十八氏族に上進させたものは、北野本などの古写本には"墓記"とあり、『釈日本紀』には"纂記"とある。坂本太郎は纂紀を十八氏の独特の伝承記録とし、大三輪、上毛野、膳、紀、大伴、石上などの関係記述には、『日本書紀』の広範囲にわたって数カ所ずつ、纂記にもとづくとおぼしき記述があると論じている（坂本 1946）。坂本は後に古写本（北野本など）が"纂記"ではなく"墓記"と記していると認識するが（坂本 1988）、用語や誤字はともかくとして、坂本の述べるように『日本書紀』に有力氏族の伝承家記がとりいれられているという視点は依然として有効であろう。

その他、Ⅱ群においては久米歌のような戦闘歌謡の存在が知られている。久米歌の戦闘的な内容に初めて注目したのは文学史家の高木市之助であり、その文学的な叙事詩が生まれた社会ないしは時代を問題視することで英雄時代論争の端緒を開いた（高木 1933）。

　高木が文学的な見地から英雄時代を提唱したのに対し、石母田正は、これを歴史的な問題として昇華させた。石母田はヘーゲル美学を借り、法律以前（前国家段階）における権力の行使や法が英雄的個性の具体的行動として現れる時代を英雄時代とし、久米歌などの戦闘歌謡をもって4～5世紀の段階、石母田のいう大和国家の成立と発展という疾風怒濤の時代に英雄時代が存在したことを論じる（石母田 1947）。

　久米舞をはじめとして宮廷で伝承されてきた武器を持つ勇壮な舞、すなわち隼人舞、吉志舞、楯伏舞、諸県舞などは、7世紀に天武天皇によって日本古来の民俗歌舞が収集されたものの一部と考えられている（井上正 2006）。久米舞は室町中期に一時途絶え、江戸後期の文政年間に再興されたことが示すように、久米歌と久米舞は直接的に結びつかないかもしれないが、現存する久米舞は久米歌の面影を残していることは間違いないであろう。

　いずれにせよ久米舞（久米歌）は戦闘的な舞踊や歌謡であって、これについて西郷信綱は久米歌＝久米舞は大嘗祭における一種の模擬戦（mock combat）であったと指摘している（西郷 1967）。また、青木敦は霊剣信仰との関連から、古き呪的な"剣の歌舞"の存在をそこに想定し、かつては地域共同体の"戦闘舞踊"であったものが『記紀』編集の前夜に宮廷神話の中に組み込まれ、やがて宮廷行事の一つとして儀式化したと想定するなど（青木敦 1981）、戦闘歌謡は、古代における戦闘のあり方を考える上できわめて重要である。

　以上、Ⅱ群の特徴としては政治的な理由によるものか、意図的に創作した文飾や漢籍風の簡素なものが多い。しかしながらその一方で「百済三書」や「旧辞」、各氏族伝承、戦闘歌謡など、雑多な資料を基に再構成されたと思われる内容も存在していると評価することができるだろう。

3．Ⅲ群（巻十四～二十一巻（雄略～用明・崇峻））における武器・戦闘記述

　Ⅲ群、巻十四（雄略）～巻二十一（用明・崇峻）の武器・戦闘記述は各群のう

ち最多の88例を数える。これはC2型（具体的な国外戦闘）記述が33例
（37.5％）に及ぶためであるが、特に欽明九年四月の馬津城の役から連年のよう
に百済と高句麗との戦いに関連する具体的な記述が相次いでいる。

　これらの対外記述については、古くより「百済三書」を典拠とした記述が想
定され、多くの先学によってその性格や成立時期が検討されている（山尾 1978、
井上秀 1980、仁藤 2015）。その評価はともかく、『日本書紀』の朝鮮半島におけ
る戦闘記述のほとんどがこれに負っていることは事実であり、少なくとも書紀
編纂時において古代貴族たちが抱いた具体的な大陸での戦闘イメージを知るこ
とができよう。

　以下、Ⅲ群における具体的な戦闘関係記述を検討していきたい。

〔史料七〕雄略九年三月条

　「紀小弓宿禰亦収レ兵、与二大伴談連等一会。兵復大振、与二遺衆一戦。是夕大
伴談連及紀岡前来目連、皆力闘而死。談連従人同姓津麻呂、後入二軍中一、
尋二覓其主一。従レ軍不レ見出問曰、吾主大伴公、何処在也。人告之曰、汝主
等果為二敵手一所レ殺、指示屍処一。津麻呂聞之踏呲曰、主既已陥。何用独
全、因復赴レ敵、同時殞命。」

〔史料八〕継体八年三月条

　「伴跛築レ城於子呑・帯沙一、而連二満奚一、置二烽候・邸閣一、以備二日本一。復
築レ城於爾列比・麻須比一、而絙二麻且奚・推封一、聚二士卒・兵器一以逼二新
羅一、駈二略子女一、剥二掠村邑一。凶勢所レ加、罕レ有二遺類一。」

〔史料九〕継体二十四年九月条

　「毛野臣聞二百済兵来一、迎二討背評一、傷死者半。百済則捉二奴須久利一、枷・
械・柵・鏁、而共二新羅一囲レ城、責二罵阿利斯等一曰、可レ出二毛野臣一。毛野
臣嬰城自固、勢不レ可レ擒。於レ是二国図二度便地一、淹留弦晦。築レ城而還、
号曰二久礼牟羅城一。還時触路、抜二騰利枳牟羅・布那牟羅・牟雌枳牟羅・阿
夫羅・久知波多枳、五城一。」

〔史料十〕欽明十四年十月条

　「百済王子余昌悉発二国中兵一、向二高麗国一、築二百合野塞一、眠二食軍士一。是
夕観覧、鉅野墳堄、平原瀰迤、人跡罕見、犬声蔑レ聞。俄而儵忽之際、聞

鼓吹之声＿。餘昌乃大驚、打レ鼓相応、通夜固守。凌晨起見＿曠野之中＿、覆如＿青山＿、旌旗充満。合明有下着＿頸鎧＿者一騎、挿レ鐃者。二騎、珥＿豹尾＿者二騎、并五騎上、連轡至来問曰、小児等言、於＿吾野中＿、客人有在。何得レ不レ迎礼也。今欲早知レ与レ吾可レ以レ例問答レ者姓名年位上。余昌対曰、姓是同姓、位是杆率、年二十九矣。百済反問。亦如＿前法＿而対答焉。遂乃立レ標而合戦。於レ是百済以レ鉾刺＿堕高麗勇士於馬＿斬レ首。仍刺＿挙頭於鉾末＿、還入示レ衆。」

〔史料十一〕欽明十五年十二月条

「臣先遣＿東方領物部莫哥武連＿、領＿其方軍士＿、攻＿函山城＿。有至臣所＿将来＿民筑紫物部莫奇委沙奇、能射＿火箭＿。蒙＿天皇威霊＿、以＿月九日酉時＿、焚＿城抜之。

〔史料十二〕欽明十五年十二月条

「新羅聞＿明王親来＿、悉発＿国中兵＿、断レ道撃破。（略）余昌遂見＿囲繞＿、欲レ出不レ得。士卒遑駭、不レ知＿所図＿。有＿能射人、筑紫国造＿。進而彎レ弓、占擬射＿落新羅卒最勇壮者＿。発箭之利、通レ所乗鞍前後橋＿、及＿其被甲領会＿也。復続発箭如レ雨弥厲不レ懈、射＿却囲軍＿。由レ是余昌及諸将等、得下従＿間道＿逃帰上。余昌讃＿国造射却囲軍、尊而名曰＿鞍橋君＿。」

〔史料十三〕欽明二十三年七月条

「（紀男麻呂宿禰）、以＿薦集部首登弭＿、遣＿於百済＿約＿束軍計＿。登弭仍宿＿妻家＿。落＿印書・弓箭於路＿。新羅具知＿軍計＿。卒起＿大兵＿、尋属＿敗亡＿、乞＿降帰附＿。紀男麻呂宿禰取レ勝旋レ師、入＿百済営＿。（略）河辺臣瓊缶独進転闘、所レ向皆抜。新羅更挙＿白旗＿、投レ兵降首。河辺臣瓊缶元不レ暁レ兵、対挙＿白旗＿、空爾独進。新羅闘将曰、将軍河辺臣今欲レ降矣。乃進レ軍逆戦。（略）新羅闘将手持＿鉤戟＿、追至＿城洫＿、運レ戟撃之。（略）闘将自就＿営中＿、悉生＿虜河辺臣瓊缶等及其随婦＿。（略）闘将遂於＿露地＿、奸＿其婦女＿。（略）同時所レ虜調吉士伊企儺、為人勇烈、終不レ降服。新羅闘将抜レ刀欲レ斬。逼而脱レ褌、追令下以＿尻臀＿向＿日本＿、大号叫曰上、（略）由レ是見レ殺。其子舅子亦抱＿其父＿而死。」

史料八では「城」「烽候」「邸閣」によって防衛線を築き、子女を捕らえ村邑

を侵略するような戦闘が記され、史料九では毛野臣が城に籠って守りを固めている様子が描かれる。

　史料十の百済王子余昌の戦いでは鼓・笛・軍旗による進軍→互いの名乗りあい→騎兵の戦闘（矛で馬を刺し落として首を斬る）といった一連の戦闘が描かれているが、この戦場は「鉅野墳腴し、平原瀰迤して、人跡罕に見、犬声聞くこと蔑し」とあるから、われわれは静寂した朝、遥かに広がる大陸の平野を想像しなければならない。

　史料十一では筑紫の物部莫奇委沙奇が火箭を射て城を焼き落とし、史料十二では筑紫国造が雨のごとく箭を射て百済王子余昌が脱出する状況を描く。史料十三では紀男麻呂宿禰が機密文書を落とし、河辺臣瓊缶は降伏するが、この戦闘で新羅の闘将は鉤戟を用いていた。記述にはまた、降伏をあらわす「白旗」や、捕虜が「奸」され責め逼まれる状況が描かれている。

　このように朝鮮半島の戦闘において、書紀編者は「攻城戦」、「騎馬戦」、「村々の略奪」を描き、使用する武器も「弓矢」はともかく「矛」「戟」などの長柄武器が数多く登場する。

　これらの各条には『文撰』『漢書』『説文』などとの類似語が若干認められ、史料八には「日本」の名称もみえるなど、そのままを歴史的資料として認めることはできない。しかしながら、史料十の具体的な戦闘に関しては比較的文飾が少ないことが指摘されており（むしゃこうじ 1973）、特に古代史における"画期としての雄略朝"の時代以降に具体的な記述が増えてきたことはきわめて重要である。

　岸俊夫は『万葉集』や『日本霊異記』の巻頭に雄略の時代を据えていることや『日本書紀』の成立過程において雄略以前と以後との間に顕著な区分があることなどから、古代人が歴史的に雄略朝を画期的な時代と受け止めていたと想定している（岸 1984）。

　雄略（オホハツセノワカタケル）に比定される倭王武の上表文には国内・国外の征服事業が記されていることが著名である。鈴木靖民は中国大陸の府官を模して、倭を含む中国周辺諸国において府官的な秩序が形成されていたとし、武＝雄略の時代には王権の宮廷を支える諸種の職能集団とそれを管理・統率する世襲職が整備・改組・拡充されるなどの大きな画期が存在したことを指摘し

ている（鈴木靖 1985）。また天野末喜は、倭王武、雄略天皇の在世期間を5世紀第4四半期前後とし、その墳墓の候補として墳長242ｍの大阪府岡ミサンザイ古墳（伝仲哀陵）を挙げ、考古学的にみても雄略朝が新しい時代を画する結節点であったことを論じている（天野 2010）。

上記のような、"画期としての雄略朝"以降における国外の戦闘記述では、欽明紀の朝鮮半島での激しさを増す戦闘情景や、度重なる援軍要請などの一連の有機的な繋がりで具体的な戦闘に関する記事が進む。

記述の内容については「百済三書」などの引用が古くより指摘されているところだが、朝鮮側の資料である『三国史記』などにおいても同種の記述があり、たとえば百済の聖明王が敗れる戦闘（欽明十五年十二月条）では、十二月と七月との異伝はあるものの、『三国史記』真興王十五年七月条、百済本紀聖王三十二年七月条（金富軾 1983）において、『日本書紀』と同様の内容が記されているため、何らかの類似する伝承が朝鮮半島においても伝えられていたと考えられる。『三国史記』における"倭"関係記事を分析した木下礼仁によれば『日本書紀』と『三国史記』、『三国遺事』とは不一致な部分もあるが、共通した同一の原資料にたどりつかざるを得ない類似伝承記事が見出されるといい、そういった原資料については『日本書紀』編纂以前に、朝鮮半島から日本列島へもたらされた蓋然性を指摘している（木下 1993）。

またⅢ群以降の対外戦闘では、大陸へ送られた兵士や軍事物資数も記述されるようになる。具体的には「助軍数一千馬一百匹船四十隻」（欽明十五年正月条）というような数量が記されており、『日本書紀』の編者は大陸での戦闘を数百〜千人規模の集団的な戦闘として描くことが多い。

上記のような朝鮮半島での戦闘と対極的にある国内での具体的戦闘記述として朝日朗の征伐、吉備尾代の奮戦、そして丁未の乱（蘇我・物部戦争）をみてみよう。

〔史料十四〕雄略十八年八月条

「朝日朗聞レ官軍至ル、即逆ニ戦於伊賀青墓ニ。自矜ニ能射ニ、謂ニ官軍ニ曰、朝日朗手、誰入可レ中也。其所レ発箭、穿ニ二重甲ニ。官軍皆懼。菟代宿禰不ニ敢進撃ニ。相持二日一夜。於レ是物部目連自執ニ大刀ニ、使ニ筑紫聞物部大斧手、

執 ▲盾叱 ▲於軍中 ▲、倶進。朝日郎乃遥見、而射 ▲穿大斧手盾・二重甲 ▲、并入 ▲身肉 ▲一寸。大斧手以 ▲盾翳 ▲物部目連 ▲。目連即獲 ▲朝日郎 ▲斬之。」

〔史料十五〕雄略二十三年八月条

「於 ▲是尾代従 ▲家来、会 ▲蝦夷於娑婆水門 ▲合戦。而射 ▲蝦夷等 ▲、或踊或伏、能避 ▲脱箭 ▲、終不 ▲可 ▲射。是以尾代空弾弓弦、於 ▲海浜上 ▲、射 ▲死踊伏者二隊 ▲。二箙之箭既尽、即喚 ▲船人 ▲索 ▲箭。船人恐而自退。尾代乃立 ▲弓執 ▲末而歌曰、（略）唱訖自斬 ▲数人 ▲、更追至 ▲丹波国浦掛水門 ▲、尽逼殺之。」

〔史料十六〕崇峻即位前紀

「（蘇我馬子宿禰大臣）倶率 ▲軍旅 ▲、進討 ▲大連 ▲。（略）大連親率 ▲子弟与 ▲奴軍 ▲、築 ▲稲城 ▲而戦。於 ▲是大連昇 ▲衣揩朴枝間 ▲、臨射如 ▲雨。其軍強盛塡 ▲家溢 ▲野。（略）爰有 ▲迹見首赤檮 ▲、射 ▲堕大連於枝下 ▲、而誅 ▲大連并其子等 ▲。由是大連之軍忽然自敗。（略）（物部守屋大連資人捕鳥部万）、形色憔悴、持 ▲弓帯 ▲剣、独自出来。有司遣 ▲数百衛士 ▲囲 ▲万。（略）万即発 ▲箭。一無 ▲不 ▲中。衛士等恐不 ▲敢近 ▲。（略）於 ▲是有 ▲一衛士 ▲、疾馳先 ▲万。而伏 ▲河側 ▲、擬射中 ▲万膝。万即抜 ▲箭、張 ▲弓発 ▲箭、伏 ▲地而号曰、（略）衛士等競馳射 ▲万。万便払 ▲捍飛矢 ▲、殺 ▲三十餘人 ▲。仍以 ▲持剣 ▲、三載 ▲其弓 ▲、還屈 ▲其剣 ▲、投 ▲河水裏 ▲、別以 ▲刀子 ▲刺 ▲頸死焉。」

伊勢の朝日郎は「自ら能く射ることを矜り」「其の発つ箭は二重の甲(よろひ)を穿(とほ)す」といい、吉備尾代は蝦夷に対し弓を射たが、「二箙(ふたやなぐひ)の箭、既に尽き」ると、歌を詠んで斬り込んでいる。

このように、国内での具体的な戦闘（C1型）記述は対外（C2型）記述とは異なって、騎馬戦の状況がほぼ皆無であり「弓矢」主体の戦闘が中心となる。「斬る」という表現があることから接近した場合は刀剣類の使用が想定できるだろう。史料十六における捕鳥部万の奮戦では、万は弓矢を射、また、矢で膝を射られた後も敵の矢を払い三十余人を殺す。万の武装は弓矢・剣・刀子である。

その他では史料十四の筑紫聞物部大斧手が「盾を執り軍中に叱びめして」と、考古資料では希少な「持盾」を使用していること、史料十六では大将物部守屋自らが「射ること雨の如し」と弓矢を射ている状況、大将が射られると物部軍は「忽然に自づから敗れぬ」となるような指揮系統の脆弱さが描かれているこ

となどが興味深い。

　これらの具体的な記述の他に著名な磐井の乱が知られているが、対外戦争の一環として乱が勃発しており「旗鼓相望、埃塵相接」と戦闘情景もまことに簡素なものである。磐井の乱の戦闘記述は古くから指摘されているように『芸文類聚』に同一の文章が知られている。

　その他、蘇我・物部の争いについて笹山晴生は全国から兵力が動員されることはなく、その兵力は皇族・貴族以下の家産的なものであったと推定している（笹山 1984）。また『古事記』では、墨江の中つ王に仕える隼人の曽婆訶理（里）の物語があるが、ここにおいて曽婆訶理は水歯別の命（反正天皇）の誘いに乗って矛でその主人を殺し、その後酒宴の席で首を斬られている。この物語が示すように、大王層や有力貴族は勇敢な戦士を護衛として用いていたと考えられる。

　防衛施設での戦闘に際しても、国内での戦闘記述は対外記述とは異なっており簡素な記述（B1）が多い。これには「兵を率いて〜宅を囲繞み燔く」といった類型的表現が多いためにほかならない。「稲城」の記述は史料十六の他にも一例あるが（雄略十四年四月条）、いずれも具体的な稲城の情景は不明である。ただし、小根臣が「天皇の城は堅からず、我が父の城は堅し」と述べたように、国内では大王の地位にあるものでも堅固な城郭を発達させていない状況が間接的に描かれている。

　そのため、これらの「兵を率いて〜宅を囲繞み燔く」戦闘では、たとえば「物部の兵士三十人を遣わして（略）七十人を誅殺さしめたまふ」（雄略七年八月条）といった程度の規模であった。このことは、先にみた大陸での戦闘規模と比較してもかなり小規模である。これに加え、書紀の編者は国内と国外の戦闘を明確に描き分けており、国内においては激しい城郭戦闘をほとんど描いてはいない。

4．Ⅳ群（巻二十八巻（天武））における武器・戦闘記述

　巻二十八は天武元年一年間の争乱（壬申の乱）の記録で、大部分が戦闘記事によって占められている。その中でも特に具体的な戦闘シーンとしては以下のものがある。

〔史料十七〕天武元年六月条

「爰大友皇子謂_群臣_曰、将_何計_。一臣進曰、遅謀将_後。不_如、急聚_驍騎_、乗_跡而逐之。皇子不_従。」

〔史料十八〕天武元年六月条

「東方駅使磐鍬等将_及_不破_、磐鍬独疑_山中有_兵、以後之緩行。時伏兵自_山出_、遮_薬等之後_。磐鍬見之、知_薬等見_捕、則返逃走、僅得_脱。」

〔史料十九〕天武元年六月条

「是日、大友連吹負（略）曰、我詐称_高市皇子_、率_数十騎_、自_飛鳥寺北路_出之臨_営。乃汝内応之。（略）先秦造熊令_犢鼻_、而乗_馬馳之、俾謂_於寺西営中_曰、高市皇子自_不破_至。軍衆多従。（略）時営中軍衆聞_熊叫声_、悉散走。（略）乃挙_高市皇子之命_、喚_穂積臣百足於小墾田兵庫_。爰百足乗_馬緩来、逮_于飛鳥寺西槻下_。有_人曰、下_馬也。時百足下_馬遅之。便取_其襟_以引堕、射中_一箭_。因抜_刀斬而殺之。」

〔史料二十〕天武元年七月条

「(将軍吹負)則遣_赤麻呂・忌部首子人_、令_戍古京_。於是赤麻呂等詣_古京_、而解_取道路橋板_、作_盾、堅_於京辺衢_以守之。（略）於是果安追至_八口_、而視_京_、毎_街堅_楯。疑有_伏兵_、乃稍引還之。」

〔史料二十一〕天武元年七月条

「甲午、近江別将田辺小隅越_鹿深山_、而巻_幟抱鼓_、詣_于倉歴_。以_夜半_之、銜_梅穿_城、劇入_営中_。則畏_己卒与_足麻侶衆_難_別、以毎_人令_言_金。仍抜_刀而殴之、非_言_金乃斬耳。於是足摩侶悉乱之、事忽起不_知_所為_。」

〔史料二十二〕天武元年七月条

「男依等到_瀬田_。時大友皇子及群臣等共営_於橋西_、而大成_陣_、不_見_其後_。旗幟蔽_野、埃塵連_天、鉦鼓之声聞_数十里_。列弩乱発、矢下如_雨。其将智尊率_精兵_、以先鋒距之。仍切_断橋中_須容三丈_、置_一長坂_、設有_蹈板度者_、乃引_板将_堕。是以不_得_進襲_。於是有_勇敢士、曰大分君稚臣_。則棄_長矛_以重_環甲_、抜_刀急蹈_板度之。便断_着_板綱_、以被矢入_陣。衆悉乱而散走之、不_可_禁。時将軍智尊、抜_刀

斬_退者_。而不_能_止。」

〔史料二十三〕天武元年七月条

「(将軍吹負)到_当麻衢_、与_壱伎史韓国軍_戦_葦池側_。時有_勇士久目者_、抜_刀急馳、直入_軍中_。騎士継踵而進之。則近江軍悉走之、追斬甚多。」

〔史料二十四〕天武元年七月条

「於_是近江将犬養連五十君、自_中道_至_之留_村屋_、而遣_別将廬井造鯨_、率_二百精兵_、衝_将軍営_。当時麾下軍少、以不_能_距_。爰有_大井寺奴名徳麻呂等五人_、従_軍。即徳麻呂等為_先鋒_以進射之。鯨軍不_能_進。是日、三輪君高市麻呂・置始連菟当_上道_、戦_于箸陵_。大破_近江軍_、而乗_勝兼断_鯨軍之後_。鯨軍悉解走、多殺_士卒_。鯨乗_白馬_以逃之、馬堕_泥田_、不_能_進行_。則将軍吹負謂_甲斐勇者_曰、其乗_白馬_者廬井鯨也。急迫以射。於_是甲斐勇者馳追之、此_及_于鯨、々急鞭_馬、々能抜以出_泥、即馳之得_脱。」

　史料十七は騎兵による襲撃の提言、史料十八は伏兵、史料十九は大伴吹負の計略（内応）、史料二十は市街戦に備えて橋板を盾として並べる状況、史料二十一は夜襲、史料二十二は橋をはさんだ会戦、史料二十三・二十四は勇者による刀剣・弓矢での肉薄戦闘が描かれている。壬申の乱においては、騎兵による騎馬戦や伏兵、市街戦など、中世の軍記物にみられる各種の戦闘スタイルがほぼ出揃っているといってよい。

　壬申紀における騎兵の活用として注目すべきは、持統七年十月の詔で浄冠より直冠までは「甲一領・大刀一口・弓一張・矢一具・鞆一枚・鞍馬」を、勤冠より進冠までは「大刀一口・弓一張・矢一具・鞆一枚」をそれぞれ準備するように命じていることである。これについて笹山晴生は、中国風の宮廷儀礼が整備されたことの対応や、中央集権化の政策を畿内勢力の優位の上に推進していこうとする意図によるものだと想定している（笹山 1984）。

　本書で関連するところに言及すれば、乱直後の指揮官クラスに該当する人びとに甲冑や皆具した馬具の準備を命じていることは、実際の武装についても示唆するところが大きいであろう。いずれにせよ、雄略以前の記述などと比較す

ると壬申紀の戦闘記述は歴史資料としての信憑性はかなり高いと考えられるのである。

第3節　東アジア各地域における武器・武具の組成と戦闘の様式

1．日本列島における武器組成とその使用方法の推定

　書紀編者がイメージした戦闘像についていくつか検討してみた。考古学からの『日本書紀』批判といっても、上記の個々の戦闘情景を検討することはできない。

　しかし、書紀編者が描き分けた国内と国外の武器や防御施設の差異についてはある程度検討することが可能である。すなわち、列島内と大陸（朝鮮半島）との間の武器組成の比較、城郭遺構の差異などによって、書紀編者がイメージする戦闘像の検討を行うことができる。

　書紀編者は大陸での戦闘に「攻城戦」「騎馬戦」を描き、大陸においては数多くの城と城とによる連絡網によって軍事体制が整えられている状況を描写している。さらに斉明七年十二月条では「雲車・衝輣」という、日本列島ではみることのない攻城戦武器を唐軍が使用していることを記すなど、城郭戦のイメージも書紀編者は認知している。

　『書紀』の記述では、大陸での戦闘で使用する武器は、「弓矢」はともかく「矛」「戟」が主であった。「矛（鉾）」という言葉は一概に現在の矛ではないが、少なくとも列島に比較して長柄武器が主体であって、武器以外では鼓・笛・軍旗などが効果的に使用されている。鼓などは大化以降の武器収公記事にみえるので7世紀には日本列島にも存在したであろうが、本章で検討した国内での具体的な戦闘シーンでは決して描かれることがない。

　一方の国内の戦闘では、本格的な城郭戦や騎馬戦が登場しない反面「弓」を主武器とする歩兵戦が中心となる。稲城の記述も大陸での「城（さし）」と比較すると明らかに描き分けが行われており、城をめぐる攻防戦が描かれず、具体的な騎馬戦の例が登場するのは「壬申紀」にほぼ限定される。

　これらの事例を考古資料から批判的に検討するために、日本列島における具体的な武器・武具の組成について整理しよう。

古墳時代前期の武器では、素環頭大刀や小礼式の甲冑は比較的大型の古墳のみにみられるため儀仗的な要素が強いと考えられる。有稜系や柳葉系の銅鏃・鉄鏃などに関しては、その形態から実用性が疑わしいものも含まれており、大型の古墳に多数の武器が副葬される場合は槍など長柄武器が含まれることも多い。しかしながら、前期における武器の全体的な傾向としては刀剣と弓矢（鏃）が中心で、それに少量の槍など長柄武器が加わるという武器組成が、基本的なあり方といえる。

古墳時代中期では鉄剣102を埋納した大阪府西墓山古墳、鉄剣145を埋納した大阪府野中古墳、衝角付冑11、眉庇付冑13、短甲24を埋納した大阪府黒姫山古墳などの武器の大量埋納が行われているため、副葬遺物から実際の武装を把握することは困難であるが、出土遺物の全体的な組成をみる限り当時の武装体系としては、前期と同様に刀剣や弓矢が中心であり長柄武器では槍より矛が増加傾向になる。

鏃は銅鏃が消失し鉄鏃も長頸鏃が中心になるなど実用的な威力（貫通力）が増大する。甲冑の出土量が増加することから、複雑な製作工程が必要な甲冑が大量生産されていたこともうかがわれる。中期には馬具の副葬も広まるが中期前半までは馬具の出土する古墳も比較的限られており、前期における甲冑と同じく威信財的な性格が強いと位置づけられるだろう。

後期においても刀剣と鏃からなる武器組成が基本であるが、刀剣は長刀（大刀）が中心となり、威信具としての装飾的な装飾付大刀が増加する。一方で馬具は実用的で簡素なものが多くなり、鉄鏃も実用的な長頸鏃で占められる。また長柄武器の矛も比重が増加する。

以上、時期的な変遷によって変化がうかがわれるものの、古墳時代の日本列島における全般的な武器は刀剣と弓矢という組み合わせが最もポピュラーである。こういった刀剣と弓矢の普遍的なあり方から、古墳時代の実際の戦闘としては、最初に歩兵による遠距離からの弓矢戦闘（矢合戦）を行い、近接時には刀剣で戦うという戦闘様式が主体であったと復元できる。特に長柄武器が補助的な存在であるため、接近戦ではより個人的な色彩の濃い刀剣による戦いの集合体であった可能性が高い。そして古墳時代後期以降には騎馬の比重が増加し、機動戦も取り入れられていくと推定される。

2. 中国大陸における武器と戦闘の様相

『日本書紀』の戦闘記述では国内と国外の戦闘において明確な差異を認めることができた。この点について朝鮮半島、ひいては東アジア全体の戦闘の具体像を検討してみたい。まずは資料が豊富な中国大陸における戦闘技術の変遷を歴史的に位置づけ、大陸での戦闘のあり方を考えていきたい。

中国大陸における新石器時代には、石鏃や骨鏃、石製の鉞といった定型的な武器の他に環濠集落（姜寨遺跡：仰韶文化期）や城壁（王城崗遺跡：龍山文化期）といった防御的施設、殺傷人骨（江蘇大墩子316号墓：大汶口文化期）など、佐原真が指摘した戦争を証拠だてる考古学的事実（佐原 1999）が出現している。またこの段階の特徴的な武器である鉞は、威儀具として男性に副葬される事例も多く、石製のものから玉石や青銅で作られるようになり、権力や刑罰・軍事の象徴となっていく。石鏃は龍山文化期に重くて深く突き刺さるものが増加し、集団間の戦闘が激化したとされる（岡村 1993）。

佐川正敏は中国の新石器時代において、中・遠距離で弓矢を使用した後に石斧・鉞で白兵戦を展開するという戦闘様式を推定し、紀元前4,000〜5,000年代を"アジア最古の戦争の開始"と評価する（佐川 1996）。しかしながらこの段階では中国大陸でも文字史料が存在せず、沈黙資料としての考古資料が中心となるため、直接的な戦闘や軍事組織を示す資料は寡少とならざるを得ない。

殷・周時代には考古資料として戈・戟・矛・鉞・剣といった武器形青銅器が出現する。殷末〜西周時代初期には山西の高紅墓出土例や河北の白浮村墓M2・M3墓の事例など、青銅製の冑も出現しているが（千葉 2015）、最も普遍的で出土量も多い青銅武器は戈である（今井晃 2001）。併せて殷代後期以降、馬車に繋がれたままの車馬坑や、全身骨格を保った馬が馬坑から大量に出土するようになる（菊地 2009）。こういった戈と馬車との存在から、この時代では兵士が馬車を御しながら進み、すれ違いざまの肉薄戦闘時には戈を用いて相手を引っ掛けるような戦闘方法、すなわち馬車に乗って戦う戦車(Chariot)での戦闘（車戦）が想定できる（楊泓 1985）。

古くから文字記録が残る中国では、殷・周時代前後から武装や戦闘について文献による検討が可能になり、戦闘の具体的な様相がかなり明確になってくる。西周時代の戦闘は先述したような戦車戦が中心であったため、その軍事力は

「乗」という戦車の数量であらわされていた。馬車の所持や維持には高価な費用が必要であるため、この時代の戦闘は貴族を中心とした短期決戦（会戦）が主流で、各国の兵力もせいぜい車数数百両という程度である。1車あたりの徒（歩兵）は約30人程度で、覇者である斉の桓公の兵力は「三万人、車八百乗」であったという（林 1972）。

また『春秋左氏伝』には戦闘の重要な決断要素として詩書や礼楽といった徳や義、人格を重視する記述が散見しており（小倉 1988）、当時の戦争は儀礼的な要素が強かったとも想定できるだろう。たとえば宋の襄公は泓の会戦（紀元前638年）において、楚軍が川を渡り、さらに陣が整えるのを待って戦いを開始し敗退する。これは後に"宋襄の仁"として嘲笑の的になるのであるが、逆にいえば、襄公は伝統的な戦闘のルールを守ろうとしたがゆえに敵の陣形が整うのを待ち、結果として戦闘に敗れたともいえる。『武経七書』（久保校訂 1913）の一つである『司馬法』でも「古者逐奔、不過百歩。縦綏不過三舎。是以明其礼也」とあり、昔の戦いでは敗走する敵を百歩以上は追撃しなかったこと、撤退する際も三舎以上は追わなかったことなどのルールが存在したことが記されている。

こういった西周時代の、礼節に則った貴族による戦車戦は、春秋から戦国時代へ移るにしたがって実力本位の苛烈な戦いへと変わっていく。軍隊の主力は少数の貴族中心であったものから一般に徴募する歩兵や騎兵に移り変わり「徒十万、車六百乗、騎五千疋」というように、兵力の計算も徒兵・騎兵などの総数によって示されるようになる。戦国時代にはいかに多くの民を動員するかといった、国力を傾注した大規模で本格的な戦争が行われていたことがわかるのである（湯浅 1999）。

考古資料では、春秋時代から戦国時代にかけて鉄製武器が普及し弩の使用も始まる。河北省易県燕下都44号出土遺物では冑、剣、戈、矛、鏃などの鉄製武器が出土しており、依然として青銅武器の優位性が高いものの、一般には戦国時代以降は鉄器時代とされる。

武器以外の戦争を示す考古資料としては戦闘（紀元前260年の長平の戦い）に関連する人骨の出土や、邯鄲城のような防御施設などの戦争に関する考古資料も存在する。その他、より具体的に戦闘や軍装を示す造型・絵画資料として

春秋・戦国時代には青銅容器に戦闘図を描いたものがあり、そこには戈や盾、短剣を用いて戦闘、攻城戦、水上戦などを行う歩兵が記されている（林 1972、深澤 1998）。

　秦漢時代には著名な始皇帝陵で代表される写実的な兵馬俑坑などの考古学的な造形資料が存在しているが、騎兵の比率は始皇帝陵の兵馬俑よりも、前漢の楊家灣漢墓陪葬坑における騎馬俑がより高い。こういった造形資料としての兵馬俑坑の分析からは、秦から漢へかけて騎兵の占める割合が高くなることが指摘されており（来村 2001）、本格的に騎兵が軍の主力を占めるようになるのも前漢の文帝・景帝以降のこととされる（駒田編 1985）。

　後漢時代では直接的に戦争を示す絵画資料として墓葬装飾である画像石に戦闘を表現したものがあり、"胡漢交戦図"と呼ばれるモチーフでは、漢の騎兵が戟など長柄の武器を用いて胡人の騎兵を馬から引きずり落とそうとする場面や、首を斬られた胡人兵などが描かれている（増田 1967、友田 2008）。また、その他の交戦図でも弓矢や環頭大刀、長柄武器が用いられている。

　これら考古資料である武器や造形・絵画資料などを総合すると、戦国〜秦漢時代の中国大陸においては戦車に代わって歩兵、次いで騎兵の比重が大きくなっていき、北方騎馬民族との民族的な対立を内包しつつ、領土国家単位による大規模な戦闘や攻城戦が繰り広げられていたと評価することができるであろう。

　次の三国・晋〜五胡十六国の時代における武器としては、遼寧省北票の十二台88M1の出土遺物があり（小林謙 2006）、細長い梯形鉄板を組み合わせた冑、小札を組み合わせた鎧冑などとともに馬甲や馬冑も出土している。このことから前燕時代では、馬まで武装した重装騎兵（中国文献にいう"甲騎・鉄騎"）が存在していたことが推察できる。馬甲・馬冑の実際の考古資料としては日・中・韓で28例ほどが確認されており、中国では4世紀後半〜5世紀、韓国では5世紀、日本では6世紀代とされるものが多い（神谷 2006）。また北魏俑といった造形的な考古資料においても可動式の高い礼甲と重装備の騎兵といった武装をうかがうことができる（柳涵 1959、市元 2001）。

　より直接的な戦闘を示す考古資料としては、騎馬や馬甲による戦闘図（図7・8）があり、中国甘粛省の敦煌莫高窟285窟壁画（西魏）（図8：敦煌文物研究所

編 1980）や、朝鮮半島三室塚壁画（高句麗）（朝鮮民主主義人民共和国文化保存指導局写真帳編集室編 1979）など、点的であるもののきわめて広い範囲で類似した戦闘様式をみることができる。これらの絵画資料をみると、重装騎兵たちは長柄の武器を持ち、これに付随する歩兵は片手に盾、もう片方に戟、刀剣、斧などを所持している。

　蒙古鉢形甲を研究した穴沢咊光は、日本から中央アジア、ヨーロッパまで同種の武具がみられるとして、広い視野から重装騎兵の戦闘が行われていたことを論証しているが（穴沢 1988）、騎馬までも武装した重装騎兵の戦闘は、この時期における騎馬民族共通の戦闘様式として広く欧州〜中央アジア、華北、朝鮮半島北部を含むユーラシア的な潮流であったといえるだろう。

　華南（東晋・六朝期）では武器の出土が少なく、壁画の題材や俑も少ないので戦闘の復元は困難であるが、弩が主力兵器であり、両腹の鐙については4世紀前半には東晋において採用されたと推察されている（藤井康 2004）。

3．朝鮮半島における武器と戦闘の様相

　中国大陸での戦闘の移り変わりを確認し、東アジアにおける大局的な戦闘の変遷を位置づけることができたので、これを踏まえた上で、本題に戻り『日本書紀』の記述内容を検討するため、日韓の武器組成や戦闘様式の差異を明らかにしていきたい。

　朝鮮半島においては2世紀以降の墳墓から武器が多数みつかっているが、相対的にみて最も普遍的な副葬武器は矛である。忠清南道の2世紀末〜5世紀の武器・馬具を集成した李南奭によると、百済地域では武器の出土する遺跡は少ないものの、出土武器は刀剣類・鉄矛・鉄鏃が中心となる（李南奭 2004）。嶺南地方、すなわち弁韓〜伽耶地方における武器組成についての高久健二の集計では、すべての時代を通じて最も多い武器は矛と鏃（弓矢）であった（高久 2004）。

　齊藤大輔は鉄矛の形態と軍構成は高句麗や伽耶などの各国の同盟・従属関係などによって類型化されると予察し（齊藤 2014）、漢江流域の最前線に位置する高句麗遺跡では九宜洞堡塁のような軍事施設が発掘され、鉄矛9、鉄長刀2種、鉄斧4、鉄鏃3,000余点の武器量から当時の最小部隊単位（10名程度）の武

胡漢交戦図における騎兵 (友田 2008)

安岳3号墳に描かれた重装騎兵と歩兵 (菅谷 2000、中川穂花製図)

菊水里古墳に描かれた重装騎兵 (朝鮮民主主義人民共和国文化保存指導局写真帳編集室編 1979)

図7　騎兵および馬甲・馬冑による戦闘図

図8 敦煌莫高窟285窟壁画に描かれた重装騎兵の戦闘図（敦煌文物研究所編 1980）

装が復元されている（崔鍾澤 2001）。一方、鉄鏃の形態そのものは日韓ともに類似しているが、有刺利器など日本列島では珍しい遺物も朝鮮半島では比較的に認めることができる。また鉄斧については、朝鮮半島では副葬例が多く、高句麗壁画などをみても武器（闘斧）として用いる事例があったことにも注意しなければならない。

いずれにせよ朝鮮半島では長柄武器が主流であって、戦闘方法としては遠距離では弓矢による攻撃を行い、近接戦闘では密集した矛や槍による長柄武器での戦闘に移行していったと考えられる。刀剣類と弓矢が主武器の日本列島における武器組成と比較した場合、朝鮮半島では矛の出現頻度が圧倒的に多く、この点が日韓の戦闘様式の差異を示している。

　伽耶地域の鉄矛を分析した門田誠一は、石突を有し長大な鉄矛をもった重装騎兵と、短い鉄矛をもった歩兵という2つの軍構造を想定する（門田 1988）。当該時期における朝鮮半島北部では、高句麗壁画で描かれているような馬甲で全身武装を行った重装備の騎馬兵が戦場に投入されており（朱栄憲 1963、堀田啓 1979）、このような重装騎兵に対抗するためにも朝鮮半島においては集団での長柄武器による戦闘が効果を発揮していたと評価することができるだろう。

　重装騎兵については、朝鮮半島南部では戦時における軍兵の編成としてよりも、高位階層による領域内の統率手段として用いられているという見解や、鎧馬を用いた階層が南北で異なっていたというような指摘もあるが（門田 2006b）、金斗喆における加耶の武器と戦術の研究では、当時の戦闘における主武器は矛（鉾）・鈹・槍などの長柄武器とされており（金斗喆 2003）、韓国考古学の研究者では高句麗南征を大きな画期とし、北方の騎馬文化（特に重装騎兵戦術）の影響を重視する傾向が強い（崔鍾圭 1984、李蘭暎・金斗喆 1999）。

　次いで3～6世紀の日韓における城郭遺跡について確認しておく。朝鮮半島の三国時代には多くの城、特に山城が築かれており、旧高句麗領をも含めると約2,000ヵ所に及ぶ山城の存在が推測されている（亀田 1995）。発掘調査が行われたのはそのごく一部であるが、1980年代以降、夢村土城、木川土城、扶蘇山城などで調査が実施され、次第に多くの事柄が明らかになっている。

　それらの研究成果を基にすれば、朝鮮半島の山城は大きく"鉢巻式"と"包谷式"に二分され、特に百済・伽耶地域では外郭線規模が2km以下の中・小規模の城郭が多く、高句麗地域には大型の包谷式系の山城が多い（尹武炳 1991、向井 1990）。井上秀雄によれば、「城」は「内城」（宮殿）を、「郭」は「外城」（居住区・工房）を指すが、朝鮮半島では中国大陸とは異なり、住民たちの逃げ城として「郭」（外城）を中心に発達しており（井上秀 1987）、山城にはあらかじめ軍器や食料を備蓄しておくものであったとされている（全栄来 1987）。そ

して、これらの多数の城郭はそれぞれ孤立しているのではなく、相互に関連する一つの防御体系を形成していた。蔡熙国は山城の配置から衛星防御体系、縦深防御体系、前線防御体系などの防御体制を指摘する（蔡熙国 1987）。

一方、同時代における日本列島では城郭遺跡をほとんど確認することができない。考古学的事実では日本列島において環濠集落が廃絶した後、集落域まで城壁や堀で囲まれる施設は存在せず、あえていえば首長居館という東国地方に多い方形施設において大規模な堀を伴うこともあるが、それぞれの首長居館は存続時期が短く集団を恒常的に防御するための施設ではなかった。日本列島における本格的な城郭遺跡としては朝鮮式山城が知られているものの、日本での出現時期は7世紀中葉であって（向井 1990）、それ以前の本格的な城郭は皆無である。

以上、東アジアの大きな流れの中で戦闘をみるならば、本書で問題となる古墳時代（3～6世紀）においては中国大陸、特に華北地域では北方騎馬民族の流入による五胡十六国の分裂抗争がみられ、彼ら騎馬民族の戦闘方式は重装騎兵を主力とするものであった。この時代、朝鮮半島でも城郭をめぐる重装騎兵と矛・弓矢による戦闘が中心となっていくが、日本列島内においては刀剣と弓矢が主、長柄武器（槍・矛）は補助的な存在であり、城郭施設も未発達であったと評価することができるのである。

第4節　古墳時代における戦闘の具体像

これまでの検討によって、『日本書紀』の編者がイメージした戦闘像がまったくの空想ではなかったことがわかる。もちろん編者の年代的な換算は大いに誤っており、彼らが紀元前7世紀以前に想定していた「神代」のイメージもせいぜい5～6世紀までしか遡ることはできず、4世紀以前に関しての歴史的根拠は著しく乏しくなってしまう。

また神武東征、景行天皇の土蜘蛛討伐、神功皇后の新羅親征などは戦闘の記述がきわめて多いものの、親征するや容易に討伐されるなど抽象的な記述が多数を占め、漢籍による文飾が甚だしく単調な内容になってしまっている。それらは明らかに書紀編纂時における政治的な意図から大部分が装飾されたであろ

うことは疑い得ない。

　これと対比すると、本章で検討したような"具体的な"戦闘記述を書紀編者が描くにあたっては、主として日本列島での戦いは徒歩による弓矢戦や騙しうちを、朝鮮半島における戦闘では長柄武器や騎馬戦による城郭戦闘を描いており、このことは一次資料である考古資料の武器組成や城郭遺跡のあり方からも大局的に合致する点が多い。したがって、編者らがイメージした具体的な戦闘記述は（意識的であるにせよ、ないにせよ）何らかの古伝承や筆録された素材にもとづいて編集されたものと判断することができる。

　以上、一連の記紀批判を済ませたので、一次資料である考古資料と、資料批判を経た文献史料とを総合して、研究の目的である古代の戦闘像の復元を試みよう。

　本章の研究成果では、『日本書紀』の記す太古の戦闘は5世紀以降に筆録された伝説や伝承を断片的に伝えると判断したが、これらをみると、日本列島内の歩兵戦では、両軍が対峙すると盾を立てて（植盾）、「雄詰」など雄たけびを挙げ、「貴人は　貴人どちや　親友はも　親友どち　いざ闘はな　我は」という戦闘歌謡を歌って味方を鼓舞していた状況が描かれる。そしてその後、「各先に射むことを争う」といった矢合戦が交わされることで戦闘が行われている。すなわち、日本列島においては雄たけびや歌謡といった儀礼的なパフォーマンスで士気を高め、次いで矢合戦で戦うという流れが伝統的で一般的な戦闘様式であったと評価することができるのである。

　日本列島における戦闘が弓矢主体であったことは、伊勢の朝日朗が「自ら能く射ることを矜り」、筑紫の物部莫奇委沙奇は朝鮮半島での戦闘において火箭を用いて城を陥落させるなど、武力の象徴として弓矢の巧みさが強調されることからもうかがわれる。筑紫国造も「能く射る」ことから「鞍橋君」の名称を奉られており、日本武尊は遠征にあたって「善く射る者を得て、与に行かむと欲ふ」と語るなど、倭人たちにとってみれば武威の証明となったのは「弓矢」であり、当時の戦闘様式も遠距離からの弓矢戦闘（矢合戦）が中心であったと評価することができる。

　『古事記』でも事情は同じであって、目弱王（眉輪王）は大長谷王（雄略天皇）に攻められた際「ここに窮まり、矢も盡きしかば、（略）、僕は痛手負ひぬ、矢

も盡きぬ、今はえ戦はじ、如何にせむ」と弓矢が尽きることが戦闘能力の喪失を意味するように描かれている。古墳時代前期においては有稜系の銅鏃など実用機能よりも、より目立つ華美で儀仗的な鏃が存在するが（水野敏 2009）、このことは弓矢が武力の象徴として儀礼の上でも重視されてきた伝統が存在していたことを証していると指摘しておこう。

　また、国内での戦闘においては恒常的な防御施設をめぐる戦闘が描かれることがなく姦計や騙し討ちが多用されている。これは国内では徹底的な攻城戦（殲滅戦）がみられず、組織的・継続的な戦闘能力や戦術が未発達でもあったことの裏返しであって、5世紀以前の国内での戦闘では儀礼的な弓矢戦が重視されていたこととも関連があると推察されるところである。

　考古資料から判断すると、5世紀には日本列島において乗馬の風習が広まる。朝鮮半島では騎馬民族の高句麗がすでに4世紀から重装騎兵による戦術を採用しており、その南下政策によって朝鮮半島南部でも重装騎兵の戦術を採用していくが、朝鮮半島における主な攻撃具は日本列島とは異なってあくまでも矛などの長柄武器が基本である。

　『日本書紀』の記述や壁画古墳から判断すると、朝鮮半島では「旌旗充満」する「鼓吹」で統率された強力な重装騎兵の軍隊が戦闘を行っていた。欽明十四年十月条の百済王子余昌の百合塞の戦闘では、戦闘前には代表者が「姓は是同姓（高句麗と同姓の扶余）、位は是杆率、年は二十九なり」など互いに姓名を名乗りあってから戦闘を開始するなど、一定のルールを伴う儀礼的な様相を残す反面、戦闘においては「標を立てて」「鼓を打ちて疾く闘い」「鉾を以ちて勇士を馬より刺し墜として首を斬る」といった組織的・機動的な戦闘が繰り広げられている。

　朝鮮半島における戦闘では重装騎兵の攻撃や城郭をめぐる徹底的な戦闘が繰り広げられており、戦闘目的も明らかに拠点確保（領土拡張）にあったため、城郭のネットワークが発達している様子が考古資料や『日本書紀』の記録からうかがうことができるのである。

　欽明二十三年七月条では「新羅の闘将、手に鉤戟を持ちて、追いて城涵に至りて、戟を運して撃つ」とあり、継体八年三月条では「伴跛、城を子呑・帯沙に築きて、満奚に連ね、（略）士卒・兵器を聚めて新羅を逼め、子女を駈略し、

村邑を剥掠す」というような激烈な戦闘が行われていた。このことは国内での戦闘情景が「物部の兵士三十人を遣わして、七十人を誅殺さしめたまふ」といった数十人規模の小規模な戦闘が主であったこととは対照的である。

　大陸へ派遣された兵士の数は「筑紫火君を遣して、勇士一千人を率て、衛りて弥弖（みて）に送らしむ」（欽明十七年正月条）とあるように概ね数百～千人程度であり、「筑紫君」「毛野臣」「紀宿禰」といった九州や東国などの豪族軍主体で編成されていたと考えられる。和歌山県大谷古墳や埼玉県将軍塚古墳からは国内では類例の少ない馬甲が出土しており、朝鮮半島での戦闘経験を有した首長の中には、騎馬による戦闘戦術の情報を入手することが可能だった人物も存在したのであろう。

　弓矢戦闘主体による儀礼的な様相を残す、歩兵戦主体の戦闘様式を闘ってきた古墳時代の倭人たちにとってみれば、自らの戦闘様式とはまったく異なった、城郭と領土拡張、重装騎兵による攻撃など、一国を滅亡に追いやるほどの激烈な戦闘に遭遇して、非常に大きな衝撃を受けたことは想像に難くない。

　5～6世紀を通じては、考古学的に鉄製甲冑の大量生産、殺傷威力の増す長頸鏃の採用、馬具の受容と普及など、武器・武具の革新が目覚ましく、急ピッチで軍事面の改革が行われている様子がうかがわれる。この背景には彼らが遭遇した異なる戦闘様式との邂逅が横たわっていると評価したい。

　さらに7世紀代に入ると、百済の滅亡、白村江の敗戦など、対外的な焦眉の問題が次々と起こり、小手先での軍事改革では対外問題は対処できなくなる。このときに至って律令国家建設が強力に推し進められ、国民皆兵制による律令兵制が成立するという軍事組織の変革が志向される。

　天武天皇が「凡そ政（まつりごとのぬみ）要は軍事なり」（天武十三年四月条）と喝破したとおり、古墳時代の一連の社会政治的な変革の背景には、軍事的な組織や制度の変革が同時並行で進行しており、古墳時代から律令時代へという大きな歴史の流れの中には、常に軍事的な諸問題が底流しているのである。

註
(1) 区分論として、古くは和田秀松が1936年の『本朝書籍目録考証』において「一書曰、一本云」などの用語の違いに着目して区分表を作成しており（和田秀 1936）、

鴻巣隼雄は「群卿」「群臣」「貢職」「朝貢」などの語句の分布に着目し（鴻巣 1939）、藤井信男は天皇即位記事の表記に注目し（藤井信 1952）、西宮一民は万葉仮名の共通性や語句の用法に着目し（西宮 1970）、小島憲之は書紀編纂時の素材に着目し（小島 1988）、森博達は音韻や漢文の文法上から α 群と β 群と着目して（森博 1999）、それぞれ分類を試みている。

第6章　甲冑の副葬に関する武器副葬の分析

第1節　甲冑の副葬に関する研究史と研究の方法

1．古墳時代の"常備軍"をめぐる研究史とその問題点

　古墳時代の戦闘像を考察する資料として文献史料と考古資料とがあるが、考古資料では墳墓から大量の武器が出土するようになる反面、具体的な戦闘を示す情報に乏しいのが実情である。

　このため考古学では具体的な戦闘像よりも、その軍事組織のあり方に注目が集まったが、遺構面（武器を副葬する古墳）から軍事組織に言及した研究は北野耕平による大阪府アリ山古墳の調査をもって嚆矢とする。北野はアリ山古墳の調査を通じて、中期の近畿地方における大量埋納武器の背景に大和政権の親衛隊的性格をもった軍事機構の存在を想定した（北野耕 1963）。そして武器の大量埋納古墳と軍事組織との関連性は田中晋作により"常備軍"の分析へと発展し、ここにおいて、考古学においても本格的な軍事組織をめぐる研究と議論が生じることになる。

　遺構分析を通じて軍事組織像を考えるにあたっては、田中晋作の常備軍仮説は考古学的な研究による具体的かつ刺激的な軍事組織像の提示であり、その最も重要な論文である「武器の所有形態からみた常備軍成立の可能性について―百舌鳥・古市古墳群を中心に―」は、遺構から軍事組織を検討する上でのヒントや課題が凝縮して内包された論文であるため、以下においてもう少し細かくみておきたい。

　上記の論文は1993年の『古代文化』誌上に上（45-8号）、下（45-10号）巻の2回に分けて掲載されたもので、それ以前に田中が発表した諸論文を下敷きに、

古墳時代の軍事組織の復元、具体的には「古墳時代中期、百舌鳥・古市古墳群の被葬者集団のもとに常備軍が成立していた可能性を指摘」(上巻：13頁)することを目的として執筆されたものである。

　軍事組織像を復元するための研究方法として田中は「古墳に埋納された武器は、当時の武装、もしくは武器の所有形態のあり方においてなされたとの前提」(上巻：13頁)で論を進める。実は、この前提が後に論争を生じさせることになるが、研究方法の問題点については後述する。

　そして田中は、百舌鳥・古市古墳群などの近畿地方の未盗掘古墳において武器の埋納状態には4つの形態があるとし、大塚古墳型、野中古墳型、西墓山古墳型、西小山古墳型として型式の設定を行った。

　それぞれは、型式名となった各古墳における武器の副葬状況を標識としており、大塚古墳型と西小山古墳型は人体埋納古墳で、大塚古墳型は個人が使用する範囲の武器組成や副葬量を指し、それを超える武器の多数埋納を西小山古墳型として区分した。また、非人体埋納古墳できわめて大量の武器を集積しているものを野中古墳型と西墓山古墳型とし、前者は大塚古墳型と武器組成が類似するもの、後者を特定武器の大量集積とした。

　その上で田中は、先の前提から人体埋葬施設に武器が副葬された大塚古墳型や西小山古墳は、古墳被葬者などの個人的所有にもとづくもので「甲冑をもった有力古墳の被葬者を頂点とする武装単位のひとつの型」(上巻：19頁)、「古墳被葬者を中核とし、彼を取り巻く少数のものによって構成される組織」(下巻：21頁)を表現しているとした。特に西小山型古墳については武器の埋納量が多いことから「戦時、もしくはそれに類する緊急時にあらたに編成される組織に賃与するための武器の備蓄」(下巻：17頁)を想定し、武器副葬の差異の表れを平時編成、戦時編成などの相違と対比させた。

　一方、野中古墳型や西墓山古墳型といった武器の大量埋納については「人体埋葬から分離され、その被葬者が所持する武器が別個に存在」(下巻：15頁)するために「ある者から、もしくは、ある組織から、甲冑をもつ一般古墳被葬者と異なる人々に賃与されるために存在した武器の一部」(上巻：20頁)であるとした。このうち西墓山古墳型については、甲冑を伴わず特定の武器が大量に集積されるといった特徴から「戦時、もしくはそれに類する緊急時にあらたに編

成される組織に貸与するための武器の備蓄」(下巻：19頁)と、ここにおいても戦時や平時の軍事組織の反映と対比させた。

　上記の各型式のうち、"常備軍"存在の最大の根拠とされたのは野中古墳型の武器副葬である。野中古墳型は大阪府野中古墳の出土状況を指標とするもので、人体埋葬を主眼とせず武器を大量に埋納しており、甲冑、特に当時の最新の機能をもつ甲冑1に対し1の刀・剣が帰属した埋納状態を示すものとされた。田中は野中古墳における甲冑や武器の出土状況を詳細に検討した上で、特定の甲冑に帰属する刀剣が事前に抽出されていた状況を想定した。そして野中古墳型は西墓山古墳型のように多数の備蓄された武器とは別に「事前に使用するものが存在することを前提としているものと考えられる」(下巻：19頁)ことから、これらの大量の武器を使用する集団、常備軍の存在を反映していると評価した。

　すなわち野中古墳型の武器埋納のあり方は「特定の人間、もしくは、特定の組織の防衛のために存在し、その防衛される主体者の、もしくは組織の中核にあった人物の死に際して、その一部の単位が一括して埋納された」(下巻：21頁)と結論づけ、ここから百舌鳥・古市古墳群の周辺に常備軍が存在した可能性を指摘することにつながるのである。

2．本章の分析方法

　以上、田中の常備軍仮説についてやや詳細にみてきた。常備軍仮説についてはその後さまざまな疑義が生じ、学史的な論争を生んでいるため、古墳時代の軍事組織についての統一見解が確立されているものではない[1]。学説の整理や古墳時代の軍事組織像に関する研究動向については第11章にて触れるが、田中の常備軍仮説そのものは、論争上でさまざまな問題点の指摘や各研究者の解釈の相違も存在するため、そこから派生する論点も多岐に及んでいる。しかしながら、それらの論争の中で顕著化した最も重要な問題点は、考古学における軍事組織復元のための主な資料が古墳から出土する副葬品であるという点に収束する。

　考古学から軍事組織や戦争を研究するための資料としては防御集落、武器、殺傷人骨、武器の副葬などが存在するが(佐原 1999)、それぞれの資料的特質や価値は相対的に異なっている。たとえば、殺傷人骨は暴力行為や戦闘行為を

示す直接的な同時代資料であり、戦闘や暴力行為を復元する上で最も重要な資料になる。他方、武器形の祭器や武器の副葬は儀礼の復元や思想の検討、個別資料の製作技術といった側面で重要な資料的価値を有する反面、実際の戦闘や軍事組織を検討する際は間接的な資料とならざるを得ない。

古墳時代においては、当時の武器や武装を復元する主な資料は"古墳"という墳墓における葬送儀礼のための副葬品が大部分である。このような制限のもとでは、資料の由来（出土状況）としては第一義的には葬送儀礼の結果（痕跡）と評価されるべき性質のものであり、ここから親衛軍や常備軍といった具体的な軍事組織の存在を実証することは直接的には不可能と判断せざるを得ない。これが古墳時代における軍事組織復元をめぐる考古学の最大の問題点・限界点であるといえるであろう。

田中晋作の常備軍仮説をめぐる研究は学史上きわめて意義ある重要なものであるが、考古資料の現象のみからは事実と照らし合わすことのできない、戦時と平時の区分や武装集団の常備性などの概念を用いて"常備軍"を論じたことは研究の方法として大きな問題を残すことになる。

科学哲学者のポパーによれば、有意味な命題とは、どうすれば反証できるかを明確に示した命題を指す（ポパー 1971）。これを常備軍論争に援用するならば、一義的には葬送儀礼の痕跡としての副葬資料であるにすぎない考古資料で、常備軍や戦時・平時の検証可能性が低いことはもちろん、同様にそれら反証の検証も不可能であるため、常備軍論争においては命題や議論そのものが有意さを帯びないのである。このことが近年の軍事組織研究の低迷さを物語っているといえるであろう。

では考古学において軍事組織研究が学問的に不要であるかと問えば筆者は必要だと答えたい。なぜならば科学的事実とは、クーンのパラダイム概念によれば、それぞれの時代に共通の枠組みであるパラダイムに規定される相対的事実に過ぎないと考えられるからである（クーン 1971）。

したがって、大胆な仮説の提示と議論はその学問的発達のためには不可避である。常備軍仮説についても、古墳時代の軍事構造や社会に関する新たな知見や認識が増大したことなどは、研究の発展を考える上ではきわめて有意義な議論であったと評価することができるであろう。

上記のような論争の意義と問題点を認知した上で、今後、古墳時代の軍事組織はどのような研究が可能であろうか。田中晋作の常備軍仮説では命題の設定そのものに問題点が存在するが、田中が試みた武器の副葬状況を"型式"的に分類する研究手段は、考古学において最も基本的な方法であり、副葬型式の差異から社会的な背景を読み取る試みは大いに評価されるべきものであると考える。

　型式の分類方法や、その評価についてはさまざまな視点があるにせよ、武器の埋納状況を特定の共通項や特徴によって区分する方法論は考古学的にはオーソドックスな研究手段である。また型式とは別の観点からみれば何らかの程度の集団性の表現や規範であり、これを明確にすることによって考古学においてもその背後にある社会や組織といった象徴的な概念を検討することが可能になる。

　したがって考古学の研究においては、型式の設定とその特徴や枠組みの抽出といった反証可能な資料分析を行った上で、"武器＝軍事的な社会状況の反映"という現象の指摘がどの程度可能であるかという分析が、非常に重要な意味をもつ。

　遺構面から古墳時代の軍事組織を検討する場合は、まずは遺構の分析を通じて儀礼的な背景や社会的意義を考察し、武器が扱われた価値体系を明らかにすることが先決であり、その成果を受けて、社会的な視点から軍事組織の存在を考えなければならないといえるであろう。

　そこで次節以下では、上記の問題点を鑑み、武器の有する社会的・価値的な復元を主として行い、それらの研究成果を蓄積した後に軍事組織について言及したい。

第2節　副葬資料にみる甲冑副葬古墳の分類とその評価

1．甲冑を伴う武器副葬の各型式

　前節において古墳時代の軍事組織についての方法論や問題点についてとりまとめたので、改めて古墳へ副葬された武器について検討していきたい。古墳に副葬された武器すべてを対象とすると膨大な数になるため、本章では主として

甲冑を副葬した古墳を取り扱い、その分類基準については田中晋作の先行研究などを参照した上で（田中晋 1993a・b）、副葬された武器の実用性の反映の強弱を考慮し、以下の3型式にまとめた（図9）。

　甲冑副葬Ⅰ型……被葬者1が想定される主体部において、甲冑1、複数の刀
　　　　　　　　　剣や長柄の武器、数群までの鉄鏃で構成された武器副葬。
　甲冑副葬Ⅱ型……被葬者1が想定される主体部において、甲冑3以上、また
　　　　　　　　　は甲冑1に対し1器種5以上の武器など、個人使用の範囲
　　　　　　　　　を逸脱した大量の武器が副葬されている武器副葬。
　甲冑副葬Ⅲ型……主体部の大部分を武器・武具が占めるなど、きわめて大量
　　　　　　　　　の武器を集積しているもの。甲冑以外の武器の大量集積を
　　　　　　　　　含む。

　上記の区分のうち、甲冑副葬Ⅰ型は田中分類の大塚古墳型に、甲冑副葬Ⅱ型は西小山古墳型に、甲冑副葬Ⅲ型は西墓山古墳型・野中古墳型にそれぞれ該当する。なお田中分析では、主として古墳時代中期の近畿地方中枢部（百舌鳥・古市古墳群）での甲冑埋納古墳を主な資料としていたが、本章ではより普遍的な現象を検討するためにもう少し視野を広げ、古墳時代の甲冑を副葬する未盗掘ないしはそれに類する主要事例を広く集成した。

　集成結果は付表3のとおり、174例の甲冑副葬古墳を挙げることができた。各形式については区分の困難な部分もあるが、改めてカウントしたところ、甲冑副葬Ⅰ型118例（68％）、Ⅱ型51例（29％）、Ⅲ型5例（3％）という結果を得ることができた。甲冑を共伴し、かつ出土状況が良好なものに限定されるので、型式学ですべてを網羅的に把握することはできないが、今回の集成によって、古墳時代における甲冑の副葬傾向は読み取ることができるだろう。以下、その特徴をまとめておく。

　古墳時代における甲冑の副葬については、個人使用の範囲内で納まるような甲冑副葬Ⅰ型が過半数を占めておりⅠ型とⅡ型とで97％を占める。甲冑副葬Ⅲ型は事例が圧倒的に少ない特殊なものであることが理解できるだろう。甲冑副葬Ⅰ型が全体を通してみると最も主流であるとはいえ、Ⅱ型の副葬例も一定数あり、何らかの社会的・集団的な背景を考古学的に指摘することが可能となる。

　甲冑副葬Ⅱ型の特徴としては前期古墳、特に前期の大型古墳に多いことが特

第6章　甲冑の副葬に関する武器副葬の分析　115

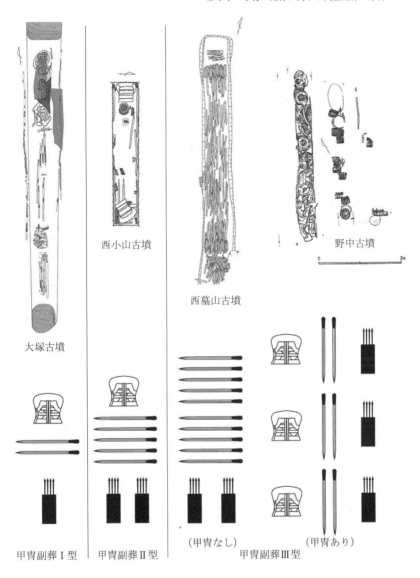

上段は田中分類の標式遺跡平面図、下段は筆者分類の武器組成概念図。

図9　甲冑副葬の各型式とその標識遺跡

徴といえる。古墳時代前期前半に限ると甲冑を副葬した古墳は70m以上の前方後円墳のみであり、そのすべてが甲冑副葬Ⅱ型である。古墳時代前期前半の甲冑副葬は社会的な最上級階層を中心に行われ、その副葬方法は甲冑副葬Ⅱ型、すなわち甲冑1に対し5以上の武器など、個人使用の範囲を逸脱した大量の武器が副葬されるといった副葬行為が主流であったことが指摘できる。

前期後半には甲冑副葬Ⅰ型が増加していき、中期に入ると甲冑副葬Ⅰ型が過半数を占め、甲冑を伴うⅢ型の出現も認められる。そして中期末では甲冑副葬Ⅰ型が全体の8割強を占めるまでに至る。

墳形別に視点を変えてみると、前方後円墳と帆立貝式古墳61例のうち、甲冑副葬Ⅰ型31例（51％）、Ⅱ型28例（46％）、Ⅲ型2例（3％）とわずかながらⅠ型が多いものの、墳丘規模が100mを超える大型前方後円墳に限定すれば甲冑副葬Ⅱ型やⅢ型といった武器の大量副葬や埋納が過半数を超え、前期古墳かつ大型古墳であるほど、甲冑副葬Ⅱ型である傾向は顕著となる。

円墳88例では甲冑副葬Ⅰ型が7割を超えるなど圧倒的に多数であり、前方後円墳での傾向と同じく、兵庫県茶すり山古墳や岡山県月の輪古墳など比較的古く、かつ大型の円墳は甲冑副葬Ⅱ型となる傾向が強い。

以上のように、古式の大型前方後円墳や円墳では甲冑副葬Ⅱ型の割合が高くなり、特に前期前半の大型前方後円墳はほぼすべてが甲冑副葬Ⅱ型である。一方、円墳・方墳は甲冑副葬Ⅰ型が多く、中期以降の小型円墳や方墳はほぼ甲冑副葬Ⅰ型が占めている。上記の全体的傾向を押さえた上でより詳細に各型式について分析していこう。

(1) 甲冑副葬Ⅱ型の諸特徴

埋葬に際して武器を副葬するといった行為は、武器が出現する弥生時代早期にすでに認めることができる。第3章において検討したように、弥生時代における武器の副葬は地域や時期に偏在性があり、弥生時代後期、特に終末期においてようやく全国的に普遍的な現象となるが、その副葬量は、一部の例外を除いて鉄製刀剣1、鉄鏃・銅鏃が数本程度と、概ね個人の使用量を超える数量ではない。

ところが古墳時代に入ると副葬量は一変する。甲冑副葬古墳でいえば京都府椿井大塚山古墳（前円：170m）や、奈良県黒塚古墳（前円：130m）といった

古墳発生期の大型古墳は甲冑副葬Ⅱ型であり、前期の大型前方後円墳における甲冑副葬のあり方は、ほぼすべての事例で甲冑副葬Ⅱ型になるのである。このことは古墳祭祀の始原的な武器の取り扱い方の特徴（伝統）を示していると評価することができるであろう。

大阪府紫金山古墳（前円：100m）での事例をみてみると、副葬品は石室内と石室の壁体上部外縁の２カ所から出土している。石室内には長大な割竹形木棺を取り囲むように石室の壁体上部外縁も一列になって、武器をはじめ鏡、農工具、装身具などが配列されていた。また、人体が推定される付近には頭部の方格規矩四神鏡、頸や手の部分に玉類があった他は何もなく、大部分の副葬品はこれらを取り囲むように配列することが意図されているようである（図10）。

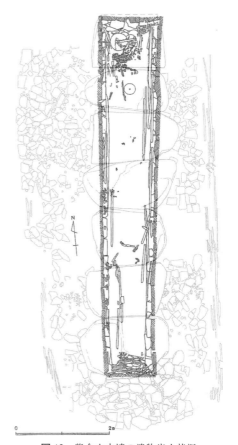

図10 紫金山古墳の遺物出土状況

このうち、竪矧板革綴短甲は石室南壁（足側）の小口部分に鏡や貝輪、鍬形石などとともに集積されており、篭手は北壁小口（頭側）の反対側に置かれているなど配列位置が異なっている。甲冑1に対する武器量は鉄刀21、鉄剣11、短刀4、鉄鏃153であり、この他に石室外で鉄刀16、鉄剣21も出土している。ここにおいても甲冑1に対する数値の共通性はみられない。刀剣類はまた、並べられた鋒の方向によって型式に違いがあることが観察されており、道具としての機能的な価値よりも、刀剣類などを多量に"並べる"行為そのものが重視されている状況がうかがわれる。

前期の大型古墳にみられる甲冑副葬Ⅱ型の武器配列のこのようなあり方からは、武器そのものの機能性を重視することや、組成的なセット関係といった実用面での特徴を重視した痕跡がみられず、実際の武器組成や軍事組織を推定させるような規範を認めることはできない。むしろこれら数量の多寡は古墳祭祀での厚葬性のゆえんと考えられ、古墳祭祀の本質は武器や農工具、鏡などを大量に副葬することそのものに主眼が置かれていたといえる。

　これら武器副葬が、当時の首長たちの武装の一端を覗かせていることは認められるものの、ここから直接的に軍事組織を復元することはきわめて困難であって、甲冑副葬Ⅱ型の特徴としては特に儀礼的な意味合いが強いという点が重要になるのである。

(2) 甲冑副葬Ⅰ型の諸特徴

　中・小規模の円墳などにおいて圧倒的に多くみられる甲冑副葬Ⅰ型は田中晋作の分類では大塚古墳型に該当するが、大塚古墳型の指標となった大阪府大塚古墳を通して甲冑副葬Ⅰ型の被葬者像、甲冑を副葬した中・小型古墳の被葬者像について確認しておこう。

　大塚古墳が所在する大阪府桜塚古墳群はかつては40基ほどで構成されていたとされるが、現状では大石塚古墳（前円：76ｍ）・小石塚古墳（前円：49ｍ）・大塚古墳（円：56ｍ）・御獅子塚古墳（前円：55ｍ）・南天平塚古墳（円：27ｍ）の5基が残るのみである。古墳の分布は東側と西側とに大きく分かれ、概ね西群の大石塚→小石塚が前期末に築かれ、中期に入って東群の大塚→御獅子塚→南天平塚へ移るという首長墓系譜を追うことができる。また、西群の中で大塚古墳は最大の規模であり、大塚古墳の被葬者像としては直径56ｍの円墳という中規模の古墳ながらも、一地域（桜塚古墳群）における盟主的な首長層であったとすることができる。

　上記のように大塚古墳の被葬者像の社会的背景としては、畿内の一小地域での複数の連続する中小首長の盟主墳（50ｍクラスの円墳）という位置づけが可能であり、ここへ副葬された武器類は数代にわたって地域に存在した、中小首長が扱うことができた武器であることを示している。

　先に確認したように、甲冑副葬Ⅱ型は大型前方後円墳や大型円墳に多く、前期前半の大型前方後円墳のほぼすべてが甲冑副葬Ⅱ型であった。これに対し甲

冑副葬Ⅰ型は、むしろ中小の円・方墳に多くみられる型式である。こういった被葬者層の相違点を念頭において、再度、甲冑副葬Ⅰ型をみてみよう。

古墳時代前期前半の大型古墳では甲冑副葬Ⅱ型が顕著であるが、Ⅰ型の甲冑副葬も前期の後半になると福岡県若八幡宮古墳（前円：48 m）、京都府瓦谷1号墳（前円：30 m）、茨城県岩瀬狐塚古墳（前方：44 m）、島根県中山B-1号墳（前方：22 m）など、概ね50 m規模以下の古墳において確認できるようになる。

中期に入ると栃木県佐野八幡山古墳（円：46 m）、静岡県安久路2・3号墳（円：26〜27 m）、福岡県宮司井出ノ上古墳（円：25 m）、京都府産土山古墳（円：50 m）など、20 m以下の中・小型の円墳の古墳被葬者にも甲冑副葬Ⅰ型が広まっていき、副葬品がほぼ武器のみに特化した事例も増加する。

またその副葬武器の配列状況であるが、甲冑副葬Ⅱ型のように、特定武器を大量に"並べる"のではなく、被葬者が推定される位置に接して、身を守るための防具（甲冑）、接近戦用武器（刀剣）、遠距離戦用武器（弓矢）など、実際に武器を装備した場合の1セット程度を副葬し、冑を短甲の中に収めるといった実用的な組み合わせが重視される傾向がある。[2]

したがって、中期における甲冑副葬Ⅰ型が増加した背景には古墳祭祀における武器の取り扱い上での認識変化（武器の象徴的な価値から実用性としての価値）が想定され、これを葬送儀礼の変化とのみ限定せずに、その社会的背景に実際の武器を使用する集団の成立と拡大を想定することが可能になる。

特に、中期後半以降の甲冑副葬Ⅰ型は直径20 m未満における円墳での事例が全国的に多くなるため、遅くとも古墳時代中期後半〜末には実際に武器としての価値や使用方法を熟知した、在地の中・小首長を核とする広範な武装階層が成立していったと評価することができるだろう。

(3) 甲冑副葬Ⅲ型の諸特徴

武器副葬の大部分を占める甲冑副葬Ⅰ型とⅡ型について検討を行ったので、これらを踏まえた上で希少事例である武器副葬Ⅲ型の検討に入ろう。

田中論文では常備軍の論拠となる最大の証拠として野中古墳型を取り上げており、その後の論争においても野中古墳で代表される武器の大量埋納（図11）が主要な論点の一つになっているが、繰り返すように大阪府野中古墳（方：28 m）や大阪府七観古墳（円：50 m）のような甲冑副葬Ⅲ型は、甲冑副葬の中では

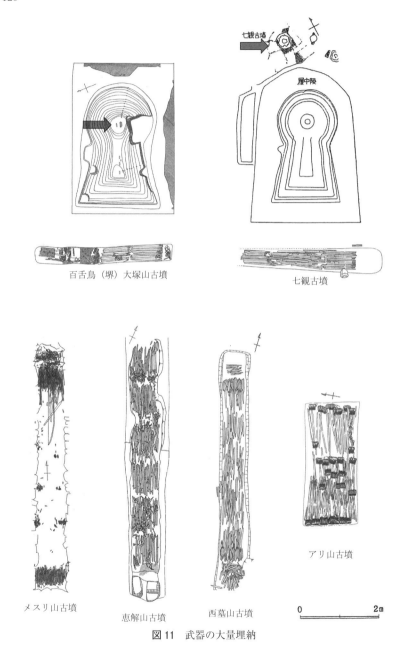

図11 武器の大量埋納

わずか数％のきわめて特異な希少事例である。

　甲冑副葬Ⅲ型の存在を考えるにあたっては、これら武器の大量埋納が突然変異的に発生したものではないことは重要である。甲冑を伴わないが、武器大量埋納の最も古い事例の一つとして奈良県メスリ山古墳（前円：224 m）が知られている。

　メスリ山古墳は大王クラスの関与が想定される古墳時代前期の大型前方後円墳で、主室は盗掘を受けていたが副室は底面に盾が置かれたと考えられ、石室の両端に大量の槍が切先を南北両壁面に向け規則正しく積み上げられていた。鉄製槍は南端では 107 本、北端では 105 本が 23～26 列程度で 7 段程度に積み上げられており、交互に重なるようにして置かれたと考えられている。さらにこの上からは 7 グループに分かれる 236 本の銅鏃と鉄製弓、石製鏃などが検出され、これ以外にも石室北端には斧、鉋、鑿、刀子、錐、鋸などの工具類などが集積されている。

　メスリ山古墳の武器の集積状況は田中晋作の分類でいう西墓山古墳型であり、武器組成としてはほぼ鉄製槍に特化したものである。槍については石室北側では呑口式を中心として、やや長めの身もある一方、石室南側では直線式を中心としてやや短めの身もあるなどまとまりもあることから、この段階からすでに武器製作の画一化や機能による区別や集積などが行われていたことが確認できる。

　しかしながらその一方で、実用性の欠如した鉄製弓や鉄製矢、儀礼的要素の強い柳葉型の銅鏃や石製鏃などが同じ副室に収められており、鉄製農工具の集積という一般の古墳副葬品での通用品が同じく集積されていることにも注意しなければならないであろう。したがって、古墳に埋納されたこれら副葬品については武器備蓄の反映というよりも、前期の大型古墳で顕著であった副葬品の多量埋納の延長線上にあると認めるほうが妥当である。

　ただし、前期の甲冑副葬Ⅱ型では人体を取り囲むような"並べる"配列に重点が置かれていたが、メスリ山古墳では画一的な武器の集積や、呑口式と直線式の差異にもとづく配列の区別など、より武器の取り扱いについて特化した様相が指摘でき、当時の大王クラスにおける武器の生産や保管・管理体制の専門的な分化といった社会的な状況が副葬行為に反映されている可能性が高い。

中期に入ると武器の大量集積行為は最も発展する。しかし古墳数と分布地域は非常に限られた状況にあり、田中が挙げた大阪府アリ山古墳、（方：45m）大阪府野中古墳（方：28m）、大阪府西墓山古墳（方：20m）、大阪府七観古墳（円：50m）、大阪府黒姫山古墳（前円：144m）、大阪府百舌鳥大塚山古墳（前円：168m）の他には、京都府恵解山古墳（前円：124m）が挙げられる程度にすぎない。

　これら大量集積古墳の大部分は先にみたメスリ山古墳と同様な特定武器の集積、すなわち田中分類の西墓山古墳型であり、武器のセット的な取り扱いが想定される野中古墳型は野中古墳と黒姫山古墳の2事例のみである。このことからしても、田中分類の野中古墳型は例外中の例外のような事例であることが理解できるだろう。

　時間軸で整理すると、前期のメスリ山古墳をはじめ、中期前半の百舌鳥大塚山古墳や恵解山古墳はおしなべて田中分類の西墓山古墳型に該当する。そのため、武器の大量埋納という行為は古墳発生期より続く武器の多量副葬（甲冑副葬Ⅱ型）から派生し、奈良盆地南東部や、百舌鳥・古市古墳群の大王クラスの葬送儀礼を中心に採用され、中期中頃～後半にかけては百舌鳥・古市古墳群の特定陵墓の陪塚においてのみ行われたという大まかな流れが理解できる。

　ところで、田中分類の西墓山古墳型は甲冑を伴わず、特定の武器が大量に集積されるという共通項を有するが、古墳それぞれの武器の種類や組成については統一されているとは言い難い。武器の組成上では、刀剣類を大量に集積した事例が最も多く、鏃類や槍などがこれに次ぐ。刀剣や鉄鏃の比率もそれぞれが異なり、刀剣の大きさもアリ山古墳では刀が90.3～112.5cm、剣が66.5～82.2cmと比較的大型であるのに対し、恵解山古墳では刀が56～79cmの細身で非実用的な指摘があるなど（豊島 2000b）、用いられている武器の規格の差が大きい。大量武器の埋納は実際の備蓄品の転用というより、それぞれの埋納時に、それぞれの事情に応じて武器の種類や量が選ばれたと考えられるのである。

　また、武器の大量埋納は木製の木箱に収められ、刀剣や鉄鏃の鋒を特定方向に揃えて埋納されることが顕著であるが、木製の収納施設については西墓山古墳と七観古墳では割竹形木棺に似た長大な長方形、アリ山古墳はより正方形に近い木櫃形である。時間軸でみると、メスリ山古墳のような石室内に武器を収

めるものが古く、木棺のような長大な形がこれに次ぎ、正方形に近い木櫃が新しいといえるであろう。

　このことは、武器の大量埋納行為が人体埋納施設に準じた形で発生・発展し、最後は道具を収めることにのみ主眼が移ったことを示している。つまり武器の大量埋納行為は古墳の人体埋葬に伴う儀礼からの延長線上に位置づけられ、当初は武器の組成的統一よりも切先の方向を揃えるというような、整然とした配置そのものに注意が向けられているのである。すでに紫金山古墳の事例でみたように、前期前半の大規模古墳における武器配置（甲冑副葬Ⅱ型）でも刀剣類や鏃類は鋒を特定の方向に向けることが多かったが、これら儀礼的な"並べる"行為の延長線上に武器の集積行為も位置づけられるといえるだろう。

　西墓山古墳においては木製容器内に鉄鏃、短剣、短刀、ヤス状鉄製品など7つに区分して配置され、恵解山古墳ではまず6群の刀剣類を鋒を揃えて並べ、その上の北半分は鉄鏃や短剣を並べて置き南半分はやや雑然と置いている。これらの配置から大量の武器埋納については、すでに先学が指摘しているように、武器をまとめて埋納した複数の供献者（集団）の存在が推定され（豊島 2000b）、田中が武器副葬の背後に想定した武器庫からの抽出や備蓄という概念を強いてあてはめる必要もないだろう。

　ただし、論争で最大の的となった野中古墳については、田中晋作の詳細な検討結果があるように、武器組成の背景には一定の規範がみて取れると積極的に評価したい。

　すなわち、野中古墳では遺物第1列とされる長方形の木櫃内に短甲10があり、それぞれの短甲内に冑がみられ、短甲列の両脇に刀剣が置かれていた。また遺物第2列の木櫃内には短甲と冑各1と鋒を揃えた8群の鉄鏃（625本）などが副葬されている。このことから、田中は甲冑・刀剣・弓矢からなる実際の武装の単位をそこに見出したのである。同様な事例は黒姫山古墳においても指摘され、出土した遺物量は甲冑24と刀剣24であって、甲冑とそれに帰属すると推定される、ほぼ同数の刀剣の存在が推定できるのである。

　このような出土事例はきわめて希少であり、新たな事例の追加もないため検証が困難であるが、七観古墳や兵庫県雲部車塚古墳といった過去に検出した遺物の再検討結果（杉井・上野編 2012、阪口 2014、兵庫県立考古博物館編 2010）

や、奈良県円照寺墓山1号墳（末永 1968、伊達 1968）の事例などに関しては、遺物の武器としてのセット関係や組成的なまとまり（規範）が存在する可能性が高いのではないだろうか。少なくとも、野中古墳や黒姫山古墳については遺物（武器・武具）に対する古墳祭祀での取り扱い上での認識の変化が確認できることは確実である。

　古墳時代初頭の甲冑副葬Ⅱ型や、前～中期前半に盛行する甲冑副葬Ⅲ型においては実用具としての組成の統一は認められず、むしろ同種多量の"並べる"という行為に重点が置かれているため、恵解山古墳例のように非実用的な刀剣を大量に生産して葬送儀礼に用いているという事実も生じることになるのである。

　ところが中期後半の野中古墳に至っては、従来の刀剣群を大量埋納した第4列や農工具のみを埋納した第5列と並んで、1つの木櫃にはセット関係にある短甲とその付属具が収められており、武器の埋納に際しては実用的なセット関係が重視されている様相がうかがわれる。副葬量は桁違いであるが、同様に武器を木櫃内に収めた事例としては大阪府土保山古墳（円：20ｍ）や茨城県三昧塚古墳（前円：85ｍ）があり、古墳時代中期末における武器の実用面を重視した社会的な背景が広範囲に浸透している様子がうかがわれる。

　このように古墳時代中期、特に中期後半の武器の扱いについては実用品としての認識が強くなっていると評価することができるため、ある程度、武器の実用的な側面、すなわち実際に武器を用いる戦闘や軍事組織などが表現されている可能性が高いのである。

第3節　武器と被葬者との関係性

1．個別事例の抽出

　これまでの検討において、甲冑副葬Ⅱ型は古式の大型前方後円墳などに多く、甲冑副葬Ⅰ型は小型の円墳や方墳に多い形態であることが理解できた。そして、甲冑副葬Ⅱ型は武器の実用面や組成を重視した痕跡がなく、その被葬者も前方後円墳に葬られたような大首長層であること、逆に甲冑副葬Ⅰ型の被葬者は中・小首長であり、武器の組成や実用的な組み合わせを重視した副葬を読み取っ

た。特に、武器の副葬量が多い甲冑副葬Ⅱ型やⅢ型については儀礼性が強いことを指摘した。

　本節では、このことを別の視点から確認し論拠の補完としたい。別の視点とは武器が副葬される被葬者の性別である。ただし、被葬者のわかる事例は少ないため、本節の対象は甲冑副葬古墳にのみ留まらず、武器の副葬とその副葬対象者が明らかな1棺1埋納古墳を中心として調べてみたい。また、古墳時代後期については横穴式石室や横穴墓に伴う追葬や片付けなどが生じるので副葬品が特定できる遺存の良好な人骨が少ないため、主として古墳時代前～中期を対象とする。

　ところで、古墳時代の被葬者に関する学術的な検討としては、わずかに女性被葬者の社会的背景や親族構成などのやや特殊なテーマに強い関心が払われてきたが（今井堯1982、辻村1988）、この中にあって清家章は古人骨から埋葬の原理を追求する過程で副葬品と性別との関連性について触れ、鏃、甲冑、鍬形石が男性に、車輪石、石釧の一部が女性に属する可能性が高いことを明らかにし、女性首長と軍事への関わりは比較的少なかったとしている（清家1998・2010）。

　本節ではこれらの研究を参照した上で、古墳時代前～中期における武器と被葬者との関係性について整理しておきたい。

(1) 前期における副葬武器と被葬者の性別

　古墳時代前期において1棺1埋葬を中心に武器と人骨が共伴した事例は24事例を確認した（表8）。これには墳長110mの前方後円墳である鳥取県馬山4号墳から、7m程度の方墳である広島県山の神4号墳まで規模はさまざまである。しかも人骨が遺存しやすい箱式石棺からの検出例が多いので事例の偏在性は否めない。

　それを承知の上で前期古墳から検出した古人骨と武器との相関関係をみてみると、25人の被葬者に対して男性18例（72％）、女性5例（20％）、性別不明2例（8％）と、武器が副葬された事例は圧倒的に男性が多い。より詳細にみてみると成人または壮年の男性が全体の過半数を占めており、武器が副葬された幼・小児は存在せず、兵庫県横田山古墳（方12ｍ：箱式石棺）から出土した剣1と共伴した人骨が若年男性と鑑定されているのが最も若い事例である。武器

表8 武器を副葬する古墳被葬者一覧

遺跡名	所在地	人骨	性別	墳形	遺構	主体部	時期
馬山4号	鳥取県湯梨浜町	1	♀成人	前円110 m	第1箱式棺（第2主体）	箱式石棺	前期
快天山	香川県丸亀市	1	♀成人？	前円100 m	2号石棺	割竹形石棺	前期
快天山	香川県丸亀市	1	♂成人？	前円100 m	3号石棺	割竹形石棺	前期
向野田	熊本県宇土市	1	♀成年	前円86 m		竪穴式石室	前期
三池平	静岡県清水市	1	♂成人	前円68 m		竪穴式石室	前期
権現山51号	兵庫県たつの市	1	♂熟年	前方43 m		竪穴式石槨	前期
養久山1号	兵庫県たつの市	1	♂成年	前円31 m	第3主体	箱式石棺	前期
潜塚	福岡県大牟田市	1	♂壮年	円30 m	1号棺	箱式石棺	前期
作山1号	京都府与謝野町	1	♂熟年	円28 m		箱式石棺	前期
小山3号	兵庫県養父市	2	♂熟年	円25 m	第1主体	箱式石棺	前期
小山3号	兵庫県養父市	1	♂熟年	円25 m	第2主体	箱式石棺	前期
中山B-1号	島根県邑南町	1	♂成年	前方22 m	第1主体	箱式石棺	前期
石槌山1号	広島県福山市	1	♂壮年	円20 m	第1主体	竪穴式石室	前期
左坂B2号	京都府京丹後市	1	♂壮年	円18 m	第1主体部	石棺	前期
秋葉山2号	兵庫県朝来市	1	♂壮年	円16 m	第2主体	箱式石棺	前期
殿山9号	岡山県総社市	1	♂壮年	方13 m	第2主体	箱式石棺	前期
稲童11号	福岡県行橋市	1	♂成年	円12 m	第2主体	箱式石棺	前期
南方裏山古	福岡県北九州市	1	♂壮年	前円10 m		箱式石棺	前期
田多地引谷7号	兵庫県豊岡市	1	♂壮年	10 m	第3主体	箱式石棺	前期
田多地引谷10号	兵庫県豊岡市	1	♂壮年	10 m	第2主体	箱式石棺	前期
草場第二遺跡19号方形墓	大分県日田市	1	♂成年	方9 m	51号石棺墓	箱式石棺	前期
山の神4号	広島県府中市	1	♀壮年	方7 m	第1主体	箱式石棺	前期
稲童13号	福岡県行橋市	1	♂成年	方？5 m～	1号	箱式石棺	前期
浅川3号	岡山県岡山市	1	♂壮年			箱式石棺	前期
黄金塚	大阪府和泉市	1	♂壮年	前円85 m	東槨	粘土槨（木棺）	中期
三ッ城	広島県東広島市	1	♀	前円91 m	一号		中期
三ッ城	広島県東広島市	1	♂壮年	前円91 m	二号	箱式石棺	中期
古郡家1号	鳥取県鳥取市	1	♂壮年	前円90 m	3号棺	箱式石棺	中期
三昧塚	茨城県行方市	1	♂成年	前円85 m			中期
老司	福岡県福岡市	2	♂成人2	前円78 m	2号石室	竪穴系横口式石室	中期
老司	福岡県福岡市	1	♀熟年	前円78 m	3号石室	竪穴系横口式石室	中期
谷口	佐賀県唐津市	1	♂成年	前円77 m	前方部石棺	舟形石棺	中期
丸隈山	福岡県福岡市	1	♂熟年	前円75 m	横穴式石室		中期
月の輪	岡山県美咲町	1	♂老年	円61 m	中央主体	粘土槨（木棺）	中期
月の輪	岡山県美咲町	1	♀老年？	円61 m	南主体	粘土槨（木棺）	中期
毘売塚	島根県安来市	1	壮年	帆貝50 m		舟形石棺	中期
桑57号	栃木県小山市	1	♂壮年	帆貝32 m		木棺直葬（土坑）	後期
大谷	京都府京丹後市	1	♀壮年	前円32 m	第1主体	箱式石棺	中期
甲山	茨城県つくば市	1	♂熟年	円30 m？	1号館	箱式石棺	中期
七夕池	福岡県志免町	1	♀熟年	円29 m		竪穴式石室	中期
井手ノ上	福岡県福津市	1	♂熟年	円26 m	2号主体	箱式石棺	中期
井手ノ上	福岡県福津市	1	♂成年	円26 m	3号主体	石蓋土壙墓	中期
恵解山2号	徳島県徳島市	1	♂老年	円25 m	西石棺	箱式石棺	中期
塚山	奈良県五條市	1	♂壮年	円24 m		箱式石棺	中期
柿坪中山3号	兵庫県朝来市	1	♂成年	方23 m		竪穴式石室	中期
長瀬高浜1号	鳥取県湯梨浜町	1	♀熟年	円22 m		箱式石棺	中期
稲童21号	福岡県行橋市	1	成年	円22 m		竪穴系横口式石室	後期
柴垣丸山1号	石川県羽咋市	1	♂壮年	円21 m		箱式石棺	中期

第6章　甲冑の副葬に関する武器副葬の分析　127

遺跡名	所在地	人骨	性別	墳形	遺構	主体部	時期
柿坪中山4号	兵庫県朝来市	1	♂熟年	円20m	第1主体	竪穴式石室	中期
屋喜山9号	岡山県倉吉市	1	♂若年	円20m		箱式石棺	中期
稲葉山9号	京都府福知山市	2	♂成年 2体	方20m	2号石棺	箱式石棺	中期
下大谷1号	京都府城陽市	1	♂若年	方20m	第Ⅱ主体	埴輪円筒棺	中期
幣旗邸1号	大分県中津市	1	若年	円20m		石棺ószerű竪穴系石室	中期
多田山2号	群馬県伊勢崎市	1	成年〜熟年	円20m	第1主体	竪穴式小石槨	後期
猪の窪1号	愛媛県伊予市	2	♂若年（初葬）	円18m	（棺内遺物）	箱式石棺	中期
猪の窪1号	愛媛県伊予市		♂熟年（追葬）	円18m	（棺外遺物）	箱式石棺	中期
立山山24号	福岡県八女市	1	♂熟年	円18m		箱式石棺	中期
鶴ヶ峯山頂	香川県坂出市	1	熟年	円16m	1号石棺	箱式石棺	中期
別府遺跡1号方形周溝墓	大分県宇佐市	1	♂熟年	方15m		箱式石棺	中期
前山	徳島県小松島市	1	♂老人	円15m		竪穴式石室	中期
新宮東山2号	兵庫県たつの市	1	♂壮年	方14m	1号棺	箱式石棺	中期
八幡山	栃木県佐野市	1	♂壮年	方14m		竪穴式石室	中期
七曲山1号	福岡県久留米市	2	♂壮〜熟年、♂壮年	円13m		竪穴式石室	中期
立山山23号	福岡県八女市	1	♂成年	方13m		竪穴系横口石槨	中期
池の上1号	福岡県甘木市	1	♂熟年	方13m	第3主体部	箱式石棺	中期
池の上1号	福岡県甘木市	1	♂成年	方13m	第4主体部	石蓋土壙墓	中期
沼6号	岡山県津山市	2	♂成人、熟年	方13m		箱式石棺	中期
土師の里8号	大阪府藤井寺市	1	♂若年	円12m	第1主体	円筒棺	中期
横田山古	兵庫県丹波市	1	♂若年	方12m		箱式石棺	中期
大槇3号	広島県東広島市	1	♂熟年	方12m〜?	1号石棺	箱式石棺	中期
立山山28号	福岡県八女市	1	♀成年	円11m		竪穴式石室	中期
古川平原5号	福岡県みやこ町	1	♂壮年	方10m		竪穴式石室	中期
下張坪56号	岡山県倉吉市	1	♂熟年	円9m	1号	箱式石棺	中期
長瀬高浜28号	鳥取県湯梨浜町	1	成年	円9m		箱式石棺	中期
西の浦	福岡県若宮市	1	♂壮年	方8m		箱式石棺	中期
立山山25号	福岡県八女市	1	♂成年	円9m		竪穴系横口石槨	中期
近内	奈良県五條市	1	♂壮年	円5m		円筒棺	中期
稲童15号	福岡県行橋市	1	♂成年	円4m		箱式石棺	中期
柿原	福岡県甘木市	1	♂成年	8m	G区C-1号	竪穴式石室	中期
柿原	福岡県甘木市	1	♂熟年	4m	I区C-52号	竪穴式石室	中期
古寺Ⅱ7号	福岡県甘木市	1	♂成年	前円		石蓋土壙墓	中期
池の上4号	福岡県甘木市	2	♀成人→♂成年	方		竪穴式石室	中期
横岡古墳Ⅶ号	鹿児島県薩摩川内市	1	♂熟年			地下式板石積石室	中期
番出1号	熊本県阿蘇市	1	♂若年又は成年			箱式石棺	中期
古寺	福岡県甘木市	1	♀若年		D11号	石蓋土壙墓	中期
岡3号	京都府京丹後市	1	♂壮年			箱式石棺	中期
法花堂2号	兵庫県姫路市	1	成人				中期
藤ノ木	奈良県斑鳩町	2	♂青年、♂壮年	円48m		横穴式石室＋家形石棺	後期
経僧塚	千葉県山武市	2	♂若年（東人骨）	円45m		箱式石棺	後期
経僧塚	千葉県山武市	2	♀老年（西人骨）	円45m		箱式石棺	後期
七廻り鏡塚	栃木県小山市	1	♂熟年	円30m?		舟形木棺	後期
島古墳群5号	鳥取県北栄町	1	♂熟年	円16m		箱式石棺	後期
上島	島根県出雲市	1	♂成人?	円15m		家形石棺	後期
兵家11号	奈良県葛城市	1	♂壮年?		西主体部	組合式木棺	後期

が副葬された老人も確認できなかった。

　また、5例の前方後円墳（馬山4号墳、快天山古墳、向野田古墳、三池平古墳、養久山1号墳）で人骨が検出された被葬者6人のうち3名（50％）が女性と、前方後円墳に葬られた武器副葬被葬者に限定すれば女性の割合が高くなる。もちろん、人骨が検出されたのはごく限られた例であり、箱式石棺など古墳の中心埋葬施設でない場合もあるが、前期における円墳や方墳などの被葬者16例（男性14例：88％、女性2例：12％）と比較すると、前方後円墳に埋葬された武器が副葬された被葬者は女性が多いと評価することができるだろう。

　比較的多量に武器が副葬されている事例を確認すると静岡県三池平古墳（前円68ｍ：竪穴式石室）の被葬者が成人男性、京都府作山1号墳（円28ｍ：箱式石棺）の剣12が副葬されているのが熟年男性であるなど、多数の武器が副葬されているのは男性が目立ち、方形板革綴甲冑が出土している島根県中山Ｂ-1号墳（方22ｍ：箱式石棺）の被葬者も成年男性である。

(2) 中期における副葬武器と被葬者の性別

　古墳時代中期において1棺1埋葬を中心に武器と人骨が共伴した事例は63古墳、被葬者68名を確認した。68例の男女比では男性50例（73％）、女性12例（18％）、性別不明6例（9％）と前期における男女比とほぼ同率であった。

　細かくみてみると、成人・壮年男性（27例：40％）や熟年男性（14例：21％）が多く、若年・老年の男性や各年齢層の女性が少数例あり、幼・小児の事例は認められなかった。これらの結果から武器を副葬している被葬者としては圧倒的に成人〜熟年男性の割合が高いことがわかる。

　63古墳のうち、性別が明らかな前方後円墳・帆立貝式古墳は10基であるが、これに限定して男女比をみると男性7例、女性3例で女性の割合は30％、前期の前方後円墳に武器が副葬された女性の割合（50％）より低くなってはいるが、中期全体の女性比率（18％）と比較すれば、依然として前方後円墳などに副葬武器が伴う場合は女性の割合は高い事実が指摘できる。

　表8の集成では、武器の大量埋納古墳と人骨との関係性は明らかではなく、近畿地方の大型墳墓においても人骨出土事例が皆無のため資料の不完全性は否めない。しかし与えられた資料の中で比較的武器が多数出土した古墳をみてみると、福岡県老司古墳3号石室（前円78ｍ：竪穴系横口式石槨）の被葬者こそ

熟年女性であったが、それ以外の岡山県月の輪古墳中央主体（円61m：粘土郭）、徳島県恵解山2号墳西石棺（円25m：箱式石棺）、奈良県塚山古墳（方24m：箱式石棺）など、武器が副葬された被葬者は男性が多い。特に、甲冑や馬具が副葬される場合、そのほとんどの被葬者は男性で占められている。

2．副葬行為の性別と階層性

甲冑副葬の差異としてⅠ～Ⅲ型の分類を行いその特徴を検討した。また、別の視点から武器が副葬された被葬者の性別をみてみたところ、古墳の形態や規模に応じて、武器が副葬される被葬者像はそれぞれが異なっていることを再確認した。

すなわち、前～中期において武器が副葬された被葬者は男性が7割強、女性は約2割であって、成年・壮年男性がその過半数を占めている。しかし一方で武器が副葬されていた女性も存在し、特に前方後円墳などの被葬者に限定すると前期で50％、中期でも30％と、武器が副葬されていた女性の比率が高くなる。武器が副葬された前方後円墳の被葬者は平均値に比べ女性比率が2～3倍程度は高いのである。対照的に中期の小型円墳などで武器が副葬された事例は成人男性が全体の6割を超え、特に甲冑類や馬具は前～後期を通じてみてもほぼすべて壮～熟年男性に副葬が限られている。

上記の分析結果から、甲冑副葬Ⅱ型の多い前～中期の前方後円墳に埋葬された集団と、中期の甲冑副葬Ⅰ型で占められる小型円墳などに埋葬された集団においては、葬送儀礼や副葬行為に伴う社会的規範（原理）がやや異なっていたと推察することができるだろう。

前方後円墳や大型墳墓に埋葬された大首長クラスの階層では、武器と被葬者の性別との関連性が希薄であって、男性も女性も武器が副葬されており大多数は武器以外にも鏡や玉類、腕輪、農工具など豊富な威信財を副葬するような葬送儀礼が行われている。

ここにおいて武器は、主として男性に帰属する実用的な攻撃具というよりも、多数の威信財の一つとしての儀礼的な価値で取り扱われているのである。そういった儀礼的な一環の中にあっては、甲冑副葬Ⅱ型における武器の扱いは実用品という価値でなく、むしろ何らかの象徴的な意味が付与されていた可能性が

高い。

　これに対し、小型の円・方墳などに埋葬された小首長クラスの甲冑Ⅰ型の副葬においては武器が副葬されたのは壮〜熟年の男性が圧倒的に多く、武器と性別との関連性が濃厚であり、かつ葬送儀礼上においても実用的なセット関係で取り扱われている。このために、実際の武器を使用する使用価値としての前提や、その使用方法を熟知した被葬者像が想定できるのである。

第4節　甲冑副葬各型式の社会的背景

　甲冑副葬Ⅰ型とⅡ型の差異の背景には、被葬者集団や葬送儀礼における社会性の違いを指摘したが、こういった副葬における社会性の差異は、甲冑副葬Ⅲ型の位置づけを考えるとさらに明確化してくるだろう。Ⅲ型の大量埋納古墳の代表である野中古墳や西墓山古墳は、古市古墳群という当時、最も大規模な古墳が築造された地域で政治的な中枢に位置する古墳群の中の、階層的な序列の中に組み込まれた古墳の一つであって、ほぼ近畿中枢部にのみ存在する非常に希少な例だからである。

　このことから、まず甲冑副葬Ⅲ型のような大量の武器埋納や保有は当時の政治的中枢に関連したものであり、具体的な被葬者像はヤマト政権などの政治的最上位階層か、これに関連する人びとが比定される。甲冑副葬Ⅱ型は中央・地方の大首長クラスが、甲冑副葬Ⅰ型は全国各地の中・小首長に多い類型であることがわかる。したがって、これらの類型の差異は田中が想定したような武装単位の差異（平時か戦時か、備蓄かなど）といった区分ではなく、むしろ当時の社会階層や階層別の儀礼度の強弱の具象化であると考えられる。

　他面、甲冑副葬類型は時代によって変遷があり、それぞれの類型においても特徴的な変化が認められることは古墳時代の軍事組織を間接的にせよ考察する上できわめて重要である。

　古墳時代前期においては大規模な古墳を中心に甲冑副葬Ⅱ型を認めることができたため、多量の武器を独占した大首長層を中心として軍事的な集団が組織された状況が推察できるところである。しかしながら、前期では甲冑の副葬がほぼ中央・地方の大中首長クラスに限られること、かつ鉄製武器の規格化が未

発達なことなどから、その軍事組織は部分的なものであって、決して広域で統一化された全国的組織ではなかったと想定される。

いずれにせよ、甲冑副葬Ⅱ型の武器副葬は儀礼的な要素が強いため、軍事組織像の詳細な検討がきわめて困難であることは考古学という学問の限界であり、このことは研究方法の項で述べたとおりである。

古墳時代中期に至ると、近畿地方においてのみ甲冑副葬Ⅲ型という希少事例が集中し、間接的ながら、大規模な武器の生産や保管の管理体制が整備される状況がうかがわれる。特に、中期後半の野中古墳や黒姫山古墳などにおいては、武器の埋納において甲冑とそれに帰属すると思われる刀剣や鉄鏃の抽出も可能であることから、単なる儀礼的行為に留まらず、武器の実用的な取り扱いの社会的な反映も想定が可能であろう。

したがって、当時の政治的中枢部（ヤマト政権）においては、武器の生産や管理の組織化が進展すると同時に、武器の実用的な価値の上昇という社会的背景の事実から、実際の軍事的な組織構造においても一定の整備が進行したものと考えられるのである。

他方、広域な軍事組織のあり方を中央と地方との関連性でみるならば、古墳時代中期は甲冑副葬Ⅰ型が急増し、甲冑の副葬が在地の中・小首長層に拡大していった社会的な様相が確認できる。また副葬の内容についても武器のみに特化した副葬や、武器のセット的な配列に変化するなど、副葬品の取り扱いについてより実用的な面が重視される傾向が認められる。これらの現象から古墳時代中期には、在地の中・小首長を核とする、広範な武装階層が成立していったと積極的に評価したい。

註

(1) "常備軍"に関する田中晋作の見解は本章で述べたとおりであるが、これから派生した軍事組織をめぐる議論上の意見や見解についてはさまざまなものがある（藤田和 1995・2006、松木 1994・1995a、村上 1998、豊島 2000a・b・2010）。

このうち常備軍仮説との関連で述べれば、これに対する最大の批判点は田中の遺構解釈上の問題点、すなわち古墳という埋葬施設での出土状況から、実際の武装内容の細部まで復元することの妥当性である。特に野中古墳で代表されるような武器の大量埋納の評価が多様であり、大量埋納武器が実用か否かという議論

も、その延長線上に存在する。
　一方、これら見解に対する田中の再反論の主要な論旨は、古墳に副葬された武器が葬送儀礼の結果という点については同意しつつも、その儀礼そのものの背景に、当時の武器の所有や管理形態を背景とするある種の規範を認めることができるとする。中でも田中が注目する点は、武器・武具が葬送儀礼の中核を占めていた大量埋納古墳についての特殊性や、武器の実用的な機能改良を主とする型式変化などである（田中晋 2001・2008・2013 ほか）。これら相互の見解の差異は、一部、紙上において明確に主張され、応酬が行われているが、共同見解や統一見解として同意されているものは少ない。

(2) 中小円墳に副葬された武器が1セット程度であるという認識は、すでに都出比呂志が指摘している（都出 1991）。武器のセット的な埋納の方法（副葬品の配列方法）に関しては第7章において別途、詳細に検討する。

第7章　副葬品配列の分析からみた武器の社会的価値

第1節　古墳主体部における武器配置の分類

　本書の主な研究指針は武器の"廃棄"のステージ（副葬段階）における遺構の検討から、"モノ"よりも"コト"の現象を介して社会的な背景を復元し、具体的な戦闘像や武装集団（軍事組織）の解明を行うものである。
　ここでは、副葬武器の社会的な背景を解明する方向性をもう一歩進めるため、甲冑以外の武器全般を視野に含め、埋葬主体への配列方法から検討することで、埋葬時に付与された武器の価値的な背景を考察し、この問題をより深く掘り下げたい。
　さて、古墳の副葬遺物の出土状況（配列状況）はそれ自体が考古学の研究対象の一つである。小林行雄が副葬品配列に棺内と棺外の区別を行って以来（小林行 1941）、用田政晴や今尾文昭が遺物の配列をより詳細に検討し（用田 1980、今尾 1984）、近年では被葬者の身体部位までも視野に含めた研究が行われている（光本 2001）。
　また研究が細分化する過程では、宇垣匡雅などにより武器の副葬や配列に特化した研究も試みられた（宇垣 1997）。これら副葬品配列の検討は主として前期古墳を対象とするものが多く、前期から中期へ、さらに中期から後期への変化のプロセスが解明されていないといった問題点も指摘されている（岸本 2010）。
　ここでは今尾文昭の研究を参照して、副葬品の配置行為は埋葬施設の構築作業にともなう各段階に行われるという見解に従う（今尾 1984）。そして古墳の築造とそれぞれの段階で行われる儀礼行為との関係性を念頭に置きつつ、副葬

段階を次のように区分する。

 墳丘構築
  ↓ 墓壙の掘下、棺・槨の設置
  ↓ 棺への被葬者の埋葬（A段階）
  ↓ 棺の空白地への副葬（B段階）
  ↓ 棺の蓋、粘土被覆や槨の構築など（C段階）
 天井石の架構、墓壙の埋設など

 それぞれの段階において実施された儀礼痕跡から把握される武器の出土状況は、棺内の人体周辺配列（A段階＝A型配置）、人体周辺以外の棺内配列（B段階＝B型配置）、棺外配列（C段階＝C型配置）とに大きく分けることができる。この他に、武器に関しては人体を埋葬しない遺物専用の埋納が知られているので、これはD型として区別する。また、A～Dのそれぞれの型式については便宜上、次のように細分しておく（図12）。

 A1型……武器（刀剣や鏃など）を棺内の人体周辺に副えるもの
 A2型……A型のうち、特に甲冑、刀剣、弓矢など異なる機能をもつ3種類以
    上の武器を少数ずつ人体周囲に配置するもの
 B1型……棺内の人体周辺以外の空白地に少量の武器を配置するもの
 B2型……棺内の空白地に武器を集積するもの
 C1型……棺外に少数の武器を副葬するもの
 C2型……棺外に武器を集積するもの
 C3型……棺外に武器を集積するもののうち、特に棺を囲むように配置する
    もの
 D1型……刀剣、甲冑、弓矢などを木箱などに収納するもの
 D2型……大量の武器を石室などに集積するもの

第2節 武器配列における具体事例の分析

 前節において区分した出土状況を具体的な古墳に即してみていく。なお研究の性格上、対象とする古墳は出土状況が原位置を保つ未盗掘の竪穴系主体部の代表的なものとなることを断っておく。また、第6章で検討した結果では古墳

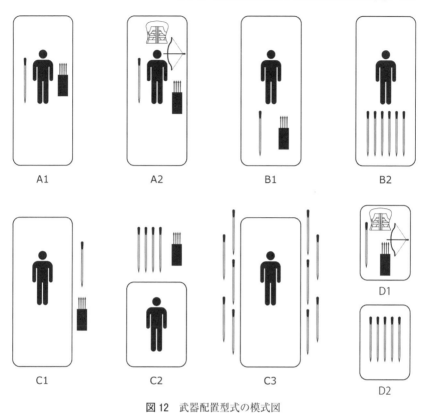

図12 武器配置型式の模式図

の規模や、その被葬者階層によって葬送儀礼が異なっている様相が想定できたため、便宜的に墳長100m以上の古墳をaクラス、50～99mクラスの古墳をbクラス、49m以下の墳墓をcクラスとして分けてみていく。

1．前期・近畿地方

前期における近畿地方におけるaクラス（100m以上）の古式古墳で、配列状況が明らかなものとしては奈良県黒塚古墳（前円：130m）が挙げられる。黒塚古墳の主体部は長8.3mの竪穴式石室（割竹形木棺）で、棺内の人体推定付近や南小口から少量の武器が出土しているが、大部分の副葬品（鏡33、鉄刀・

鉄剣又は鉄槍25、鉄鏃170）は棺の周囲（棺外）に並べられていた（C3型）。

その他の大型古墳（aクラス）でも、大阪府紫金山古墳（前円：100 m）や滋賀県安土瓢箪山古墳（前円：162 m）などの主体部における武器配置は棺を取り囲むようなC3型配置が主であり、中型古墳（bクラス：50～99 m）においても京都府園部垣内古墳（前円：82 m）、京都府長法寺南原古墳（前方：62 m）、京都府瓦谷１号墳（前円：51 m）など、武器が被葬者や棺を取り囲むC3型が多い。このうち、大阪府庭鳥塚古墳（前方：56 m）は木棺を囲んだ武器が弓矢中心という独特な配置である。

こういった武器が被葬者を取り囲む配置は、近畿地方では奈良県鴨都波１号墳（方：20 m）のようなcクラスの古墳（49 m以下）でも認めることができる。ただし小規模古墳（cクラス）ではC3型以外の副葬品配置も多く、京都府作り山１号墳（円：36 m）では組合式石棺の副室に農工具と鉄剣12を納めている（B2型）。奈良県池ノ内古墳群（円：13～16 m）、野山古墳群菖蒲谷支群３号墳（区画墓）などの小規模な墓では、主として数点の鉄製刀剣や鉄・銅鏃が棺内から出土するA1型の配列である。

２．前期・東日本

東日本の大型古墳（aクラス：100 m～）では群馬県前橋天神山古墳（前円：129 m）で未盗掘の主体部が検出されており、武器の大半は粘土槨と木棺内の両端から出土している状況である（C3型＋B1型？）。また、福島県会津大塚山古墳（前円：114 m）では南棺の推定頭位付近に鏃、人体付近に鉄刀があり（A1型）、それ以外の棺内において鉄製刀剣や鉄・銅鏃が配置されている（B1型）。

東日本では、中・小規模古墳（bクラス）の武器配置は概ね棺内中心で、武器数も比較的少ないが、それぞれの配置方法はややまとまりを欠く感じである。栃木県山王寺大枡塚古墳（前方：96 m）は棺内の人体推定地付近から鉄製刀剣や靫、銅鏃などが出土し（A1型）、神奈川県加瀬白山古墳（前円：87 m）の後円部木炭槨では人体推定位置を取り囲むように鉄製刀剣が出土し、棺の西端で鉄鏃が数点出土している（A1＋B1型）。福島県大安場１号墳（前方：83 m）も棺内から鉄刀1、鉄剣1、鉄槍1が出土している（A1型）。

その他、栃木県駒形大塚古墳（前方：64 m）、長野県弘法山古墳（前方：63

m)、静岡県赤門上古墳（前円：57 m)、静岡県新豊院山2号墳（前円：34 m)、群馬県朝倉2号墳（円：23 m)、群馬県成瀬向山1号墳（方：20 m)などは少量の武器が棺内から出土するA型、またはB型である。その中にあって茨城県岩瀬狐塚古墳（前方：44 m)では粘土槨内の人体推定地点の周辺から鉄製刀剣2、銅鏃4、短甲1といった武器・武具類が出土している（A2型）。

3．前期・西日本

　西日本の大・中型古墳（a～bクラス）では、近畿地方と同じくC3型配置が多いが、それ以外のさまざまな配置状況も認められる。

　C3型の事例では、福岡県一貫山銚子塚古墳（前円：103 m)の後円部の主体部において鏡と鉄製刀剣が石室に沿って取り囲むように並べられてあり、石室壁の上面でも石室を取り囲むように鉄製刀剣や鉄鏃が入念に配置されていた。熊本県向野田古墳（前円：86 m)、大分県免ヶ平古墳（前円：69 m)、岡山県新庄天神山古墳（円：40 m)、福岡県若八幡宮古墳（前円：48 m)でも武器によって棺を取り囲んだ配置を示す。

　それ以外の大・中型古墳（a～b型）では、鳥取県馬山4号墳（前円：100 m)の竪穴石室と第一箱式棺は棺外に若干の武器が配置されるC1型で、宮崎県西都原72号墳（前円：70 m)の前方部主体部からは鉄剣と鉄鏃が（A1型か）後円部の粘土槨・木棺内には鉄製刀剣4がやや密集して置かれている（B1型か)。

　小規模古墳（cクラス）では、さまざまな配置がみられる。島根県奥才14号墳（円：18 m)第1主体では武器が箱式石棺に接した白色粘土に被覆され（C1型）、岡山県用木1号墳（円：31 m)では鉄製刀剣4（A1型）と銅鏃37が棺内に密集して出土し（B2型)、兵庫県養久山1号墳（前円：32 m)第1主体（竪穴式石室）の副葬武器は鉄剣2（A1型)、山口県国森古墳（方：30 m)では木棺内から鉄剣1、鉄槍1、鉄鏃39、棺外から矛1が検出されている（A1＋C1型)。

　この他では高塚墳ではないものの、南九州地方の弥生末～古墳時代にかけて土壙墓に鉄剣や鉄鏃を数点ほど副葬する遺跡（宮崎県川床遺跡、鹿児島県成川遺跡）があり特筆される。

4．中期・近畿地方

中期の近畿地方における大型古墳（aクラス）で内部主体が明らかな事例は少ないが、副葬量が極大化していき武器を大量に集積したD2型が中心になっていく。

たとえば、大阪府百舌鳥大塚山古墳（前円：168m）の4号槨では鉄製刀剣2群200、鉄矛1、鉄鏃6群、手斧16、鉄製の鋸、斧、鎌、鉗という膨大な副葬が行われており（D2型）、京都府恵解山古墳（前円：124m）、大阪府黒姫山古墳（前円：144m）でも大量の武器・武具類が集積されていた。また、大型古墳の陪塚的な存在で墳長そのものはb・cクラスとなるが、大阪府七観古墳（円：50m）、大阪府アリ山古墳（方：45m）、大阪府野中古墳（方：28m）、大阪府西墓山古墳（方：20m）でも遺物専用埋納施設（D2型）と考えられる遺構が報告されている。

中期の近畿地方では、中・小型古墳においても棺内外の各段階（A・B・C型）で武器が出土する例が多く、時として大量な武器が副葬される。大阪府東車塚古墳（前方：65m）、兵庫県水堂古墳（前円：60m）、大阪府風吹山古墳（帆貝：59m）などでは棺内に武器が置かれており（A1型、B1型）、大阪府大塚古墳（円：56m）、大阪府御獅子塚古墳（前円：55m）、大阪府鞍塚古墳（円：39m）、大阪府珠金塚古墳（方：27m）奈良県塚山古墳（方：24m）、滋賀県新開1号墳（円：36m）、大阪府西小山古墳（円：40m）などからは大量の武器が出土している。

他方、京都府上人ヶ平18号墳（方：8m）、大阪府亀井古墳（方：7m）、滋賀県宇佐山13号墳（箱式石棺）、大阪府土師の里遺跡（埴輪棺）など、10m以下の墳墓、低墳丘墓や土器棺、土壙墓において武器が出土する場合は棺内外から少量の武器が出土する程度である。

5．中期・東日本

東日本における大・中規模（a・bクラス）の古墳においては棺内へ武器が配置される事例が多い。静岡県松林山古墳（前円：116m）の竪穴式石室では中央部（人体想定位置）に武器はなく、それ以外の棺内に密集した鉄製刀剣や靫（と鏃）が置かれ（B2型）、東京都野毛大塚山古墳（帆貝：82m）の第一主体部（粘

土壙・割竹形木棺）では人体推定地点の両脇に鉄製刀剣を配し（A1型）、頭位側の北東端には鉄製刀剣、足元側には甲冑と鉄製刀剣、鉄槍、鉄鏃が密集して置かれていた（B2）。この他、茨城県三昧塚古墳（前円：85 m）、群馬県赤掘茶臼山古墳（帆貝：59 m）、石川県和田山5号墳（前円：56 m）、千葉県八重原1号墳（円：55 m）、福井県天神山7号墳（円：52 m）などでも、主に棺内に武器が配置されている。

他方、小型古墳（cクラス）でも主に棺内に武器が配置されるが、特に人体の周囲に甲冑、鉄製刀剣、鉄鏃などさまざまな用途の武器を少数ずつ配置したA2型の武器配列が非常に多い。

たとえば栃木県佐野八幡山古墳（円：46 m）の竪穴式石室では、人骨両脇の位置より鉄刀が出土、歯牙側（頭位側）である石室北東端に短甲と衝角付冑が、反対の南西（足元側）には鉄鏃が置かれていた（A2型）。同様な配置は、静岡県石之形古墳（円：27 m）、静岡県安久路2号墳（円：26 m）、安久路3号墳（円：27 m）、富山県谷地12号墳（円：30 m）、石川県茶臼山9号墳（円：16 m）第2主体部、神奈川県朝光寺原1号墳（円：37 m）、三重県小谷13号墳（円：20 m）第1主体部など多数の事例を挙げることができる。

この他では、岐阜県龍門寺1号墳（円：17 m）、埼玉県東耕地3号墳（円：25 m）、三重県八重田16号墳（方：16 m）、静岡県千人塚古墳（円：49 m）など棺の内外から武器が出土する例や、千葉県大寺山洞穴、長野県八幡原遺跡土壙墓のような高塚古墳以外で武器が出土する事例がある。

6．中期・西日本

西日本における大・中型古墳（a・bクラス）では、棺内外の各段階（A・B・C型）で多数の武器を副葬した兵庫県茶すり山古墳（円：91 m）が代表事例であるが、兵庫県雲部車塚古墳（前円：140 m）のように壁に刀剣を掛ける特異な棺外配置（C型）も知られている。

また、当該期の東日本と同じく、西日本でも棺内の人体周辺から3種類以上の武器が少数ずつ出土した事例（A2型）の古墳が中・小型古墳を中心に確認できる。代表的な福岡県井出ノ上古墳（円：25 m）の第2主体部（箱式石棺）では熟年男性の人骨が良好な状態で残り、左肩から肘付近に鉄刀1、鉄剣1、鉄矛

1、鉄鏃9、左側足元に鉄刀1、右肩から肘にかけて鉄剣1、鉄鏃16、下腿部分に短甲1が副葬されていた。

　この他にも、京都府私市丸山古墳（円：71m）、京都府産土山古墳（円：50m）、岡山県勝負砂古墳（帆貝：42m）、兵庫県小野大塚古墳（円：45m）、福岡県花鶯1号墳（円：規模不明）、福岡県稲童21号墳（円：22m）、福岡県琵琶隈古墳（円：25m）広島県亀山古墳（円：40m）、岡山県正崎2号墳（円：20m）、香川県大井七つ塚4号墳（円：20m）、兵庫県奥山大塚古墳（円：15m）、宮崎県六野原6号墳（円：12m）、香川県川上古墳（円：22m）、兵庫県法花堂2号墳（墳丘不明）などの主体部においても同様なA2型の武器配列が確認できる。

　棺内外から武器が出土する事例としては広島県城ノ下1号墳（円：21m）、愛媛県猪の窪古墳（円：18m）などが存在するが、兵庫県沖田11号墳（方：18m）第2主体では1墓壙に2つの箱式石棺が設けられており、南棺内の身体部分両脇には鉄製刀剣、左側には鉄鏃が配置され（A1型）、さらに石棺外では解体した状態で短甲が出土する（C3型）という珍しい出土状況である。

　高塚古墳以外の事例として宮崎県六野原地下式10号墓（地下式横穴墓）や宮崎県島内地下式横穴墓群（地下式横穴墓）などで多数の武器が出土している。

7．後　期

　後期は横穴式石室が導入され未盗掘で武器の配列状況が明らかな具体例は極端に少なくなる。ここでは一括して記述しよう。

　近畿地方では、奈良県藤ノ木古墳（円：48m）で両袖式の横穴式石室にある家形石棺棺内における2体の被葬者周辺に玉、耳飾、飾金具、鏡、金銅製冠、金銅製履などの装身具が副葬され、武器としては鉄製大刀5、短剣1がそれぞれ被葬者の脇から出土している（A1型）。滋賀県鴨稲荷山古墳（前円：60m）の主体部も横穴式石室で、人体周辺からは冠や玉類、沓などの装飾品とともに装飾付大刀や刀子が副葬されているが、このような副葬品組成から判断する限り、後期古墳の棺内に副葬されている武器は実際に生前の被葬者が装着していた個人的属性の高い遺物であったと推定できるものである。

　東日本では、千葉県姉崎山王古墳（前円：69m）において鏡や金冠などの装身具を除いて環頭大刀と木装大刀、胡籙2具に納められた鉄鏃が出土してい

るが（A1型）、後期における東日本の小型古墳（cクラス）では中期から引き続きA2型の副葬が散見できる。静岡県団子塚9号（円：17m）、栃木県七廻鏡塚古墳（円：28m）、千葉県経僧塚古墳（円：24m）、茨城県舟塚山8号墳（円：8m）などでも人体周辺から3種類以上の異なった機能を有する武器を少量ずつ副葬したA2型、およびそれに類する武器配置が行われている。

西日本では、兵庫県西山1号墳（円：10m）の第1主体部埋葬施設1（木棺直葬）の棺内から須恵器、土玉、鉄鏃2が出土しているように少量の武器を棺内に副葬した事例が認められる（A1型）。西山6号墳（前円：35m）の後円部埋葬施設6（木棺直葬）では棺内の東小口部で金銅冠を着装した頭蓋骨が出土し、人体左脇に鉄刀、右脇に刀子が置かれていた。棺中央右脇には鉄矛が、足下の西小口では鉄鏃一括が置かれ弓飾金具も出土している（A2型）。

第3節　武器副葬の時代的特徴と変遷

武器の副葬状況の代表事例をみてきた。それぞれの状況は千差万別であるが、各時代、各墳丘ランクで、それぞれ特徴的な配列があることも指摘することができる。ここではそれぞれの時代性を特徴づけるような配列状況をまとめておく。

1．古墳時代前期の副葬品配列の特徴

前期における大型古墳（aクラス）を特徴づけるのは棺（槨）を武器で取り囲む配列である。棺内には鏡や玉類など個人的な装身具があり小口部分などに武器がみられることもあるが、武器配列の中心はC3型とした棺外での棺を取り囲むような配置である（図13）。またA・B・Cの各段階で副葬（葬送儀礼）行為を行っているという厚葬性も特徴的であろう。

このC3型を主とする配列様式は、古墳時代前期初め（京都府椿井大塚山古墳）まで遡ることが可能と考えられ、特に近畿地方においては前期の大型古墳のほぼすべて、さらに小型古墳においても存在（奈良県鴨都波1号墳）することから、かなり普遍的な武器配置であったと評価することができるだろう。

また近畿以外でも大・中型の古墳（a・bクラス）を中心として広い分布を示

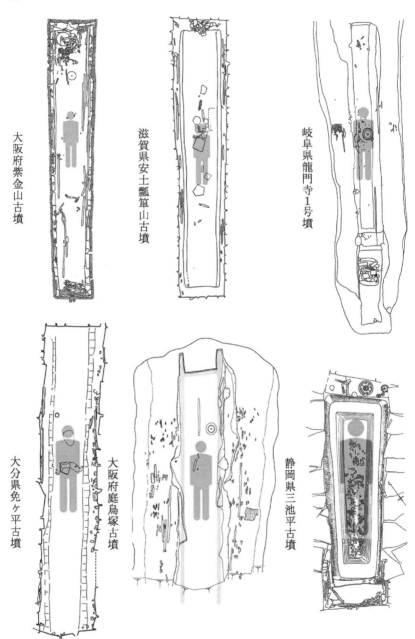

図13 C3型武器配置（スケール不同、人型アイコン1.5m）

し、東は静岡（三平池古墳）あたりのラインまで、西は瀬戸内沿岸を中心に福岡（一貴山銚子塚古墳）・大分（免ヶ平古墳）まで明確な分布領域を示す。これらの事実から C3 型の痕跡を残すような、棺外で武器を取り囲む配列を伴う共通的な葬送儀礼が、前期の大豪族や首長たちによって実施されていたと考えて大過ない。

　一方、前期における小型の古墳（c クラス）においては木棺や箱式石棺などの棺内に数本程度の刀剣や鉄鏃が副葬されるものが多く（A1 型）、弥生時代からの伝統的な武器副葬が継承されている可能性が高い。第 3 章で確認したように、弥生時代後・終末期の墳墓への副葬品は一部の例外を除いて全国的に刀や鉄・銅鏃が数本程度であるにすぎない。古墳時代前期における小古墳の中には古墳のあり方や地域的特徴（一墳丘での多数の主体部、伝統的な箱式石棺など）からみて、弥生時代後・終末期からの連続性が明らかなものも認めることができる。

　静岡以東や山陰、南九州などの大・中型の墳墓については、そういった少数の武器を棺内に副葬するという伝統的な影響と、政治的中枢（近畿地方）で多くみられる同種多量の武器を棺外に配置する影響との強弱によって、少数を棺外に配置したり（鳥取県馬山 4 号墳）、棺内に中程度の武器を副葬する（栃木県山王寺大枡塚古墳）などといった、やや均一性を欠く配置を生じせしめていると考えられる。

2．古墳時代中期の副葬品配列の特徴

　前期の近畿における a・b クラス古墳の武器配置の特徴は、棺外に武器を並べることで遺骸を外部から密封・遮断しようという試みであったと考えられるが、中期の大・中型の古墳では武器の同種多量性への偏好が顕著となる。武器の大量埋納施設は奈良県南西部の一角において早くに発達し（メスリ山古墳、新沢千塚 500 号墳、池ノ奥 1～3 号墳）、中期以降に普遍化していく。

　その発展過程を模式化すれば以下のとおりである。まず古式古墳の奈良県黒塚古墳では石室南小口部分に鉄鏃、小札、鉄製農工具などの副葬品を置き、京都府寺戸大塚古墳においても 14 振程度の刀剣が木棺内の一カ所に上下相重なって出土するなど、武器を集積する行為は古墳発生期から認めることができ

る。

　その後、前期後半の京都府作り山１号墳では石棺の副室部分に農工具と鉄剣12がまとまって収められ、中期前半の兵庫県茶すり山古墳では棺内を４つに区画し甲冑や武器類、盾などが区画毎に整然と並べられるなど、武器を集積する行為は急激に進む。

　中期前半の大阪府百舌鳥大塚山古墳では前方後円墳内の６カ所に遺物埋納専用施設が認められており、大王クラスの一古墳から出土する武器量は膨大な数にのぼる。中期中葉以降では大阪府七観古墳のように古墳外に付属する遺物埋納施設の陪塚に大量の武器が納められるようになり、武器以外に鉄製農工具（大阪府西墓山古墳西列）、鉄鋌（奈良県大和６号墳）、滑石製模造品（大阪府カトンボ山古墳）などといった器種分化にもとづく大量埋納が明瞭になる。

　これら副葬品を膨大に消費するような古墳祭祀は、主として近畿地方の大首長によって執行されるが、同地域では中クラスの古墳でも棺外に武器をまとめて置くような武器配置がみられるなど、特に数の極大化への偏好が顕著である。

　このような武器を大量に副葬するという時代的特徴は、地方におけるa・bクラスの古墳を築いた大・中首長たちへも影響を与えている。たとえば東京都野毛大塚古墳では刀剣や鉄鏃などが群ごとにまとめて置かれており、福井県天神山７号墳では棺内に２列で密集した刀剣類が置かれていた。また岡山県月の輪古墳の棺内では同様に鉄製刀剣や鉄鏃、工具類が密集して置かれているのである（図14）。

　中期の大首長たちによる武器副葬の意識は前期から中期にかけて"遺骸の遮断"から"大量に埋納する"へと変化しているが、一方、中・小型の古墳ではやや異なる儀礼体系の下に武器が副葬されていたと評価することができる。

　小首長たちを中心とする副葬行為は、前期の"刀剣や鏃を数本"といった弥生後・終末期に類似していた行為から、中期には甲冑、鉄製刀剣、弓矢といった３種類以上の用途の異なる少数の武器を人体周辺に副葬するものが全国各地に多数みられるようになる（A2型）。

　典型的な事例は福岡県井出ノ上古墳のように、熟年男性の足元（または頭位）に甲冑を置き、人体の左右脇には鉄製刀剣、鉄鏃などを配置する（図15）。棺内外の区別や甲冑の有無を問わなければ、奈良県塚山古墳や埼玉県東耕地３号墳

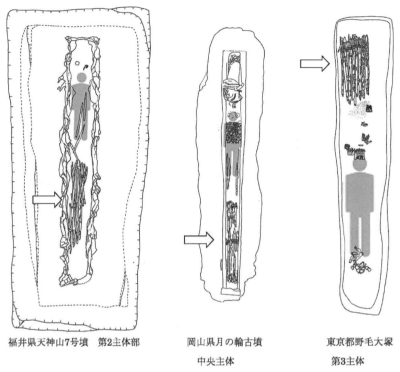

図14　武器の集積（B2型武器配置、スケール不同、人型アイコン1.5 m）

などにおいても人体周辺に少数ずつの武器が副葬されており、副葬品における武器の比率は高い。

第4節　副葬品配列の方法からみた武器の価値

序章でも述べたように、武器とは本義的には対人殺傷のための利器である。しかし武器へ託された思考や機能は利器としての機能以外にさまざまな価値的側面が存在する。

モノのおけるさまざまな価値の追及といった問題は、これまでにも主に経済学の分野で研究されてきた。たとえばカール・マルクスはモノには使用価値と

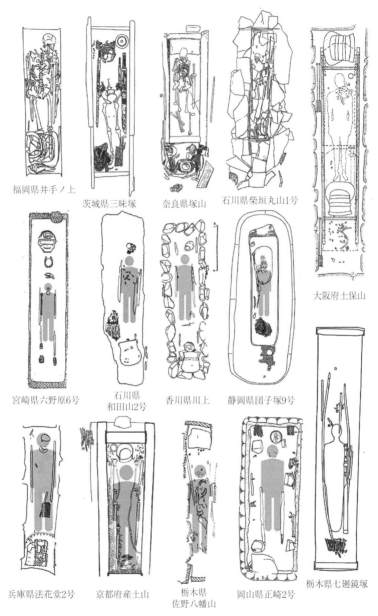

図15　A2型武器配置（スケール不同、人型アイコン1.5m）

交換価値があるとするが、使用価値とはモノの功利的な面であり、交換価値とはいわゆる商品としての価値側面である（マルクス 1969）。こういった古典的なモノの価値観に対し、ジャン・ボードリヤールは、マルセル・モースの贈与論（モース 2009）やジョルジュ・バタイユの消尽論（バタイユ 1973）を駆使して、モノには使用価値や交換価値には還元できない象徴価値や記号的な意味があると説いた（ボードリヤール 1980・1981）。

マルクスやボードリヤールは現代社会を解明する方法論としてモノの価値を追求したのであるが、考古資料である過去の武器、特に古墳という墳墓から出土する武器の意味を考察する際においてもきわめて有意義な手法であろう。そこでボードリヤールなどの研究を参照し、道具の価値的側面を以下の４つのカテゴリーに区分し、前節で検討した古墳出土武器の意義について検討を加える。

　　第１のカテゴリー：使用価値：対人殺傷（利器）としての武器
　　第２のカテゴリー：交換価値：交換や配布される経済的価値としての武器
　　第３のカテゴリー：　象徴　：象徴的な贈与や祭祀行為における武器
　　第４のカテゴリー：　記号　：身分の表象を意味する武器

４つのカテゴリーのうち、第１のカテゴリーである使用価値とは容器としての土器、穂摘具としての石包丁、というモノの利器としての価値、あらゆる道具の第一義的なカテゴリーである。武器・武具に関していえば"殺傷のための道具"や"殺傷から身を守るための道具"という価値がこれに該当する。

第２のカテゴリーである交換価値は主に近代経済学において検討されてきた物的側面である。しかし前近代的な社会においても"クラ"交易として知られるトロブリアンド諸島の首飾りや腕輪などのように、交換価値として重要視された道具が存在しており（マリノフスキー 1967）、地理的な長距離移動が証明される考古資料（鉄製甲冑など）についても贈与交換に伴う交換価値が付与された可能性は高い。

その他では、ボードリヤールの研究で知られるように使用価値や交換価値には還元できない象徴的な価値（第３のカテゴリー）や記号的な価値（第４のカテゴリー）を有するモノも存在する。たとえば、刃部が鈍化した利器や、意図的に折り曲げられた刀剣などについては第三の道具として何らかの象徴的・記号的な意味が付与されていたと推定できるだろう。

象徴（Symbol）と記号（Sign）とは互いに関連する内容もあるが、まったく異なる概念でもある。象徴とはある種の観念や概念をより具体的な事物や形によって表現したものを指し、記号とは何かを指し示すことを通じて意味を発生させるものを指す。すなわち象徴とは多義的な意味を内包するイメージを具象化したもの、記号とは言語やマークなど、ある種の規範によって意味が付与されるものである。武器の場合でいえば攻撃力・防御力というような観念を特定の武器によって表現した場合は本質的に象徴的価値であり、武器を所持することで身分階級など規範的コードを表象した場合は本質的には記号的価値である。

さて古墳時代の武器の副葬を検討した結果、古墳へ副葬された武器の扱いは時代性や古墳の規模などによって異なっている状況が把握できた。このことは、さまざまな集団性や葬送儀礼体系の中において、武器がどのように認識されていたかの思考的な背景を表現していると考えられる。

前期における大型古墳を特徴づける武器副葬は、主に棺外に武器を取り囲むように配列するものである。そこには武器を用いて古墳被葬者であるかつての首長を密封し、僻邪などの遮断的な効果が期待されていたと想定できる。その思考体系の中で重視された価値は武器のもつ武威や武徳、すなわち第3のカテゴリーの象徴性である。

広瀬和雄は前方後円墳の機能として、首長の遺骸を保護・密封・僻邪することによって聖性を保持・顕彰し、共同体を守護するイデオロギー的な装置を想定するが（広瀬 2008）、刀剣など同種多量な武器によって遺骸を外部から遮断しようという思考回路や儀礼体系は、前期における各地の大首長クラスを通じた共通認識として、広範な地域で受け入れられていたと考えられる[1]。

中期の大・中型の古墳においては、大量の武器を埋納することが時代の特徴性として指摘できるが、中期の大量埋納における副葬品の意義としては量的な誇示や消費などを通じての象徴性、といった価値が古墳祭祀の中で見出されていたのだろう[2]。

横穴式石室の導入、須恵器の副葬などといった葬送観念の大変革[3]を経た後期における大王クラスの墳墓（奈良県藤ノ木古墳、滋賀県鴨稲荷古墳）では、実際に身に着けていたと考えられる金銅製冠や沓、豪華な玉類などとともに装飾

付大刀が出土している。この段階における武器は装飾付大刀で代表されるように装飾性が強くなり、むしろ実用品としての武器よりも被葬者の身分を表象する記号的な意味が重視されていたと考えられる。

　上記のような武器の価値観の変遷、"象徴性・儀礼性を帯びた武器副葬"から"記号としての個人的属性を帯びた武器副葬"といった移り変わりは主として近畿地方を中心とする大型古墳（大王、大首長クラス）のものである。一方、多くの小古墳（特に20m以下の古墳や低墳丘墓）においては、それらとはやや異なる価値体系が想定できる。

　前期の小古墳にみられる副葬品の多くは刀剣や鉄鏃が数本程度にすぎず、むしろ弥生後・終末期に全国規模でみられた風習に類似している。特定少数の武器については象徴的な意味合いも考えることができるが、玉類などとともに棺内の人体付近から出土することが多く、むしろ実際に生前に使用していたものを副葬した蓋然性が高い。

　古墳時代中期における中・小型古墳においては、甲冑、刀剣、弓矢（鏃）といった用途の異なる武装体系を満たし、それぞれ個人が使用可能な少量ずつを被葬者周辺に並べる配列様式を抽出することができた。その葬送儀礼の際に武器に付与された価値体系としては第1、もしくは第4のカテゴリー、すなわち利器としての総合的な武装体系や、生前に武備を専らとした身分の記号性としての武装であったとと考えられる。

　古墳から出土する武器については、仮器化した奈良県メスリ山古墳の鉄弓・鉄矢の外に、意図的に利用価値を喪失させた折れ曲げた鉄器（門田 2006a）など、非実用性を前提としたものも確かに存在している。しかし古墳出土武器の大部分は刃部の鋭利さや耐久性などから判断すれば実際に使用可能な形態を示しており、弥生時代の青銅武器が大型化・儀仗化といった非実用的な側面を強調していったのとは対照的である。

　多様な形態を示す古墳時代の鉄鏃についても時代が下るに従って全体的には先尖化、細身化、長頸化を志向し後世の実戦用鉄鏃（征矢）に類似している（松木 2001a）。このことは古墳へ副葬される鉄製農工具が小型化・ミニチュア化する（寺沢知 1979）のと比較しても武器における実用的な機能的進化は目覚ましいものがある。

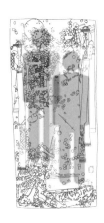

図16　藤ノ木古墳・鴨稲荷古墳の副葬状況
（スケール不同、人型アイコン1.5m）

また、長野県や徳島県下においては副葬されている馬具（轡）の欠損部分を修繕した痕跡が報告されており（松尾 1996、栗林 1999）、現実に使用、欠損、修繕のサイクルを経た道具が副葬されていることが証明されている。古墳の葬送儀礼のために副葬された道具には、明らかに実際に使用していたものも含んでいることは注意すべきであろう。武器においても、香川県王墓山古墳（9期：前円46m）出土の挂甲は皮紐通しの孔以外にクサビ形の穴が認められ、穴の周囲は裏側に捲かれている。この状況から高速で飛来した鉄鏃による矢傷が想定されており、実際に使用（佩用）されていた挂甲であった可能性が高い。

　これら諸要素をとりまとめて要約すれば、特に古墳時代中期における中・小型の古墳から出土する武器は、その配置状況や価値的背景の面から考えて実際の武装体系の状況を反映した可能性がきわめて高いと評価することができるだろう。

註
(1) 前・中期の大規模古墳においては鏡・武器・農工具など特定の威信財を中心とした大量の埋納儀礼が行われ、個人の死を特徴づけるものが少ない。そのために前・中期古墳に底流する儀礼の本質とは、決して個々人の死生や魂の救済を主たる問題としたものではなく、死者の社会的地位、威信、富といった死者にまつわる社会秩序の維持や再生産に重点が置かれていたものと考えられる。こういった社会的な葬送儀礼の実例としてはギアツによるバリ島の研究（ギアツ 1990）やインドネシアのトラジャ族の分析（内堀・山下 1986）などの文化人類学において報告された事例が参考になる。
(2) 儀礼の概念として人類学者の青木保は一方の極に超越的な、または象徴的な事象

と大きくかかわるものとしての儀礼を置き、他方にはパフォーマンスを含む日常的な出来事と重なるレベルとして儀式（ceremonious）を対置し、両者の全体を指して儀礼（ritual）という用語をあてた。そして儀礼の意義としては「人間は動物と同じく、社会に生きるかぎりコミュニケーションや集団の結束や攻撃性の回避などの面から『儀礼化』し、文化形式としてそれを発達させ、儀礼行動を行わざるを得ないが、それはまたこの日常の現実の不安定な両義性の中で、何か確たる真実を求めて、絶えず儀礼をしなくてはならないことも意味する」と説明している（青木保 2006）。貴重な威信財としての武器を埋納し二度と使用できないようにするような儀礼行為は一種のポトラッチ的な富の破壊や浪費であり、別の見方からすれば人知を超越した存在や霊的なるものへの供犠や贈与の一種ともいえる。

(3) 後期古墳における儀礼行為の考古学的研究としては小林行雄のヨモツヘグイ（黄泉戸喫）儀礼（小林行 1949）、白石太一郎のコトドワタシ（事戸渡）儀礼（白石太 1975）などが知られている。これらの復元された儀礼からは、古墳時代後期には、肉体が滅んでも魂は生き続けるというような霊肉二元論にもとづく観念的な他界観の類推も可能であり、前・中期の葬送儀礼とは異なって死後の他界観や魂といったような観念的な思考体系を具現化する儀礼的な行為を反復することによって、死に対する意味づけが行われていたと推察できる。なお、古墳時代における葬送儀礼を具体的に復元したものとしては岩松保の研究がある（岩松 2006）。

第8章　古墳時代における武装集団の事例的研究
——宮崎県島内地下式横穴墓群の分析——

第1節　島内地下式横穴墓群の概要

1．島内地下式横穴墓群の研究史

　これまでの検討において、古墳時代中期の中小の古墳では武器の実用面を重視した副葬が行われていることを指摘することができた。そこで本章では古墳時代中期に的を絞り、考古学での分析を通じて、その中・小首長層の武装集団の様相を具体的に把握したい。フィールドとした遺跡は武器が大量に埋納され未盗掘での検出が多く、その被葬者像や周辺の集落との関係性が良好に把握できる宮崎県島内地下式横穴墓群である。

　島内地下式横穴墓群は古くからよく知られた遺跡であったが、1990年までには12基の墓が知られていた。その後、1994～1995年には旱魃による地割れ（天井崩落）が原因となり47基の墓（17～63号）の緊急調査が、さらに鹿児島大学の3次にわたる学術調査（69～79号、86～91号）などが実施され貴重な成果が相次いだ（竹中・大西　1998・1999・2000）。2012年9月には主要遺物の1,029点が重要文化財に指定され、2015年には新たに首長クラスの豊富な副葬品を有する地下式横穴墓139号が検出されるなど、日々、新たな発見が続いている。

　島内地下式横穴墓群の特徴的な事象としては次のようなことが挙げられる。
- 多量の武器の副葬……島内地下式横穴墓群の中心時期は5～6世紀が比定されており、甲冑、刀剣、鏃類、少量ではあるが槍、馬具など豊富な種類の武器が出土している。
- 多数の未盗掘墓の発掘調査事例……現在までに130基ほどの地下式横穴墓が調査・報告され、300体以上の人骨の検出がある。また地下式横穴墓とい

う墓制の特徴から人骨や遺物の遺存状態がきわめて良好である。
● 殺傷人骨の存在……人骨の中には 7 例程度の殺傷人骨が報告されている。これは後述するように古墳時代における全国の殺傷人骨の約半数を占める。

2．島内地下式横穴墓群の編年観と墓群構造

　地下式横穴墓とは地上から垂直方向に竪坑を掘り、さらにそこから横穴の玄室を設け、入口の開閉は竪坑の上部や玄室の入口（羨道）で行う。墳丘を有する事例もあるが大部分が無墳丘または低墳丘墓であって、墳丘をみせる要素の強い高塚墳、いわゆる"古墳"の本質とはやや異なるところに重心が置かれた構築物である。

　考古学研究の基礎となる分類や編年については地下式横穴墓でも早くから試みられ、日高正晴や石川恒太郎、福尾正彦、北郷泰道らによって地下式横穴の形態にもとづく編年が行われ、地下式横穴墓は妻入りから平入りへと変遷し、その時期も 5 世紀後半～6 世紀初頭に位置づけられてきた（日高正 1958、石川 1973、福尾 1980、北郷 1982）。

　しかしながら近年、和田理啓による鉄鏃編年の検討によって九州南部地域の墓制の年代、特に地下式横穴墓のそれは半世紀ほど古く遡ることが指摘された（和田理 2001・2008）。それと同時に、宮崎県小木原遺跡蕨地区の 4 世紀末に比定される横口式土壙墓が地下式横穴墓の祖型と目され、地下式横穴墓は 5 世紀を前後する時期には出現しているという認識が一般化してきた。

　また、出現期の地下式横穴墓は家形玄室を基調として構築される形態（家形系）と土壙墓に竪坑が取り付いた形態のもの（土壙系）の二者があることも明らかになり（橋本達 2012b）、妻入りから平入りへという従来の編年観の見直しも迫られている。妻入り、平入りという用語そのものも家形構造のあり方から名付けられたものであるため、"妻入り"を"縦形"に、"平入り"を"横形"に呼び換えようとする意見もある（和田理 2001）。

　特徴的な出土遺物である甲冑をみてみると、島内地下式横穴墓で短甲が出土しているものは 1 号、A 号、3 号、21 号、62 号、76 号、81 号、139 号の各墓である。このうち 3 号墓出土品が三角板横矧板併用鋲留短甲、A 号墓出土品が三

第 8 章 古墳時代における武装集団の事例的研究　155

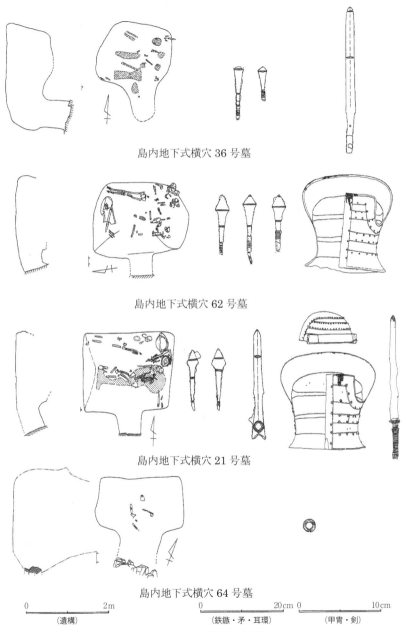

島内地下式横穴 36 号墓

島内地下式横穴 62 号墓

島内地下式横穴 21 号墓

島内地下式横穴 64 号墓

図 17　島内地下式横穴墓群の横穴墓と出土遺物

角板鋲留短甲であり、その他はすべて横矧板鋲留短甲である。

　これら短甲の編年について滝沢誠の新編年（滝沢 2015）を参考にすると、A号墓出土の三角板鋲留短甲（滝沢分類 SBⅠ式）、3 号墓出土の三角板横矧板併用鋲留短甲（滝沢分類 HBⅠ式）が古く位置づけられ、次いで 76 号や 62 号出土の横矧板鋲留短甲（滝沢分類 YBⅡ式）、そして 81 号墓、21 号墓、1 号墓出土品の横矧板鋲留短甲（滝沢分類 YBⅢ式）が新しく位置づけられる。

　衝角付冑では、1 号 A 号、21 号、76 号で短甲と衝角付冑の出土があり、1 号墓は小札鋲綴衝角付冑、21 号墓は横矧板鋲綴衝角付冑、76 号墓は三角板革綴衝角付冑である。また、3 号墓は金銅製眉庇付冑が出土したとの伝承があり、139 号墓では頸甲や肩甲など付属具のセット関係で出土している。

　これらについて川畑純の型式分類に従えば、島内 1 号が外接型、島内 21 号が上下接型、島内 76 号が上接 2 型、島内 115 号が上下接型となり、その編年観は、三角板革綴の上接 2 型（島内 76 号）が最も古く、鋲留の上下接式（115 号、21 号）、外接式（1 号）という流れに位置づけられる（川畑 2015）。甲冑編年から判断すると島内から出土している甲冑は 5 世紀半ばから 6 世紀初頭（TK216～TK47、集成 7～8 期）までの年代幅の位置づけが可能である。

　これら近年の研究成果をまとめると、島内地下式横穴墓の年代幅は古墳時代中期後半～末の 5 世紀後半から 6 世紀初頭（集成 7～8 期）がその中心時期といえるが、島内 35 号墓などで古い形態の鉄鏃が出土しているものもあり、島内地下式横穴墓群全体の築造としては 5 世紀前葉～6 世紀まで及ぶと考えるのが妥当である。とはいえ横穴墓の形態はきわめて多様で、遺物に関しても新古の型式が混じっているものもあり、詳細な年代比定は非常に複雑である。

　たとえば、島内 3 号墓は竪穴閉塞で津曲大祐による横穴墓の型式研究ではⅣ類 2A1 式となりⅢ期後半（≒集成 8 期）に位置づけられている（津曲 2016）。その出土している甲冑は三角板横矧板併用鋲留短甲で滝沢分類 HBⅠ式、鋲留短甲でもやや古い形態に属し（≒集成 6～7 期）、共伴している鉄鏃は圭頭鏃と長頸鏃を含んでいることから和田編年のⅤ期（集成 8 期）に位置づけられる。その他でも、島内 76 号墓では三角板革綴衝角付甲と横矧板鋲留短甲とが出土しているなど、追葬または異なる時代に入手したであろう甲冑の副葬などが推定される。

このような複雑な状況であるため、横穴墓の形態のみで分析を行うのは困難かもしれないが、しかしながら、それでも複雑な横穴墓の形態については何かしらの社会的・集団的な違いを内包していると考えられる。そこで、島内地下式横穴墓の形態について平面的な分布を検討してみたい。

島内の地下式横穴の墓そのものに関していえば、そのほとんどがいわゆる平入りタイプで玄室形態は方形～円形プランを呈している。報告書（えびの市教育委員会 2001『島内地下式横穴墓群』）では中野和浩により、閉塞方法に基軸を置いて竪坑上部閉塞タイプ（Ⅰ類）と羨門閉塞タイプ（Ⅱ類）とに分類されており、さらに数の多いⅡ類は閉塞材によって板（A類）、板石（B類）、アカホヤ塊（C類）の3つに細分されている。本節ではこれを参考とし、島内地下式横穴墓を竪坑石材閉塞、竪坑アカホヤ塊閉塞、羨門石材閉塞、羨門アカホヤ塊閉塞の4つに区分して、その分布を検討してみよう。[1]

それぞれの主な各型式の分布をみると、竪坑石材閉塞グループは台地の中央北部に円弧状に分布している。台地北端は砂利採集で消失した地下式横穴墓があったとされるため、本来はもう少し北へ延びると思われるが、現状での竪坑の分布領域を第1帯としておく。羨門石材閉塞はそれより南の、台地中央部の東西に帯のように分布し（第2帯）、羨門アカホヤ塊閉塞タイプは台地の最も南側で北東から南西にかけて分布している（第3帯）。この他には島内地下式横穴墓群では唯一、墳丘が遺存する1号墓は直径27 m、高さ2.5 mで石室状施設（石槨）を有する高塚古墳（円墳）であり台地南東端に独立的に存在している。

以上の分布から、島内地下式横穴墓群の墓域は北側の北西～南東にかけての第1帯、中央東西の第2帯、南東側の北東から南西にかけての第3帯、そして1号墓（真幸古墳）を中心とする第4帯との大きく4つに区分することができる（図18・19）。

北端は削平されており第1帯と第2帯とは一部が重複しているが、1号墓を除いて甲冑（2号、3号、21号、62号、76号、81号、115号）や蛇行剣（21号、24号、32号、50号、55号、96号、117号）、銀象嵌大刀（114号）が出土した墓はいずれも第2帯の範囲に分布しており、島内では第2帯が中心軸となって墓域が形成されたと考えられる。

これらのうち、古相の鉄鏃が出土している35号墳は竪坑石材閉塞タイプで

島内地下式横穴墓群　竪坑石材閉塞分布図

島内地下式横穴墓群　羨門石材閉塞分布図
図18　島内地下式横穴墓群の横穴墓分布図（1）

第 8 章　古墳時代における武装集団の事例的研究　*159*

島内地下式横穴墓群　羨門土塊閉塞、島内 1 号墳周辺分布図
図 19　島内地下式横穴墓群の横穴墓分布図（2）

あり、横矧板鋲留短甲の多くが羨門石材閉塞で、羨門アカホヤ塊型や無羨道の地下式横穴墓には耳環が出土しているものもあるので、時期的な差異は認められるがその多くが 5 世紀中頃〜後半（集成 7〜8 期）に併行しながら築かれたと考えられる。

　竪坑タイプと羨門タイプという異なる形式の地下式横穴墓が概ね同時期に築かれた背景としては、築造小集団の出自や血統、集落などの違いが分布帯に表出されている可能性が考えられる。このことから、島内地下式横穴墓群の築造集団は複数の小集団から構成された墓域であった蓋然性が高いといえるだろう。

　環状の墓群構造は宮崎県西諸県地方における山間部の地下式横穴墓群で広く一般的にみられる現象である。このことについて中野和浩は、地下式横穴墓群を広義の群集墳としながら縄文〜弥生時代にみられる環状配列墓に類似する集団墓と評価している（中野 1998）。

　島内をはじめとする南九州の地下式横穴墓の多くは中期中頃〜後期に群集し

ているのであるが、古墳時代後期後半を中心に盛行する、いわゆる"群集墳"とは一線を画しているといってよい。初期の群集墳として武器・武具の副葬が多い奈良県後出古墳群と比較しても、後出古墳群の総数が22基にすぎないのに対し島内では調査された地下式横穴が130余基にも及ぶ。また地下式横穴墓群は後述するように老若男女のあらゆる性別・年齢の人物が埋葬され、特定個人の首長墓的な意味合いが強い前～中期の高塚古墳よりも、より集団墓・家族墓的な要素が強い。

　出土遺物からみてみれば、島内地下式横穴墓群は武器の偏在的な副葬が特徴として挙げられ、装身具や刀子を除くと鉄鏃や刀剣・甲冑が中心であり、須恵器がみられず骨鏃が大量に出土するなど、古墳時代の一般的な副葬品の原則と比べればやや異質な側面も認められる。

　橋本達也は島内での甲冑が分散して副葬されていること、鉄鏃の大量集積もみられないことなどから、威信財としての武器よりも実際の政治・軍事に関わった功績に対する下賜品を想定し「近畿中央政権と直接的な関係を結び、また朝鮮半島での倭人の軍事行動にも関わるようなことがあったのではないか」という評価を与えている（橋本達 2012a）。非常に聞くべきところの多い所見である。

　人骨から親族関係を分析した吉村和昭によれば、西日本各地では一般に5世紀代は父系にもとづく埋葬原理（田中良之モデルの基本モデルⅡ：田中良 1995）であるのに対し、島内やその周辺では女性のみの埋葬や初葬の女性に武器が伴うことなどから、双系の埋葬原理（田中モデルの基本モデルⅠ）が維持されているなど、西日本の一般的な親族関係や葬送儀礼と異なる原理を想定している（吉村 2012）。

　島内周辺では地下式横穴墓に先立つ墓制として板石積石室墓が知られているが、反対に前～中期における高塚古墳が希薄でもあり、特に甲冑や銀象嵌大刀を副葬した首長墓的な地下式横穴墓もその他の墓と形態的には大差がなく、積極的な"見せる"要素が乏しい構造であることもきわめて重要な要素である。

　上記のさまざまな諸点（地下式横穴墓という特質、墓群の構造、副葬品の偏在性、親族関係の伝統性）から判断して、島内地下式横穴墓群はいわゆる"古墳"という墓制文化とはやや異なる文化的構造を基層としていると考えられる。もちろん、地下式横穴墓も大枠としては古墳文化の一部であるが、在地的な要

素が非常に強固な独特の墓制文化であったことを改めて確認しておきたい。

第2節　島内地下式横穴墓群における副葬品と被葬者との相関関係

　島内地下式横穴墓群では130基ほどの地下式横穴墓、332体の埋葬人体（痕跡を含む）が確認されている。このうち性別や年齢がある程度明らかなものは245体で、表9で示したように乳幼児から老年まで幅広い性別・年齢の人骨が検出されている。

　出土遺物の概要としては刀剣や骨鏃・鉄鏃、甲冑などの武器副葬が多く、わずかであるが矛や馬具が副葬されている。特殊な武器である蛇行剣も多い。武器以外の副葬品としては貝製腕輪類や玉類など装飾具と農工具（特に工具）や刀子が検出されている。

　各性別・年齢別の被葬者に対応する出土遺物数は表9のとおりであるが、各遺物の数を比較する場合、それぞれの資料数が異なると比較が困難であるため各性別の資料数（人体数）をそれぞれ100体と仮定した比例値を表10に示す。

　100体分の比率数値という同じ条件で副葬品数を比較してみると、刀剣や鏃、甲冑などの武器類と農工具は女性に比して男性に多く副葬されており、逆に腕輪類や玉類は男性に比して女性に多く副葬されていることが理解できる。これをやや単純化してまとめるならば、島内地下式横穴墓群における副葬品と被葬者との相関関係は概ね次の3つに整理することができる。

　A　特定の性別や年齢を対象に副葬された遺物

　　特定の遺物については、それぞれ特定の対象（性別や年齢）へと副葬される。甲冑や矛は壮～熟年男性のみへ、蛇行剣も大部分が壮年男性に副葬されている。馬具は非常に数が少ないがA号墳や2号墳など首長クラスの特定墓から出土している。また、農工具は刀剣や鏃など武器を有する男性との関連が強い遺物である。

　　その他の刀剣や鏃などについては男女の双方に副葬されているが、全体の数的比率をみれば、相対として武器の副葬事例は男性が多い。一方、女性との関係性が高いのが貝製腕輪類や玉類で、腕輪類は大部分が女性に対して副葬されており、小児への副葬率も高い。

表9 島内地下式横穴墓群の性別・年齢別遺物統計

性別	年齢	資料数(n)	武器												非武器						
			短兵			長兵	遠距離用武器		防具		馬具			その他	装身具			農工具			その他
			刀	剣	蛇行剣	矛	骨鏃	鉄鏃	衝角付	短甲	轡・はみ	金具類			腕輪類	玉類	耳環	農工具	刀子		
♂	若年	3	1	0	0	0	19	10	0	0	0	0	0	0	0	0	0	1	0		
♂	壮年	44	9	9	5	0	48	210	0	2	0	0	2	0	0	1	3	18	1		
♂	熟年	29	3	3	1	2	14	69	2	1	1	3	0	7	1	1	3	11	0		
♀	若年	6	0	0	0	0	0	19	0	0	0	0	0	0	0	0	1	1	1		
♀	壮年	34	1	2	1	0	11	51	0	0	0	0	0	2	63	0	0	13	1		
♀	熟年	25	0	2	0	0	27	11	0	0	0	0	0	23	0	1	0	8	0		
♀	老年	6	0	0	0	0	2	18	0	0	0	0	0	6	0	0	0	0	1		
不明	幼児	17	0	3	0	0	0	19	0	0	0	0	0	1	0	0	0	6	0		
不明	小児	21	1	0	0	0	6	44	0	0	0	0	0	9	0	0	1	16	3		
不明	若年	20	2	2	0	0	19	47	0	0	0	0	0	0	1	2	0	6	0		
不明	壮年	31	1	8	0	0	47	93	1	1	0	0	1	0	0	0	1	7	3		
不明	熟年	9	0	3	0	0	2	10	0	0	0	0	0	1	0	0	2	3	2		
♂	総数	76	13	12	6	2	81	289	2	3	1	3	2	7	1	2	6	30	1		
♀	総数	71	1	5	1	0	40	99	0	0	0	0	0	31	63	1	1	22	3		
不明	総数	98	4	16	0	0	74	213	1	1	0	0	1	11	1	2	4	38	8		
総	計	245	18	33	9	2	195	601	3	4	1	3	3	49	65	5	11	90	12		

表10 島内地下式横穴墓群の性別・年齢別遺物統計（100数比率）

性別	資料数(n)	武器											非武器					
		短兵			長兵	遠距離用武器		防具		馬具		その他	装身具			農工具		その他
		刀	剣	蛇行剣	矛	骨鏃	鉄鏃	衝角付	短甲	轡・はみ	金具類		腕輪類	玉類	耳環	農工具	刀子	
♂	100	17	16	8	3	111	396	3	4	1	4	3	10	1	3	8	41	1
♀	100	1	7	1	0	56	139	0	0	0	0	0	44	89	1	1	31	4
不明	100	4	16	2	0	76	217	1	1	0	0	1	11	1	2	4	39	8

B 副葬品の中で普遍的に認められる遺物

　埋葬人体のうち副葬品を有するものは約3分の2で230体である。副葬品がある場合、すべての性別や年齢を通じて頻度が高いのは鏃（鉄鏃・骨鏃）と刀子である。これら鏃や刀子については幼・小児から老年まで認められるため、被葬者の個性や実用性をあらわすというよりは、儀礼的・象徴的な意味を有する副葬品であった可能性が高い。

C　副葬品そのものが存在しないもの

　　埋葬人体332体のうち102例と約3分の1がこれに該当する。性別が明らかなものをみれば男性14例に対し女性32例と女性比率、特に壮～熟年の女性や幼・小児の比率がやや高い。

　以上の状況から島内の副葬儀礼を単純化すれば、墓群に葬られた被葬者には副葬品あり（A・B）と副葬品なし（C）とに大別することができる。島内では副葬品ありが約3分の2、副葬品なしが約3分の1の人数であり、後者については壮～熟年の女性や幼・小児の割合がやや高い。副葬品がある場合、鏃や刀子といった基礎的な副葬品（B）が幼・小児から老年まで広い範囲にわたって普遍的に認められる。

　その一方、年齢や性差に偏った副葬（A）も確認でき、成～壮年の男子には刀剣や鏃といった武器を副葬する割合が高く、逆に貝製腕輪など装飾品については女性・乳幼児が多い。農工具は必ず武器と共伴しており男性との関連性が強い。さらに甲冑、蛇行剣、馬具・鏡などは副葬事例そのものが少なく、墓群の中でも有力者と考えられるような特定被葬者（男性）に副葬されている。また、殺傷人骨については300体のうちの7例（2.3％）、このうち壮～熟年男性が5例を占めているなど殺傷人骨も男性比率が高い。

　地下式横穴墓で女性への武器副葬や女性の初葬がみられることに関して北郷泰道は、南九州における女性兵士の存在を指摘しているが（北郷 1994）、副葬品の統計分析を行った結果では、武器や殺傷人骨は男性との関連が強いことが明らかである。南九州においては女性の武装もきわめて重要な問題点であるが、島内のあり方を総体的にみれば、武器に関する事柄については男性優位の社会であったことがうかがわれる。

　一方、幼・小児へも鉄鏃や刀子といった基礎的な副葬品が添えられているために、刀剣や鉄鏃が出土するといって被葬者が直ちに武人であると断言することはできない。しかしながら、副葬品はまったく没個性的な規範で副葬されているのではなく、特定の性別や年齢への偏りも指摘できるところである。そういった事実から判断すれば、島内地下式横穴墓群の武器副葬は普遍的・儀礼的な要素と個々人の社会性を表現する要素とが入り混じって、緩やかな社会の階層差を表象していると評価することができる。

ただし、先にみたように島内の墓制は通常の"古墳"とはやや異質な文化的原理が推定される。つまり副葬武器については個人所有の範囲を超えないような数量で集団墓に分散副葬されており、特定首長へ大量に武器を埋納する事例もある高塚古墳の葬送儀礼と比べれば、より実用的・個人的装備や、実際の武装集団のあり方を示している蓋然性が高いといえる。

本節の最後に、島内で特徴的な殺傷人骨について言及しておく。殺傷痕が残る古人骨は縄文時代で15例、弥生時代で47例、古墳時代に14例と弥生時代に多い。古墳時代のものは検出数そのものが少なく、これらわずかの事例からどこまで一般化できるかは疑問であるが、全国集成した結果では14例が報告されており（表11）、現状からは以下のような事実が指摘できる。

古墳時代の殺傷人骨の性別をみると、島内では壮～熟年の男性が大多数を占めるのに対し、島内以外の全国例では成人女性の割合も高い。また殺傷の方法としては、第1章でみたように、縄文～弥生時代には"背後からの殺傷"事例が多いのであるが、古墳時代では背後からの殺傷事例がほぼ皆無であるのが特徴的で、鈍器による頭蓋の陥没事例が多いことが注意を引く。宮崎県常心原地下式横穴人骨の頭蓋の陥没骨折について竹中正巳は「丸い石のような物や比較的鈍な突起物が直的したために起こったのであろう。傷害物としては、石、石器や金槌などが候補として挙げられる」（竹中ほか 2007）としているが、古墳時代の武器組成として、槌や斧など、かかる殺傷に特化した武器は知られていないため、何らかの突発的な暴力であった可能性も考慮しなければならない。

いずれにせよ、古墳時代の殺傷人骨そのものが全国的に希少であるため、今後の事例増加を待って詳細に検討しなければならないが、そのような中にあっても、島内地下式横穴墓群は全国的に殺傷人骨の出土例が非常に多いという暴力的な特徴だけは確認しておきたい。

第3節　島内地下式横穴墓群における共同体の復元

島内地下式横穴墓群の分布や構造を検討した結果、島内には5世紀前葉～6世紀を中心とした時期に130基ほどの地下式横穴墓群と300人ほどの被葬者を確認することができた。これら被葬者たちは具体的にどのような社会集団を営

表 11　古墳時代の殺傷人骨一覧

所在県	遺跡名	時期	性別	年齢	殺傷概要	参考文献
新潟県	ケラマキ 3 号	後期	♂	壮年	頭蓋、上腕骨、左脛骨に鋭利な刀傷	小片 1981
静岡県	宗光寺横穴	後期	♀	壮年	鈍器による頭部穿孔	鈴木 1975
徳島県	犬山天神山	中期	♀	熟年	頭部右側には刃物傷	徳島県埋文センター 2012
鳥取県	(箱式石棺出土人骨)		♀	壮年	鈍器による頭蓋への損傷	小片 1961
島根県	沢平横穴	後期	♀	壮年	左上腕骨外側面に鋭利な傷跡	井上晃・井上貴央ほか 1991
福岡県	井手ノ上	中期	♂	熟年	左股関節 (大腿骨、脛骨) に外傷性疾患	津矢崎町教育委員会 1991
宮崎県	常心原地下式横穴墓	後期	♂	熟年	鈍器による頭部に陥没骨折	竹中・東ほか 2007
宮崎県	島内 23 号	中期	不明	壮年	折損した鉄剣あり、殺傷物か？	えびの市教育委員会 2001
宮崎県	島内 29 号	中期	♂	熟年	左前腕骨折	えびの市教育委員会 2001
宮崎県	島内 87 号	中期	♂	熟年	骨盤下から破折した骨鏃	えびの市教育委員会 2001
宮崎県	島内 89 号	中期	♂	熟年	前頭骨に陥没骨折	えびの市教育委員会 2001
宮崎県	島内 99 号	中期	♂	壮年	頭蓋、鎖骨、寛骨、肩甲骨、肋骨、脛骨、腓骨等に 9 カ所の斬・切・刺創	えびの市教育委員会 2001
宮崎県	島内 104 号	中期	♀	熟年	右頭頂骨に刺創	えびの市教育委員会 2001
宮崎県	島内 126 号	中期	♂	壮年	前頭骨に陥没骨折	えびの市教育委員会 2001

んでいたのであろうか。

　島内に葬られた人びとの確実な居住域は不明であるが、島内の 2 km 北に宮崎県内小野遺跡、2 km 北東に宮崎県妙見遺跡、宮崎県古屋敷遺跡、3.5 km 西に宮崎県天神免遺跡、岡松遺跡など、同時代の集落跡が所在している。本節ではこれら同時代集落を検討することで、島内地下式横穴墓群を築いた人びとの社会的構造、すなわち共同体の具体像を考えたい。

　まずは島内周辺の歴史的な人口の推移や規模を確認しておこう。島内地下式横穴墓群が所在する地域は旧国名では日向国諸県郡馬関田郷真幸に該当する。真幸は『延喜式』に記載もある真斫駅から転じた地名とされ、地形的には九州

山地と霧島山地に挟まれた加久藤盆地の西部に位置する。また川内川の上流地域で、同川の堆積作用によってもたらされた土壌は大変肥沃である。雅楽で伝えられている諸県舞は、戦闘に敗れ服従するという内容を舞うものであるが、諸県はこのようなヤマト政権との関係性を象徴的に示す歌舞が伝承されてきた地域でもある。

　近世の島内村（島中村）は薩摩藩直轄領で、江戸期の村高は777〜1,162石程度、1891（明治24）年の記録では東西4町、南北10町、戸数91、人口391人（男性201、女性190人）とあり、島内を含む昌明寺、岡松、向江、浦など10カ村が合併した真幸村の同年の総人口は3,395人であった（角川日本地名大辞典編纂委員会編　1986）。

　1920（大正9）年における国勢調査結果では宮崎県の総人口が651,097人、近世以前の人口は不明とせざるを得ないが、澤田悟一は奈良時代（8世紀）における日向国の人口を学術的に45,750人と推計しているので（澤田　1927）、古代における宮崎の人口は大正時代の1割以下であったといえる。

　さらに遡る古墳時代の人口についても、大正時代の島内村（400人）や真幸村（3,000人）の1割以下と推定できるだろう。具体的な数値を示すのは躊躇するところであるが、概ね40〜300人程度から大きく逸脱することはないと考えておきたい。もちろん、近世の村落領域と古墳時代のそれとは同一視できないが、島内から2.5km南東には宮崎県灰塚地下式横穴墓群が、同じく南西4kmには鹿児島県鶴丸・馬場地下式横穴墓群が、南東5kmには宮崎県小木原地下式横穴墓群（久見迫・馬頭・蕨地下式横穴墓）が、7km東には宮崎県広畑（芋畑）地下式横穴墓群が所在するなど、近接して同時代の地下式横穴墓群が存在しているため、島内の被葬者集団の生活領域も、2〜3km圏の狭い範囲内におさまると推察される。

　島内地下式横穴墓群の墓域は、地下レーザー調査の結果などから南北650m、東西350〜400mとされているが、この台地北側は砂利採取によって遺構が失われており、さらに過去に消失した地下式横穴墓も考慮すると現在の2倍以上の地下式横穴墓がこの地域に存在したと考えて大過ない。島内に存在した地下式横穴墓を約300基とし、1基あたり3人の埋葬とすれば、島内に埋葬された総数は約1,000人にのぼる。これが5〜6世紀にわたって葬られ、3〜4世代の

共同体成員が葬られた総数だとすると、1世代あたり約250～300人の被葬者が島内に埋葬された計算になる。

以上の数値は不可知の部分を推計したものであり、数値そのものに拘泥するつもりはないが、先に島内における共同体人口を40～300人と想定したために、少なくとも、この共同体成員の大部分が地下式横穴墓に葬られたことだけは確実であろう。事実として島内では乳幼児から老年までの幅広い層の男女が埋葬されており、墓を通じて一つの共同体の様相をかなりダイレクトに表現している蓋然性が高いことは重要である。

次に、この集団をもう少し具象化するため島内周辺における同時代の集落をみてみたい。島内と同時代の集落である内小野遺跡、妙見遺跡、古屋敷遺跡、天神免遺跡・岡松遺跡はいずれも川内川の河岸段丘上や緩斜面をなす丘陵端部などに立地している。

天神免遺跡・岡松遺跡では集落内に5～6世紀の地下式横穴墓が検出されており、これら集落の人びとも地下式横穴墓を築く墓制文化であったこと、また集落内で検出される地下式横穴墓はすべて小型の小児用が推定されるため、成人男女の大部分は集落外の地下式横穴墓に埋葬されたと判断できる。

天神免遺跡74号住居から出土した高坏の内面から錫が検出され、錫を用いた生産活動が推定されるところであるが、島内115号地下式横穴墓からも錫製の耳環1対（2点）、同123号地下式横穴墓からも1対（2点）がそれぞれ出土しており、錫の生産と副葬とを通じても島内とその周辺集落との関連性が指摘されている。

発掘調査が実施されたこれらの遺跡のうち、以下では比較的大規模に調査された天神免遺跡と岡松遺跡を中心として当該期における集落の具体像を把握し、集落内の生産活動、武器保有などに言及してみたい。

天神免遺跡と岡松遺跡では弥生時代後期～古墳時代にかけての竪穴住居230軒と集落内の乳幼児～小児用地下式横穴墓28基などが検出されているが、このうち、島内地下式横穴墓群の中心時期である5世紀後半から6世紀前半に時期比定されている住居に限定すれば天神免遺跡SA17、SA20など十数棟を挙げることができる。

住居規模は天神免遺跡SA72が4×4ｍの方形、SA12が4.4×4.1ｍの略円

形など、概ね4～5ｍ内外のものが多く、住居規模からは若干の目的差・階層差が想定されるものの、全体的には等質的な住居群の集合として集落が構成されており、社会的に突出した階層の居住区画や倉庫群などは検出されていない。

集落の出土土器は、たとえば内小野遺跡では数万点の土師器に対し、報告された須恵器片は38点など土師器が大半であり須恵器片は若干量である。島内地下式横穴墓群において須恵器の出土がほぼ皆無であることと同じ傾向にあるといえるだろう。

土器以外の遺物としては、住居跡から鉄滓、鉄床石、高坏転用の羽口、坩堝、砥石など、鍛冶関係の遺物が多数出土したことが特徴的である。高い確率で、おそらく集落全体の竪穴住居の1割程度では軽作業や小鍛冶などの生産活動が行われていたと評価することができるだろう。天神免遺跡SA193（6世紀後半）からは焼成不良の土器一括が出土しており土器生産も行われていたと考えられる。

鍛冶遺構の存在を反映してか、天神免遺跡・岡本遺跡の住居跡からは鉄刀1、鉄製轡1、鉄鏃31、刀子18、鉄鎌4、鍬先2、鉇1、その他鉄器片8など、多数の鉄器が出土している（図20）。その種類としては武器類が多数を占め、農工具類が少ないという特徴が指摘できるが、こういった傾向は島内の副葬品組成と概ね一致している。反対に副葬品として存在するが、集落で出土していないものとしては甲冑、蛇行剣、骨鏃などが挙げられる。

橋本達也は島内地下式横穴墓群の副葬品目が武器と刀子に著しく偏り、特に農工具の出土が少ないことについて、島内に葬られた人びとの生業が山での狩猟採集などの比重が高く、農耕への依存度が低かったためと想定している（橋本達 2012a）。島内周辺における同時期の集落においても段丘上に立地し、住居跡から同傾向の鉄器が出土することから橋本が指摘した事実を首肯することができる。天神免遺跡の住居からは食用が可能な堅果類（ツブラジイ、オニグルミ）が検出されていることも、狩猟採集に重点を置いた生業の傍証になるだろう。また、島内69墓2号人骨の糞石からはアブラナ科、イネ科、アカザ科-ヒユ科の花粉が多く採取されており、これらの野菜類ないしは薬用植物の摂取が推定されている（金原・金原 1999）。

一方、集落全体の生産活動では、天神免、岡元、内小野、妙見のいずれの集

第8章 古墳時代における武装集団の事例的研究　*169*

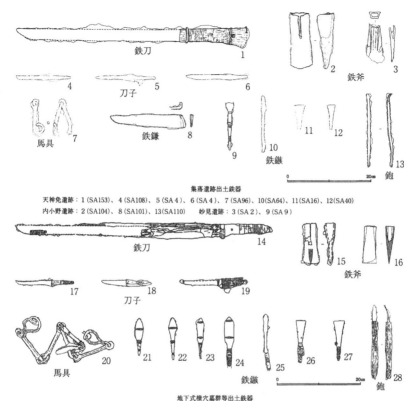

図20　島内周辺における地下式横穴墓出土の鉄器と集落出土鉄器

落跡においても鍛冶生産の痕跡が検出されており、地下式横穴墓への副葬品に多い鉄鏃や刀子、斧、鎌といった小型の鉄製品は集落内で生産することが可能な体制であったと推察できる。反面、甲冑や蛇行剣など、地下式横穴墓への副葬はあるものの、集落内からの出土が認められない複雑な鉄製品については外部から入手していたと考えなければならない。

　このうち古墳時代中期の甲冑については、基本的に短甲の押しつけ板に代表される大型の曲面加工部分などに高度な技術が用いられているため、古くより畿内の特定工房での製作が想定されている（小林謙 1974a・b）。塚本敏夫は島

内3号墓の三角板鋲留短甲に鋲頭が扁平な、かしめ鋲がみられ、先進の鍛造技術にもとづく型打鋲でないことから、在地の鍛冶工人による修理の可能性を指摘している（塚本 1993）。また吉村和昭は南九州で出土例の多い左前胴から後胴右脇まで一枚で作られている甲冑について、畿内や千葉の甲冑でも同様の癖が認められるとし、5世紀の南九州においては、修理を行ったとしても、在地における甲冑の製作はなかったと指摘している（吉村 2003）。

鉄鏃について橋本達也は、島内における圭頭鏃は九州南部で独自の発展をしている在地性のもの、長頸鏃は広域流域で入手したものとし、広域流通する長頸鏃が島内に副葬された現象について、中央政権から配布された可能性を指摘している（橋本達 2012a）。

蛇行剣をA〜Cの3タイプ2系譜に分類した北山峰生によれば、島内地下式横穴墓群出土の9点の蛇行剣のうち5点がAタイプ、3点がCタイプであり、島内の被葬者が2タイプの工人と接点を有していたと推定している。その上で北山は、蛇行剣は工人から直接に被葬者へもたらされたものではなく、特定の集団が各地の被葬者へ蛇行剣を配布するといった構図を想定している（北山峰 2003）。

以上、島内における共同体の特徴をまとめておこう。島内地下式横穴墓群の造墓集団（被葬者集団）としては複数の系統（出自や集落）から構成される集団と考えられる。生業としては農耕よりも狩猟採集に重点を置いており、若干の階層差が表れているといえるが、全体的には等質的な300人規模以下の共同体であったと評価することができる。

この集団はまた、小規模な鍛冶や骨鏃の使用など、独自の生産活動により武器の一部について自弁が可能であったが、一方、甲冑や蛇行剣など、複雑な武器についてはヤマト中央政権と直接・間接的な交流や配布を通じて入手していたと推察される。武器の多量さと並んで、殺傷痕跡が残る埋葬人骨の出土が全国的にみても多く、実際に何らかの暴力的な活動にも従事した集団であったと評価しておきたい。

第4節　南九州地域における地下式横穴墓群の位置づけ

　これまで島内地下式横穴墓群の具体的な武器副葬のあり方を検討してきたが、島内は"地下式横穴墓"という南九州で発達した地域的特色の強い墓の群集であり、副葬品目をみても貝輪や骨鏃・蛇行剣などかなり特色ある副葬状況が認められる。

　しかし一方では、甲冑をはじめとする豊富な武器類（鉄製品）を有するなど決して一地域でのみで完結した生産や流通では説明できない副葬品も有している。したがって、これを"辺境の一事例"として問題を矮小化することだけは避けなければならない。そこでもう少し視野を広げて、南九州地域における古墳時代中期の墓制や首長墓などの変遷を概観し、その中で島内地下式横穴墓群の位置づけを行いたい（図21）。

　南九州地域にみられる古墳時代の墓制としては地下式横穴墓の他にも前方後円墳、円墳・方墳があり、その他には地下式板石積石室墓、立石土壙墓、石棺墓、土壙墓、横穴墓などが存在する。これらさまざまな墓制が知られているが、古墳時代中期後半の南九州においては、以下のような3種類の墓制が営まれていたと整理することができる。

　　α　全国的、かつ政治的な階層性が推定される前方後円墳・円墳
　　β　南九州独特な在地的要素の強い地下式横穴墓群、地下式板石積式石室
　　θ　伝統的かつ普遍的な箱式棺・土壙墓

すなわち、古墳時代の南九州地域の人びとは地下式横穴墓や箱式棺に葬られるという伝統的または地域的に独自なシステムを維持しつつ、しかしながら決して閉鎖的に孤立していたわけではなく、その上部構造として、汎日本列島的な前方後円墳や円墳という共通の墓制によって、全国的な社会体制の一部に組み込まれていたと考えられるのである。

　このうち、中期後半の南九州の古墳群、特に首長墓や盟主墳を中心として、前方後円墳と在地的な墓制との関連性からグルーピングを試みると、南九州においては以下の3つの類型が存在する。

　　Ⅰ　前方後円墳や円墳など、高塚墳のみで構成される古墳群

172

図21 南九州地域の主要な古墳群位置図

Ⅱ　前方後円墳や円墳などの高塚古墳と、地下式横穴墓などの在地的な墓制が共存する古墳群
Ⅲ　地下式横穴墓群など、在地的な墓のみで構成される古墳群

　Ⅰのようなグループとしては小丸川流域の宮崎県持田古墳群や川南古墳群、南方古墳群などの延岡地域が挙げられ、Ⅱのグループとしては宮崎県西都原古墳群や生目古墳群、下北方古墳群、六野原古墳群などにおいてさまざまなあり方がみられる。Ⅲのグループとしては本章で検討した島内地下式横穴墓群のように、基本的に前方後円墳や円墳が分布しない地域での地下式横穴墓群があり、島内以外の事例としては宮崎県小木原地下式横穴墓群や立切地下式横穴墓群など、前方後円墳が空白の山間地において群集している。

　このように、地下式横穴墓も南九州地方における古墳時代の墓制文化の一翼を担っていたのであるが、一方で地下式横穴墓は南九州東半にのみ分布する地域的・在地的な要素の強い墳墓であることは否定しがたい事実である。

　地下式横穴墓が前方後円墳や円墳といった高塚の古墳と共存するような場合では、鹿児島県岡崎古墳群で端的に認められるように、高塚古墳の周溝に付属（寄生）したり墳丘裾部に築かれる場合が多い。地下式横穴墓が周溝などに築かれた円墳は"地下式墓寄生型円墳"とも呼称され、古墳群の中では高塚古墳に従属する形態を示している。

　むしろ、島内を含めた大部分の地下式横穴墓はこれまで前方後円墳や円墳が分布しない山間部において数百を超えて群集する場合があり、集落内にも小型の地下式横穴墓を築く事例が顕著であるため、南九州の在地的な中間層の人びとによって営まれていた、家族墓的な性格を濃厚に有した墓制であったと評価することができる。

　彼らは、前方後円墳体制（都出 1991）や前方後円墳国家（広瀬 2007）として表出される当時の日本列島内の政治的・社会的な階層構造においては、近畿地域を中心域とする古墳文化の西端、文化的には外縁や周縁に位置する人びとであり前方後円墳に象徴される組織体制、つまりヤマト政権の下においては、政治的に劣位な存在であったと評価しておきたい。

　このような社会階層的に劣位にある地下式横穴墓群の被葬者は、しかしながら一方では中央で製作・配布したと考えられるような豊富な武器を有しており、

場合によっては高塚古墳よりも豪華な武器類などを副葬している事例がある。政治的には劣位な文化的周縁に位置する集団が、なぜ優秀な武器や武具を保有していたのであろうか。以下では南九州地域の首長墓系列という視点から島内地下式横穴墓群とその被葬者集団について考えてみよう。

南九州における古墳時代前期からの首長墓系譜をみると、前期には宮崎県生目古墳群、西都原古墳群、持田古墳群などの特定地域において70～100mを超える大型の前方後円墳が継続的に築造されている。南九州でも西日本の各地域と同じように、面的ではなく点的なネットワークの結びつきによる有力首長層を介してヤマト中央政権と結びつき、早くからその政治組織の一部に組み込まれていたと考えられる。

持田古墳群においては鏡・剣・玉類などが出土しており、前期の大古墳では西日本各地の副葬品目と共通した鏡・玉類・農工具などの特定威信財が副葬されたことは想像に難くない。そこには社会的に突出した威信財を有する個人を媒介とした権力的な構造が想定されるのである。しかしながらこのような古墳のあり方は汎日本列島的な現象であって、特に南九州における特殊事例ではない。

前期において累世的に築かれた前方後円墳は、南九州においては中期に至ると生目古墳群や持田古墳群においては首長系譜の断絶や古墳規模の著しい縮小がみられるようになる。また西都原古墳群では古墳群内で複数あった系譜が一本化され、女狭穂塚古墳・男狭穂塚古墳といった九州最大の古墳が築かれるが、それ以降は古墳の規模が縮小する。

反面では、前期古墳が希薄であった延岡地域において南方（天下）古墳群などが築かれるようになり、浄土寺山古墳のように蛇行剣や甲冑など豊富な武器類が副葬される中型古墳も現れる。生目古墳群や西都原古墳群において地下式横穴墓が盛行するようになるのも、こういった伝統的な首長墓系列としての古墳群が縮小傾向を示す時期であり、他方において島内などの諸県地域の山間部などでは、在地特有の地下式横穴墓を用いた群集墓が盛んに築かれ豊富な副葬品がみられるようになるのである。

これまでの検討において地下式横穴墓は南九州東部の在地色の強い墓であり、古墳序列の位置づけからは、前方後円墳や円墳といった高塚古墳に比べれ

ば政治的に劣位にあった人びとの墓制であったと評価した。しかし一方では島内の事例のように豊富な武器や武具を保有しており、決して孤立した在地集団という訳ではなかったといえる。島内で出土した銀象嵌龍文大刀は全国でも3例目、龍虎と日輪が象嵌された銀象嵌龍文大刀の類例としては奈良県新沢千塚327号墳の類例が挙げられる。かかる希少な製品を入手するにはヤマト中央政権との、直接的または間接的な交渉が明らかに不可欠である。

これら一連の現象をより広い視点から考察すれば、ヤマト政権は古墳時代中期における中央と地域との政治的な関係性において、これまでの伝統的な各地域の大首長層にかわり、より在地に密着した小集団との間に政治的関係を結び、結果として軍事の象徴たる武器や武具が在地の小集団へ配布された結果であると評価することができるだろう。

註
(1) 板材閉塞については類例が少ないため石材閉塞に含めて分類する。
(2) 島内地下式横穴墓群の人骨数、出土遺物数については、宮崎県（1993）『宮崎県史 資料編 考古2』、えびの市教育委員会（2001）『島内地下式横穴墓群』、えびの市教育委員会（2010）『島内地下式横穴墓群Ⅱ』、えびの市教育委員会（2009）『島内地下式横穴墓Ⅲ』、えびの市教育委員会（2012）『島内地下式横穴墓群Ⅳ』からカウントと統計を行った。

第9章　古墳時代中期社会の構造的把握

第1節　古墳時代中期に関する研究史

　古墳時代の時期区分に関しては、大正年間には喜田貞吉が古墳の編年を前・後の2期に分けその解釈をめぐって高橋健自と論争を行っている（喜田 1914）。その後、前方後円墳の変遷については後藤守一が3様式に分け（後藤 1935）、浜田耕作がⅠ（最古期）～Ⅳ（後期）の4区分（浜田 1936）とするなど、いくつかの学説が発表されてきた。

　このうち単なる古墳の変遷に留まらず、古墳時代の文化そのものを前期・中期・後期の3時期に区分することは後藤守一の見解に始まるが、その中でも、特に古墳時代中期の文化に注目したのは小林行雄である。小林は後藤の文化相としての3時期区分法を受け継ぎつつ、近畿地方と関東地方の、または近畿地方と九州地方との文化の伝播問題を論じ、古墳時代中期を5世紀代に比定した（小林行 1950）。この研究により中期の古墳文化については独立した地位が与えられることになるのである。

　一方、群集墳の成立を重視する近藤義郎は古墳時代を前・後の2時期に区分することを主張し（近藤義 1956）、この考えを受けて、大塚初重は前・後の2大区分、うち前期を4区分、後期を3区分の8期に分けて体系的な古墳時代の変遷を論じた（大塚 1966）。

　ここにおいて、古墳時代における時期区分の学説は大きく前期・中期・後期の3時期に区分する方法と、前期・後期の2時期に区分する方法が並び立つようになる。その後、埴輪編年や須恵器編年の整備が進み、古墳時代の年代観も細分化が進行し11小期に区分した和田晴吾案（和田晴 1987）や10小期に区分

した広瀬和雄案（広瀬 1991）などが発表されていく。また、川西宏幸は古墳時代の政治史を検討する過程で中期畿内政権論を提唱し、古墳時代中期の政治構造として、前期とも後期とも相違する政治上の結合体の存在を想定した（川西 1988）。

現象的には、古墳時代前期の大王墓の中心地域が奈良盆地であったのに対し、古墳時代中期に至ると、河内・和泉地域においてより巨大な古墳群が形成されるようになる。このことは文献史学の王朝交代説（水野祐 1954）や河内王朝説（上田 1967、岡田 1977）などと議論が合致する部分もあり、中期ヤマト政権の政治的な解明は古墳時代における政治史研究の一つの論点となり、さまざまな検討が加えられている。

川西宏幸が多方面から検討しているとおり、古墳時代中期はそれ独自の文化や政治体制が想定できるのであるが、近年において橋本達也は甲冑を素材として古墳時代中期の独自性を強く主張している。それによれば、古墳時代中期の政治や社会構造を最も表出している考古資料は古市・百舌鳥古墳群の成立と武装具様式の変革であって、古墳時代中期とは近畿中央部の政権が朝鮮半島諸国との対外交渉・軍事権を代表し、直接的に半島情勢に関与し、それを契機として南九州から南東北に至る広範な地域との新たな政治秩序の構築、階層的序列化によって強力な中央政権が形成される時代であるとした。そして中期の終焉を、橋本は帯金式甲冑の製作中止および配布関係の途絶によって画されるとしている（橋本達 2005・2010）。

橋本の見解を参考に、本書で取り扱う武器や軍事組織との関係で述べるならば、古墳時代中期とは帯金式短甲が成立し武器の副葬量が急増するなど、学史上で繰り返し指摘されているように武器の大量生産が実現化する。一方、本書で多方面から検討したように、副葬に際しての武器の実用的な取り扱いという社会的背景を指摘でき、地方においても武器を副葬する小古墳が広範に現れるなど、軍事力や軍事組織において著しい拡充がおきたことが想定されるところである。

このように軍事的な側面においても、古墳時代中期は前期とも後期とも異なる独自の政治・社会体制が存在したと想定することができる。そこで本書では前・中・後期の3時期区分を採用し、特に武器副葬が最も発達しその実用的な

取り扱いが行われている社会的な背景から、副葬武器が実際の軍事組織を反映している可能性が最も高い古墳時代中期に的を絞り、その構造的把握を試み軍事組織のあり方を考究していきたい。

第2節　古墳時代中期における近畿地方の古墳階層と武器副葬

1. 古墳の社会性について

古墳時代前期における古墳階層の頂点は大和盆地南東部が挙げられるが、古墳時代中期に至ると、このような墳丘規模や規模格差がより大きくなり、大阪府の古市古墳群や百舌鳥古墳群などにおいて日本列島最大規模の古墳群が成立する。

古墳時代中期において大規模な労働力が投下された古墳が存在するという事実は何を物語っているのだろうか。これまで何度も述べているように、古墳や古墳の副葬武器からは直接的に戦闘方法や軍事組織を検討することは不可能である。しかしながら、古墳時代中期という社会を構造的に把握するためには、まずもって古墳を抜きにしては考えることができない。そこで、古墳の意義と、その代表的な遺跡をみてみたい

古墳の「墳」の字は盛土をなす墓を意味しているため、古墳の即物的な理解は"土を高くもった高塚の古い時代の墓"の謂いとなる。しかしながら、この概念はあまりに即物的な理解にすぎないだろう、むしろ古墳そのものが文化のメルクマールとなる古墳時代や古墳文化といった社会的背景の下に築かれた墳墓こそが古墳であり、墳丘・埋葬施設・副葬品などの諸要素で構成された、かつ膨大な労働力を投下して特定の地域や時代に構築されたという背景を有する社会的な存在が古墳である。

古墳をこのような社会的存在として規定することが可能なのは、古墳時代と称される3～7世紀の日本列島において、多様性の中にも共通の要素としての画一性を保持した多数の古墳が長期にわたって築かれ続けたためにほかならない。そのような意味において古墳とは単なる墓ではないのであって、古墳を媒介として政治や社会を研究することは古墳時代研究の一つの主要な柱であるといえるだろう。

すでに大正年間に高橋健自は「百年前のでも千年前のでも古い墳墓ならば古墳といえる訳であるが」と断りながらも、しかし古墳とは「高く著しい墳丘を以て造営された上代の墳墓に対してのみ用ひられる」と時代性や形態を限定しており「古墳はその時代に於て築かれた重んずべき記念物」という評価を与えている（高橋健 1922）。また古墳は「権力を掌手に収めていた上流貴族にしてはじめて造りえたもの」（小林行 1951a）という認識から、古墳の発生は「ある特定の政治権力者の出現を物語るものにほかならない」（大塚 1974）という政治・社会的な歴史的事象として捉えられてきたのである。

こういった見解に対し西嶋定生は古墳をより政治的な存在として重視した。西嶋によれば前方後円墳が定型化して全国に広がるという事実は単なる文化の伝播では説明できないのであって、そこには身分制の表現など、全国的に共通した社会的な機能（政治的関係性、すなわち国家構造における身分的表現）が推定できるとする（西嶋 1961）。西嶋の研究は古墳を政治的な記念物とみなす点で非常に画期的な研究であったといえるだろう。

次いで近藤義郎は「考古学はもともと、その時代に特徴的で地域的には普遍的な考古資料に着目し、それを時代の標識」にするとし、古墳という独特な墓制を標識として古墳時代が設定されたこと、また「おしなべて古墳といっても、大小・優劣・貧富の差は歴然と形成されているのである。だから、この点に即していえば、古墳時代を階級および階層の差異が墓制に極端に反映した時代であると規定することができる。あるいはいいかえて、特定の葬送観念の下に人々がその社会的位置を極端に反映した時代であるとすることもできる」とし（近藤義 1966）、古墳を政治面に限らず葬送観念というイデオロギーをも含めた社会的側面から重視している。

白石太一郎も「古墳とは本来死者を埋葬することを目的として築造された墓であり、その意味ではすぐれてイデオロギー的な築造物である」としながら「またそれと同時に古墳がきわめて社会的・政治的性格の強い構築物であることをも認めなければならない」「墳墓の造営が、それ自体、社会的・政治的に、とりわけ政治的にも大きな意味をもっていたのが「古墳時代」であるといえよう」と説明し（白石太 1969）、都出比呂志は古墳時代を国家段階と位置づけ、「この社会関係を考古学的に象徴するものは前方後円墳を頂点とする政治秩序の形成

である」として「墳丘の形態によって首長の系譜や格式を表現し、またその規模によって実力を示すという二重原理による身分表示のシステムがここに成立したのだといえよう」と古墳の存在を政治的な面からより総合的に分析した（都出 1991）。

近年の、21世紀での古墳論をみてみても古墳のもつ政治性や社会性、イデオロギー性はとみに重視されている。土生田純之は「古墳とは共同体の規範から首長（王）が自由となって権威を確立しつつあるとき、こうした段階にあった広域の諸首長が連合して共通の王者にふさわしい墓制を創出したが、この墓制の規範下にある墓のこと」とし、時代によって形態などの変化はみられるが、古墳の「政治的・精神的象徴物であることに大きな変化はなかった」としている（土生田 2003）。また広瀬和雄は古墳の代表たる前方後円墳について「中央―地方の契機をもって、祭祀と政治を媒介的に表出した墓制」であり「画一性と階層性を見せる墳墓」といった定義を与えている（広瀬 2007）。

これらの研究史から明らかなように古墳は単なる墓ではなく、古墳の研究を媒介として往時の社会階層や構造を検討することは古墳研究者の共通認識であるといっても過言ではない。したがって古墳や古墳の副葬武器から直接的に戦闘方法や軍事組織の検討が不可能であっても、古墳の社会的な存在から、当時の政治・社会構造を把握することは可能としなければならない。

以下では、古墳時代中期における社会の構造的な把握のために、当時の政治的な中心部であると想定される大阪府古市古墳群の階層的な構造について最初にみておきたい。

2．古市古墳群の階層構造について

古市古墳群は大阪府の東南部に位置する羽曳野市・藤井寺市を中心に広がる大古墳群で、東西約3km、南北4kmの範囲内に126基（現存する墳丘を有する古墳は44基）の古墳で構成されている。

古市古墳群の126基のうちには誉田御廟山古墳（前円：425）をはじめ、仲津山古墳（前円：290m）、岡ミサンザイ古墳（前円：242m）など200mを超える大型前方後円墳を6基含み、154mの野中宮山古墳から、18mの軽里4号墳（前円：18m）まで、構成される前方後円墳の規模は非常に幅が広い。また墳形も

多様で大小の円・方墳や、土師の里遺跡群では埴輪棺や土壙墓なども多数検出されている。こういった多様な墳形や規模の大小からは、大王墓から中・小首長までの社会的な階層差を如実に表現する古墳構造であるといえるだろう。

古市古墳群は古墳時代中期を中心に造営され続けているが、天野末喜は古市古墳群を古市Ⅰ期から古市Ⅸ期までに編年し、津堂城山古墳などで代表される古市Ⅰ期を370年頃、高屋城山古墳や白髪山古墳に代表される古市Ⅸ期を530年前後としている。古市古墳群の築造年数は実数として概ね160年間前後であって、大規模な首長墓が9世代程度で変遷していたといえるだろう（天野2017）。このうち、古墳時代中期中葉の集成6期、天野編年の古市Ⅲ期（410年前後）頃の古市古墳群においては、誉田御廟山（伝応神陵）古墳（前円：425m）＞墓山古墳（前円：225m）＞はざみ山古墳（前円：103m）＞青山1号墳（73m）＞小規模な前方後円墳や中小の方・円墳＞土師の里遺跡群でみられるような埴輪棺群などといった、少なくとも5～6層以上の階層的な関係性を把握することが可能であり、かつ大規模な古墳にはいくつかの陪塚的な小古墳が付属して存在している。

このような複雑な階層差の中でも、局地的な支群に限定していけばもう少し単純化した階層関係を認めることも不可能ではないが、むしろ古市古墳群の大きな特徴としてはそういった各支群よりなる古墳群の上に、200mを超えるような大規模で隔絶した古墳がみられ、さらにそういった大規模古墳にはそれぞれ陪塚が付属するといった上部階層の複雑さにこそ求められる。そのことは当時の社会構造における上部組織としての政治的機関の存在をうかがわせるものである。

大古墳に付属する陪塚については、武器を集積した大阪府七観古墳や、鉄製農工具を集積した大阪府西墓山古墳西列、鉄鋌を集積した奈良県大和6号墳、滑石製模造品を集積した大阪府カトンボ山古墳など、器種分化にもとづく大量埋納が明瞭なものが多い。

陪塚は全国で93基が確認されており、その大部分が古墳時代中期の古市・百舌鳥古墳群に集中している（藤田和 2011）。陪塚を主墳の従者に見立てる見解は古くからあり、これをもって古墳時代における原初的官僚の姿を想定する研究者もいる（西川 1961、藤田和 2006、中久保 2014）。

ただし、陪塚の人体埋納の有無に関しては議論の分かれるところでもあるため、その被葬者像を描くのは容易でない。しかしながら、具体的な個人を想定するかどうかはともかくとしても、少なくとも古墳時代中期の近畿地方においては、特定の職種や生産に携わった階層毎の政治的組織機構の整備が図られていたことだけは間違いないだろう。

第3節　古墳時代中期の鉄器生産について

1．古墳時代中期における鉄器生産について

　武器の大量埋納で確認できるように、古墳時代は多量の武器・武具が生産・消費された時代であった。これらの武器がすべて戦闘に用いられたとは断言できないが、武器とは本義的には戦闘のための道具である。古墳時代中期という社会は、数ある威信具の中でも特に武器が選択され生産・副葬された社会であった事実は認めなければならない。

　また武器を必要とする軍事組織が存続するためには、鉄器の生産や補充は欠かすことができない重要な要素である。このことから武器や武具の生産量や保有数とは、その社会や集団の武装度や潜在的な戦力と非常に深く関わっているともいえる。では、古墳時代中期における大量の鉄器はどのように生産・集積されたのであろうか。本章では次に、鉄器生産のあり方について検討を試みたい。

　鉄器の生産遺跡の分類については坂靖や花田勝広の先行研究がある（坂1998a、花田 1999）。以下ではこれらを参照として、古墳時代中期の鉄器生産をA集中専業型、B居館隣接型、C集落付属型の3つに整理したい。なお、先に述べたように、鉄器の生産は製鉄（smelting）工程、精錬（refining）工程、鍛冶（smithing）工程などのいくつかの工程があるため、必要に応じて生産の内容について注記する。

(1) 集中専業型

　Aの集中専業型としては大阪府大県遺跡・大県南遺跡、大阪府綾南北遺跡、大阪府太平寺遺跡などが挙げられる。いずれも部分的な調査であるが、大県遺跡は河内地域の、太平寺遺跡は和泉地域の、現在知られている最大規模の鍛冶

遺構・遺物の出土遺跡であり、太平寺遺跡は百舌鳥古墳群に、大県遺跡は古市古墳群に近接している。

河内地方の生駒山地南麓に位置する大県遺跡・大県南遺跡における鍛冶遺構の時期は5～8世紀まで及んでいる。この遺跡の特徴としては器壁が2～3 cmの大型専用羽口を用い高坏転用羽口は皆無であること、大量の鉄滓と鍛冶炉、炭窯、石敷などの鍛冶関係遺構が確認されていること、韓式系の土器が出土しており渡来人との関係性が考えられること、製塩土器も多数出土していることなどが挙げられる（古代を考える会 1991）。

下水道建設に伴うトレンチ調査が多いため遺跡の全容は不明瞭であるが、少なくとも1,500 m^{2}の調査面積で390 kgの鉄滓、900を超える羽口という多数の鍛冶関連遺物が出土している（北野重 1991）。1 m^{2}あたりの平均値に換算すれば、鉄滓量は0.26 kg、羽口は0.6個分が出土していることになる。大県遺跡は東西250 m、南北300 mに及ぶため、遺跡全体（59,000 m^2）では鉄滓15 t、羽口35,000個という膨大な鍛冶関連遺物が埋没している推計となるだろう。

出土鉄滓の金属学的分析を行った大澤正己によると、大県遺跡の鉄滓は鉱石系を素材としたウスタイトなどの全鉄分が65.8%と高い鍛冶滓であるとしており（大澤 1991）、一方で出土する大型の椀形滓などについては精錬工程で多くみられるという指摘もあり（古瀬 1991）、実際はどのような鍛冶が行われたのかは研究者の間でも意見の一致をみない。

鍛冶の操業は5世紀代に遡るが時期的には6世紀代のものが多い。6世紀後半～7世紀にかけては大阪府田辺遺跡でも1,000 m^{2}の調査面積から鉄滓500 kg、羽口421個という大県遺跡に匹敵する量の遺物が検出されており、北河内の大阪府森遺跡でも、5世紀後半～7世紀にわたる多数の鉄滓と鞴羽口、鍛冶関連遺構が検出されている。これらの遺跡のあり方から、河内地域における鍛冶の操業は5世紀より専業化が開始し、6世紀にはより集約・大規模化し、大量な鉄製品の供給が可能になっていく状況がうかがわれる。

和泉地域の百舌鳥古墳群近隣には大阪府綾南北遺跡、大阪府東上野芝遺跡、大阪府土師遺跡、大阪府太平寺遺跡などの5世紀代の鍛冶関連遺跡が存在している。これらの中では太平寺遺跡において古墳時代中期の大量の鉄滓、鞴羽口が出土しており、和泉地域において最も規模が大きい鍛冶遺跡であったと考え

られる。

綾南北遺跡、東上野芝遺跡、土師遺跡はともに百舌鳥古墳群に隣接した位置に立地しており、綾南北遺跡からは鍛冶炉以外にも木製鞍、鞘、木刀、田舟、織物などの木製品や製塩土器、石製刀子といった、多様な生産関係遺物が出土しているため、鉄器やその他の手工業生産が一体となった大規模な専業的生産遺跡である可能性が高い（花田 1989）。

(2) 居館隣接型

居館に隣接する鍛冶遺跡の鉄器生産と豪族居館との関係性については、群馬県三ツ寺Ⅰ遺跡において居館内部での鍛冶作業が報告されており、関東地方を中心にその関係性に注目が集まっている（橋本博 2008、内山 2012）。

近畿地方では豪族居館そのものの様相が不明瞭であったが、調査事例の増加や遺跡の再評価を通じて1998年には23例の豪族居館が指摘されるに至り（坂 1998b）、豪族居館と類似した大型倉庫群にも学界の注目が集まった（積山 1990）。また奈良県南郷遺跡群で大規模な発掘調査が進展することで、坂靖を中心として豪族居館に関連した遺跡群の総合的な研究も進み（坂 2009）、豪族居館と鉄器生産についての検討材料も豊富になりつつある。

近年では豪族居館の代表たる三ツ寺Ⅰ遺跡について、いわゆる"居館"であったのかに異論を唱える研究もあるが、少なくともこれら遺跡が古墳時代の階層的上位に位置する人びとの政治的・祭祀的な拠点であったことは疑いないであろう（坂 2013）。こういった拠点施設に隣接する鉄器生産のあり方を類型B（居館隣接型）としてみていく。

奈良県南郷遺跡群は5世紀前半から6世紀を主とする大遺跡群で、遺跡範囲は南北1.4 km、東西1.7 kmに及ぶ。遺跡地内は一般的な竪穴住居からなる居住地域（下茶屋カマ田遺跡ほか）、大壁建物や石垣を伴う掘立柱建物などからなる中間層住居域（南郷安田遺跡）、鉄器生産をはじめとした各種工房群（南郷角田遺跡）、導水施設などの祭祀空間（南郷大東遺跡）など、いくつかのブロック的な区分が認められる。

南郷遺跡群内においては各種の手工業生産が盛んに行われているが、鉄製品については一般住居の内外から鞴羽口や鉄滓などの鍛冶関係遺物が広範囲にわたって出土しており、日常的に鍛冶活動が行われていた様子がうかがわれる。

鍛冶関係の遺物総量としては鉄滓32kg、鞴羽口61個に及び、鉄器以外では銅や銀、玉・ガラス製品の製作も行われていることが明らかとされている。南郷角田遺跡では鉄・銅・銀・ガラス・鹿角・滑石などを含む焼土が広がり、土坑（SK10）から小札片が出土しているなど、甲冑・刀剣などの武器も製作していた可能性が高い。

その他の居館隣接型鉄器生産遺跡としては、奈良県布留遺跡が挙げられる（山内 2008）。布留遺跡では、三島（中里）地区の流路跡から木製・鹿角製の木製刀剣装具が多数出土しており製作工程を示す遺物も存在する。遺構は未検出であるが付近で5〜6世紀頃に武器工房が存在したことは明らかであろう。柚之内（アゼクラ）地区では、中期の掘立柱建物2棟以上と石葺の護岸がみつかっており、居館の一部と推定される。また、奈良県名柄遺跡においても居館と手工業生産との関係をうかがわせるものが出土している（藤田和 1991）

このように居館隣接型の遺跡においては、政治的拠点（首長居館・大型住居）、鉄器工房群、竪穴住居群、祭祀地点、渡来系の人びとの存在など、さまざまな様相が包括された総合的で大規模な遺跡が形成されていたと評価できるのである。

(3) 集落付属型

Cの集落付属型の鉄器生産は主として鍛冶生産（smithing）に伴うもので、大阪府長原遺跡、大阪府亀川遺跡、大阪府私部南遺跡などが挙げられる。

大阪府長原遺跡の古墳時代集落では、大壁建物といった住居跡や馬の埋葬といった習俗の他に、初期須恵器、軟質土器、陶質土器などが多量に出土しており渡来人が形成した集落であった可能性がきわめて高い。このうち、古墳時代中期の鍛冶工房はNG02-8区で検出されたコの字形の溝に囲まれたSB005・006であって、この周辺からは台石や鉄滓が出土している。鉄滓について金属学的分析を行った大澤正己は、NG95-36出土の鉄滓を高温沸した鍛接滓、NG02-8区出土の鉄滓を低温滓と報告し、長原遺跡の鉄滓を鍛練鍛冶滓と評価している（大澤 2005）。

大阪府私部南遺跡では古墳時代後期の集落から鞴の羽口や鉄滓、鍛冶炉などが検出されており、集落内の各平坦面で小規模な工房が展開していた遺跡と考えられている。一方で、集落内からは初期須恵器や韓式系土器などが出土して

いることから渡来人との関わりも指摘されているところである。大阪府亀川遺跡でも椀形滓や鉄滓、棒状の鉄製品、板状鉄製品などが出土しており、集落内において鉄器製作の鍛冶が行われていたことが推定されている。出土した鉄製品は祭祀遺構と考えられる落ち込みや土坑から出土しているが、鎌、鍬、鋤などの農具や錐、刀子などの工具、鏃などの狩猟具・武器といった小型の実用的な工具類や武器類が主である。

　この他、大阪府神並遺跡、大阪府深田遺跡、大阪府友井東遺跡などにおいて、鉄滓や鞴羽口が出土する遺跡がいくつか存在し小鍛冶が行われていた可能性が指摘されているなど（花田 1999、坂 1998a）、近畿地方においては小規模な鉄器生産程度は広範囲に行われていた状況がうかがわれる。

　以上、鉄器の生産遺跡を A 集中専業型、B 居館隣接型、C 集落付属型の３つに類型化した。このうち、A 集中専業型は他の鍛冶遺構と比較すると、専門的な大型羽口の存在や大量の椀型滓などの出土から精錬（refining）工程が行われていたと考えられ、花田勝弘が検討したように王権傘下の中核工房として評価することができる（花田 1989）

　B 居館隣接型は、南郷遺跡群における木工・玉生産、ガラス製品の製作から判断して有力豪族層が組織してさまざまな物資の生産を行ったものであり（坂 2009）、鉄器生産としては製品を製作する鍛冶（smithing）工程が主であったと考えられる。また C 集落付属型は、実用的な小型の道具類を製作（鍛冶生産：smithing）した集落鍛冶と想定することができるだろう。

　このように鉄器製作の３類型については、遺跡の性格（鉄器の製作工程）に相違点が認められるが、類型の差異を超えて渡来人との関連が濃厚である事例が多い点が共通している。ここでいう渡来系要素とは大壁住居といった直接的な生活痕跡の他に、韓式系土器や初期須恵器などの物的な根拠が多いことを意味しているのであるが、古墳時代中期の手工業生産が渡来系技術によって革新されたという見解は古くより指摘されているところでもあり、多言を必要としないだろう（藤間 1962、白石太 1990）。

　短甲など武器の製作技術についても渡来工人による新技術導入が説かれており（北野耕 1963）、鍛冶技術そのものも渡来系技術の関与が指摘されているなど（亀田 2000、真壁 2003）、古墳時代中期における武器製作や鉄器生産は渡来

人との深い関係性をうかがうことができる。"渡来系の要素"という抽象化した表現を用いたが、亀田修一が指摘しているように技術・文化の伝播には必ずや"人"が介在しているのであって（亀田 2003）、当然そこには渡来人たちの人的関係も考慮しなければならない。中期における鉄器生産の3類型の差異を"人"レベルで考えると、その背景に鉄器生産工人の政治的な編成の相違が推定できる。

もう少し具体的に記述すれば、A集中専業型の鉄器生産は鉄製武器を大量に消費するといった、大古墳群の造営などに代表される"国家的"プロジェクト[(1)]のために設置された工房や鉄器の生産管理を、B居館隣接型は大首長クラスによって管理・運営された鉄器の生産工房の人びとを、C集落付属型は渡来系の人びとが関与した、小規模な集落内鉄器生産が行われていたと評価することができる。そして、集落付属型の鍛冶遺跡においても、長原遺跡で代表されるように渡来的な要素が非常に強く、集落付属型とはいえ、それは自然発生的な集落内の村方鍛冶ではなく王権の政治的政策にもとづく、渡来系の人びととの移住や配置といった政治性の高い集落[(2)]（計画村落）とその周辺において集落内の鍛冶生産が行われたと考えられる。

2．近畿地方中枢部における生産・軍事体制について

古墳時代中期の近畿地方においては、鉄器生産以外にも馬匹生産（大阪府蔀屋北遺跡）や陶器生産遺跡（大阪府陶邑窯跡）などに渡来系の人びととの存在を示す遺構や遺物が非常に多い。特に河内地域では柏原周辺（鉄器・武器生産）、四条畷周辺（馬匹生産）、和泉周辺（陶器生産）などで、渡来系の技術を中核とする集中的な生産体制が構築されており、これらは政権中枢部を取りまいて計画的に配置されたという指摘もある（菱田 2007）。

資料の豊富な窯業生産でみると、5世紀前半には福岡県隈・西小田窯跡群、岡山県奥ヶ谷窯跡、香川県三郎池西岸窯跡、大阪府楠（TG）231・232号窯などの初期須恵器窯が西日本各地において多元的で小規模な操業を開始する（酒井 2002）。そして、大阪府和泉市周辺の陶邑窯において須恵器が定型化し生産が大規模化するのは5世紀後半、TK208型式以降である。

このことから、古墳時代中期前半の渡来系技術集団は比較的に小規模で各地

域に分散していたかもしれないが、中期後半〜末以降では、ヤマト政権の政治的意図によって再編・強化されたと推察することができるだろう。百舌鳥・古市古墳群から出土する甲冑は全国で出土する短甲の5分の1をも占めるような厖大な量であるため（田中晋 2001b）、近畿地方中枢部において武器の生産体制が、工人集団の計画的・政治的な編成によって行われていたことは疑い得ないところである。[3]

日本古代における手工業生産の組織として"部（べ）"や"トモ"が広く知られている。現在の知見では「部」の初見は6世紀の島根県岡田山1号墳の「額田部」であって、部民制に先行する5世紀代では"人制"の存在が指摘されている（吉村 1993、鈴木正 2017）。

人制とは中央に出仕するトモを「〜人」として組織化する職務分掌の制度であるが、古墳時代中期におけるヤマト政権の手工業生産の政治的な再編や強化は、渡来系の人びとを中核とする専門性の職掌集団、後世にいう甲作・馬飼部・鍛冶部のような技術者集団が"職掌＋人"というような人制の形態で編成されていたのではないだろうか。稲荷山古墳出土鉄剣銘の「杖刀人」や江田船山古墳出土鉄刀銘の「典曹人」以外にも『記紀』には「鍛人」、「作盾者」、「作金者」、「守護人」、「御伴人」、「侍人」など、人制に関すると思われる名称がみられることには改めて注目しなければならない（平石 2015）。

人制は大陸（特に華北）を起源としてもたらされたと指摘されるが（田中史 2015）、古墳時代中期における渡来人の存在は「書者張安」（江田船山古墳出土鉄刀銘文）や、「穢人今州利」（隅田八幡宮人物画像鏡銘文）などの具体的な個人名からもうかがうことができる。

隅田八幡宮人物画像鏡銘文の釈読は多くの説があるものの、通説では「癸羊年八月日十、大王の年、男弟王、意紫沙加宮に在せし時、斯麻、長寿を念じ、開中費直穢人、今州利二人等を遣はし、白上同（銅）二百旱を取り、此竟（鏡）を作る」とされており、上田正昭は開中費直（河内直）と穢人の今州利が併記された背景として、河内王朝による渡来技術者集団の把握や河内氏族とのつながりを読み取っている（上田 1967）。また、『宋書倭国伝』に倭王讃の遣使として登場する司馬曹達の「司馬」は将軍府の僚属の一つ（職名）であることから、倭国（安東将軍府）の府官たる曹達という中国系の人士層やその子孫が倭王権

内に存在していたと想定されている（田中史 2015）。

　考古資料としての韓式系土器や渡来系遺物の多さ、文献史料にみる渡来系人物の活躍、人制といった社会組織の存在などを総合的に把握すると、古墳時代中期には渡来系の人物が王権に登用されるとともに、渡来系の技術者集団が専門的な職掌にもとづいて編成されていたといえるだろう。

　特に、軍事との関連性が深い武器製作や馬匹生産などが主として渡来系の技術や集団によって編成されていることから判断すると、中期後半の近畿地方中枢部（百舌鳥・古市古墳群被葬者集団）の膝下では、渡来系の集団を中核として新しい形態の武装集団が編成されていた蓋然性が高い[4]。そういった新しい武装集団は、旧来の諸豪族の連合といった軍事的な性質を断ち切り、王権の直属軍として整備されていたと評価したい。

第4節　古墳時代中期の武装集団

　古墳時代中期の地方における武装集団の具体例として、第8章で島内地下式横穴墓群を検討した。本節では、その他の代表的な甲冑が出土する中小古墳群を取り上げ、古墳時代中期における武装集団の具体像についての補強を試みたい。

1．奈良県後出古墳群

　後出古墳群は奈良県東部の宇陀市にある口宇陀盆地の小丘陵上に立地している。古墳群は22基であるが実際に調査されているものは16基、これら古墳の墳形自体は8～18ｍ規模の小円墳群で、墳丘の形態や埋葬施設構造の差異は少ないものの初期群集墳の中では特筆すべき多量の武器が出土している。

　遺物の出土状況は、たとえば後出2号墳（円：14ｍ）は5ｍの長い墓壙に割竹形木棺を安置しており、棺の内外より玉類90、短甲3、刀4、剣4、槍2、矛5、弓金具3、鉄鏃104、刀子3、鑿2、鉋3、鉄斧2、鉄鎌1などが出土している。

　後出古墳群は短期間の中で築造されているが、3号墳と7号墳がやや古く（古墳時代中期後半）、それ以外は中期末を中心に築造されたといえる。このうち最も規模の大きい古墳は直径18ｍの18号墳で最も小さいものは直径7ｍの17

号墳である。埋葬施設はいずれも割竹形木棺であるが、2体埋納がみられる3号墳と18号墳は古墳群内でも規模が大きく、副葬品量も2倍となる。

　時期的にやや古い3号墳と7号墳を除いたもので、比較的規模が大きくかつ丘陵頂点を占地して小グループの中心に位置づけられる古墳は1号墳、2号墳、16号墳、18号墳、20号墳である。中でも最も標高が高く平坦面が広い地点は3号墳や7号墳などで、後出古墳群の中でも中心的な古墳であったといえる。残りの16号墳、18号墳、20号墳は丘陵内のやや独立した高台に立地しているため、1〜3号墳と同等か、共同体内のやや劣位な指導者の墳墓であったと評価することができるであろう。

　これらの古墳の規模や副葬品、位置的なあり方から、後出古墳群における序列関係としては、古墳群内の各支群において有力な位置を占める1・2号墳、16号墳、18号墳、20号墳などを中心として、その周辺に数基の古墳群を配する3〜4グループの小集団が存在する構造が想定できる。各支群（小集団）の時期としては3・7号墳→1・2号墳という、概ね2世代の首長が存在するようであるが、古墳の規模などから判断して、小集団間の格差は比較的小さなものであったと考えられる。

2．滋賀県黒田長山古墳群

　黒田長山古墳群は滋賀県北部、長浜市の大箕山の支丘尾根上に立地する21基の群集墳で、出土土器からは古墳時代中期末（集成8期）の比較的短い時期に相次いで築かれている。

　盟主墳は4号墳で径17mの葺石を有する円墳である。主体部は2基あり、どちらにも短甲と刀剣・鉄鏃群などが副葬されていた。それ以外の古墳も墳丘規模が小さい円墳がほとんどで、埴輪や葺石など外部施設もなく主体部も木棺を1棺直葬するのみの、階層的な差異があまり認められない等質的な墳墓群である。ただし副葬品はほぼ鉄製武器で占められている点が特徴的で、被葬者集団の性格を表していると推定できる。

　より細かくみれば、甲冑を副葬している4号墳以外の円墳群は古墳構造や埋葬施設から基本的には等質的であるものの、副葬品に関しては鉄製武器があるもの（1号墳、2号墳、5号墳、7号墳、8号墳、9号墳、10号墳、13号墳、14号

墳）と、鉄製品が存在しないか若干の土器のみを副葬するもの（6号墳、11号墳、12号墳、16号墳、17号墳、18号墳、19号墳、20号墳、21号墳）との二者が認められ、かつ鉄製品の副葬品の中でも刀剣・鉄鏃・刀子などを含むものから、刀子のみ副葬するといったわずかな階層差を表している可能性が推定できる（図22）。

3．長野県飯田古墳群

飯田古墳群は長野県南部、伊那谷の段丘上に分布する古墳群で座光寺、上郷、松尾、竜丘、川路の各地区に分かれる。

このうち、上郷地区の溝口の塚古墳（前円：47m）では竪穴式石室内から鉄剣1、鉄刀3、鉄鏃64、鉄矛1、横矧板鋲留衝角付冑1、三角板鋲留短甲1、頸甲1、肩甲1、横矧板鋲留短甲1が出土するなど、飯田古墳群周辺では武器・武具の出土が非常に多く、伊那谷の非常に狭い範囲内で30以上の古墳から甲冑の出土が伝えられている（片山祐 2001）。

また、飯田古墳群のその他の特徴としては、馬具の出土や馬の埋葬など馬匹に関する遺構・遺物が顕著で、特に古墳時代中期中葉を境に爆発的に古墳造営が始まることからヤマト政権と結びついた馬匹生産や東国舎人騎兵といった馬を媒介とする集団の存在が想定されている（岡安 1983）。一方で、古墳群の中核となる首長墓に武器・武具が多く、比較的下位の墳墓に馬具や馬骨を伴う事例が多いため、在地の集団が馬を直接管理し、それらを掌握した首長層が多数の武器を所有していたという想定もされている（春日 2015）。

4．群馬県金井東裏遺跡

古墳資料ではないが、近年発掘された群馬県金井東裏遺跡の甲着装人物の事例を参考までに挙げておく。

金井東裏遺跡では、6世紀初頭の火山灰層（FA層）に覆われた状態で甲を着装した人骨が出土している（杉山ほか 2014）。甲を着用した人物が検出されたのは第4区で、甲着装人骨（1号人骨）の他に成人女性（3号人骨）と乳・幼児（2・4号人骨）の4体が検出されている。

1号人骨は身長163cmの成人男性で、火砕流積載物に覆われ両腕とも肘を

第9章 古墳時代中期社会の構造的把握 *193*

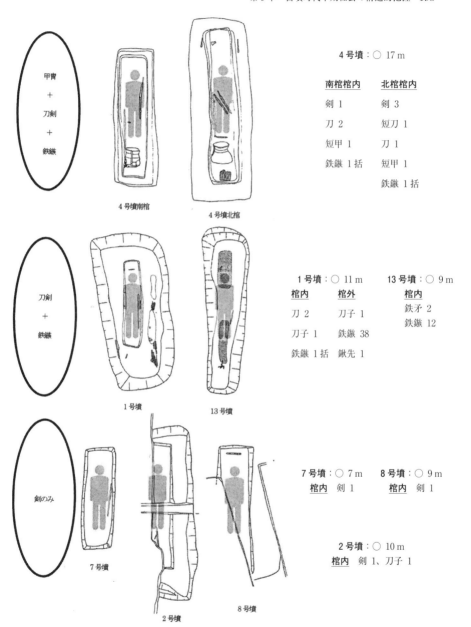

図22 黒田長山古墳群における副葬武器の階層序列

曲げて、うつ伏せで倒れていた。着装していた甲は小札甲、冑は横矧板鋲留衝角付冑で付属具は認められず、腰部には提砥と刀子を吊り下げている。1号人骨の西隣からは鉄鏃20点が、その西には骨製小札を含む2号甲が出土し、さらに南西5mからは鉄矛が出土しているため、この人物は武器としては鉄矛と鉄鏃とで武装していたと推定でき、周辺の足跡から、火山灰降下後に歩いて移動している途中で火砕流に遭遇した状況がうかがわれる。

　このうち、甲着装人骨（1号人骨）は熟年前半の背の高い男性で、その形質的特徴から渡来的な要素が高く、日常的な乗馬活動が推定できるような下肢筋肉の発達が認められている。対照的に、3号人骨は在地的（関東・東北古墳人）な形質的特徴が強い成年後半の女性であるが、Sr同位体比の分析から1号人骨・3号人骨ともに幼少期を過ごした場所が同じ地点であり、その候補として長野県伊那谷周辺が想定されている（田中・小山田ほか 2017）。すなわち、飯田古墳群が立地する長野県伊那谷周辺で馬匹生産に従事していた渡来系の人物が、たとえば、在地の人物を含むような集団的な移住活動によって群馬県の金井東裏遺跡地へ移ってきたという状況が想定できるのである。

5．古墳時代中期における武器副葬集団について

　古墳時代中期においては近畿地方で大量の武器の副葬が行われ、中小古墳の被葬者層は近畿地方で製作された武器を保有（武装）している。このことから、ヤマト中央政権はこれまでの伝統的大首長に代わり、地域の小首長ないし小集団を直接把握・組織していったという政治的な背景が考えられる。

　上記のような政治的プロセス、すなわちヤマト政権が古墳時代中期に地域の小首長を取り込んでいく事象は、これまでの考古学研究においても比較的一般に描かれることの多かった歴史像である。

　たとえば甘粕健は関東南部の古墳群を分析する上で、大和政権等が新興の家父長層の一部に身分的な特権を与え、武器を供与することによって親衛軍にしたてあげたと考察し（甘粕 1970）、藤田和尊は中期における中・小古墳での甲冑副葬が全国的にみられる変化は、和泉・河内の政権が旧来の在地首長層を牽制するための新勢力を勢力下におさめる政策の顕現と考えた（藤田和 1988）。全国の古墳築造の諸段階を検討した和田晴吾も、中期を前後する画期において

首長層の階層分化や新興の中・小首長の組み込みを想定している（和田晴 1998）。

既往の研究において、中期のヤマト政権が新興の中小集団を政治的に組み込んでいったという現象や歴史観は繰り返し指摘されているところであるが、島内地下式横穴墓群や後出古墳群、黒田長山古墳群群にように、武器を多数副葬する中・小規模の武装集団に限っていえば、それは比較的に格差の小さい等質的な集団、おそらく威信財を副葬したような一族の代表者を中心として血縁で結ばれた数百人規模の在地の共同体が推定できる。島内集団の場合、被葬者の3分の2は鉄鏃などの鉄製品を副葬しており、集落内で鍛冶生産を行っているため、小型武器の自弁や保有数は多かったといえよう。

結論として、古墳の階層的には不相応な武器を多量に副葬する中・小の古墳群の被葬者集団像としては、集団内の軍事に参与する率が高い在地の小集団、軍事的な専門性の高い武装集団であったと評価することができる。

また一方で武器を副葬する中・小の古墳群は、その出現や廃絶はきわめて急激であることが多く、決して自然発生的に生成した武装集団ではなく、何らかの政治的意図のもとに創造された社会集団である可能性が濃厚であろう。

金井東裏遺跡の人骨分析から復元できる、渡来系人物や在地女性の移動といった現象から推定すると、ヤマト中央政権は甲冑や馬匹生産といった渡来系技術を核とする新しい技術を利用することで地方の中・小集団と軍事的な諸関係を結んでいったと考えられる。

これをあえて具体的に述べるならば、畿内の中央政権は軍事力を背景とする諸首長に対し、軍事の指標として甲冑や刀剣などの武器を配布・賜与することや、乗馬技術や馬匹生産の技術転移を介することなどで、王権や首長間の人的な結合関係を築いていったのではないだろうか。その過程としては政治的空白地帯には特定の集団（たとえば渡来系技術集団）を移住させ、地方の大豪族や首長の勢力下においては、その体制を維持したまま軍事的首長層を取り込んでいくような、"扶植"や"取り込み"といったさまざまな政策が試みられたのだろう。

第5節　古墳時代中期社会における軍事組織の構造

　ヤマト政権の中枢部には大量の武器を取り扱う専門的な武装集団が組織化され、地方においては、軍事に特化した軍事小首長が広範囲に成立していたと考えた。

　これら中央および地方における軍事組織の具体的な様相や関係性はどのようなものであろうか。残念ながら、考古学的な検討のみでは上記の軍事組織の詳細な内容、たとえば軍事的職名やそれぞれの権限、兵数、上番や傭兵の有無、戦時と平時の差異や、組織の常備性といった個別の内容については不明瞭とせざるを得ない。そこで、軍事的諸関係の具体像を検討する際に有益な古代兵制史の研究を参照に附して本章の最後としよう。

　古墳時代中期 (5世紀) の東アジアの国際情勢では、府官制の秩序が成立したといわれており、倭国においてもこれを認めようとする研究がある（鈴木靖 1985）。こういった政治的機構は軍事組織との関連性が高いものである。たとえば、府官制とは中国皇帝から将軍号を授かることによって府を開くもので、倭の五王の珍は「使持節、都督倭・百済・新羅・任那・秦韓・慕韓六国諸軍事、安東大将軍、倭国王」を自称して除正を求め、倭隋ら13人については「平西・征虜・冠軍・輔国将軍」の称号が許されている（石原編訳 1985）。その実態はともかく、5世紀段階の倭国（ヤマト政権）においては軍事的な称号を自称し、または公的に認められていた人びとが存在していたことは確実であろう。

　某々将軍を称するような政治体制の下では、刀剣や甲冑といった武器の賜与を通じて軍事的な身分の表象が成立していたと推察できる。川口勝康は5世紀における大王（倭王）の刀剣賜与が、中国皇帝による倭王への刀剣賜与の歴史を受けて実践されたものであり、刀剣賜与という行為を通じて、倭王は大王になった歴史的意義が想定されている（川口 1993）。

　石母田正も、地方の首長層が大王の秩序に編成されていく過程として 1. 古墳によって表現される服属型式、2. 国造等に「楯矛」を賜う型式、3. カバネの授与の3段階をあげている。石母田は古墳による服属型式について、古墳の規模や副葬品等によって大王との身分関係が即物的に表現されるような前制度的

なものと評しており、楯矛の授与は、なんらかの表章の授与による身分関係の設定・確認がなされるものとする（石母田 1971）。

ところで文献史学の研究成果を援用すれば、こういった賜与や授受といった行為を通じて形成された軍事的な身分の表象は武器だけでなく"タケル"というような名称も含まれていた可能性があるのではないだろうか。

上田正昭は、日本健尊の名代部または子代部とされてきた健部の軍事的な性格に注目し、「健部」という小さな軍事集団が東は常陸、西は薩摩にいたる各地域に点在していたことを明らかにしている（上田 1960）。これを受けて笹山晴生は、ヤマト政権は最初に、畿内やその周辺の比較的弱小な地域集団を服属させて「健部（武勇ある者の集団の意）」とし、さらに地方豪族が独立的な地位を保持している地方では、豪族配下の在地勢力を、在地の体制をそのまま生かすかたちで「健部」にとりこむことで、朝廷の武力を拡充したとする。

これらの知見を総合して、古墳時代中期の全体的な軍事組織像を復元してみると、まず中期ヤマト政権の中枢部では、大量の武器の生産や配布などを管理し得た政治機構や大豪族層が存在しており、将軍号や人制にもとづくような政治上の組織化が進行することで、武装集団が一定の軍事的な組織として整備されていた蓋然性が高い。特に、百舌鳥・古市古墳群被葬者集団の膝下においては、渡来系の集団や技術を中核とした王権直属の軍事組織が構築されていたと考えておきたい。

その一方、中央と地方との関連において、古墳時代中期の王権は"タケル"の名称や武器の分与という行為を通じて、首長層における軍事的な秩序や表象を意味づけていったといえるだろう。具体的な軍事的活動としては、直木孝次郎が令制以前の軍事組織で想定したような、中央や地方の豪族層を媒介とした、各地からの上番による特定職能集団や兵士たちによる軍事奉仕という形態が推察できる（直木 1968）。

具体的な状況を想定すると、筑紫君の磐井が毛野臣に「昔は吾が伴（ともがら）として、肩を摩り肘を触りつつ、共器（おなじけ）して同（とも）に食（くら）ひき」と述べたように（『日本書記』継体二十一年六月条）、また、稲荷山鉄剣銘にある乎獲居（ヲワケ）臣が「世々、杖刀人の首と為り、奉事し来り今に至る」ように、地方の各豪族・首長やその子弟たちが単独に、または配下の兵とともに上番し、護衛や警護を主任務とし

た軍事的奉仕を行い、これを中央の大豪族が取りまとめることで、全国的な軍事組織が成立したと復元することができるだろう。

註

(1) 原始・古代に関する国家論としては古典（マルクス・エンゲルス）学説（原 1972）、文化人類学などにもとづく欧米研究の影響を受けた学説（鈴木靖 1990、都出 1991）をはじめとする諸説がある（佐々木 2004）。国家論については第 13 章の理論的な考察部分で検討するが、ここでは大量の労働力を駆使して、先進技術を集中採用するなど、意図（政治）的な計画にもとづくと考えられる大規模な土木工事や手工業生産の再編を仮に"国家的"とした。

(2) 計画村落とは直木孝次朗が古代の村落について指摘した概念（直木 1965）であるが、考古学からも検討の対象となり（萩原 1995）、古墳時代の集落について計画村落を適用する事例もある（早野 2005）。

(3) 橋本達也は甲冑の生産技術が同時代の器物の中で最も高いことから、その生産が近畿中央政権の直轄的な管理下の工房で行われたと想定する。橋本はその候補として大阪府大県遺跡群を挙げるが、甲冑の生産は単に鉄加工技術だけでなく金工・皮革加工、漆工などの技術が不可欠であるため、大県遺跡の複合工房としての性格を指摘する（橋本達 2015）。

また藤田和尊は、中期の大規模古墳に付属する陪塚の存在から「陪塚制」と号するような甲冑の集中管理体制の運営や原始的官僚層を指摘するが（藤田和 1993）、原始的官僚層の具体像として中久保辰夫は、大阪府長原古墳群の被葬者のような、渡来系の集団を中核とする初期群集墳の被葬者層たちを想定している（中久保 2014・2017）。

(4) 渡来系による武装集団の具体像は不明とせざるを得ないが、古代における渡来系の軍事氏族として東漢氏（やまとのあや）が著名である。ただし、東漢氏が本拠とした奈良県檜前に渡来系の人が移住してきたのは 5 世紀後半であり、東漢氏のような氏姓が成立するのは 6 世紀に入ってからとされている（加藤 2017）。

『日本書紀』によると、東漢氏は蘇我蝦夷の邸宅の門を守護していたが（皇極三年十一月条）、『古事記』では「墨江の中つ王に近（つか）く事へまつる隼人（はやひと）」の曽婆訶理（そばかり）（里）が王族の近習として登場しており、ヤマト政権下では異文化要素の強い武装集団が、大王や大豪族の警備や守衛を担っていたこともあったのではないだろうか。それが常備的な直属軍であったとしても、本質としては警護主体の小規模なものであったと思われる。

第10章　武人埴輪からみた古墳時代の武装集団モデル

第1節　武人埴輪の研究史

　戦争の研究を考古学の分野から推し進めた佐原真は、戦争の考古学的事実として A 防御集落、B 武器、C 殺傷人骨、D 武器の副葬、E 武器形祭器、F 戦士・戦争場面の造形の6つを挙げた（佐原 1999）。このうち、A（防御集落）、B（武器）、C（殺傷人骨）、D（武器の副葬）については第1章から第9章までの各章で検討を重ねてきたが、F の戦士・戦争場面の造形について言及するところは少なかった。

　資料の希少性がその理由の一つであるが、古墳時代においては武人埴輪という戦士を造形した資料が存在している。そこで本章では武人埴輪の"戦士の造形"という側面に注目し、これを主な資料として、古墳時代後期における武装集団について考察してみたい。

　武人埴輪を用いて正面から軍事組織を究明した研究は少ないが、研究史上では武人埴輪の軍事的な側面についていくつかの言及がみられた。

　研究初期における人物埴輪の研究は主に風俗的な解明を主眼としており、その中において高橋健自は「埴輪土偶に現われたる武装」と題した一文で、往時の武装を考証している（高橋健 1926）。冑や盾などの個別研究を推し進めた後藤守一も、武器や武具を検討する際には武装埴輪や武器形埴輪を参照にすることが多かった（後藤 1942a・b）。

　埴輪から往古の風俗を検討する研究は1950年代以降にはやや下火にはなるものの、埴輪の服飾（佐田 1974、市毛 1991、武田 1993、塚田 2010）や赤彩・入墨関係（市毛 1964、伊藤純 1984、市丸 1996）といった風俗的な解明は現在

でも人物埴輪における研究課題の一つである。

　一方、主に発掘調査の進展によって埴輪における編年や型式分類、製作技術や生産・分布研究、埴輪配列の分析を通じて埴輪祭祀の意義や体系を検討することなどが人物埴輪研究の主流になっていった。

　このうち埴輪配列をめぐる研究は、すでに戦前よりその萌芽をみるが（島田 1929、谷木 1930）、水野正好による「埴輪芸能論」の発表後、学界においては埴輪列の意義をめぐって活発な検討が試みられた。埴輪配列の分析について、以下では研究の画期となった水野正好の「埴輪芸能論」を振り返りつつ（水野正 1971）、その方法論的な課題や前提を精査してみよう。なお、以下で「水野論文」やその引用文はすべて上記の論文を指す。

　水野論文では、最初に人物埴輪群像の特色を「豪族の職業集団であり、朝廷でいうならば、外廷を構成している「部」の一部にあたる性質をもつ」と評価する。すなわち、水野正好は人物埴輪群像を豪族の政治機構の集約とみなすことから研究を開始したのである。この、人物埴輪群を政治機構の表出とする新鮮な視点によって、これまで古代の風俗や美術的鑑賞の的にすぎなかった人物埴輪は歴史的な資料として位置づけることが可能になった。これが水野論文の学史上における画期的な業績の一つである。

　さらに水野は、政治機構の集約という埴輪配列の静的な情景に、当時の"リズムや音"を与えることを試みた。具体的には、豪族のもとに組織された各職業集団は「その職種に基づく姿態なり、舞なり、歌によって、古墳祭式に参加し、埴輪とされているのであって、組織と芸能がそこでは一本化している」と論じることで、水野の埴輪芸能論の主題が立ち現れてくる。

　豪族に組織された政治機構（職掌）と、それぞれの芸能による儀礼への参加という論理から、水野は埴輪で表現された芸能は単なる宴における遊びしぐさではなくきわめて政治的要素の強い芸能であって、その意味するところは「新たにたつ族長に、つかえることを表現するもの」と結論づけた。ここにおいて、学史上著名な埴輪群像の首長権継承儀礼説が導かれ、大いに流布される。

　水野論文の最も基礎的な視点は繰り返すように、人物埴輪が政治機構（職掌）を表すという前提にあり、その当然の帰結として、水野は盾持ちの埴輪を門部に、武人の埴輪を太刀佩部・靫負部などにそれぞれ対比させて軍事的な職掌集

団（軍事組織）を想定する。しかしながら、その後の埴輪配列をめぐる研究については、埴輪を"群"として捉え、それに意味を付与する、という水野の研究方法は継承されるものの、人物埴輪群から政治機構に言及する分析はきわめて少ない。埴輪配列に関する研究の視座は、埴輪配列の背後にある政治構造の解明よりも、むしろ市毛勲のいう"列と隊"（市毛 1985）などの配列を有機的な集合体と捉え、その表現された情景や姿態について儀礼的な意味づけを行うことに研究が集中していったのである。

　水野論文以降の埴輪配列に関する研究は、大別して個別の古墳出土事例を分析する方法と、その普遍的・構造的な把握を試みる方法の2方向とに研究が細分化していくが、その評価として殯説、供養説、犠牲説、神宴儀式説、顕彰説、神仙世界説、死後の近従説などさまざまな仮説が乱立するといった問題が生じることになり、近年ではお互いの方法論をめぐって批判も生じている。たとえば塚田良道は埴輪配列について、個々の古墳を対象に各研究者が個別的に行った解釈に関して、その法則性や普遍性の欠如を指摘し（塚田 2001）、対して日高慎は法則性や客観性の重要性を示しつつも、解釈や結論を導くためには多少なりとも論理の飛躍が必要であると反論している（日高慎 2002）。

　本書の立場としては、序章や第6章の方法論に関して述べたように、遺構の検討などを通じて社会的な背景を復元することで具体的な戦闘像や武装集団の解明を目指したい。そのために、埴輪群像について見解が乱立する個別具体的な儀礼の内容よりも、形象埴輪のもつ象徴的な価値や、人物埴輪の政治的階層性といった、社会性や集団性に還元した命題について検討することにしたい。特に、研究の嚆矢たる水野論文に立ち返り、武人埴輪を政治的な職掌とみなして、その軍事組織の集団的な構造性について考察する。

　ところで人物埴輪の一分野たる武人埴輪の個別研究としては、その型式分類や配置位置といった考古学的な基本的諸属性（塚田 1999）に留まらず、埴輪の軍楽隊という存在から戦術の変化を読み取る研究（塚田 1994）や、盾持ち埴輪や盾形埴輪などを資料として律令軍制との関わりを論じる研究（津野 2011）など、近年においては武人埴輪の軍事的要素についても次第に注目されてきている。

　また、森田悌が埴輪の祭祀の意味を考えることから派生して武人埴輪に注目

し武人埴輪を軍事と関連づけて論じている。森田はその結果として、武人埴輪を将軍層が宴席の場で久米舞に通じる陣舞を舞う像と評価し、首長―将軍・別将―従兵、人夫、猟人という、3～4つの階層からなる軍事組織像を提示する（森田悌 2001）。武人埴輪の分析から軍事組織の構造を示唆した森田の研究は、今後の研究動向を参照する上できわめて重要であり、本章ではこの方向性をより広げ、古墳時代における軍事組織について考察を試みることとする。

第2節　武人埴輪の分類

　検討の開始にあたって、本節では武人埴輪の分類についてまとめておく。武人埴輪を含む広義の人物埴輪の分類については各部位の形態を中心とした分類（稲村 1999、塚田 1996）、人物の種類（職掌）を中心とした分類（車崎 2004、井上裕 2004・2005）などがありそれぞれ詳細であるが、武人埴輪そのものについては亀井正道や塚田良道が武人埴輪を大きく3つに区分し（亀井 1995、塚田 1999）、若松良一は4つに区分している（若松 2013）。

　本節では、上記の研究を参考としながら、武人埴輪の最大の特徴である武器・武装に着目して、武人埴輪をⅠ類（籠手＋刀の軽装備）、Ⅱ類（重装備）、Ⅲ類（軽武装その他）、Ⅳ類（盾持）の大きく4つに区分したい。

　上記区分のうち、武人埴輪Ⅱ類が亀井分類の「甲冑着用武人」、塚田分類のⅤa～cに、武人埴輪Ⅲ類が亀井分類の「軽装の武人」、塚田分類のⅤdに、武人埴輪Ⅳ類が亀井分類の「盾持人」、塚田分類のⅤeにそれぞれ該当する。武装した人物の区分は先行研究とほぼ同じであるが、本節の特徴は防具として籠手、武器として刀剣を所持した人物を軽装備の武装した人物として捉え、3つに区分されていた武人埴輪に武人埴輪Ⅰ類を追加したところにある。

　以下、それぞれの武人埴輪の様相を概観する。

1．武人埴輪Ⅰ類（籠手＋刀剣による軽装備）

　武人埴輪Ⅰ類は防具としては両手に籠手を着装し、武器として刀剣を佩用する軽装備の武人像である（図23）。武装の共通性が認められるものの、それぞれの所作にはさまざまなものがあり、立像、跪座、座位などきわめて多様であっ

第10章　武人埴輪からみた古墳時代の武装集団モデル　203

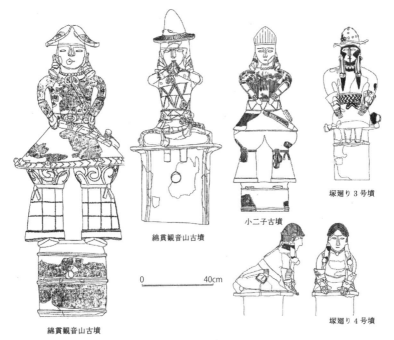

図23　武人埴輪Ⅰ類

て、このことが武人埴輪Ⅰ類の大きな特徴の一つとなっている。このうち、全身立像としては群馬県綿貫観音山古墳出土例など比較的多くの事例を挙げることができる。

　綿貫観音山古墳の振り分け髪で腰に手をあてた男子像は双脚も表現した全身立像で、下げ美豆良を肩まで垂らし、手首から肘までは手甲と籠手の防具が着装され、腰部には鞘尻を斜め下に向け、円形柄頭の大刀を佩用する他、腰帯部分にも鞘が吊り下げられている。

　椅子に座る群馬県塚廻り3号墳の男子埴輪では、半球形で装飾が施されたつば付きの山高帽をかぶり、幅広の帯を締め、椅子に腰かけて手甲と籠手をはめた両手を膝の上に置き、椅子の左側には刃部を下にした玉纏大刀を置いている。

　あぐらをかく姿としては福島県神谷作101号出土例がある。これは冠、顔、衣などに赤彩が残っており、前へ突き出して合掌した腕には手甲および三角文

の装飾の入った籠手を装着し、左腰に柄の曲がった刀と鞘を提げている。

　跪づく姿としては群馬県塚廻り4号墳出土例、茨城県青木出土例などがある。塚廻り4号墳の事例では平坦な台上に膝を折り、両手をつき、顔を前方に向けた姿勢をとる。両手には手甲と大きな籠手を着装しており、右腰には革製の鞄と鹿角製刀子を帯びる。茨城県青木出土のものも、作風は異なるものの、同種の姿態でその腕には籠手、腰には大刀を帯びている。

　その他のスタイルとしては籠手をはめ、左腰に大刀を帯び、琴を弾奏する群馬県朝倉出土例や、籠手をはめ、大刀や鞘を提げ、左手に鷹を乗せた群馬県上淵名出土例、顎鬚を生やして大刀を吊るす千葉県姫塚古墳出土例など、Ⅰ類の武人埴輪像はさまざまな所作をとり、服飾や帽子などは多様かつ個性的である。いずれにおいても腕に籠手を着装し、大刀や弓矢などで武装している男子像であることは共通点として指摘することができる。

2．武人埴輪Ⅱ類（重装備）

　甲冑や武器の重武装の表現をした武人埴輪は、大きく抜刀スタイル（Ⅱa類）と両手を広げたり上げたりするもの（Ⅱb類）とに分かれる（図24）。

　このうち、冑と甲を着装した抜刀スタイルの武人埴輪Ⅱa類は関東地方に広く認められる定形スタイルであるが、より細かくみてみると北関東西部（両毛地域）、北関東東部（常陸地域）、関東中〜関東南西部（武蔵〜上総地域）の主に3地域とで、特徴的な製作技術や作風の違いが知られている。

　北関東西部（両毛地域）の武人埴輪Ⅱa類は写実的でフル装備の全身像が顕著である。国宝として著名な群馬県太田市出土の武人埴輪（東京国立博物館所蔵）は衝角付冑と挂甲の武装に肩甲、膝甲、籠手、臑当などを装着し、右手は腰に帯びた大刀に手をかけ、左手には鞘を巻き付け、弓を持ち、背中には靫を負っている。

　杉山秀宏の調査によれば、東毛地域の定形的な抜刀スタイルの武人埴輪は6世紀前半の群馬県上芝古墳出土例、群馬県高塚古墳出土例などを祖型とし、その技術的系譜を受け継いで6世紀後半に群馬県太田市周辺にて同一の製作技術で武人埴輪が作られ、靫を背負うものと胡禄を提げるものとの2者があるとされている（杉山秀 2009）。

第10章　武人埴輪からみた古墳時代の武装集団モデル　205

図24　武人埴輪Ⅱ類

　太田市周辺で製作されたものほど写実的ではないが、群馬県綿貫観音山古墳出土例や、栃木県中山8号墳出土の武人埴輪も、抜刀スタイルの全身武人像（Ⅱa類）であり、このような抜刀スタイルが人物埴輪の造形上で定形化していたことを物語る。

一方、北関東東部（常陸地域）でも抜刀スタイルの武人埴輪（Ⅱa類）が多いが、この地域では上半身と下半身とを分離して製作するという製作技術上において特徴的な一群の武人埴輪が存在している。分離製作による抜刀スタイルの武人埴輪Ⅱa類としては、茨城県玉里舟塚古墳出土例や茨城県北屋敷2号墳出土例、栃木県鶏塚古墳出土例などが代表であり、茨城県不二内古墳出土例なども腕部を欠損しているが、分離成形で抜刀スタイルの全身武人像であったと考えられる。

　茨城県玉里舟塚古墳出土例をみてみると、10個体以上の分離整形による武人埴輪が出土しており、冑と甲とを着装し、右手が大刀の柄に手をかけた抜刀スタイルのもの（Ⅱa類）だけに留まらず、挂甲を着用し、冑は着用しない抜刀スタイルをとるものや、他に類例の乏しい両手を突き出して矛（槍）をかまえた武人埴輪などの豊富な種類が認められる。このような分離成形技法の生産地は、茨城県八幡北山埴輪窯跡と茨城県馬渡埴輪窯跡とで確認されているが（稲村1999）、常陸地域には八幡北山埴輪窯跡や馬渡埴輪窯跡とは異なる系統の人物埴輪を生産した茨城県元太田山埴輪窯跡が知られており、武人埴輪に限っても分離成形以外のものも存在する。

　関東中〜関東南西部（武蔵〜上総地域）においては、上述してきたものとは異なる作風による抜刀スタイルの武人埴輪が知られている。埼玉県生出塚埴輪窯跡群の武人像は衝角付冑と挂甲を着装し、右腕で大刀をつかんだ典型的な抜刀スタイルであるが、目の表現がたれ気味である点や、肩の張りが大きく腕が棒状である点、基部が長楕円形で低位置に凸帯を巡らし前後左右の4カ所に円孔を空けるなど、生出塚埴輪窯の他の人物埴輪との強い共通性を有している。生出塚埴輪窯産の埴輪については主に関東中〜関東南西部（埼玉県南部〜千葉県北部）に供給されていたことが明らかにされているため（山崎武 1995、大谷2001）、この地域においても定形的な抜刀スタイルの武人埴輪が流通していたことが推定できる。

　しかしながら、むしろ下総型埴輪が分布する関東中〜南部地域においては、冑と甲を着装し両手を広げたり下げたりする武人埴輪Ⅱb類が多い。この地域の武人埴輪Ⅱb類は直立の半身像が多く、東毛地域の写実的な埴輪と比べると省略化が顕著である。千葉県殿部田5号墳出土の武人埴輪では、衝角付冑と挂

甲を着装し、腰に刀剣を帯びている。作りは粗雑で足の表現がみられず、きわめて短い腕を前や上・下に向けている。このような所作の武人は千葉県小川台3号墳の武人埴輪にも認められ、歌舞か何かの所作を示すものかもしれない。

　Ⅱb類の全身像としては、千葉県小川台5号墳の武人埴輪は衝角付冑と挂甲を着装し、腰に大刀を帯びていた痕跡が残っている。甲冑の表現は雑であり左手は短く広げる。埼玉県瓦塚古墳出土品は衝角付冑と鋲留式短甲を着用し非常に短い腕は前に突き出している。神奈川県登山1号墳の武人埴輪は衝角付冑を着装し、かつて鷹掌とされていたが、腰に大刀を帯びた全身像であり、右手を前に突き出している武人埴輪である。

3．武人埴輪Ⅲ類（軽装備その他・弓矢を所持しているもの）

　武人埴輪の中では弓矢を所持している軽武装の武人埴輪が存在している。関東地方では、このⅢ類武人埴輪は数が少ない。具体的な弓矢と靫を所持した人物埴輪としては、茨城県玉里舟塚古墳出土例や群馬県今井神社2号墳出土例、北方文化博物館所蔵の伝茨城県出土人物埴輪などが挙げられる。このうち、今井神社2号墳の埴輪は背に靫を背負い、左腕に弓を横たえ、腕に籠手を着装しており（図25）、伝茨城出土品は背に靫を負い、大刀を佩いている。

　このような、甲冑を着用せずに弓矢（靫）を所持したものとしては狩人の指摘もあるが、亀井正道は軽装の人物像は大部分が半身像で、全身像の多い挂甲武人像に比べると、形態と装備の面で格差があるとし、武人間の格差（身分差）を指摘しており、筆者もこれに従う（亀井 1995）。

　なお、近畿地方では重武装の武人像（Ⅱ類）は大阪府今城塚古墳出土例などで事例があるものの、きわめて数が少ないのに対し、弓矢や靫を所持した武人埴輪（Ⅲ類）の事例は大阪府蕃上山古墳例、奈良県池田遺跡例、奈良県寺口忍海D27号墳例、大阪府軽里4号墳例など比較的多く、重武装の武人埴輪（Ⅱ類）が多く、軽武装の武人埴輪（Ⅲ類）が少ない関東地方とは対照的なあり方を示している。

4．武人埴輪Ⅳ類（盾に顔面が付いた、いわゆる盾持ち人物埴輪）

　盾持ち埴輪は冑を装着したものと冑を着装しないものがあり、小野本敦の編

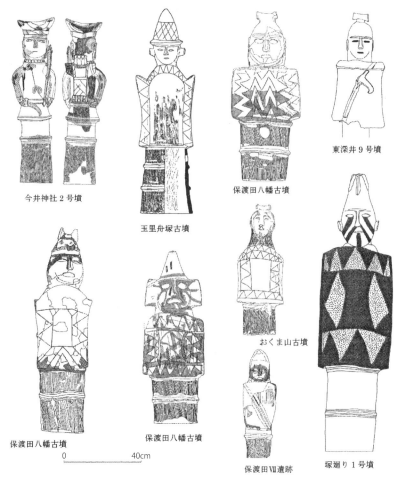

図25 武人埴輪Ⅲ類・Ⅳ類

年によれば冑を着装したものが古いという傾向が指摘されているが(小野本2004)、大部分の盾持ち埴輪には冑の表現がなく、大きい目、耳のラッパ状造形、高い鼻、入れ墨(黥面)、さまざまな冠帽に表現など、多様で個性的な容姿表現が特徴である。その中には埼玉県前の山古墳出土例の笑う盾持ち埴輪や、頬に入れ墨をした奈良県羽子田1号墳例、群馬県山名原口Ⅱ遺跡出土例の小石で歯

を表現している異様な形相など、さまざまな表現がみられる（図25）。

　盾持ち埴輪の初現については奈良県茅原大塚古墳出土品や、福岡県拝塚古墳出土品によって古墳時代前期末〜中期初頭にまで遡り、塩谷修の集成によれば、北が福島から南は熊本まで58遺跡102体が出土している（塩谷 2001）。盾持ち埴輪は人物造形の埴輪の中でも数が多く、かつ最も長い期間作られ続けた埴輪であった。

　盾持ち埴輪の武装をみてみると、盾の表面に立体的な戟（句兵）の表現を施したものが知られており（太田 1995）、千葉県東深井9号墳出土埴輪や埼玉県権現坂埴輪窯出土例、埼玉県十条出土埴輪例のほか、群馬県太子塚古墳からまとまって出土するなど、広範囲において共通の表現が認められる。このことから、少なくとも関東においては盾持ち埴輪に伴う武器としては句兵（長柄武器）という認識が存在していた蓋然性が高い。

　また、盾持ち埴輪には福島県原山1号墳例や、奈良県寺戸鳥掛遺跡の出土例など盾に手を添えている事例が存在している。盾持ち埴輪の盾について、塩谷修は持ち盾を想定し、津野仁は列を形成して置き盾として使用していたと判断している（津野 2011）。埴輪表現そのものからは、顔だけ覗かせて全身が盾で隠れているなど、盾面の大きさが強調されているため、そこに表現された盾は基本的には置き盾であり、持ち盾であったとしても機能的には置き盾に近い用法の表現であると考えておきたい。

　盾持ち埴輪にみられる入墨表現（黥面）は、『記紀』の記述において軍事面に関係の深い氏族（久米氏、安曇氏、馬飼部、猪養部）に黥面をした記述があることの共通性が指摘されている（伊藤純 1984）。ただし、市毛勲によれば顔面ヘラガキのある人物埴輪は近畿地方およびその周辺出土が過半数を占め、人物埴輪の盛行した関東地方の事例はわずかである。このことを踏まえ、市毛は顔面ヘラガキ表現が即、入墨の表現ではないとし、関東地方のヘラガキは顔面赤彩の表現とみて、入墨は畿内を中心とした西日本の下層の人びとにみられた風習と位置づけている（市毛 1993）。いずれにおいても、盾持ち埴輪の人物が当時の社会階層の中において比較的下層であることは疑い得ない。

　盾持ちの人物が笑ったり、容貌魁偉な点については、久米舞などの芸能と類似しているという指摘があり（水野正 1971）、一般には"僻邪の性格"などの呪

術的な面や、方相氏との関連で説明されることが多い（若松・日高 1992・1993・1994、日高慎 2016）。

　しかしながら松本政春によると、古代においては戦闘の開始に先立ち、まず軍の先鋒によって言葉での挑発や謀略および戦意高揚などの示威行動がとられた上で、遠隔戦として弓矢の戦いが行われたとしている。その証拠として、松本は藤原広嗣の乱での隼人による言葉合戦の呪術的な性格を論述しているが（松本 1999）、松本が述べるように、古代における軍事力とは武力（武器・戦闘力）と呪力の総合されたものであり、一般的な兵士や盾持ちの兵士たちも単なる武力のみではなく、その呪術的能力が期待されたと考えたほうが自然である。したがって、盾持ち埴輪の人物が容貌魁偉であることについては、これを単に呪術的な現象とのみ捉えるのではなく、その軍事的な性格も包括していた可能性があるだろう。

第3節　古墳祭祀における形象埴輪の象徴的特質

　武人埴輪の型式分類を行ったが、武人埴輪とは埴輪の一種であり、そもそも埴輪とは古墳という"場"における総合的な葬送儀礼行為の一環で制作されたオブジェクト（造形物）である。したがって方法論的には序章で述べたとおり、直接的にそこから武装集団や軍事組織を結びつけるのではなく、まずは古墳や埴輪配列といった葬送儀礼のあり方から、その社会背景に存在する威信や価値といった間接的な分析を行うことで武人埴輪の位置づけを試みなければならない。

　ところで第7章第4節において、副葬品としての武器に関連してモノのおける価値的な背景を検討し、使用価値（第1のカテゴリー）、交換価値（第2のカテゴリー）、象徴的価値（第3のカテゴリー）、記号的価値（第4のカテゴリー）などについて言及した。こういった価値的な側面を形象埴輪にあてはめてみると、形象埴輪とは何らかの事象を象った土製品という性質上、使用価値や交換価値に比すれば、より象徴的価値の比率が高いモノといえるだろう。本節では武人埴輪の意味を考える前提作業として、象徴物としての形象埴輪の変遷を念頭に置きながら、その意味合い、特に価値的な象徴性の強弱などについて確認

したい。

　埴輪の大部分を占める円筒埴輪の役割は、古墳の段築部分に囲繞し外部を区画（結界）することが基本である。器台と壺が合体し実用性を失ったものが特殊器台や朝顔形埴輪になったように、円筒埴輪は出現当初よりきわめて象徴性の高い造形物であったと考えられる。

　何らかの事象を具象化した形象埴輪に関していえば、その出現期の配列状況は、奈良県陵山古墳でみられるように、主体部直上を方形あるいは矩形に配された円筒埴輪列の中心に単体の家形埴輪を配し、その周囲に多くの蓋形埴輪、さらに少数の靫形埴輪、盾形埴輪などを配するようなものである。

　このうち、古墳時代前期中頃～後葉にかけて最初に製作された形象埴輪は家形埴輪で、稲村繁によると当初は"祭殿型"とされた開放的な形態が中心であった（稲村 2000）。この家形埴輪の意味について、小笠原好彦は首長霊の依代、もしくは首長霊の所在を示す形代と位置づける（小笠原 2014）。形象埴輪とは、古墳祭祀における首長や、その儀礼に関わる核心的な内容を象徴化することで創出されたオブジェクトだと評価することができるだろう。

　森田克行は埴輪配列の役割について古墳時代前期を第Ⅰ段階とし、古墳主体部における埋葬儀礼・儀式に直接かかわる「秘儀」として取り扱われたものとしているが（森田克 2008）、前期の葬送儀礼全般に関する事柄は、たとえば武器の実物も土中深くに埋納され（隠され）、武器を所持したであろう人物（武人）も埴輪などによって外部から区画された（隠された）状況で執行されていたと推定されるのである。そして武器を象った形象埴輪についていえば、それが特定の武器のみを対象として選抜的に造形された存在であることから、攻撃や防御といった観念的な現象を、それぞれ靫や盾に代表させて象徴的に表したものと想定することができるだろう。

　古墳時代前期末から中期に至ると、儀礼の"場"としての古墳は巨大化していく。そして近畿地方を中心に、鉄製武器が大量に埋納される事態となるが、辻川哲郎は古墳時代中期の器財埋納施設に関して、儀礼の視覚的強調が意図された蕩尽行為よるみせびらかし（ディスプレー）行為の結果と考えている（辻川 1999）。この事例が参考になるように、古墳の祭祀は時代が下るに従って"見せる"要素が次第に強まってくるのである。

かかる儀礼行為の構造的な変容によって、古墳における形象埴輪による配列も周溝内の濠内や墳丘造り出し部、外堤など、外部からみせるための工夫をした場所に配列されるようになっていく。森田克行はこの段階（第２段階：前期末から中期）における埴輪配列のあり方を、あからさまにすることに意義があった「顕儀（Ⅰ）」とする（森田克 2008）。

坂靖は形象埴輪の種類増加を、首長の権威を示すために各所で行われた儀礼を象徴的に表現したものと指摘しており（坂 2000）、鶏は早朝に儀礼の刻限を告げる存在であり、白鳥は日本武尊の白鳥伝説などを想起させるもの、馬は被葬者の権威や犠牲獣が想定され、犬・猪・鹿などは狩猟儀礼に関わるものだとしている。

多様な人物埴輪が作られるようになるのは古墳時代中期中頃以降であるが、初期人物埴輪の出土を良好に示す大阪府蕃上山古墳の出土事例から、人物埴輪では女子の像が基本単位として機能していたことが指摘されている（稲村 2001）。初期の人物埴輪は儀礼を執行する人物（巫女やその護衛する武人）を象ることで発生したと評価することができるだろう。

すなわち、かつては秘儀として、きわめて象徴性の高い観念的な概念（首長霊や儀礼上の僻邪観念など）を表象していた形象埴輪は、よりみせるための儀礼へ変容したために、具体的な儀礼行為の様相（儀礼を執行する動物や人物）を造形するようになっていくという構造的な変化が想定できるのである。この方向性を念頭に置きながら、次節では人物埴輪出現後の埴輪の役割、特に本論の材料となる武人埴輪を中心にみていこう。

第４節　武人埴輪の出土状況とその変遷

形象埴輪の構造的な変容過程を概観した[1]。以下、古墳時代後期〜終末期の時間軸において、時系列の順に具体的な武人埴輪の主要な出土状況を概観する。

埴輪祭祀が先行している近畿地方では、古墳時代後期初頭の大王陵たる大阪府今城塚古墳内堤の張り出し部分が柵形埴輪によって４つに区画されており、そこから多数の形象埴輪が出土している。各区から家形埴輪が出土しているため、大型の家形埴輪が埴輪祭祀の中心を占めていたと推定されている。

今城塚古墳の埴輪配列について、森田克行は宮門あるいは宮外での公的儀礼空間（2・3・4区）と私的儀礼空間（1区）からなる各種の儀礼を含む殯宮の再現を複合的に表現したものとみているが（森田克 2011）、武人埴輪は第4区において力士埴輪や鷹飼埴輪、馬・牛列などとともに配列されている。これら4区の埴輪組成（種類）はさまざまな職掌を象徴的に表現している可能性が高く、そうであれば、武人埴輪は軍事や警護に従事した職掌の代表として位置づけられていたと評価できそうである。

関東地方における古い段階の人物埴輪配列事例としては群馬県保渡田八幡古墳が知られている。保渡田八幡古墳では、古墳の内堤A区の円筒埴輪で囲まれた一角で多数の形象埴輪が出土しており、複数のグルーピング案が提示されている。その意義をめぐる代表的な説では、水野正好の首長権継承儀礼（水野正 1971）と若狭徹の時間軸の異なる祭祀や権威的行事、財物の顕示説（若狭 2000）とがある。

武人埴輪に関しては、水野案が"軍事（武人）集団"を、若狭案では"財物の顕示・威風の表示"を想定している。このうち、若狭案によれば、武人埴輪のあるV区の配列は職制を示すものではなく、多くの服飾物を装着した様や、財物としての甲冑そのものに意味があるとしている。

埼玉県瓦塚古墳では、古墳の西側中堤上で多数の人物・形象埴輪が樹立されていた。ここでは女性（巫女）埴輪や家形埴輪が核心部分であったと考えられており、その埴輪配列は魂振り歌舞の再現に代表される殯の状況などが想定されている（若松・日高 1992・1993・1994、日高慎 2000）。この配列において武人埴輪（武人埴輪Ⅱ類）は背後に位置する最も重要な中心的存在（家形埴輪や巫女埴輪）を守護する役割が、盾持ち埴輪（武人埴輪Ⅳ類）は招かれざるものを中心の形象埴輪群に近づけないようにする存在が想定されている。

茨城県玉里舟塚古墳では、古墳の西造り出し部分付近の周堤に転落した状態で多数の形象埴輪が検出されている。特徴として武人埴輪が突出して多く、矛（槍）をかまえる武人（Ⅲ類武人埴輪）、抜刀スタイルの武人（Ⅱ類武人埴輪）王冠状の冠をかぶり靫を背負う男子（Ⅲ類武人埴輪）、盾持埴輪（Ⅳ類武人埴輪）などの各種類が出土している。

埴輪配列について忽那敬三の復元によれば、造り出し部分に家形埴輪と武人

埴輪が重点的に配置され、墳丘側（前方部）では馬形、武人、人物埴輪が配置される一方、盾持埴輪は墳丘上や周溝対岸など、人物埴輪群とは離れた位置で単独で配置されていたと考えられている（忽那 2015）。女性（巫女）埴輪は少なく、かつその配列が不明瞭であるものの、出土埴輪の組成から造り出し部分に家形埴輪や武人埴輪が並んでいたことは間違いないであろう。これら武人埴輪については、特に冠を頭に頂いた靫を背負った男子（武人埴輪Ⅲ類）や、矛（槍）を持つ138.5cmと非常に大きな武人埴輪など、埴輪群像の中心と考えられる人物が武人であるのが大きな特徴である。その埴輪配列を想定すると、埴輪祭祀の中心部分は家形埴輪と特殊な武人埴輪があり、その周囲に別の武人埴輪（武人埴輪Ⅱ類）が群集していた様相が復元できる。

玉里舟塚古墳の埴輪は、近年における再整理によって力士の他に、馬子、琴弾、鷹匠などの多様な人物の種類も想定されており、今城塚古墳の埴輪配列との類似性も指摘されている（忽那 2015）。しかしながら、玉里舟塚古墳の特色、今城塚古墳との大きな相違点は、武人埴輪の数がきわめて多く、埴輪配置での中心主題の一翼を担い、かつ群として存在していることが指摘できよう。

古墳時代後期後半から終末期にかけて埴輪祭祀が盛行した房総地帯では、主に埴輪が列状に配列されるようになる。この段階の埴輪について小川台5号墳や殿部田1号墳の武人埴輪をみると、作りが雑で省略化しており脚部もない半身像が多い。たとえば千葉県殿部田1号墳では、墳丘の東南側中段に形象埴輪列が、墳丘の上段には円筒埴輪列が配列され、中段埴輪列では前方部よりくびれ部にかけて、腰に鎌をつける人物2、飾馬、裸馬、挂甲着装の武人3〜4、女子埴輪3、琴を弾く人物、女子埴輪、器種不明2、頭に壺をのせた人物、家形埴輪2と1列に続く。

関東南部の埴輪配列では上記のような列状配列が多いが、滝口宏が述べるように、配置の場所の狭長なために群とせず列としたとは考え難く（滝口 1963）、それぞれの埴輪が墳丘の外側を向く事実からすると、よりよくみせるための工夫が最大限に考慮されたものであったと想定される。

他方、千葉県姫塚古墳においては個々にモデルがいたかのような特徴的な表現をした人物（たとえば髭を生やした大刀を吊り下げる老人）が存在することから、被葬者の生前に関係した人物を描いたという説（杉山晋 2000）が提出さ

れている。

　埴輪には被葬者は表現されないという見解もあるが（増田 1976）、人物埴輪と被葬者との関係については日高慎が検討を行っている。埴輪の発注は被葬者の生前である可能性が高いため、その意志が反映している可能性が高いと想定した日高は、被葬者それぞれの境遇を反映した埴輪群像が一定の決まりの中で並べられたと考えた。具体的な事例として、日高は渡来人的な筒袖姿の男子が表現された千葉県山倉１号墳の男性や、栃木県甲塚古墳の埴輪群などを挙げている。特に甲塚古墳では、女性用の横坐り馬が存在すること、他に類例のない機織り埴輪が存在すること、男女比率において女子像が多いことなどから、人物埴輪像が被葬者などの特定の人物をモデルにして造形されたことを指摘している（日高慎 2014・2015）。

　先に、古墳祭祀における隠された儀礼から顕現化する儀礼への変容方向を指摘したところだが、東国における後期後半以降の埴輪配置、人物埴輪配列の最終段階に至っては"みせる"要素が最も強くなり、単に儀礼行為の類型（象徴）的な表現に留まらず、より具象的に、被葬者や特定の人物そのものなどを象る傾向が強まっていったために、現実の人物をモデルとしたような個性的な埴輪が出現するようになると考えられるのである。

第 5 節　形象埴輪の造形原理と武人埴輪の政治性

　形象埴輪の出現から、人物（武人）埴輪が出現しどのように配列されていたかを概観したが、古墳における葬送儀礼は時代の変化とともに変容することが明らかできたのではないだろうか。このことは先行研究においてすでに指摘された事柄であり、高橋克壽が祈りから顕彰へという表現でそれを指摘し（高橋克 1996）、坂靖も埴輪の一元的意義を否定した上で、その性格の変容（隠れた→みせる）を主張する（坂 2000）。

　筆者も、古墳祭祀の隠れた様相からみせるものへと変化する見解に同調するものである。これに付言するならば、そういった古墳祭祀の変化に応じて、形象埴輪における造形対象の価値的原理は、象徴から具象へという方向性で遷移していったと評価することができるであろう。

形象埴輪における造形原理を模式的にまとめるならば、以下のような大まかな変化方向をたどると考えられる。
　1段階　儀礼の本質や概念を象徴的に象る段階
　2段階　儀礼行為や、儀礼を執行する人物の様相を類型的に象る段階
　3段階　特定の人物やその周辺を具象的に象る段階
1段階とは古墳時代前期〜中期を中心とする時期で、古墳祭祀の中心は"隠された"主体部での儀礼であると考えられる。形象埴輪についても囲繞・区画に用いられる傾向が強く、その造形は家や蓋といった首長権力や首長霊といった、儀礼そのものに付随する要素を象徴的に示したものが中心であって、武器が示す力や武威も、攻撃具（靫）と防具（盾）で代表されることで象徴化される。

2段階は動物・人物埴輪が多様になる中期中頃〜後期前半を主とする時期で、古墳祭祀のみせる要素や埴輪の具象的な性格が強まることで、形象埴輪の造形対象が儀礼の概念的様相から、儀礼行為そのものや行為を執行する人物まで拡大してくる。すなわち儀礼を執り行う女性（巫女）を中心とする情景や、飲食儀礼、狩猟儀礼などといった人物や情景を類型的（象徴的）に象る段階といえる。

なお、近畿地方においては横穴式石室の導入に伴って他界観や葬送儀礼に大きな変革が生じ、総合的な古墳祭祀の内容そのものが変化する。その結果、葬送儀礼の場としての古墳の規模が縮小し、埴輪を用いる祭祀そのものが急激に縮小・衰退していく。これに反し関東地方においては、大規模な古墳は継続して古墳時代後期から終末期にかけて盛んに築かれ、儀礼の"場"としての古墳はさらにみせる要素や顕在化を強めていく。

3段階は古墳時代後期後半以降の関東地方を中心に展開するもので、人物埴輪の類型的な要素（表情・姿態・服装など）が弱まり、みせる要素や具象的な造形が非常に強い段階、その種類や姿態が最も多様な時期とすることができる。

さて、上記の大まかな変遷過程を確認しつつ、研究史上において指摘されてきた埴輪配列の各説について再検討してみよう。

埴輪配列の解釈としては、葬列説（後藤 1937a）、殯説（和歌森 1958、若松 1992）、首長権継承儀礼説（水野正 1971、橋本博 1980）、神宴儀礼説（森田悌

1995)、生前生活表現説（杉山晋 1996）、死後の近習説（塚田 1998）、神仙世界説（辰巳 2011）など多数の仮説が提示されている。

これら各説はそれぞれ評価すべき部分も多いが、先にみたように埴輪の価値や意義は時間の経過とともに変容しており、一つの仮説ですべての状況を網羅することはできない。象徴から具象へという形象埴輪の造形対象の変遷原理をあてはめるならば、各説のうち、神宴儀礼説、首長権継承儀礼説といった埴輪群像が何らかの儀礼を表現しているとする考えは 2 段階の埴輪配列においては妥当性が高く、人物埴輪が生前の生活を表現しているとする説は、3 段階の新しい要素の埴輪配列の解釈として妥当であると評価することができる。

ところで、埴輪の対象が象徴的概念から現実の具体的事象を象っていくといっても、最後まで漢・唐代に中国大陸で流行した明器のように家屋や井戸、厨房、便所、家畜などといった日常生活に根差したものを造形することはほとんどなかった。埴輪として選択されるものは、首長の政治・儀礼的な世界（またはその理想世界）に関連したものが主体であり、埴輪の配列に関する構造や規則を守りつつ、現実世界、特に首長を取り巻く世界を控えめに具象化しているとまとめることができる。

そうすると、時間的な価値の変容があるに関わらず、人物埴輪の造形対象の原理における最大公約数の特質は、いずれも首長層の属する世界に関連したものということであって、水野正好が前提としたように間接的であっても、首長層の政治機構に近いものが包括されている蓋然性がきわめて高いとみなさなければならない。

ここにおいて、武人埴輪の首長層における政治機構、特にその軍事的な職種や軍事組織を検討する妥当性が改めて確認される。序章の方法論で述べたように、考古資料は社会性や集団性などに還元して考察することが重要であって、武人埴輪から軍事問題を考察する際も、軍事組織の階層的といった集団的な諸関係に昇華した命題を設定しなければならない。文献史料を傍証とした軍事組織の個別具体的な職名や役割（たとえば舎人や靱負部など）は考古資料からは反証不能でもあるため、中心課題として論じることを筆者は採らない。

そこで次節では、武人埴輪の階層的な問題に的を絞り、しかる後に武装集団の階層モデルを提示して古墳時代における軍事問題、特に古墳時代後期におけ

る軍事組織を中心に考察してみたい。

第6節　武人埴輪の階層的構造

　武人埴輪が首長の政治機構や、それに近い関係性を象徴的に表象している蓋然性を認めるならば、それをもう一歩すすめ、当時の軍事的な職掌集団はどのような構造や階層であったと示すことができるだろうか。
　本章第2節では武人埴輪を武器や武装を基準にして4類型に区分を行った。埴輪で表現された人物像が当時の服飾や階層をすべて網羅しているとは断定できないが、武人埴輪の各形態からは、少なくとも4つの武装形態が古墳時代に存在したことを実証的に論ずることが可能である。
　ここで重要なことは、一般的に被服・装飾の機能については実用性や審美的な効用の他に、社会的・象徴的な価値的側面が内包される場合が多いことである。被服や装飾の社会的な標示機能とは、服飾・装飾などによりその人物の男女の性別、未婚・既婚の区分、身分や社会集団の差を表すことであり、前近代においてそのような機能は普遍的に認めることができるだろう。
　埴輪の姿態や服飾についても、そのような社会的・象徴的な標識機能の視点から、これまでも埴輪人物の階層や職掌が検討されてきた。たとえば、市毛勲は主に男性埴輪を対象とした検討において、髪形が明瞭に階層を表しているとし、大きく首長層と職業集団（部民）とに明瞭な区分があったことを指摘している（市毛 1991）。また橋本博文は、胡座の男子、椅子に坐す貴人と巫女、全身立像の貴人などが、その装身具のあり方から最も高位の人物であるとし（橋本博 1993）、井上裕一も人物埴輪の属性として髪形は男女を表し、被物は男子だけに限られ階級や職掌を表象し、服装も本来は階級や職掌を表すとする（井上裕 2004・2005）。
　これら諸研究を参考にすれば、本章第2節で設定した4類型の武装については、それぞれの髪形や服飾などの諸属性から当時の社会における相互の階層関係を推定することが可能である。すなわち、籠手と刀剣による軽武装の武人埴輪Ⅰ類や、重武装の武人埴輪Ⅱ類は、その表現内容からして、当時の上層階層の人物像をあらわしており、盾持ち表現の武人埴輪Ⅳ類は階層的に低い人びと

を表現していると評価することができるだろう。

これを別の視点から再確認するために武人埴輪の具体的な配列状況（出土状況）をみてみよう。4種類の武人埴輪がすべて共伴して出土し、その相互の位置関係を把握できる事例として群馬県綿貫観音山古墳の事例が挙げられる。綿貫観音山古墳は墳長97mの前方後円墳で、主体部である後円部の横穴式石室の入り口からくびれ部にかけてほぼ一列で並べられていた。

この列的構成のうち石室に最も近い位置には、あぐらをかき合掌する所作で籠手と大刀を所持している人物と、台座に端坐し祭具を持する正装女子像が対座し、この2人を中心にいわゆる三人童女や女性（巫女）と靫を背負った男子が周囲に控えている。

この中で靫を背負った男子については、筆者の分類でいう武人埴輪Ⅲ類であり、埴輪群像の中心となるあぐらをかく男子（武人埴輪Ⅰ類）の背後に3体が並列している配列状況を示していた。また、石室に最も近い上記ユニットの位置からくびれ部の周辺までにかけて、石室に近い順より振り分け髪の武人埴輪Ⅰ類、重武装の武人埴輪Ⅱ類、鍬を担ぐ農夫埴輪が、さらに前方部側へむかって盾持ちの武人埴輪Ⅳ類や馬形埴輪が並んでいく。このほかには前方部側では盾持ち埴輪が馬曳き（馬子）埴輪とともに並んでいた（図26）。

上記のような配置のあり方や、先述した埴輪そのものの髪型や衣服などの諸属性から判断すると、主体部である石室に近い位置で、かつ埴輪そのものが大きく立派であるほど、その人物が社会的な上位階層に位置していたと評価することができる。

人物埴輪の配列については研究の進展により法則性が指摘されており、塚田良道は埴輪配列を第1〜5形式に区分している[2]。武人埴輪についてみると、主に軽装の武人（武人埴輪Ⅰ類）が塚田の埴輪配列分析による第1・3形式に、重装武人（武人埴輪Ⅱ類）が第3形式に、盾持ち埴輪（武人埴輪Ⅳ類）が第5形式に位置づけられる。人物埴輪の配置に関する法則性を明らかにした塚田の構造分析はきわめて優れたもので、かつ普遍的な妥当性が高いため、本章の武人埴輪に関しても概ね塚田の指摘する構造（塚田 2007）と同じ位置的な関係にあることを筆者も認める。ただし塚田の人物埴輪における階層構造の分析は、主に人物埴輪の配置上における規則的な法則性を論点としている。筆者の立場は、塚

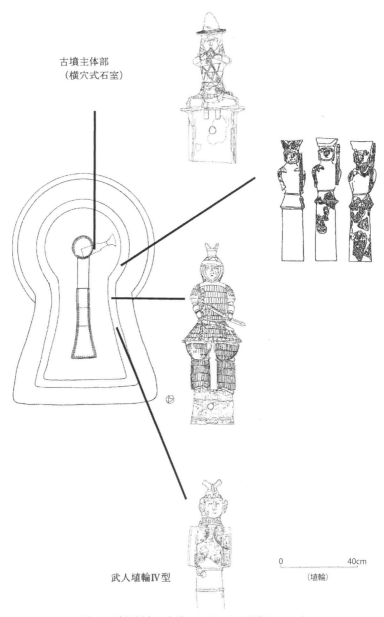

図26　綿貫観音山古墳における武人埴輪出土地点

田の示す構造的な埴輪配置のあり方を認めた上で、その背景に水野正好の指摘した視点、武人埴輪を豪族の政治機構の構造とみなし、そこから具体的な軍事面の組織的構造を積極的に読み取ろうとするものである。

武人埴輪から政治的（軍事的）な組織体としての階層構造を想定するならば、その類型における表現の差異は、普遍的な社会的階層や職掌のメタファー、もしくはシンボライズされた造形であったと判断できるだろう。これを念頭に置いて4類型の武人埴輪の相対的な社会的位置を考察すると、概ね社会の上位階層から下位階層に向かってⅠ類（Ⅲ類）―Ⅱ類―Ⅳ類という関係性を明示することができる。

すなわち武人埴輪Ⅰ類は髪型や衣服、装飾品や全身像での表現、特徴的な所作などから、社会階層では最上位にあたり、共同体の代表者や統率者を表現していると評価することができる。

武人埴輪Ⅲ類については、奈良県池田9号墳の事例のように肩まで垂れる長い美豆良を結い、冠をつけるような上位階層の人物を表現したと考えられるものから、群馬県今井神社2号墳の出土例のように半身表現で、やや階層が低いと考えられるものまで幅が広い。

ただし綿貫観音山古墳の出土状況では、あぐらをかく武人埴輪Ⅰ類の背後に3体の靫を背負った男子（武人埴輪Ⅲ類）が並んで出土していることから、武人埴輪3類については上位階層の人物に近習する警備・護衛的な武人の表現であったと評価したい。

武人埴輪Ⅱ類については全身に甲冑を身に付けた典型的な武人像であり、その武器・武装に特化した象徴的な表現、かつ社会階層の中でも上位であったと考えられることから、その位置づけとしては武装の専門的な集団、すなわち職掌的な軍事指揮者層を想定する。

武人埴輪Ⅳ類は盾を持ち長柄武器で武装した表現である。盾持ち埴輪の大部分は冑を被らない半身像で、その出土地点も上位階層の人物が集合する人物埴輪群像からは離れた位置に配列されているため、兵卒的な集団の表現と考えられる。

第7節　武装集団モデル

　以上、武人埴輪の階層や役割を検討した。このことから、軍事組織を考える上で最も重要な組織の階層的な上下関係を想定することが可能になる。また、埴輪配列の位置や役割といった、埴輪祭祀の中での取り扱い情報を加味することで、"戦士の造形"たる武人埴輪から武装集団のモデル化を試みよう。

1．武装集団モデルA

　武装集団モデルAは武人埴輪Ⅰ類―Ⅲ類―Ⅱ類―Ⅳ類という階層の序列から構成される武装集団（軍事組織）類型であり（図27）、群馬県綿貫観音山古墳での配列状況が参考になる。

　繰り返し述べているように、綿貫観音山古墳においては武人埴輪Ⅰ類が首長やそれに類する立場で埴輪祭祀の中心を占める一方、そこからの距離によって立場の異なる武人埴輪Ⅲ類やⅣ類が存在している。これらⅠ～Ⅳ類のすべての武人を階層的に並べて類型化した、最も複雑で大規模な軍事組織のあり方が武装集団モデルAである。

　ところで綿貫観音山古墳は大規模な前方後円墳で、主体部からは武器のみならず鏡や工具など豊富な副葬品が出土しており、その被葬者は広域な地域を統治した、上毛野の首長が想定されているところである。

　ここでの埴輪配列から想定される武装集団モデルAとしては、親衛軍に護衛された首長層が最上位に君臨し、戦闘の実務部隊としては職掌としての武人埴輪Ⅱ類や一般兵卒としての武人埴輪Ⅳ類が存在するものであって、有力な地方豪族が組織した軍事組織のモデルとして評価することができるだろう。

2．武装集団モデルB

　武装集団モデルBは、武装集団の指揮官クラスとして武人埴輪Ⅰ類があり、その下に武人埴輪Ⅱ類（靫を背負った武人）や武人埴輪Ⅲ類（重装武人）が存在するという武装集団のあり方を示す類型である（図28）。

　この類型は武装集団モデルAの部分的な縮小版であって、首長周辺の護衛

第 10 章　武人埴輪からみた古墳時代の武装集団モデル　223

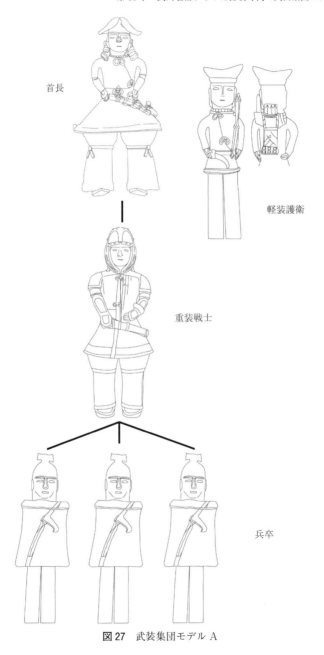

図27　武装集団モデル A

や警護を目的とする組織体のモデルとすることができる。

　なお、関東地方には靫を背負った人物埴輪像（武人埴輪Ⅲ類）が少ないため、良好な参考となる埴輪配列を示すことができないが、近畿地方においては靫を背負った人物埴輪の出土が多いことから、古墳時代後期の近畿地方中枢部においては首長層とその親衛軍からなる軽装備の軍事組織が中核であったと考えることができる。

　近畿地方に多いⅢ類の武人埴輪、すなわち弓を持ち靫を背負う男性や弓を持つ男性は多くの場合、顔に入れ墨や赤彩を施しており、盾持ち人物埴輪の顔と共通するなど、比較的に低い身分のものを表現している可能性が高い（市毛1993）。近畿地方においては、後代でいう隼人や久米部などといった身分的に低い階層の人びとにより軍事機構の組織化が進行しており、社会的な階層や身分差、制度などが、関東地方より強固でシステマティックになっていたため、首長階層は自ら軍事的な側面を強調する必要はなかったと考えられる。逆にいえば、東国においては、軽武装とはいえ、首長層においても自ら武威を示した武人首長の様相を色濃く残しているといえるだろう。

3．武装集団モデルＣ

　武装集団モデルＣは階層的な上位に武人埴輪Ⅰ類（首長）やⅢ類（靫を背負った武人）といった軽武装の人物があり、その下に一般兵卒としての武人埴輪Ⅳ類（盾持ち）が配される構造を示す類型である（図28）。参考となる埴輪配列のあり方として群馬県塚廻り古墳群を挙げておく。

　塚廻り古墳群では全長20ｍ前後の円墳と帆立貝式古墳が7基発見されているが、このうち3号墳や4号墳において武人埴輪Ⅰ類が検出されており、1号墳においては盾持ち埴輪の他に盾形埴輪、大刀埴輪、靫形埴輪が出土している。

　ところで塚廻り古墳群の被葬者像としては、墳丘規模や墳形から地域の中小の豪族層や有力家族層などが比定できるが、これら中・小の埴輪祭祀においても、それぞれ首長と目される武人埴輪Ⅰ類が存在している。古墳時代の各共同体においては、その大小に関わらず首長が存在し、それぞれの首長が軽重を問わずに武装していたと考えられる。

　また、全国的な傾向としても、古墳時代後期の群集墳からは馬具、刀剣、鉄

第10章　武人埴輪からみた古墳時代の武装集団モデル　*225*

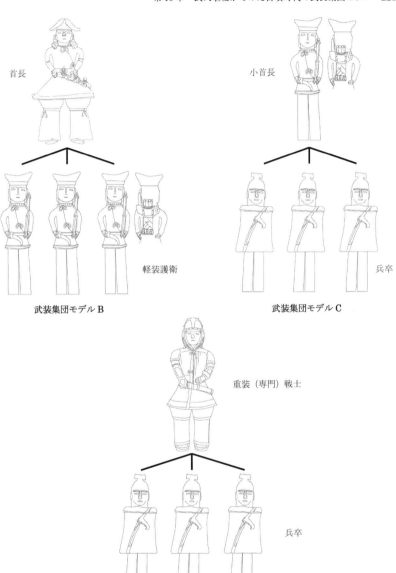

図 28　武装集団モデル B・C・D

鏃などの武器が出土する例が多い。広瀬和雄が指摘しているように、古墳時代後期～終末期に爆発的に築かれる群集墳から鉄製の武器が普遍的に出土する背景として、有力農民層においても、かなりの確率で鉄製武器の保有が進行していたと考えられるのである（広瀬 2007）。武装集団モデル C とは比較的小規模・低階層の軽装備な軍事組織を想定しておきたい。

4．武装集団モデル D

武装集団モデル D は武人埴輪Ⅱ類（重装武人）とⅣ類（盾持ち）とから構成される類型であり、茨城県玉里舟塚古墳の出土状況を指標とする。

玉里舟塚古墳では武人埴輪Ⅱ類が集中して存在しているが、一方において、埴輪配列の中心部分から離れて盾持ち埴輪も検出されている。このような武人埴輪Ⅱ類（重装備）とⅣ類（盾持ち）との階層的な組み合わせから導かれた類型が武装集団モデル D である（図 28）。

玉里舟塚古墳の事例がその参考になるが、同古墳は霞が浦北辺の卓越した首長墓として位置づけられており（日高慎 2010）、盗掘を受けていたにも関わらず箱式棺から挂甲小札、大刀柄頭、鹿角製刀装具、鉄鏃、馬具、玉類が出土し、さらに茨城県立歴史資料館に所蔵されている伝舟塚資料には挂甲小札、装飾付大刀、直刀、鉾（石突）、鉄鏃、馬具が存在するなど、特に武器に関連する遺物が多い。

先に記述した埴輪の配列状況も加味すると、玉里舟塚古墳は武器や武人埴輪の卓越が際立った特徴として挙げられ、その被葬者は軍事に関連した軍事首長（豪族）である蓋然性がきわめて高い。なお主体部の出土人骨の分析によれば、その被葬者は 20 歳前後の若い男性とされている。武装集団モデル B で類型化される組織構造は、軍事を専門的に取り扱う職掌的な指揮者層（軍事的首長層）と、実際の兵卒からなる、機能的・専門性の高い武装集団が想定できるのである。

5．武装集団モデルの意義

以上、武人埴輪の検討から武装集団について A～D の 4 つのモデルが導かれ、古墳時代後期にはさまざまな形態の武装集団が存在していたことが想定で

きた。
　古墳時代の軍事組織については、一般的に首長層が組織した豪族軍や、その連合体としてイメージされることが多いが、本章で提示した武人埴輪による軍事組織のモデル化によれば、さまざまな形態の武装集団が存在していた様相が推定できるのである。すなわち、古墳時代後期の軍事組織は、単純な、または一元的な組織などでは決してなく、大小さまざまな軍事組織が、当時の政治状況を反映しながら交錯するという、きわめて複雑な様相であったと評価することができるであろう。
　古墳時代後期の軍事組織の学史については水野敏典が適切にまとめている。水野は、これまでの古墳時代後期の軍事組織研究は国家の軍隊、国造の軍、天皇の親衛軍である舎人騎兵、地域的な武装など、きわめて多岐に及ぶものの、各論考では論点以外の軍事組織の存在については明らかにされておらず、相互の関係も不明な点が多いことを欠点として挙げている（水野敏 1993）。
　研究史上において古墳時代後期の軍事組織として検討されているものは以下のようなものが挙げられる。まず、国造軍とは岸俊男が東国と深い関係のある防人の組織的構造を明らかにすることで提唱された概念である。岸によれば『万葉集』巻二十に収載された左註に作者の地位を示す国造丁（国造）、助丁、主帳丁、火長などの身分記載があり、これを大化前代の国造軍の遺制とする（岸 1955）。このため大化前代においてすでに国造の下に、指揮者（国造クラス）―士官クラス―兵卒クラスといった複数の指揮命令系統（軍事組織）が整備されていたと考えられている。
　近年では、国造制の成立について6世紀代に位置づける説が大勢を占めつつあり、大川原竜一は6世紀前半に地域の首長的秩序を組み込み、ミヤケ制を基礎として、倭王権の全国的な地域支配の体制として、国造制が全国一律的に施行されたと考察している（大川原 2009）。その成立の契機については、筑紫国造・火葦北国造などの国造がいずれも半島派遣に携わっていたことから、国際的な軍事動員体制を整える目的が想定されるところである（篠川 1996）。
　その他の、文献史学において指摘されている大化前代の軍事集団としては、大伴や門号氏族などの軍事的伴造、靫負、物部、舎人、隼人などがあり、その大部分は天皇の親衛軍的な護衛兵であったとされている。直木孝次郎によれば、

これら軍事集団は律令兵制で五衛府などに再編成されていくのであるが（直木1968）、逆にいえば、令前兵制においては、さまざまな護衛兵（武装集団）が複雑に入り組んで、全体としての軍事組織が形成されていたと推察されるのである。

　門号氏族の語源（由来）をみても、佐伯・健部・犬養は当初から軍事的な性格が強く（直木分類のA型：靫負型）、多治比・的・玉手は地名を基とするため畿内の在地を地盤とし（B型：中間型）、山部・伊福部・猪養・壬生などは、食事その他、宮中で側近として仕えてきたもの（C型：舎人型）であることから、非常に雑多な構成が想定できる（直木 1968）。また、天皇の親衛隊的な護衛兵である五衛府は、令制の兵衛定数でも400人と規模の小さいもので、それ以前の伴造や靫負、舎人といった個々の戦士集団も、比較的小規模なものが中心であったと評価したい。このうち、舎人や靫負について、井上光貞は東国や九州の国造の子弟から構成されていると考えている（井上光 1949）。

　古代兵制史では、6世紀代に東国国造の子弟よりなる舎人軍の設置に画期が求められているが（直木1968）、古墳時代後期における考古学上の特徴でも、甲冑や馬具・装飾付大刀といった武器類が関東や東海を中心に出土する事例が多い事実が指摘できる。内山敏行の集計によれば、古墳時代後期・終末期の甲冑出土の古墳数は北関東（群馬・埼玉・栃木・茨木）とその隣接地域（長野・千葉・福島）に最も集中しており（内山 2006）、馬具副葬古墳も主として東海・関東地方に多い。

　古墳時代後期における、中央政権の軍事的基盤は、主として東国地方にあったと考えられるが、本章における武人埴輪の分析では、関東地方では重武装（Ⅱ類）が多く靫負（武人埴輪Ⅲ類）が少ないのに対し、近畿地方ではその逆（靫負が多く、重武装が少ない）を指摘した。このことに関連して文献史で興味深い指摘が行われている。それは丁未の乱（蘇我・物部戦争）に際して、物部守屋軍では地方の物部が加わった形跡がないことから、畿内氏族の軍事編成では各氏族内部での徴発に限定されていたと考えららるのに対し、国造（とその軍）は地域の行政・軍事権をある程度委ねられていたため、力役と同様の方式で民衆を挑発していた可能性が指摘されるというのである（吉永 2015）。すなわち、畿内氏族の軍と国造軍とでは軍事編成において構造的な差が存在した可

能性が推察でき、そういった差異が武人埴輪の組成にも及んだかもしれない。

その他、新納泉は装飾付き大刀の考古学的な研究から、古墳時代後期の階層的な兵制構造を想定している。新納は装飾付大刀を地方豪族や上層農民など、それぞれの集団の中で軍事組織の頂点を占めていた人物に伴う副葬品と考え、首長墓型と群集墳型と大きく2つに分けている。その上で新納は、首長墓型について一国に及ぶ広い地域の軍事組織（国造軍相当）を想定し、他方、装飾付大刀を出土する小規模な古墳や横穴の被葬者（群集墳型）については郡程度の地域における有力家族層の組織体を考えている（新納 1983）。

なお、群集墳を含む後期古墳の武器副葬の格差から、それを実際の軍事装備の階層構造の反映とした研究も知られており（原田 1962）、文献史学では、野田嶺志が古代の武力を担った兵士像を解明する中で魁帥、梟帥、渠帥といった邑・村レベルでの軍指揮者と、その武装集団を描きだしている（野田 2010）。

古墳時代後期においては、上記で指摘されたさまざまな武装集団が存在する複雑な様相が想定できるが、先に取り上げた水野敏典の、古墳時代後期における軍事組織の相互関係は不明な点が多いという研究史上における欠点の指摘を逆手にとれば、古墳時代後期の軍事組織には、さまざまな武装集団が存在することが重要であって、本章でモデル化したような大小の武装集団が共同体の規模や数、性質に応じて存在し、それらが複合的に積み重なり、さらにヤマト中央政権との関係性も有しながら、全体として軍事組織が形成されていたと推定できるのである。

本章の成果を積極的に評価して古墳時代の軍事組織を具体的に示した場合、既往の研究における国造軍のような地方首長（豪族）の軍事組織に類するものが武装集団Aに、後世の伴造や靫負、舎人といった警備・護衛兵に類するものが武装集団Bに、群集墳被葬者のような小さな有力家族層の軍事的組織体を武装集団Cに、そして、軍事を専門的に取り扱う職掌的な武装集団や軍事首長が武装集団モデルDに、それぞれ比定することができるだろう。

註

(1) 武人埴輪と先行する器財埴輪との関係に関しては、たとえば大阪府長原45号墳出土例のように顔を付けた（ただし腕はない）甲冑埴輪が存在することが知られ

て入いる。器財埴輪（盾・甲冑）と武人埴輪（盾持ち埴輪、武装人物像）との形式的な連続性については、これを否定する見解と関連性を認める意見との両者があり、比較的に否定的な見解が多いが（杉山晋ほか 1999）、造形対象の象徴から具象へという形象埴輪の変遷原理を念頭に置くと、単なる器財（盾・甲冑）から顔が付き、より具象化が進行することで、最終的には武器を身にまとった人物そのもの（武人埴輪）が成立していくと考えることも可能であるため、本章では一定の関連性を認める見解に左端しておきたい。

(2) 塚田良道の 1996 年の論文では"ゾーン"の用語を用いており（塚田 1996）、一般的にはその用語が広まっているが、ゾーンは空間の範囲を示す用語であり形式相互の関係を示すのには適切でない、と著者自らが"ゾーン"を"形式"に改めているため（塚田 2007）、著者の意向を尊重し形式と表現する。

第 11 章　古墳時代における武装集団の実像

第 1 節　考古学的な個別事実（現象）と研究史および本書の立場

　古墳時代の武器や武具については豊富な研究が存在しており、考古学的な現象や客観的な事実の大枠に関しては定まっている部分も多い。もちろん、その現象の個々の解釈や、詳細な位置づけなどについては議論が分かれるところであるが、客観的な事実や現象に関しては、普遍的な共通認識を共有することができる。本節ではそれら個々の事象に関する研究史をまとめ、本書の立場や独自性を明確にしたい。

1．金属製甲冑が出現する現象

　鉄製甲冑が出現するのは古墳時代初頭である。前期におけるその他の武器、鉄剣や鉄鏃・銅鏃などについては、弥生時代後～終末期からの一定の連続性が認められるが、防具については木製の短甲が弥生時代から存在する反面、鉄製の甲冑は古墳時代から出現するという現象が認められている。

　古墳時代前期の甲冑に関しては 1920～1930 年代より山梨県大丸山古墳や静岡県松林山古墳においてすでに知られており、末永雅雄は方形鉄板を革綴する技法として「カルタ鉄革綴」という名称を付してした（末永 1934）。また、1950 年代には京都府椿井大塚山古墳で小札革綴冑が出土しており、希少な革綴冑の全体像が復元提示された。

　しかしながら前期の甲冑は類例がきわめて乏しいこともあり、研究事例が少なかったのが実情である。1990 年代以降、滋賀県雪野山古墳、京都府瓦谷 1 号墳などで甲冑の出土が相次ぎ、ようやく研究が活発化する（高橋克 1993、橋本

達 1996、小林謙 1997)。

　それらの研究の進展によって、古墳時代前期の甲冑は小札革綴冑、小札革綴甲、竪矧板革綴短甲、方形板革綴短甲などの各型式が存在するが、出土例が少ないにも関わらず、いずれも多様性に富んでいることが明らかになった。資料の希少さと多様性から位置づけが困難な点も多く、製作地や系譜、冑と甲との組み合わせのあり方、編年観などについては議論が分かれている。

　本節で関連する前期の軍事組織や武装に関して言及すれば、第4章でみたように、前期の大型古墳に多い甲冑副葬Ⅱ型では武器・武具の配列状態が道具としての機能的な価値よりも、刀剣類などを多量に"並べる"行為そのものが重視されている状況がうかがわれる。すなわち、古墳時代前期における多量の武器副葬は基本的に武器以外の宝器と同じような扱いを受け、その副葬行為は、直接的には古墳祭祀における厚葬性のゆえんと考えることができる。したがって、武器の副葬行為が当時の首長たちの武装の一端を覗かせていることは認められるものの、ここから直接的に武装集団や軍事組織を復元することはきわめて困難であると評価したい。

　ただし古墳時代前期の甲冑に関する既応の研究においては、資料数は比較的少数であり、分布も畿内地域に集中し、大型古墳出土が多いことや（橋本・鈴木 2014）、前期の鉄製甲冑は小札革綴甲、竪矧板革綴短甲、方形板革綴短甲など多様で規範性が少ないこと（小林謙 1997）が明らかになっている。

　そのため、古墳時代前期においては各地域を代表するような大首長層、特に近畿地方における大首長が鉄製甲冑を所持することが可能であり、それら大首長を中心に武装集団が存在した可能性が高い一方、鉄製甲冑の製作や流通のあり方は多様であり、広範囲で統一的な指揮系統にもとづく軍事組織が存在した可能性は低いと推定できるのである。

2．中期の帯金式甲冑に関する現象

　帯金式甲冑出現以降の中期の甲冑については、研究初期から検討されている膨大な研究の蓄積があり、論点も多岐に及び複雑で、容易に要約することはできない。ただし、大枠としての共通現象として次のような事柄を指摘することができる。

(1) 生産の現象

　中期の甲冑については、北野耕平が鋲留式甲冑の出現にからめて前代には存在しない画期的な技術と位置づけ、これを大陸からの渡来工人の所産とみなした。そしてこの新技術による甲冑の量産体制は、朝鮮半島などの軍事行動と関連する大和政権の武力体制強化に求めたのである（北野耕 1963）。

　その後、野上丈助は前期の短甲の多様性や鉄鏃における少数多型式などから、前期の鉄器生産を分散的・小規模な生産であったとし、長方形革綴短甲の出現以降においては、型式上の統一化がみられ鋲留など外来の新技術導入が行われ、工人の組織が進行し同一規格の大量生産が実現したと考察した（野上 1968）。

　次いで小林謙一は個々の遺物の詳細な技術について検討を加え、三角板革綴短甲の出土量の増加現象は大和政権の統制で組織化された結果と考え、甲冑の製作を単なる輸入ではなく技術工人の渡来にもとづく歴史的な現象と想定した。また、同じ特徴をもった甲冑が畿内地域と各地方で共通し、大量埋納などが畿内地域を中心に認められる現象について、甲冑は畿内で製作されたものが各地域へもたらされたと解釈し、大和政権の統制の下、甲冑工人が統制、量産化されたという生産状況の背景を示した（小林謙 1974）。

　このように1960～1970年代には甲冑の生産や技術に関する現象（事実）が整理され、その研究は大きく進歩し、その後の研究は主に甲冑の系譜をめぐる議論や、編年や技法に関する細部の検討などが行われることになる。

　これらの検討によって明らかにされた甲冑の変遷観の大枠や、中期における甲冑の量産体制、甲冑が近畿地方の政治組織によって統制され各地へ配布された、などの見解については現在でも変更する必要性を認めない。筆者も、甲冑の生産面に関する現象については先学に従うものであり、それ以上、詳細を検討する能力もないが、本書で関連するところに関して言及すれば軍事組織を編成・維持していく上で必須な武器の生産が重要になる。

　そこで第9章においては古墳時代中期における甲冑を含む鉄器生産が、渡来系の技術系譜を有し近畿地方で生産・保管されたという認識の追認を試みるため、弥生～古墳時代に至る鉄器生産遺構の検討を行い、古墳時代中期には集中専業型、居館隣接型、集落付属型など各種の鉄器生産が行われ、特に集中専業型や居館隣接型については国家的な、または大首長・豪族層が渡来技術を導入

して鉄器生産を行っていたことを推定した。

　学史で指摘されてきたとおり、甲冑に関しては近畿地方を中心に大量に生産・集積（保管）され、流通や配布、消費、副葬などに用いられたと考えられる。このことが直接、軍事組織を論じることにはならないが、古墳時代の中期の近畿地方において、武器を大量に生産するという潜在的な政治力・生産力を有していたことは、当時の軍事的な社会的背景を検討する上でも非常に重要な事実といえるだろう。

　(2) 分布の現象

　中期の甲冑が出土する古墳は日本列島で広域に広がり、特に中小の古墳から出土するという現象はこれまでも指摘されてきた。これについては、1975年に田中新史が関東地方の甲冑出土古墳を検討する中で「短甲一領埋納の中型古墳」という表現で示している。

　田中は甲冑の型式や共伴遺物の年代、さらに甲冑が埋納されたセット関係や出土位置を重視して分析を進め、そのあり方としてA. 大王陵単位に大量に集積されたもの、B. 地域の主要古墳が同一型式を集中的に保有するもの、C. 古墳群内では集中するが群内では分散するもの、D. 短甲一領が1基（または数基）みられるものの4つに大別し、甲冑の配布や副葬から首長層の政治的動向や武器を副葬した武人的な被葬者像について言及した（田中新 1975）。

　田中の先駆的研究は、それまでの甲冑の個別遺物の検討を通じて編年や工人のあり方を考察する方向性とは異なって、武器副葬や副葬された古墳、その被葬者像といった主に遺構面からの考察という方法論上の大きな転換があった。同様な研究方向、すなわち甲冑が副葬された遺構（武器副葬古墳）や事象（甲冑の配布や副葬行為）の解釈を通じて研究を行うことは、その後、藤田和尊や田中晋作により強力に進められ、本書の主なテーマの一つである軍事組織をめぐる論争が行われた。本書の研究は主にこの研究方向に連なるものといえる。

　ところで、古墳時代中期に甲冑が出土する古墳が中小の古墳を中心に広域に分布するという客観的な事象（事実）については、研究史においても本書でも特に異論するものではない。ただし、それぞれの研究においては主に方法論的な手法や研究の論点が異なっているといえるであろう。田中晋作の"常備軍"をめぐる研究での立場の異同については第6章で詳しく検討したので、もう一

つの主要な研究である藤田和尊の研究に触れ、これらの課題を考えておきたい。

　藤田は、甲冑セットの組み合わせを類型化し、最新甲冑セット（Ⅰ類型）が濃厚な地域と、その周辺地域を甲冑の供給地域とする。また、このⅠ類型（野中パターン）については、一括して大量に保管されていた武器庫から無造作に取り出したものと解釈した。そして新旧を取り混ぜた諸段階の甲冑セットの事例として、畿内地域における墓山パターンと地方における月岡パターンを設定し、中期後葉の甲3、冑2の数的なセット関係を鶴山パターンとした。

　すなわち、藤田の研究では古墳（廃棄状況としての遺構）における甲冑の型式的な組み合わせ状況から、供給元である畿内地方の政治的影響力の濃淡を読み取り、百舌鳥古市古墳群に中心をおく野中パターンについて甲冑の集中管理体制を想定し、地方の小古墳被葬者に伴い甲冑が出土する現象に関しては、地方の軍事組織が大きく発展したものではなく、中央政権による政治的な動向（牽制や懐柔策）による結果とみなしたのである（藤田和 2006）。

　藤田の論旨の組み立ては、①「副葬武器が被葬者の武装状況を反映している」、②「甲冑の生産と流通は畿内地域からの一元的流通である」という2つの大前提を基に議論が進行する。このうち、前提②に関しては型式的な分析を通じて先学において指摘されたことであるため異論がなく、①の前提については、結論として筆者も一定の範囲で認めるところであるが"常備軍論争"で議論されているように、①の仮定をそもそもを前提として論を進めることは方法論上では問題が残る。

　本書では副葬武器は葬送儀礼のあり方の中において検討すべきであると考え、無条件的に"武器副葬＝武器保有"と認知せずに、遺物の廃棄状況（儀礼における使用痕跡）から社会的な武器の取り扱われ方の価値体系を考察し、これを介した上で軍事組織像を考察する、という立場をとる。

　藤田の分析においても、本研究においても、客観的な事実や現象（武器の大量生産・埋納・配布）の認識は共通しており、その最終的な結論としても、同様に、近畿地方中枢部において大量の武器が生産・管理され、その社会的な背景として、近畿地方においては一定の軍事組織が存在した結果だと考える。しかしながら、方法論上の差異から解釈に至る過程が異なっているといえるだろ

う。

　藤田論では、副葬武器が被葬者の武装状況を反映しているという無批判的な前提から、武器の大量埋納を"甲冑集中管理体制の体現者として陪塚に葬られた被葬者に対して供献された"結果とみなすのに対し、本書では大量埋納は"古墳祭祀の儀礼的な副葬量の肥大化"とみる。両者の相違は副葬甲冑の位置づけ、副葬武器を実際の武装反映とみるか、副葬儀礼の一環としてみるか、という根本的な差異にもとづくものであるが、近畿地方中枢部において武器が大量に生産・管理されたという客観的な現象の認識は同じであることから、これらの社会的な背景として、同様に、近畿地方においては一定の軍事組織が存在した結果と考える訳である。

　したがって、副葬品に武器が選ばれた理由や、武器の実用的な社会的背景を明確にしておかなければ、武器は祭祀に用いられる為に大量に生産・副葬された、という論旨も理論的には成立し、辻川哲朗のように器財埋納施設を"埋葬儀礼空間の拡大"と"儀礼段階の追加"という視点から解釈を試み、大量埋納を威信財の蕩尽行為で説明する立場も可能になる（辻川 1999）。

　中期の甲冑出土古墳に中小古墳が多い、という客観的な事実（現象）においても中央の政治的な影響の結果とみる点では、本書と藤田論ともに、最終的な解釈結果は同じである。とはいえ、解釈に至る道程は異なるものであり、藤田論では甲冑の分布を中央政権の牽制や懐柔策という政治的な結果と評価する。しかしながら、モノの移動には配布や贈与などさまざまな形態があり、滋賀県黒田長山古墳群や、宮崎県島内地下式横穴墓群など、中小の古墳群において集中的に武器や甲冑が出土する古墳群が存在している現象について注意しなければならない。

　川畑純は１つの古墳群から出土する甲冑は雑多なものの集積ではなく、型式学にもとづく特定系統が集中するために、被葬者は集団内での個人的な活動の範囲においてそれぞれが武器を入手したと考えるが（川畑 2015）、威信財が授受される過程で武器・武具が選択され、それが個人的な活動の結果であれば、単にモノの移動を政治的な政策現象からのみ解釈するのではなく、武器で象徴される軍事的な側面を有する集団行動（武装集団・軍事集団）の存在も視野に含めなければなならないであろう。

(3) 武器の大量埋納に関する現象

　古墳より多数の武器が検出されるような事例は早くより知られており、1930年代には奈良県円照寺墓山1号墳や大阪府七観古墳など武器が集中的に出土する古墳も報告されていた。しかし初期の古墳時代研究は遺物を中心としたものであって、遺構や出土状況などが詳細に検討されるのは主として1950年代以降になってからのことである。

　人体埋葬のない陪塚の存在が問題の俎上にあがったのは1953年のカトンボ山古墳の報告である。この報告書において七観古墳のように武器を主として埋納した陪塚は、主墳の付属的な装飾であり主墳内の埋蔵設備の延長であると評価された。また北野耕平のアリ山古墳の調査と報告によって、中期の近畿地方における大量埋納武器の背景に、大和政権の親衛隊的性格をもった軍事機構の存在が指摘されるようになった（北野耕 1963）。

　その後、武器のみを納めたと想定される小古墳の類例が増加し、殺傷道具が大量に埋納された原因をめぐって古墳時代中期の軍事組織と結びつける議論が主張されてくる。そういった視点から取り組んだ研究としては藤田和尊（1988）や田中晋作（1993）がある。特に田中は古墳に埋納された武器は平時には特定の場所に保管されていたという前提から、大量の武器埋納に関しては戦時に編成される組織に貸与するための備蓄を示すと考え、特定首長などの死に際して、その一部の単位が一括して埋納されたと想定した。

　こういった見解に対し、松木武彦は武器の埋納とは第一義的に葬送儀礼行為の痕跡だと批判している（松木 1994）。また豊島直博は鉄器埋納遺構について、儀礼用に特別に生産された武器である可能性を指摘しているが（豊島 2000b）、いずれも田中からの再反論もあり、容易に結論が得られていないのが現状である。

　近年では『日本書紀』の壬申の乱における兵器奉納記事などを中心に、野中やアリ山などの事例を古墳でなく国家的な戦争祭祀を目的とする"土壇"とみなす見解（藤原学 2003）、あるいは文化人類学的見地から、埋葬儀礼の場で富の大量消費をみせつけることで、首長の社会的威信を高める行為が大規模化、複雑化したものとみなす立場など、さまざまな視点から大量埋納の意味が検討されている（鉄器文化研究会 2000、久保哲 2001）。

上記のように、武器の大量埋納という行為については1930〜1950年代までは事例の報告と蓄積が行われ、1950〜1960年代においてカトンボ山古墳やアリ山古墳などの遺構としての大量埋納が注目されるようになった。そして1980〜1990年代に至って、大量の武器が埋納される行為の背景に軍事組織のあり方を読み取ろうという積極的な検討も行われるようになるのである。

　研究の多くは、武器の副葬と被葬者との関係を実際の武装状況や武器管理の反映とみなす前提で研究が行われており、"常備軍論争"をめぐる議論で武器の副葬を被葬者の武装状況の反映とみなす前提に批判が加えられた結果、近年では儀礼としての側面から大量埋納行為が見直されつつある。しかしながら、大量埋納という遺構を第一義的には儀礼行為であるとみなすにしても、これがどのような思想的背景で儀礼が行われたのかや、なぜ中期において大量に埋納する器財が武器・武具であるのかといった理由の解明にはならない。

　本書では、上記のような学史に鑑み、武器副葬を遺物のライフヒストリーにおける廃棄段階と位置づけ、第6章と第7章において"廃棄行為＝副葬行為"の変遷や、社会的な背景を考察することで、副葬行為の結果たる大量埋納は、古墳祭祀の儀礼的な副葬量の肥大化とみなした。しかし一方で、武器を取り扱う社会的な背景が武器の実用面を重視する方向性にあることから、単に儀礼行為だけとみなさずに、その背景に軍事的な諸関係が内包されていると想定したのである。

3．後期における武器副葬の変化現象

　古墳時代前〜中期までの軍事組織に関する検討は、主として副葬された武器・武具、特に甲冑を中心に行われてきた。しかしながら後期に入り横穴式石室が導入されると、葬送観念の変化とともに、近畿地方の首長墓では甲冑の副葬は急速に減少する。

　古墳時代後期の近畿地方の首長墓では、武器副葬の大量化といった取り扱いは急速に影を潜め、武器の副葬も少数の装飾付大刀や挂甲などに限定されてくる。第7章でみたように後期古墳の棺内に副葬されている武器は、実際に生前の被葬者が装着していた個人的属性の高い遺物であったと推定でき、大阪府阿武山古墳の段階における被葬者に至っては、副葬品そのものが皆無になってい

く。古墳時代後期の近畿地方の首長層の価値的背景としては、葬送の儀礼そのものの重要度が低下していったと評価することができるであろう。

すなわち、近畿地方の首長層の視点で葬送儀礼の歴史的背景を模式化すれば、武器と副葬との関係性は次のような変遷を経ていくと評価することができる。

- 宝器の埋葬など象徴的な儀礼的要素が強い段階（古墳時代前期）
- 武器の実用性などを重視した、儀礼行為に現実的な側面を反映させた段階（古墳時代中期）
- 副葬品や威信財の儀礼が記号化し、副葬そのものの価値が失われていく段階（古墳時代後期）

川畑純は武器の分析結果から、古墳時代半ばに"量的格差表象システム（量差システム）"から"質的格差表象システム（質差システム）"へという社会の構造的な転換があったとし、これを国家形成過程における最大の変化と位置づける（川畑 2015）。量差システムとは量の保持が社会的階層差を表示する社会システムの謂いであるが、武器の大量埋納という現象は、厳密にいえばその量の保持を表示したのではなくむしろ廃棄の卓越であり、社会におけるシステム的背景としては、ポトラッチ的な"気前よさ"（モース 2009）つまり消費による財力の誇示が反映していると思われる。したがって量差システムから質差システムの変更は、それそのものの自律的な展開ではなく、古墳の葬送儀礼における抽象的な儀礼行為から実用的な儀礼行為への変化過程の中において捉えるべきでものであり、さらにその先には儀礼そのもの変容や価値の喪失現象が生じていくのである。

すなわち古墳時代後期の社会においては、軍事機構を含む政治的な組織機構が充実していき、社会的な秩序がシステム化していくために、首長層たちの立場においては威信財で社会的な結合を再確認するような葬送儀礼や、武器を大量に埋納するポトラッチ的な"気前よさ"をアピールする必要性がなくなったと考えられる。その社会的背景は実際の政治的組織機構の充実により、儀礼的な行為が変容・無価値化することであって、軍事組織に関していえば、その充実の結果として律令時代の軍団制に向かう整備の推進が推定されるのである。

第2節　古墳時代の軍事組織像

1．古墳時代前期の軍事組織像

　研究史的成果および本章での検討結果を総合すると、古墳時代前期の軍事組織は相対的に未発達な状況にあったと結論する。

　古墳時代前期の軍事組織に関して、和田晴吾は古墳づくりという大規模な土木工事が、目的のために効率よく集団で人びとを動かすという軍事行動ときわめて類似していることから、古墳の大きさは被葬者が駆使し得た兵力の大きさを暗示していると指摘しており（和田晴 2014）、菅谷文則は前期古墳から出土したヤリ（槍）を取り上げ、前期古墳の被葬者は鉄製武器を集団戦闘力として利用することによって権威を保持し、あるいは権威を生んだとして、前期における集団的な武装集団に言及した（菅谷 1975）。

　確かに古墳造営の動員力や集団行動は軍事行動と類似しているが、単なる類推では具体的な軍事組織を描くことは不可能である。また、副葬武器を中心に軍事組織を考えようとしても、第6章でみたように古墳時代前期の武器副葬は儀礼的な要素がとりわけ強く、武器の威信財的な側面の価値がきわめて高いと評価できる。

　個々の武器に関していえば、研究史の中で前期における甲冑は製作技法が多様で規範性が少ないことが明らかにされたことは先述したとおりであるが、刀剣類については畿内地域から他地域へ製品の再分配が想定されるなど（豊島 2010）、その生産上における集約性は脆弱であったと考えられる。また、前期を中心とする銅鏃については儀礼的な要素が強いことは指摘されていたが（松木 1991）、前～中期の矢鏃の流通について、川畑純は矢ではなく鏃のみとして生産・流通していた状況を明らかにするなど、矢鏃が純粋な武器の授受ではなく、首長同士のモノの交換や授受を目的とする交換財としての側面が強かったことを指摘している（川畑 2015）。

　これらの研究を総合すると、古墳時代前期の武器は機能面においても、葬送状況（廃棄状況）においても、そのどちらも儀礼的な側面の価値が重視されていた可能性がきわめて高く、軍事や武器というよりも、むしろ武威という象徴

的側面を内包しつつ、祭祀具や威信財として重視されていたことがわかる。そのために、大きな古墳が存在し武器が副葬されているからといって、無批判的に軍事組織、特に広範囲で統一的な指揮系統にもとづく軍事組織が存在したと考えることはできないのである。

　第3章においては弥生時代の軍事組織の階層化が未発達であったと論じ、弥生時代後期に首長層に武器が副葬されるなど、特定首長に軍事権が移っていく様相を想定したが、古墳時代前期の軍事組織は弥生時代後期からの延長線上にあって、各地域の共同体ごとにおいて軍事権を把握した首長層が、それぞれ個別に集団的な武装を形成していた段階と評価することができるだろう。

　なお、『魏志』倭人伝に「常に人有り、兵を持して守衛す」とあることや、ヤマト政権においては家政的なトモの発生が比較的に古いものであったと想定されるならば（平野 1955）、古墳時代前期の各首長たちには、彼・彼女らを取り巻く私的で身内的な護衛や警護といった形態で何らかの武装集団が存在した可能性も考えられる。それは、古墳時代前期の段階においては祭政未分化の状態に留まっており、その戦闘も儀礼的な様相が強かったのかもしれない。

　また、4世紀を中心とする時期は、七枝刀や広開土王碑などでみられるような、渡海する武装集団の存在が知られている。この頃の朝鮮半島は新羅が高句麗に従属し、百済は伽耶諸国を介して倭国と同盟を結びつつ高句麗と対峙していた（熊谷 2015）。そのために、百済や伽耶諸国は倭国に対し学問や文化、陶質土器や武器製作工人などを援助し、その見返りとして軍事的な援助（傭兵）を求めたと考えられている（鈴木靖 1990、金泰植 2005）。むしろ倭国は、これらの援助を利用して、軍事力の強化や朝鮮半島への出兵に力を注いだといえるだろう。

2．古墳時代中期の軍事組織像

　古墳時代中期は、日本列島において初めて広域な軍事組織が形成された時代であると結論する。もちろんその組織は未成熟で、広域とはいえ点と線との関係であったが、広範囲な武装集団の紐帯は軍事組織の形成を考える上では画期的な現象である。

　客観的な武器の量的増加や副葬事例、または既往の武器・武具研究の成果を

考慮すると、近畿地方において大量の武器・武具の生産と管理が行われていたことは確実であろう。

野中古墳や黒姫山古墳にみられる、武器の実用的な価値を重視した社会的背景から考えて、ヤマト政権の中枢部には大量の武器を取り扱う専門的な武装集団が組織化されていた可能性は高い。文献史学を参照にするなら、そこには大王や大豪族層を中心として、将軍号や人制、渡来系集団の編成などにもとづく政治・軍事上の組織化が進行していたと考えられるのである。

そういった軍事組織が形成された背景には、渡来系の集団や技術を積極的に再編・強化するといった政治的指向性が推定されるのであるが、一方、第6章でみたように、古墳時代中期では、全国各地において墳径50m以下の小円墳被葬者で、副葬品が甲冑や武器に特化した被葬者が存在していた。そのため、列島各地においても在地の首長層を中心にして専門的な軍事小首長が広範に成立していたと考えられる。

ヤマト中央政権は、地方の軍事的な小首長層を対象として、武器の配布などを通じた"扶植"や"取り込み"といったさまざまな政治的な政策により、軍事的な諸関係を形成していったのだろう。換言すれば、武器の配布や上番による奉仕などを通じて軍事的な武装集団が組織化されており、このことによって、日本列島で初めて広域な全国規模での有機的な軍事組織が形成されたと評価することができる。

反面、その組織構造は王権や豪族・首長層たちとの、個々の人的な関係を基盤とする組織体制であるために、彼らの政治的な盛衰により容易に変動してしまうような、非常に脆い構造的な側面も有していたと考えられる。

古墳時代中期の百舌鳥・古市古墳群の被葬者集団は、帯金式甲冑の生産や配布と密接に結びついていたが、6世紀初頭の段階（MT15）に入って帯金式の甲冑は急激に消滅する。橋本達也はこの変化を中期と後期とに分かつ指標とし、中期的な甲冑の生産や副葬・配布といった政策を主導した政治体制の変動を推定している（橋本達 2010）。

継体天皇は越前から大和に迎えられ、継体〜欽明朝にかけては紀年の混乱が著しいなど、6世紀前半は王権の政治的な混乱が想定されている。林屋辰三郎が「辛亥の変」と名付けた全国的な内乱（林屋 1952）は、現在では否定的な見

解が有力である。しかしながら、武装具様式の急激な変化にみられるように6世紀前半に大きな政治的な変革があった蓋然性は非常に高く、このことによって、属人的な関係にもとづいて形成された中期的な軍事的秩序は変容を余儀なくされていくのである。

3．古墳時代後期の軍事組織像

　古墳時代後期には、さまざまな武装集団の階層（職掌）化が進行する一方、武器を所有した階層の裾野が広がり、後の律令軍制が整えられていく段階と考えられる。

　第10章において武人埴輪を資料として、古墳時代後期の武装集団として4つのモデルを提示した。その結果古墳時代後期のヤマト政権中枢部では、舎人や隼人などと文献で呼称される大王の親衛軍的な護衛兵などが、武装集団モデルBのような組織体でシステマティックに整備されていたと指摘し、東国など地方における大豪族では、武装集団モデルAのような武装集団（国造軍）が存在していたと考えた。一方において、地方の各地域では群集墳の爆発的増加にみられるように武器を所持する階層の裾野が広がり、武装集団モデルCのような小規模・低階層な武装集団も形成されていくと評価することができた。

　歴史的な位置づけとしては、古墳時代後期の軍事組織は学史上において独立兵科としての騎兵の成立や、対外軍隊としての国造軍の成立が指摘されているが、それは単純なまたは一元的な組織として整備されたものでは決してなく、さまざまな規模やパターンの武装集団が重層的に重なり合って複雑化していったといえる。

　そこでは、王権や中央・地方豪族間の個別的な軍事的関係が維持されたまま、屋上に屋を架すように、さまざまな要素が取り込まれていき、非常に複雑な組織構造になっていったと推定することができる。

　中央の軍事集団に限ってみても、後世の門号氏族でみるように当初から軍事的性格が強い集団から、在地首長による家政的な武装集団、王権へ近習する過程で軍事化した集団などさまざまな性質のものが混在しており、かつ、これに渡来系の武装集団や、東国からの上番にもとづく武装集団、新たな兵科としての騎兵集団などが加わっていく。同時に、中央・地方の有力豪族たちも、雑多

な私的兵力をそれぞれ保持しつつ、国造軍として整備される一方、全国的な規模でも武器保有階層が拡大する。

　6世紀はマヘツキミ（臣・卿・大夫）－オホマヘツキミ（大臣）制のような、畿内有力豪族からなる氏族の合議制が成立し（倉本 1991）、人制から部民制へと移り変わる一方、地方においても国造制やミヤケ（屯倉・官家）が成立するなど（大川原 2009、舘野 2012）、多方面において王権や国造の支配構造が強化されていく時代である。そしてこれと並行して、軍事組織についてもより制度的な強化、具体的には軍事に特化した負名氏（なおいのうじ）が成立するなどのシステム化が進行していくと考えられる。そして、そういった軍事組織の充実が次代の律令軍制を準備していくのである。

4．軍事組織の変化と画期

　以上、古墳時代における軍事組織のあり方を示すことができたので、その画期を示して本章を閉じたい。第4章において、原始・古代社会における武器や軍事に関連する第一の画期としては、定型的な武器が出現し武装農耕民が成立する弥生時代前期を、第二の画期としては、日本列島各地に鉄製武器を副葬する首長墓が形成され、軍事的な階層が広域に成立した弥生時代後期段階とした。

　基本的に古墳時代前期の武装集団のあり方は、第二の画期における弥生時代後期からの流れを汲むものであって、その軍事的な組織上の特徴は政治や軍事を統括した首長が存在すること、すなわち各共同体はそれぞれの首長を求心的に、軍事的な関係性や集団的な武装を形成していたと考えられる。ただし、首長層の武器の扱いは、特に古墳時代前期において儀礼的な様相が顕著な、政治や軍事が祭祀と未分化の状態で、実際の全国的な軍事組織の整備は未発達であったと位置づけておきたい。

　これに続く第三の画期は古墳時代中期とする。中期以降、武器の実用的な取り扱いという社会的な動きが顕在化し、古墳祭祀の儀礼においても、武器の宝器としての扱いから実際の武器組成を重視した扱いに変化していく。また本章で検討したように、武器を介した広域な流通や、共通する武器副葬の儀礼が執り行われるなど、古墳時代中期は点と線との関係ながら列島初の広域な軍事組織が形成された段階であると評価することができる。

古墳時代中期に成立した汎列島規模での軍事組織の構造は、後期において制度的・システム的に充実していったと推定される。近畿地方中枢部の首長層においては武器の威信財としての機能が喪失していき、武器副葬といった行為を介して維持されてきた、儀礼的なまたは人的な結合原理を中心に組織化されていた軍事組織が、より制度的に組織化されていくと推定できる。また一方では、全国的な規模で、社会的な武器の所持階層がより広範囲になり、武器の保有階層が拡大していくが、このことは後の律令軍制へとつながると評価することができるだろう。

　古墳時代中期に成立し、後期において充実していった汎列島規模の軍事組織構造は、7～8世紀における律令兵制の成立をもって、新しい第四の画期を迎えることになるのである。

第 12 章　軍事組織の変遷に関する理論的考察

第 1 節　軍事組織の分析に関する理論的前提

　これまでの各章において、弥生時代から古墳時代にいたる具体的な戦闘形態や武装集団のあり方を検討してきた。これらの実証的な事例を基に、第 12 章と第 13 章では、軍事組織や戦争、国家などに関する理論的な検証を行い、その歴史的な位置づけを試みる。

　本章においては、これまで武装集団として検討してきた社会的な集団を軍事組織として分析の俎上にのせ、歴史的な背景や意義について考えたい。その理論分析の前提は、比較社会学の方法論から軍事組織のあり方を理論的に研究しているスタニスラフ・アンジェイエフスキーの研究を基礎とする（アンジェイエフスキー 2004）。アンジェイエフスキーの研究そのものは、原著の初版が 1954 年にまで遡る古いものであるが、類例のない軍事組織と社会についての非常に精緻な理論的分析であり、その古典的な価値の再評価も試みられている。以下では、アンジェイエフスキー理論を紹介するとともに、本章における理論的前提を明確にしておく。

　アンジェイエフスキーによれば、戦争は文化の産物であり、社会内部および社会間で絶え間なく行われる闘争は、権力、富、威信を求めて争われる。また彼によれば社会階層とはある社会において多少とも同一の地位をもつ個人の集まりであり、"社会的階層構成" とは地位、富の分配および政治的権利に関する総合的評価の結果を示している。逆にいえば、社会的階層構成とは富、地位および政治的権力に関する不平等を総称したものであり、社会的不平等と同一語であるという。

表12 アンジェイエフスキーによる軍事組織の諸類型

型式	略号	軍事参与率 (M/m)	服従度 (S/s)	凝縮性 (C/c)	類例
騎士型	msc	低い (m)	低い (s)	低い (c)	盗賊騎士団、戦士カースト
マサイ型	MsC	高い (M)	低い (s)	高い (C)	コサック社会、マサイ族
	MSc	高い (M)	高い (S)	低い (c)	あり得ない
タレンシ型	Msc	高い (M)	低い (s)	低い (c)	タレンシ族、北米開拓者
一般徴兵型	MSC	高い (M)	高い (S)	高い (C)	近代ヨーロッパ、秦
スパルタ型	msC	低い (m)	低い (s)	高い (C)	ドーリア国家（スパルタ）
職業戦士型	mSC	低い (m)	高い (S)	高い (C)	アッバース朝カリフ、絶対王政
	mSc	低い (m)	高い (S)	低い (c)	あり得ない

軍事参与率：全人口の中での戦争に動員される兵士の割合。
服従度：軍事団体や戦士の服従関係や従属関係。凝縮性：軍事団体の組織の強固さや緊密さ。
※服従性は凝縮性を意味し、その逆は真ではない。したがって、高い服従性と低い凝縮性の共存は理論的にありえない。

　その上でアンジェイエフスキーは軍事組織の形態を、軍事参与率（Military Participation Ratio）、服従度（Subordination）、凝集性の度合い（Cohesion）の3つの軸から分類を行っている（表12）。
　軍事参与率とは全人口の中で戦争に動員される兵士の割合であり、高い場合をM、低い場合をmとする。服従度とは軍隊の服従関係や従属関係であり、高い場合をS、低い場合をsとする。凝集性とは軍事団体の組織の強固さや緊密さであり、高い場合をC、低い場合をcとする。
　アンジェイエフスキーは、これらの組み合わせから軍事組織の純粋な理念型として6種類を導いている。6つの軍事組織とは①msc（騎士型）、②MsC（マサイ型）、③Msc（タレンシ型）、④MSC（一般徴兵型）、⑤msC（スパルタ型）、⑥mSC（職業戦士型）である。
　　①騎士型…低い軍事参与率、服従度、凝集性によって特徴づけられるものであり、代表例として中世ドイツの盗賊騎士団、13世紀インドの戦士カーストなどがある。
　　②マサイ型…高い軍事参与率、低い服従性および高い凝集性をもっている

もので、コサック社会、東アフリカのマサイ族などが事例
とされる。
③タレンシ型…軍事的参与率が高く、服従性および凝集性がともに低いも
ので、事例としてはガーナ北部に居住するタレンシ族や北
アメリカの開拓者が挙げられる。
④一般徴兵型…軍事参与率、服従性、凝集性がいずれも高いもので近代ヨー
ロッパや秦代の中国が該当する。
⑤スパルタ型…低い軍事参与率と服従性および高い凝集性によって特徴づ
けられるもので、スパルタをはじめとするドーリア国家の
ような事例が該当する。
⑥職業戦士型…低い軍事参与率と高い従属性および凝集性によって特徴づ
けられるもので、初期アッバス朝のカリフ制度や、専門的
訓練を受けた職業的軍人に支えられた西欧の絶対王政国家
などが事例となる。

　以上がアンジェイエフスキー理論の基礎であり、これを基に彼は社会と軍事組織のあり方や、軍事組織の変化する動的な過程を考察する。本章では日本古代の軍事組織のあり方がどのようなものであったかを考える上で、アンジェイエフスキー分類を基礎に考察してみたい。

　なお、アンジェイエフスキーの分類指標は軍事参与率、服従度、凝縮性の3項目であるが、原始・古代においては、それぞれの内容を示す数量的な提示は不可能である。そこで、本章ではこれまでの各章にて検討してきた成果を基礎としてこの問題を考えたい。具体的には第3章や第10章で検討した、弥生時代や古墳時代の武器の保有や生産などの研究成果から当時の軍事参与率を推定し、第6章や第7章などで検討した古墳の墳墓や規模といった社会の階層性から服従度の高低を、また、第1章、第5章などで検討した具体的な戦闘像のあり方から凝縮性の度合いについて考察したい。

第2節　弥生・古墳時代の軍事参与率・服従度・凝縮性

1．弥生時代における軍事参与率・服従度・凝縮性の割合

(1) 軍事参与率

　軍事参与率とは全人口の中で戦争に動員される兵士の割合を指す。ここでは、物的痕跡である武器が、当時の社会集団全体の中でどのように独占されていたかという状況から軍事参与率の割合を推定したい。

　第3章でみたように、弥生社会における武器は概ね集落跡、もしくは墓域から出土する。特に大型の環濠集落などから石鏃や石剣など膨大な石製武器が出土するように、大部分は集落跡からの出土で占められている。第3章で取り上げた弥生時代後期の鉄製武器に関しても、鉄製武器は大部分が集落や住居関連遺構からの出土である。

　弥生時代においては、武器が集落の内部から出土するという一般的な傾向が認められることから、弥生時代で武器を所有したのは集落内に住居した一般成員であり、武装集団の具体像としては、集団の一般成員による武装が中心であったと評価したい。すなわち、弥生社会の大部分では、共同体成員の武器を保有した割合、換言すれば共同体内において軍事に携わった人びと（軍事参与率の割合）は比較的多かったものと考察できる。

　上記のように、弥生社会の軍事参与率の割合は基本的には高い傾向がうかがわれるのであるが、第4章で考察したように、弥生時代の軍事組織のあり方は地域や時代によって進展の速度が異なっていたことが指摘できる。

　大まかにいうと、弥生時代早～前期の北部九州および前～中期の北部九州以外の弥生文化分布地域は、首長層における武器の独占傾向が少ないため、集落内の一般成員が武装化するような、共同体全体の武装の平準傾向が想定されるのである。

　一方、弥生社会の最先端地帯である北部九州地域では、弥生時代中期の段階において銅剣・銅矛・銅戈といった金属製武器の出現とその副葬が顕著化する。第4章で検討したように、北部九州地帯においては希少な武器を独占するような、軍事面に特化した戦士階層の存在を推定することができるだろう。また、

弥生時代後期は鉄器の使用が広い範囲にわたって認められ、日本列島各地で鉄器の生産が開始し、鉄製武器を副葬する首長墓が形成されるようになるなど、首長層の鉄製武器に関する独占的傾向が急速に進行していき、結果として古墳時代前期の武器の多量副葬へと至るようになる。

すなわち弥生時代後期から古墳時代前期にかけては、鉄製武器の普及に伴い社会における軍事参与率（全人口の中で戦争に動員される兵士の割合）は次第に低くなり、特定の武器を独占した首長層によって軍事組織が形成されていくといった歴史的な潮流を読み取ることができるのである。

(2) 服従度

服従度とは軍隊の服従関係や従属関係を示す指標であるが、これについては、考古学が得意としてきた墓制の階層性などから、弥生社会での服従度を推察したい。

弥生時代の墓制研究では、第3章でみたように、特に北部九州地域で農耕文化の開始期より武器などの副葬品を墓へ納める行為が生じている。ただし北部九州地域においても、弥生時代の早・前期に限っていえば武器は石製の短剣が主であって、武器が副葬された被葬者の大部分が共同墓地（集団墓）の一角に埋没した状態にあり、突出した階層化はいまだ顕著ではないことから、その服従度は全般的に低いものであったと考えられる。

弥生時代中期の北部九州地域では、石製武器に代わって銅剣・銅矛・銅戈といった金属製武器の出現とその副葬が始まり、"王墓"とも称される質の高い副葬品をもつ特定の集団墓が現れ、青銅製の武器を複数本副葬するような事例が出現する。さらに中期後半には、北部九州地方では日本列島の他地域に先駆けて鉄器の製作も開始されており、副葬行為からうかがわれる社会の階層化が急激に進行していく。

このことから、北部九州地帯においては弥生時代中期段階に社会の服従度が一定の高さに達していると考えるが、これに比べると、北部九州以外の他地域全般は弥生時代前〜中期における武器は集落から出土する事例が中心であって、墓域へ武器などを副葬する行為そのものが少ないといえる。

古墳時代に階層化が急激に進行する近畿地方においても、方形周溝墓と土壙墓といった墓制の差異や大型の方形周溝墓の存在などから、若干の社会的な階

層差の存在が指摘されるものの（岩松 1992、藤井整 2005）、そこから想定される階層差は北部九州地域と比すれば小さく、副葬品目として武器が選択されてはいないために、社会における武器を尊ぶ価値観も希薄であったといえるだろう。

また、第3章でみたように、弥生時代後期の社会では、汎日本列島的に鉄器の生産や使用が普遍化し、各地の弥生時代の墳丘墓などに鉄製武器が副葬されるようになる。このことから、弥生時代後期段階に至ると広い範囲で階層化が進展していくことで、武器保有の格差などが生じていると評価することができる。

以上のような墓制からうかがえる社会の階層性から考えると、弥生社会の服従度に関しては全般的には服従度が低い社会であったと位置づけたい。ただし、先にみた軍事参与率と同じく、弥生時代中期を中心とする北部九州地域や、弥生時代後～終末期の弥生社会では、墓制に表れる集団間の関係性から、社会の中において服従度が高まっていった状況が想定されるのである。

(3) 凝縮性

軍事組織に関する指標の最後となる凝集性の度合いは、軍事団体の組織の強固さや緊密さを指す。これについては当時の戦闘技術の面から考えてみたい。

第1章において実際に武器による殺傷痕の残る殺傷人骨を検討した結果、弥生時代の対人殺傷の実例は背後からのものが多く、奇襲や襲撃といった数人単位の戦闘行為が主であったことを論じた。加えて絵画土器にみるように、弥生時代においては儀礼的な戦闘行為が行われたことも指摘することができた。

また、第2章で検討したように、従来、防御集落とみなされることの多かった環濠集落も、詳細に検討すると集落以外の環濠遺跡の事例も多く、弥生社会においては集落間で戦闘を行うような大規模な戦闘は非常に少ないケースと想定した。

このような諸点から、弥生時代の戦闘は"未開戦争（primitive war）"段階であったと評価することができるが（藤原哲 2004）、文化人類学において指摘されてきた未開戦争の特徴としては、戦術的な作戦や、明確な指揮と統制、十分な補給といった要素の未発達なことが挙げられている（Turney-High 1971）。したがって、弥生時代の軍事集団における組織の強固さや緊密さについても相

対的には低かったとしなければならない。

2. 古墳時代における軍事参与率・服従度・凝縮性の割合
(1) 軍事参与率

古墳時代は京都府椿井大塚山古墳や奈良県黒塚古墳でみるように、当初より大規模な首長墓である古墳に鏡や農工具と並んで鉄製の武器が副葬されている。しかしながら古墳時代前期の副葬武器には、儀礼的要素の強い銅鏃などの割合も高く、武器組成が完全に鉄器化しているわけではない。本書の第6章においても、古墳時代前期、かつ大型の前方後円墳であるほど甲冑副葬の儀礼的な傾向が強いことについて指摘を行った。

一方、古墳時代中期には、第9章で鉄器の生産状況を検討したように大阪府大県遺跡などで鉄器の集中的・専業的な大規模生産が可能になり、武器の鉄器化が完了する。また第6章や第7章の武器副葬の項で検討したとおり大阪府野中古墳や西墓山古墳などで大量の鉄製武器の埋納が行われており、古墳時代中期には共同体内部における実用的な鉄製武器の独占状況が大王層や首長層を中心に大きく進展していくのである。

このように、古墳時代においては鉄製武器が首長層を中心に独占された状況であったことが理解できるため、実際に武器を用いて軍事に携わる階層も、社会全体でみれば特定階層や特定集団に偏在していたといえるだろう。すなわち、古墳時代の軍事参与率は比較的に低い状況であったと評価できるのである。

(2) 服従度

墳墓における階層性から推察すると、古墳時代は各地域において社会の階層化が著しく進展した時代であったといえる。本書では第6〜7章および第9章において、武器副葬の質や量の差異は当時の社会階層などの具象化であると指摘したが、学史上においても古墳の階層性に関する研究は枚挙に暇がない。

学史上で何度も指摘されているように、古墳時代社会は明確な社会的階層性の顕在化が特徴であり、日本列島各地でも首長墓系列がたどれる古墳群が大小さまざまに築かれていることは地域史研究の深化により明らかにされている。このことから、当時の社会内部における服従度は相対的に高く、軍事組織についても一定の服従度があったものと考えなければならないだろう。

(3) 凝縮性

　古墳時代の戦闘技術を復元する一つの方法として、第5章で『日本書紀』に記された戦闘記述の分析を行った。その成果によれば、古墳時代の伝統的な戦闘様式は弓矢などによる遠距離戦闘が中心であったが、古墳時代中～後期を中心とする対外戦争での経験を通じて、本格的な集団戦闘や騎馬戦術が行われるようになる様相を論じた。

　一方、第8章で武装集団の個別事例を分析し、第9章で古墳時代中期社会の軍事組織について構造的に検討した結果、この段階には、中央と地方との関係性において武器の配布などを通じたヤマト中央政権を求心的に、地方の中・小首長層の軍事的な武装集団が関連づけられ、階層的・重層的に交差しながら広域な全国規模での有機的な軍事組織が形成されていた状況を復元した。すなわち、古墳時代中期においては、王権と地方の諸首長との間に軍事的な序列が成立していたと考えられるのである。

　これらの状況から、古墳時代における軍事的な凝縮性については弥生時代よりは高くなっており、その度合いは低から高への過渡期、古墳時代前期段階ではいまだ低いが、古墳時代中期以降は高まっていくと評価しておきたい。

第3節　弥生・古墳時代における軍事組織の歴史的位置づけ

1．弥生時代における軍事組織の歴史的位置づけ

　前節において、弥生時代から古墳時代の軍事的な社会側面をアンジェイエフスキー分類の指標となる軍事参与率、服従度、凝縮性などの関連で検討した。

　アンジェイエフスキーの分類は、彼自身が述べているように純粋類型であるにすぎず、現実の軍事組織や社会構造は理想類型のさまざまな混合体であることは明白である。実際の社会には、それぞれの地域差や時期差によって様相が異なることは筆者も承知している。しかしながら、これら純粋類型の検討は比較的広い視点から、社会を理論的に分析する限りにおいては、非常に有効な方法論であると考える。

　特に、先史時代における武装集団や軍事組織については直接的な資料は皆無で、間接的な物的痕跡（考古資料）しか知られていないのが実情であるならば、

全体像を把握する上で、理論的な抽象化も有効な研究方法の一つであるといえよう。本節ではこの視点からもう少し理論的な問題点を考察する。

さてこれまでの検討において、弥生時代は相対的に軍事参与率が高く、服従度、凝縮性のいずれもが低かったと評価した。アンジェイエフスキー分類にあてはめると、弥生社会の軍事組織はタレンシ型（Msc）が該当する。

ただし弥生社会においても、中期段階の北部九州や、弥生時代後期の段階については金属製武器の生産や、その首長層への武器副葬といった様相から相対的に軍事参与率・服従度・凝縮性のいずれもが低いと評価することができる。これをアンジェイエフスキー分類にあてはめると、中期段階の北部九州や後期段階の弥生時代社会においては騎士型（msc）を想定しておきたい。

アンジェイエフスキーによれば、タレンシ型は一般的に内部が部分に分かれておらず、組織的でない、比較的平等な社会にみられる軍事組織類型とされる。軍事参与率が高いということは、武器を独占する戦士階級が存在しないことを、服従性が低いことは命令権が存在しないことを意味するものであって、真の意味で小規模かつ、政府が存在しないような社会にのみ存在するというものである。

タレンシ型の指標となったタレンシ族は、西アフリカのサバンナ地帯に居住する農耕民で、エルマン・サーヴィスの進化モデルでは、部族（Tribes）社会に該当するが（サーヴィス 1991）、弥生時代については、部族社会よりも階層化が進行した首長制段階に位置づけたい（都出 1996）。

これを本書で検討している軍事的な側面でいえば、一般に武器の生産と保有は各集落内において営まれ（軍事参与率が低い）、戦闘の形態も奇襲や襲撃といった小規模なものであるため（服従度・凝縮性が低い）、これに対応する軍事組織も小規模な軍事組織の範疇に含むのが該当である。これまでの研究史を尊重し、あえて史的唯物論の議論に対応させるならば、松木武彦も検討しているように、弥生時代とは基本的に公的権力の形成以前における"人民の武装"段階と評価することができるであろう（松木 2007）。

一方、先進的な北部九州においては弥生時代中期以降に、その他の弥生時代社会については後期以降において、鉄器の生産や鉄製武器の首長層を中心とした副葬が行われており、その軍事組織の形態は騎士型へ移行していくと考える

ことができる。

　騎士型の軍事組織は、低い軍事参与率、低い凝縮性および低い服従性によって特徴づけられる。アンジェイエフスキーは特徴として、低い軍事参与率と結びついた急峻な階層構成、低い凝縮性と支配階層内部での平等主義を挙げており、その政治形態の代表を貴族共和制としている。

　弥生時代中期の北部九州地帯や弥生時代後期以降の社会においては、王墓や首長墓の成立や、そこへ副葬された武器などから、武器を所持した首長層の成立が顕著になると想定できる。しかしながらここでの階層差は、古墳時代の首長層の武器の独占と比較すると、まだまだ軍事参与率や服従度などは一定の高さに留まっている状態である。

　それでも、この歴史的な道程の先に古墳時代が成立することを考えると、この段階は社会の階層性が未成熟なタレンシ型の軍事組織と、階層性や集権化が著しい古墳時代中期以降との間の移行期であって、半独立的な多数の政治的集合や組織による軍事組織が生じてきたと評価することができるであろう。

2．古墳時代における軍事組織の歴史的位置づけ

　古墳時代の軍事組織については、鉄製武器が首長層に独占されていた状況や、古墳の階層差に表象される階層分化の進展が認められるため、弥生時代に比すれば、より軍事参与率が低くなり、服従度・凝縮性はやや高めになると考えられる。

　ただし第6～7章において、古墳時代前期の武器は機能的にも、葬送（廃棄）状況においても、どちらも儀礼的な側面の価値がきわめて高いことを指摘した。また第5章において、古墳時代の伝統的な戦闘様式は、弓矢などによる儀礼的な様相を色濃く残す遠距離戦闘が中心であったが、古墳時代中～後期頃を中心とする対外戦争での経験を通じて、本格的な集団戦闘や騎馬戦術が行われるようになる様相を論じた。これらの状況から古墳時代の前期段階は、いまだ軍事参与率・服従度・凝縮性のいずれも相対的に低いものであり、弥生時代後期段階と同じく騎士的な軍事組織であったと結論づける。

　古墳時代中期においては、これまで繰り返し述べてきたように、社会における武器の実用的な取り扱いが顕在化し、儀礼についても伝統的な宝器としての

扱いから武器の組成を重視した扱い方法に変化していく。また、武器の大量埋納に代表されるような近畿地方での武器生産の集中化や、その広域な流通、第8章の武装集団の事例的研究の中で考察したような中央と地方との軍事的諸関係などから、それが点と線との関係ながら、日本列島初の広域な軍事組織が形成された段階であると評価できるものである。

　古墳時代中期以降は首長層による武器の独占化が進行し軍事参与率がさらに低くなる一方、階層化や戦闘の苛烈さが上昇することにより、社会の服従度や凝縮性が急激に高まったと想定できる。低い軍事参与率、高い服従度と凝縮性の軍事組織は、アンジェイエフスキーによれば職業戦士型の軍事組織が該当する。そしてこの軍事組織は階層構造が急峻で、専制的に支配される社会に見出すことが多いものの、ごく小さい社会から、規模の大きな社会まで存在しており、それぞれがきわめて変化に富むものであるとしている。

　第7章において古墳に副葬された武器の問題を検討した結果においても、中・小の首長を中心に軍事組織が復元できる可能性が指摘できるなど、軍事組織の広汎な階層性や同一性（すなわち服従度、凝縮性が高い）が認められ、少なくとも弥生時代に比すれば、古墳時代中期には首長層という特定階層による軍事的な組織化が進行していたことは疑い得ないであろう。

第4節　軍事組織の変化と画期

　歴史的な位置づけとして弥生時代前期～中期は相対的にタレンシ型（Msc）の軍事組織、弥生時代後期（中期の北部九州地帯含む）～古墳時代前期は騎士型（msc）の軍事組織、古墳時代中期～後期は職業戦士型（mSC）の軍事組織であると規定した場合、タレンシ型から騎士型、さらに職業戦士型へと変化する過程は、およそ次のような説明が可能である[(1)]（図29）。

　一般に暴力の行使や脅迫によって他人を強制する能力は、他の何物にも還元できない権力の一形態である。軍事参与率（全人口の中で戦争に動員される兵士の割合）が低下し、特定階層による軍事権や武装権の独占を可能にする社会的な背景の一つとしては、軍備を整えるための費用や生産力の変化が挙げられよう。

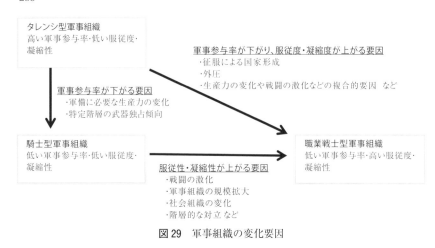

図29　軍事組織の変化要因

　なぜならば、ある社会における軍事参与率は、軍備の経済的な負担と、軍事組織の果たす効用の有効性との両者により規定されるため、鉄器の使用やその普及度（量産化）という武器や武具の経済的要因が、軍事参与率の変化を不可避的に導くからにほかならない。

　具体的に示そう。たとえば弥生時代前半の大部分の社会においては、集落内で膨大な石製武器が廃棄されるというあり方から、集落内において石材や石製武器が保有され、共同体内における軍備に参加する人びと（軍事参与率）も多数であったことが推察される。

　しかし石製の武器類に替わり、鉄製武器を装備するためには、材料の入手や、高度な製作技術の習得など、膨大な労力の蓄積や社会的な投資が必要となる。そのような対価品としての鉄製品を独占することは、首長階層の軍事的・社会的な権力を生じさせ、一方、鉄製武器による戦闘が常態化することによって、鉄製武器を入手し、軍事に参加する人口の割合（軍事参与率）が低くなるのは必然である。

　第3章で述べたように、日本列島における鉄器の使用は、かつては弥生時代前期にまで遡るとされていた。しかしながら放射性炭素年代にもとづく問題提起から、これまで弥生時代前期とされてきた鉄器の年代的な再考が迫られており、製鉄の開始時期についてはいまだ解決していない[(2)]。だがたとえ弥生時代前

半に鉄器が存在したとしても、それはきわめてわずかな量の舶載品であると考えられるため、社会に与える影響は軽微であったといえるだろう。

　武器としての鉄の普及によって軍事参与率に変化が生じる画期としては、鉄器の製作（smithing）が本格的に開始される時期、北部九州では弥生時代中期が該当する。しかしながら鉄器生産の技術や鉄器の使用そのものが、広く日本列島に拡散するのは弥生時代後期である。汎日本列島的にみれば、弥生時代後期、特に後期後半である紀元後3世紀を前後する時期に軍事参与率を変化させる大きな画期を認めることができる。

　3～4世紀には、広域な鉄器（製品または素材）の流通ルートが確保するとされるものの（都出 1991、襧宜田 1998）、第3章で確認したように、鉄器の生産そのものでは画期とするほどの変化は認められず、古墳時代に政治的中心となる近畿地方では鉄器生産遺跡は依然として少ない。古墳時代前期段階における鉄製品の普及には一定の限界性が想定され、軍事集団も比較的小規模なまとまり（服従度や凝縮性は依然として低い段階）であったと評価しておきたい。

　むしろ、鉄器生産の大きな変化は古墳時代中期（5世紀）段階にこそ求められる。第9章でみたように、この段階には大阪府大県遺跡などにおいて鉄器の集中的・専業的な生産が開始されるためである。古墳への武器の大量埋納も古墳時代中期以降に顕著化することをみても、5世紀前後に鉄器の量産化が進展した傍証となるだろう。

　これら鉄器の量産化によって、首長層の鉄製武器の独占は質量ともに卓越したものになり、戦士階層の優越性や軍事集団の組織化が強固になっていくと考えられる。そのような意味において古墳時代中期（5世紀）前後の社会は軍事参与率が変化するきわめて大きな画期であったといえる。

　別の視点から軍事組織の服従度や凝縮性の変化について検討してみれば、アンジェイエフスキーが述べているように、集団内の統制の強さや服従度は一般的に戦闘の頻度や苛烈さ、または軍事集団の規模に比例して高まる傾向が認められる。

　弥生時代前半における戦闘は短剣や弓矢による戦闘が主なもので、第1章の戦闘戦術の復元からは、儀礼的要素が強い少人数の戦闘であったと評価することができた。したがって、弥生時代前半の軍事組織については、明確な軍事的

指揮や計画性、規律の強度などは相対的に低かったといえるであろう。

　弥生時代後期には鉄製武器が普及するため、装備上の経済的要因によって軍事参与率が下がるとともに、鉄製武器による殺傷が認められる殺傷人骨が増加し、戦闘や暴力の規模はやや大きくなっていくと考えられる。ただし、日本列島における古墳時代前半の伝統的な戦闘の実像は、第5章でみたように、苛烈な殲滅戦や攻城戦などは希少な事例であって、首長層たちによる弓矢戦闘が中心の、貴族的・儀礼的な様相が濃厚に残存した戦闘であったと評価することができる。

　服従度や凝縮性が高まる契機となる戦闘の苛烈化や、軍事組織の拡大といった現象は、朝鮮半島における異なる戦闘様式との摩擦と、これに対応した国内の軍事組織の充実とに求めたい。弓矢戦闘主体による儀礼的な様相を残す、歩兵主体の戦闘様式を戦ってきた古墳時代の人びとにとっては、城郭と領土拡張、重装騎兵による戦闘といった苛烈な朝鮮半島での軍事経験との接触に触発され、5〜6世紀にかけては鉄製甲冑の大量生産や殺傷威力の増す長頸鏃の採用、馬具の受容と普及など、武器・武具の革新が相次ぐようになる。

　古墳時代中期の5世紀を前後する時期には、対外的な接触を通じて戦闘が苛烈になり（凝縮性が上昇し）、同時に国内においても汎日本列島的な軍事機能の組織化が進行（服従度が上昇）していった状況が読み取れるのである。古墳時代中期の武器や武具の革新はこれまでも重視されてきたところであるが、軍事参与率、服従度、凝縮性のそれぞれの分野において一連の変化が推定される軍事的な画期は、組織面でのあり方も含め、従来よりもさらに高く評価しなければならないのではないだろうか。こういった軍事的側面は、軍事と非常に深い関連のある"国家"の形成についても画期的な現象であったといえるだろう。

註
(1) タレンシ型から騎士型への移行に関してアンジェイエフスキーは、この類型に属する事例は発見できないとしている。彼によれば軍事参与率が低下するのは (1) 外部勢力か内部勢力による征服の結果、(2) もっとも有効な軍事組織の採用を強制する環境が存在するために、最適軍事参与率が低下した結果、(3) 国民の大部分が自発的に軍事縮小を行う場合、の3つがある。このうち上記の (1) と (2)

では激しい闘争が行われ、服従性や凝縮性を高めるために職業戦士型に導かれるとし、(3) の場合は規模が大きく、平和が続き、外部からの侵略に対して安全である国家では可能であるが、それはタレンシ型や騎士型とは両立しないからであるとする。

ただしアンジェイエフスキー自身、軍事組織の移動類型については、それが純粋な理念型であることに注意を促しており「ここに挙げられた事例は、筆者が探し得た純粋な型に最も近い類似現象を示しているに過ぎない。過去において現実に起こり、現在もまた起こりつつある極めて多種多様な軍事組織の変化は、これらの類型の内、複数のものの特徴を同時に含んでいるため、そのどれにも分類できない。しかしこの分類は、現実の持つ幻惑的な多様性を整序し、現実の事例を有限の要素の混合の程度に関連させて描写することを可能にするから、分析用具としては有用である」としている（アンジェイエフスキー 2004）。

本書ではこれを念頭に置いた上で、弥生時代においてタレンシシ型から騎士型への移行を想定した。弥生時代前～中期と弥生時代後期におけるこの画期については、軍事参与率だけでなく、同時に服従性や凝縮性の変化も認められるため、アンジェイエフスキーのいう純粋な理想類型の移行とは少し趣が異なるかもしれない。しかしながら、弥生時代前～中期と弥生時代後期における画期は認めつつも、その服従性や凝縮性の変化には限界があること、およびこの段階は、次の画期である古墳時代中期の職業戦士型へシフトするための過渡期であることの2つの理由から、本書では、軍事組織の変化としてタレンシ型から騎士型、さらに職業戦士型への移行を認めたい。

(2) 鉄生産（製鉄：smelting）については弥生時代開始説（川越 1968）、古墳時代中期開始説（東 1999）、古墳時代後期開始説（真壁 2003）などがあり確実な鉄生産の上限については見解がわかれ学界の合意を得るには至っていない。なお、岡山県千引カナクロ谷遺跡などから、6世紀代に鉄生産（製鉄：smelting）が行われていることはほぼ確実視されている。

263

第13章　戦争の考察をめぐる理論的な展望と本書の位置づけ

第1節　戦争の概念について

　本書では、考古学的な資料を用いて、日本列島における戦闘や武装集団に関する歴史的な分析を行ってきた。その道程として、最初に、以下の3つを主要な視点として掲げた。
　① 弥生時代と古墳時代の具体的な戦闘形態を復元する。
　② 弥生時代と古墳時代の具体的な武装集団や軍事組織を復元する。
　③ 軍事組織の変遷を通じて、その変化や画期を解明する。
　第1章から第12章までに至る各考察を通じて、①～③の課題に関するさまざまな事実を明らかにし、弥生時代と古墳時代の武装集団の具体像や、軍事組織の変遷と画期を提示することができた。
　ここにおいて、実証的な個別の歴史的な事象を超えて、ようやく"戦争の開始"や"国家の形成"という、高度に象徴的な議題を本格的に論じる、その一歩手前まで達することができたといえるであろう。
　ところで、このような議論は日本の古代史や考古学よりも、むしろ海外、特に欧米の文化人類学や社会学等において盛んに論じられてきたという背景をもっている。したがって、その長い学史や学術的な成果を無視することはできない。
　そこで本章では、主に欧米の学史やその理論と対比しつつ、世界的な視点から、"戦争の概念"や"戦争の起源"、"戦争と国家の関係"という問題の核心となるようなトピックについて考察を深め、本書における研究の意義とその位置づけを明らかにしたい。先ずは、"戦争"の概念をめぐって考察を行う。

戦争、たたかい、あらそうこと、この言葉の語源は次のようなものである。「戦」という字は「干」（たて）と「戈」（ほこ）とを組み合わせた言葉であり「争」は『説文解字』によれば「引也（引くなり）」とある。その意味するところは引っ張り合ったり奪い合ったりすることであるが、争は「正す」とか「調整する」という意味合いももっている。なお、日本語の「たたかう」の語源は「たたきあう」、「いくさ」は「射くわす」に由来するとされる。

　ヨーロッパ語である war の語源は古ゲルマン語の werra や古フランク語の werra「撃退する」に由来し、フランス語の guerre、イタリア語、スペイン語やポルトガル語の guerra の語源も同様であるという。ドイツ語の krieg は古高地ドイツ語 chrēg「強硬なこと、執拗なこと」が語源とされ、ラテン語の arma（戦争・武器）から arm（兵器）や armor（よろい、甲冑）が派生したとされる。

　これら、戦争の本格的な研究は 18 世紀末〜19 世紀初頭のカール・フォン・クラウゼヴィッツまで遡ることができる。戦争は、もちろん古くから歴史記述などの対象（ヘロドトス 1971、トゥーキュディデス 1966）になってはいたが、『孫子』などの『武経七書』（久保校訂 1913）や、アントワーヌ＝アンリ・ジョミニの『戦争概論』（ジョミニ 2001）など、戦争を研究する大部分の動機は実用的な"いかに勝つべきか"という方法論の解明であって、この視点による研究は用兵学や軍事学として現在まで至っている。"How to Win"ではなく、"What is War"といった、学術的な視点から戦争を研究することになるのは、ドイツの軍人研究家であるクラウゼヴィッツに始まる。

　そこで最初に、改めて古典的なクラウゼヴィッツによる戦争の概念を確認しておこう。彼は「戦争とはつまるところ拡大された決闘以外の何ものでもない」「つまり戦争とは、敵をしてわれらの意思に屈服せしめるための暴力行為のことである」（また戦争とは）「実にまた一つの政治的手段であり、政治的交渉の継続であり、他の手段による政治的交渉の継続にほかならない」と定義する（クラウゼヴィッツ 2001）。

　クラウゼヴィッツの『戦争論』は、その死後に刊行された未完成の大著であって、言い回しは難解であるが、論の最初は非常に単純な定義から出発している。彼は、まず戦争を「拡大された決闘以外の何ものでもない」と述べる。このカテゴリーによれば、近代的な戦争も、古代の部族間の闘争も、どちらもある種

の"戦争"ではある。しかし、クラウゼヴィッツはそこから考察を進め、戦争を概念化していく。その結果、純粋な戦争のあり方として、無制限な相互作用による暴力行使を想定し、最終的には、暴力が極限状態にまで進む絶対的な戦争を理念上において措置するに至るのである。しかしながら、彼自身、こういった絶対的な戦争は、現実活動の諸条件によって必ずや、その無制限性が制限されてしまう、と自ら省みる。このことから、戦争の要素として"政治的な目的"を重視するに至る。

　戦争の定義を厳密に考えていけば、このように複雑な要素がからみあっているのであるが、これをもう少し理解しやすいように、さしあたってはクラウゼヴィッツ以降の代表的な戦争の概念をいくつか列挙してみよう。

　　戦争は集団的・意図的かつ組織的な一つの闘争である。こう初めから定義しないかぎり、人は戦争を理解することができない。単に武器を用いた闘争というだけでは、全く不十分である。戦争という事実そのものを構成するものが暴力であるということは、私も認める。しかし、どんな暴力でも戦争といってよいかというと、そうではない。この点をはっきりしておかなければならない。個々ばらばらのなぐり合いがいくら集まっても、これを戦争と呼ぶものはあるまい（カイヨワ　1974）。

　　戦争とは、政治組織間において公的に正当化され組織化された致命的な暴力を伴う攻撃的行為、および、または防御的な行為である。政治の一部は、暴力、継承される確執、共同狩猟や、物質的・社会的な威信の報酬のための襲撃などを理由とする組織的な暴力的行為に従事することがある。（略）しかしながら、戦争（war）と戦争的なもの（warlike）は異なっている[1]（Cohen 1984）。

　　「戦争とは異なる政治統合をもつ集団間における組織的武力衝突のことである」（略）「一方、紛争（feud）とは同一の政治統合をもつ集団内の争い」であり、「こうした概念と区別しておかなければならないのは、略奪と殺りくである」（戦い、紛争、略奪、殺りくの）「以上４つの概念をまとめて戦い

(conflict) と呼んでいる。戦争には殺りくはもちろんのこと、略奪をともなうこともあるが、これらはいずれも基本的に区別しておいたほうが、戦いの諸相をより的確にとらえることができるように思われる」（福井 1987）。

戦争とは、政治集団間の武力闘争と定義することができる。この武力闘争は、武器を用いた軍事組織により遂行される。また、同じ文化相による政治集団間で争われる場合は内戦であり、異なる文化相の政治集団間で争われる場合は外戦となる[(2)]（Otterbein 1994）。

戦争とは「政治集団間の組織的な武力紛争」と定義しておく（栗本 1999）。

戦争を一般的に定義すると、集団間の組織的な武力衝突、ということになる。ただし実際には、その規模や性質によりさまざまな形態があって、国家間の衝突から血縁集団間の私闘に近いものまで認められ、特に後者のようなものを「戦争」とよぶべきかどうかは疑問である（松木 1999）。

各論者において微妙にニュアンスは異なるが、これらの定義を概観すると、戦争の最小要素としては「集団間の武力闘争」とまとめることができるだろう。では戦争の定義はこれでよいのであろうか。広義の"戦争"の理解ではこれでよいかもしれない。しかしながら、この「集団間の武力闘争」のみではクラウゼヴィッツのいう「拡大された決闘」の解釈からは一歩たりとも進んではいない。

したがって、このままでは解釈が大きすぎて戦争と暴力との区別が不鮮明である。武力闘争、すなわち暴力的な争いという一般現象は、人類社会のみでなく生物界でも普遍的に認めることができる。そして、"暴力"の定義が「意図的に他者へ対し身体的な被害を与えること（violence is defined as intentionally inflicting physical harm in somebody）」（Riches 1991）、「可視的で物理的な力の行使」（栗本 1998）であるならば、戦争を「集団間の武力闘争」とのみ規定するだけでは、暴力と戦争との区別が不可能であり、理論的な概念規定としては不十分である。

このことから、戦争における"集団"や"組織"、"政治"または"文化"といった要因が重要になってくる。そしてそのうちのどの要因を重視し、どの程度の規模（集団性・組織の度合い）を想定するかによって戦争の解釈は異なってしまう。これが戦争の概念における大きな問題点なのであるが、このポイントを押さえた上で、もう少し戦争研究の学史をみていこう。

クラウゼヴィッツ以降、戦争の研究は、近・現代の戦争を中心として軍事学で展開をみた。近・現代の戦争においては、暗黙的に主権国家による戦争を想定するため、テロやゲリラが激化する最近までは、戦争の定義についてクラウゼヴィッツの提議でも特に疑義が生じなかった。しかし、文化人類学の分野において多様な文化における大小さまざまな形態の戦争（戦闘）に関する研究成果が蓄積されると、戦争の本質について再考が迫られることになる。

文化人類学者であるキース・オッターバインは、文化人類学による戦争の学史を創立期（1850〜1920年）、古典期（1920〜1960年）、黄金期（1960〜1980年）、現状（1980〜）の4つに区分しているが（Otterbein 1999）、文化人類学における戦争研究の貢献としては、特に次の事柄が重要であろう。[3]

すなわち、近代的な主権国家に属さない伝統的な社会の戦闘は、奇襲や襲撃といった戦闘のパターンや、その儀礼的な要素が目立つという事象を明らかにしたことである。この事実は、さまざまな民族誌の中で共通して指摘されているため、きわめて一般的・普遍的な現象であるといってよい。

このような特徴は、19世紀以前にも、宣教師や探検家からの報告からも知られていたことであったが、オッターバインによれば古典期の人類学者たち、ルース・ベネディクト、ブロニスワフ・マリノフスキー、ハリー・ターニー＝ハイなどが、その時代的な背景として、進化主義的や文化相対主義にもとづく研究を行い、未開戦争は現代の戦争より被害が少ない、とする"平和な野蛮人の神話（Myth of the Peaceful Savage）"が生まれたと指摘している。

"平和な野蛮人の神話"は"戦争の起源"に関連する課題なので、詳細は次節に譲るが、文化人類学が明らかにしてきた"未開戦争"の普遍的なあり方から派生する問題は、部族間の奇襲や襲撃を主とする戦闘が、果たしてクラウゼヴィッツのいう"戦争"の定義に合致するのだろうか、という問いである。

軍事史家のジョン・キーガンは、文化人類学者が世界各地から報告してきた

さまざまな形態をもつ戦争（戦闘）を念頭におき、「戦争は政治よりもはるかに広い領域を含んでいる（略）。つまり戦争とはつねに文化の発露であり、またしばしば文化形態の決定要因、さらにはある種の社会では文化そのものである」としてクラウゼヴィッツの主張した政治の延長としての戦争概念を徹底的に批判した（キーガン 1997）。

　キーガンのような、戦争を文化とする見解は軍事学者のマーチン・クレフェルトにおいてより過激に主張される。クレフェルトは戦争の文化的な側面を数多く取り上げ「理論的に考えれば、戦争は目的を達成する一つの手段である。野蛮ではあるが、ある集団の利益を図ることを意図して、その集団と対立する人々を殺し、傷つけ、あるいは他の手段で無力化する合理的な活動である。だが、この考えは見当違いもはなはだしい」と断言し、戦争はそれ自体が強烈な魅力を発揮する存在であるとした。また、戦争文化も含め、文化の大部分は虚飾であり意味がない、としつつも、もし、戦争に文化がなければ、それは単に暴力や虐殺という混沌にすぎない、として戦争の文化性を積極的に意義づけようとする。クレフェルトは戦争が何よりも危険な行為であること、ジェットコースターやバンジージャンプと同じく、危険に対処し、決断し、それを乗り越えようとするからこそ、人びとを魅了するとしている（クレフェルト 2010・2011）。

　クラウゼヴィッツも、キーガンやクレフェルトも、戦争を"集団間の武力闘争"とみなす点では見解が一致していよう。しかしながら、もし戦争がそれだけであれば、無制限の暴力行為や単なる殺戮と戦争とが区別できなくなってしまう。そのために、戦争の特性としてクラウゼヴィッツは政治性を、キーガンやクレフェルトは、その文化性を重視するのである。

　さらにいえば、たとい戦争を政治・文化、どちらかで解釈したとしても、個別具体的な戦争の当事者に関する組織体制を想定した場合、その集団や組織をどうみるか、という視点もきわめて重要である。極端な例を挙げると、クラウス・ボッセンはミニマリストの見解を引用して、戦争を「2人、又はそれ以上の戦闘チームによる組織的な殺人（organised inter-group homicude involving combat teams of two or more persons）」とするが（Bossen 2006）、このような概念では戦争と暴力、戦争と喧嘩との境界線は消滅してしまうのではないだろうか。

上記のような戦争の定義上の混乱は、次説において検討する戦争の起源をめぐる問題に直結する。なぜならば、戦争の定義が揺れ動くと、それによって同時に戦争の起源が移動してしまうからにほかならない。

　闘争や暴力行為そのものは自然界や動物界においても普遍的に存在し、殺傷人骨の存在からも、暴力が古くより存在していたことが考古学から確認することができる。だから、もし、戦争の概念を狭く解釈し、戦争は政治の一環であって、その組織は国家規模が妥当であると判断すると、同時に戦争の起源は文明や国家形成以降の新しい現象になる。逆に、戦争の概念を広く解釈して、戦争とは文化の一環であって、きわめて小さな集団間の暴力行為も戦争だと想定すると、自動的に戦争の起源が急激に古く遡ってしまう。このように、戦争の定義と戦争の起源とは表裏一体なのである。

　実をいえば、ローレンス・キーリーが未開戦争と現在の戦争とを多方面から比較している研究で明らかなように、国家規模の戦争も、部族単位の戦争も、個々の細部の現象そのものは大した違いはない（Keeley 1996）。未開戦争で多用される奇襲や襲撃という戦術は、現在の戦闘においても有用な戦法の一つであり、テロやゲリラ戦の戦術は未開戦争と非常に類似しているのである。それは「拡大された決闘」以外の何ものでもない。

　しかし、社会的・文化的に、または歴史的に戦争を位置づけようとした場合、その背後に隠れている政治性、その原因や機能、平和との関連を無視することはできないであろう。突き詰めていけば、さまざまな社会で発生する暴力的な武力行使の形態は、その属する社会集団や組織に決定的な影響を受けるといえる。そのために、戦争の定義も戦争の起源も、最終的には、戦闘行為者の政治・社会組織をどう捉えるかに左右されることになる。

　ここにおいて、戦争の定義と、戦争の起源とは表裏一体であることが明らかになった。次節では戦争の定義に関する課題について、引き続き、戦争の起源と併せて考えていくこととしよう。

　ところで、本書は考古学を主とした研究であるが、本節で振り返った戦争に関する学史の中では、考古学はほとんど登場してこなかった。そこで、この節の最後に考古学の戦争研究の学史を探り、本書の意義の一端を明らかにしておきたい。

さて先述したように、欧米の学会において先史時代の戦争研究を牽引したのは主に文化人類学であったが、これに対し考古学による戦争の研究は非常に立ち遅れてきたのが実情である。その先駆けとして、ゴードン・チャイルドの1941年に発表した研究が知られている。ここでチャイルドは「戦争があったことを示すような遺物、特に戦闘用の武器形の遺物は、旧石器時代を通じて見いだされていない」としながら、他方において、「旧石器時代を通じて戦争が行われていたということができる」と記すなど、戦争をどのように位置づけるかがあまり明確ではない（チャイルド 2002）。

　また、考古学者のヘレ・バンキルデは、チャイルドをはじめとした多くの考古学者が、過去の社会現象（移住や革命など）を取り上げるに際して、そこには理想化された戦士像が数多く登場するにも関わらず、その暴力的な背景は無視され、"不穏（Unrest）"や"物騒な時代（troubled times）"といった控えめな用語によって、問題の核心である戦争や、それに伴う残虐さや暴力行為は覆い隠されてきたとし、このことによって考古学における暴力や戦争の研究は非常に立ち遅れてきたと指摘している（Vandkilde 2003）。

　人類学ではすでに戦争研究の"黄金期"が過ぎ去った1984年にスラヴォミール・ヴェンツルは、考古学ではその物質的な遺物が非常に少ないために、戦争が主要な研究テーマにはなっていないと嘆いているが（Vencl 1984）、欧米において、考古学から積極的に暴力や戦闘に関する研究が行われる契機はキーリーの『文明以前の戦争』を待たなければならなかった（Keeley 1996）。そしてこの著作が発表された1990年代後半以降、急速に戦争や暴力に関する考古学的な研究が活発化するのである（Otto *et al.* 2006、Allen and Arkush eds. 2008）。

　こういった欧米の考古学における動向に対し、むしろ、日本の考古学会では早くから戦争と平和に向き合っていた。それは、佐原真という個性的な研究者の存在が大きいのであるが、本書の中でたびたび言及してきたように、佐原は、すでに1960年代から考古学による戦争と平和の問題に取り組んでいる（佐原 2005）。

　そのような下地として、早くから高地性集落は"倭国乱"と結びつけられ、1980年代では古墳時代の常備軍論争が活発に議論されるなど、日本考古学では

武器や戦闘を介在とした研究が数多く蓄積していた。このことは、日本において膨大な発掘調査が実施されてきた結果であって、一つの狭い地理的範囲の中において、通時代的に武器を媒介とした研究を行うことが可能なのである。

本書でフィールドとした日本列島は、考古学による戦争研究の長い伝統と学史、およびその資料がある非常に恵まれた研究環境にあるといえるだろう。ただし、日本の考古学、および古代史における研究の特徴としては、松木武彦が指摘するように理論的な考察が少なく（松木 1995a）、このことが欧米の研究と比較する場合の大きな課題の一つであった。

本書では、発掘事例や研究事例が多い日本列島での利点を活かし、弥生時代から古墳時代にいたる武器、そこから派生する戦闘技術や武装集団の歴史的な変遷や現象の推移を、一つの特定地域に密着しつつ明確にすることができた。さらに、考古学を主としつつも、文献史学や文化人類学などの研究成果も援用することで、先史時代の戦争に関する具体像を提示し、その軍事組織の変遷に関して理論的な考察を行った。ここに、本研究のこれまでにはない独自な価値があると評価することができるであろう。

第2節　戦争の起源について

先節において、戦争の概念と戦争の起源は表裏一体であることを指摘した。これを踏まえ、戦争の起源に関する学史を整理し、この問題を考察したい。

戦争の起源に関する研究は、啓蒙思想時代のトマス・ホッブズやジャン＝ジャック・ルソーまで遡ることができ、文化人類学の中でも特に論争が多いトピックの一つである。ホッブズやルソーの相反する理想像は至るところで参照されているので繰り返さないが、ここで述べられる"自然状態"とは、社会契約説という政治哲学を解明するために想定された概念上の理想モデル（仮定）である点は注意しなければならないだろう。ホッブズはこれを闘争的（万人の万人による闘争）とみなし（ホッブズ 1992）、対照的にルソーは、平等で争いのない平和状態と想定した（ルソー 1972）。

ここで描かれたのは理論上のモデル（自然状態）であるため、あくまでも現実的には存在し得ないのであるが、後世の研究者が伝統的社会に生きる人びと

を先史時代の人びとと同一視し、それを過渡に"野蛮"や"無垢"として理想化することで、ホッブズやルソーの描く姿に重ね合わせることができたのである。

　このことから、戦争の起源をめぐる議論の問題点が導かれる。それは起源をめぐる考察が研究者の主観（理想）に左右されやすいという傾向である。たとえば、リベラル系の学者はルソー的な、人類の平和な始原状況を想定しがちであり、近代文明を是とする立場では、未開は克服（進化）されるべき存在であることから、むしろホッブズ的な見解に傾きがちである。

　またこの問題は、人間の普遍的な本性に関する問いでもあるため、時代の社会的な雰囲気による影響も受けやすい。二度の大戦で荒廃したヨーロッパや、太平洋戦争で戦争の惨禍を目の当たりにした日本では、本質的に人間が闘争的である、というホッブズ・モデルは受け入れがたく、1960年代のベトナム戦争や1990年代のユーゴ内戦など、戦争が社会問題化したアメリカやヨーロッパでは、人間観や戦争観の再検討が試みられ、ルソー的な見解が見直されるといった具合である。

　こういった傾向を念頭に置きながら戦争の起源をめぐる研究史を時系列でみていこう。ホッブズとルソーにより人類の自然状態における理想モデルが提示された後、特に19世紀のヨーロッパではダーウィニズムにもとづく進歩主義が蔓延し、生物学に留まらず、人間や社会にまで進化論的な思考形態が適用されてゆく。

　社会学者のハーバート・スペンサーは社会や国家を生物有機体とのアナロジーとして把握し、社会が軍事型（Militant Type）から産業型（Industrial Type）へ進化すると考えた。スペンサーによれば、未開社会は慢性的に交戦状態にあるため、軍隊的な組織が一般社会組織に適用される軍事型の社会になる。これに対し、社会が原始状態を脱して軍事的活動が重要性をもたなくなると、個人の生命・財産・自由を擁護する産業型の社会になるという。（スペンサー 1898、清水幾 1970）。

　社会学者のルードヴィッヒ・グンプロビッチもダーウィン的な生物進化の法則を人間社会の進化に応用し、かつ、そういった社会発展の原因を社会集団間の闘争、種族闘争とみなすことで、これを歴史の自然な過程であるとした。

同様な視点はグスタフ・ラッツェンホーファーにも引き継がれ、彼は、生物学的な欲求（関心）をめぐって闘争が行われるとしている（堀 1935）。

このように19世紀以降、ダーウィニズムは社会や歴史の研究にまで応用されるようになったが、この過程でチャールズ・ダーウィンの唱えた生存競争による最適者生存の理論が拡大解釈され、進化論的な社会観は強者が弱者を支配することの合理的な根拠、列強における植民地支配を正当化する温床にもなったことは無視し得ない。

一方、この時期における進化論の影響は人類学にも及び、アメリカ人類学の父といわれるルイス・モルガンは、人類の社会が、野蛮→未開→文明、へと進化する図式を描いた（モルガン 1961）。モルガンの著作はカール・マルクスに影響を与えるが、マルクスが残したメモを、フリードリヒ・エンゲルスが『家族・私有財産・国家の起源』（副題：ルイス・H・モルガンの研究に付帯して）としてまとめることで、間接的に、後世の研究へ向かって大きな足跡を残すことになる（エンゲルス 1954）。

こういった進化論的視点にもとづく研究によって、人類や戦争の起源を解明する糸口がみつかっていくが、進化論の強い影響下にある19世紀の研究ではホッブズ的な見解が優勢であった。また進化論的な歴史観は、研究者の趣旨はともかく、無意識的にせよ、伝統的社会に生きる人びとを原始的な存在、または理想化された先史時代像と同一視するという悪習も、一方では育てていくことになる。

さて、社会において優勢であったホッブズ的な見解は、二度の世界大戦によって西洋の近代化や進歩への絶対的な信頼が揺らぐと、ルソー的な見解に取って代わられる。すなわちこの時期、オッターバインのいう戦争研究の古典期に、ルース・ベネディクトやマーガレット・ミードなどによって、未開人は無邪気な人であり、未開の戦争は現在の戦争と異なって致死量が少ないといった"平和な野蛮人の神話"が芽生えていく（Otterbein 1999）。日本においても、戦後まもなくの間、弥生社会（農耕民族としての日本の原風景）は、登呂遺跡で代表される牧歌的で平和な時代と考えられたのである。

このようなルソー的見解が欧米の文化人類学会で長い間支配的になっていくが、ベトナム戦争が激化する1960年代前後から、戦争の起源について新たな疑

問が投げかけられるようになった。

　すでに 1953 年に古生物学者のレイモンド・ダートは、人類の祖先は肉食的・捕食的で共食いをも行った、と論じていたが、この説を取り上げた劇作家のロバート・アードレイは、1961 年の著作で人類を"殺人サル（killer apes）"と表現し（アードレイ 1973）、動物学者のデズモンド・モリスもベストセラーになる『裸のサル』において人類の攻撃的な性質を支持した（モリス 1979）。

　その具体的なイメージは 1969 年作成の、スタンリー・キューブリック監督の「2001 年宇宙の旅」で見事に映像化されている。映画の冒頭、印象的なリヒャルト・シュトラウスの"ツァラトゥストラかく語りき"の音楽とともに、猿人が骨を道具（武器）として用い同じ種族を殴り殺す姿が描かれる。これによって、まるで暴力や闘争が人類文化の起源であるような印象を人びとに与え、人類は遺伝的にも本能的にも攻撃的であるとするキラーエイプ仮説が、一般的に広く流布していく。

　しかしながらこの段階においては、人類に最も近い類人猿のチンパンジーは菜食主義で非暴力的・非領土的とみなされており、争いの根拠とされたネアンデルタール人の頭蓋骨の上部にある損傷痕は、それがヒョウにより付けられたものだと証明され（モンターギュ 1982）、文化人類学においてはカラハリ砂漠のクン・ブッシュマンや、アフリカのピグミー種族のような、暴力を伴わない狩猟採集民の民族誌が報告された。また縄張りや生殖をめぐる動物の攻撃性を研究していた動物学者のコンラート・ローレンツも人間の攻撃性を本能としたが他方において、動物たちは、咆哮や脅し、服従姿勢といった"儀礼化（ritualization）"された闘争を行うことで、同種の仲間を死に追いやることはほとんどないと評している（ローレンツ 1972）。

　こういったことから、人類の攻撃的な本性については疑問が提示されつつも、依然として文化人類学ではルソー的な見解が主流であり、戦争の起源は文明発生以後、または国家形成以後という見解が大勢を占めていた。このため、民族誌等で観察される部族社会の暴力は、儀礼的な、または被害の少ない"未開戦争"と評価されたのである。

　なお、この時期の日本考古学では、戦争の開始が農耕文化成立期（弥生時代）とされることで、対照的に狩猟採集の時代たる縄文時代が平和な時代（戦争が

ない時代）と強調されるようになり、間接的にはルソー的な見解が支持されてきたといえる。

　こういった状況が大きく変化するのは、湾岸戦争が勃発し、ルワンダやユーゴ、ボスニア、コソボ、ソマリアなど、世界各地で紛争や内戦が表面化した1990年代である。この頃、菜食主義で非暴力的とされたチンパンジーに関して、自然状態に生息する群のフィールド研究が進み、実は、人類に最も近しいチンパンジーが狩り、肉食、子殺し、縄張りをめぐる攻撃行動などを行うことが確認された（グドール 1990、Wilson et al. 2014）。

　これらを足掛かりに、動物学者のリチャード・ランガムや山極寿一は人類の暴力や起源に関して積極的な発言を行い、人類とチンパンジーのみが集団的な暴力を行うことや、メスをめぐって初期人類が争った可能性を指摘している（ランガム・ピーターソン 2007、山極 2007）。マイケル・ギグリエリは類人猿（チンパンジー）と人類のオスは、なわばりや資源、女性などを奪うための繁殖戦略の一つとして戦争を行うとし、戦争はヒトの社会集団の間に周期的に勃発する重大な、かつ自然な一状態であると結論づけている（ギグリエリ 2002）。

　また、考古学者のキーリーは考古学や文化人類学の研究成果を用い、ルソーの描く"高貴な野蛮人神話"を徹底的に否定し高い評価を得た（Keeley 1996）。さらに、考古学の進展によって先史時代における暴力の痕跡も増加した。考古学者のイアン・ソープは、武器や絵画資料よりも信頼できる暴力の証拠としてヨーロッパを中心として殺傷人骨を集め、暴力的な攻撃の可能性のある最も初期の殺傷人骨として、スペインのアタプエルカ地方のシマ・デ・ロス・ウエソス（Sima de los Huesos、骨の採掘坑）で出土した25万年前の人骨を挙げている。その他、古くより知られているヌビアのジェベル・サハバの人骨群、"バスケットの中の卵"のように頭蓋骨が置かれたドイツのオフネット洞窟、多数の男性、女性、子供が斧で殺害されたと考えられているドイツ、タールハイムのピット出土人骨といった後期旧石器から新石器時代における多数の殺傷人骨を示しているが（Thorpe 2003）、近年でも、アルプスで発見された冷凍ミイラのアイスマン（エッツィ）の左肩に石鏃がみつかり（ホール 2007）、ケニアのナタルクで1万年前の殺傷人骨が発見されるなど（Lahr et al. 2016）、殺傷人骨に関連する資料は増加し続けている。

文化人類学の世界においても狩猟採集民の見直しが進んだ（テスタール 1995）。たとえば、平和で平等な狩猟採集社会が想定されていたカラハリ砂漠のクン・ブッシュマンは、その暴力性が明らかにされ（田中雅 1998）、むしろ、狩猟採集民は暴力的な活動を行うことが多く、一見、平和的にみえるわずかな事例は、過酷な環境によるものや、過去に僻地へ追いやられた歴史的な結果にすぎないと目されるようになった。

　その他でも、心理進化学のスティーブン・ピンカーは暴力の割合について、量的な推計を具体的に挙げ、先史時代から現在へかけて暴力が一貫して少なくなっていくと主張するが（ピンカー 2015）、逆にいえば、時代が遡るほど、社会には暴力があふれることになる。

　こうして、人類の親戚であるチンパンジーは暴力的な生物とされ、都市革命や農業革命以前の古い時代から、人類が暴力的な行動を行っていたことは疑いようがなくなった。同時に、戦争を政治ではなく文化とみなす傾向も加わることで、近年では戦争の起源はどんどん古くなり、人類の誕生とともに戦争は存在すると想定する主張も論じられ（ガット 2012）、狩猟採集民の"戦争"や"暴力"も大きくクローズアップされてきた（Allen and Jones 2014）。

　ただし、戦争の起源を大幅に遡らせることについては反対する意見も多く、学会の同意を得るには至っていない。むしろ、戦争の起源をめぐっては、オッターバインのいう"タカ派"と"ハト派"の主張に分裂しており、なお依然として深い謎に包まれているといってよいだろう。

　オッターバインによると、"タカ派"とは戦争の開始を古く（500万年前）想定するもので、"ハト派"は、戦争の開始を"国家"が形成された5,000年前に想定するものである。あえて、日本考古学にこれをあてはめると、戦争を農耕文化成立（弥生時代）以降とみる佐原真も、戦争を国家成立以降とする本研究も、どちらも可愛い子バトにすぎないだろう。

　近年のオッターバインは、石器時代の洞窟絵画や、狩猟採集民の民族誌的証拠、特に、集団的な協力作業である狩猟と戦争とを関連づけることで、戦争の起源を古く見積もっているようであるが（Otterbein 1997）、これに反対する意見も根強い。人類学者のブライアン・ファーガソンは戦争のポイントを10カ条に絞って列挙する中で、人類は生物学的に戦争が運命づけられていない、戦争

は社会的存在の不可避な部分ではない、などを明言している（Ferguson 2008）。

また、中川朋美と中尾央は、狩猟採集社会（中石器時代）から暴力や戦争が現れてくる根拠の一つとされた先史時代の殺傷人骨について集成と再検討を行い、その割合を求め、中石器時代の暴力は例外的な存在であって、研究者が用いるデータの信頼性について注意する必要性を促している（中川・中尾 2017）。

このように戦争の起源に関する混乱がみられる現状にあっては、再び、戦争の定義を掘り下げて考える必要があるだろう。なるほど、考古学における殺傷人骨や、文化人類学の狩猟採集民の見直しの結果によれば、人類の暴力行為は、都市、または国家の形成や農耕の開始以前にまで遡ることは確実である。人類に最も近い類人猿であるチンパンジーの暴力活動をみると、人類はその誕生時から集団的な暴力行為を行っていた蓋然性もきわめて高い。しかしながら、そういった活動は、果たして集団的な武力闘争（暴力行為）にすぎないのか、それとも"戦争"と称するに値するものなのだろうか。

もし、きわめて小規模な集団の暴力活動も戦争とみなすならば、理論的には戦争の起源を人類の開始と結びつけることも間違いではないだろう。とはいえ、かかる視点に立脚すると、そこには、もはやヒトとサルとの区別が曖昧になり、戦争は文化というよりも、生物の種としての本来の性質や本能へと原因が転嫁されてしまう。

生物進化論的な文脈に翻訳すると、ヒトを含めたあらゆる生物は、生命体を維持するための食物摂取や、遺伝子を後世に伝えるための生殖活動といった、生物上の目的や生存闘争を達成するための手段として"攻撃"という暴力的な戦術の一つを選択することはある。しかしながら、このような生物としての暴力活動を、果たして"戦争"と位置づけてよいのであろうか。

ランガムは、チンパンジーが殺戮を行うことについて、戦略としての略奪型攻撃（predatory aggeression）という考え方を提示している。すなわち、チンパンジーの殺戮行為は、決して競争がエスカレートした結果に発生するものではなく、確実に勝利できるような、殺戮者側の安全が期待される場合のみに攻撃を行うものであるため、それは闘争（contest）というよりも略奪（predation）にすぎないというのである。

また、人間（狩猟―採集民や焼畑農耕民）の戦争にも、同じような「安全な

殺戮」という特徴を備えている場合もあるとしながらも、ランガムはチンパンジーの集団的暴力と人間の戦争との間には大きな違いがあることを指摘している。すなわち、人間の暴力行為のうち、敵を殺戮するだけでなく、自分が殺される可能性もあるような危険な戦闘活動については、国家が現れる社会とともに出現した、進化的に新しい暴力行為であると評価するのである（ロングハム 2007）。動物学者の山極寿一もチンパンジーと人間の戦いの違いを指摘しており、山極によれば、チンパンジーは自分たちの利益と欲望のために戦うが、人間の戦いは常に群れ（共同体）へ奉仕することが前提になっているとされる（山極 2007）。

　これらのことから、チンパンジーと人間の戦闘の差異を考えると、人間が集団的な闘争を行うためには、イデオロギーや正義という観念的な名目によって共同体（民族や国家など）への奉仕を正当化し、自己の集団に損害が生じてでも戦闘を続行するような、政治、または文化的な要因や動機付けが不可欠であるといえるだろう。そのような意味において、動物でもみられるような暴力行為や、またはやられたらやり返すといった血讐的な集団的な争いは、厳密な意味において"戦争"とは区別しなければならないのである。

　ところで、人間は自然淘汰の過程を経て、一方では攻撃的で競争的になり、他方では集団的になるように進化してきたと考えられるが（カンリフ 2007）、ここで注目されるべきことは、人類は古い時代から生物学的な戦略として暴力を選択する場合がある一方、同時に、集団間の調和や平和も積極的に築いてきたことである。

　マルセル・モースの『贈与論』では、人間社会は与え、受け取り、お返しをすることで秩序が保たれるとし、このことで諸民族は戦争、孤立、停滞を協同関係、贈与、交易へと変換したとする（モース 2009）。クロード・レヴィ＝ストロースの謂いに従えば、インセスト・タブー（近親相姦の禁忌）の原理こそが、人類社会を成立させたのであって（レヴィ＝ストロース 2000）、結婚という女性の交換にもとづく別集団との平和的な交渉・秩序こそが人間を人間たらしめているのである。

　近年の霊長類研究においても、ドナ・ハートとロバート・サスマンが人類の祖先はライオンや犬歯ネコに捕食される存在として"狩猟される者として進化

した"としているが（ハート・サスマン 2007）、山極寿一も、人類は危険の多い環境に対し、複数の家族が寄せ合って暮らすような社会を発達させ、こういった協力行為が、人間の共感にもとづく強い集団への帰属意識を生んだとしている（山極 2010）。

　人間とは動物の一種であり、理性的な存在であると同時に感情の動物でもある。それを自覚した上で、人間の動物的な側面である利己的・本能的・感情的な"暴力"と、文化的・政治的な"戦争"とは、その歴史や起源を考える上では切り離して考えなければならないのではないだろうか。

　そのような視点から、再度、戦争の起源に関する学史を振り返ると、これまでの研究史における大きな問題点が浮上してくる。その問題点とは先史時代の戦争をめぐる議論の大部分は文化人類学の知見から得られたものが中心であった、ということである。

　それは過去の歴史上における生のデータを分析したものではなく、あくまでも現在（の部族民）のデータから先史時代を類推しているにすぎないという問題点である。事実、民族誌で描かれる戦闘に関しては、西欧社会との接触によって変容したとする批判も提起されている（Ferguson and Whitehead 1992）。

　アザー・ガットのように、"実験場"としてオーストラリアの部族民など、隔絶した地域の状況を重視する見解（ガット 2012）もあるが、やはり、それでも18世紀以降の記録に頼らざるを得ないのが実情である。したがって、それがそのまま過去にまで遡及できるのかという問題、文化人類学による類推は正しいのか、という問題点は拭いきれない。しかも、過去への遡及は、それぞれの環境で多様に暮らしていた諸社会を、進化論的（たとえばバンド→部族→首長制→国家）に順序づけ、それから先史時代の状況を推定するという、仮定に仮定を積み重ねた方法にもとづくものである。

　人類の歴史における進化論的な視点は、20世紀初頭にはフランツ・ボアズの文化相対主義や、ブロニスワフ・マリノフスキー、アルフレッド・ラドクリフ・ブラウンの文化機能主義によって徹底的に批判を受けたが、文化相対主義や機能主義においては社会の動態的な変化過程を説明することが困難であるため、歴史や起源をめぐる進化論的な視点は、レズリー・ホワイトやジュリアン・スチュワードによって20世紀後半に新進化論として復活する。進化論は、変化や

変容を総合的に理解する枠組みとしては非常に有効で強力な学説であるため、これからも進化論的な視点は無視することができないだろう。

しかしながら、筆者は、過去の歴史を解明するためには、現在の諸部族からの類推ではなく、むしろ確実な歴史的資料にもとづく考古学を中心に検討すべきであると主張したい。確かに考古資料は沈黙資料であるため、その全体像を把握するには資料も少なく、不明瞭な部分があまりにも多い。考古学のみの研究では、文化人類学で明らかにされたような、部族間の戦闘の形態、動機、影響、個々人の役割などといった、活き活きとした社会の豊かな復元は不可能である。

考古学は、そのような点に関しては謙虚に、研究の豊富な文化人類学を参照にすべきであり、本書でもそのような立場にたって研究を行ってきた。他方、文化人類学の資料そのものにも、間接的な類推といった問題点もあるために、決して万能ではありえない。考古学者のソープは、イギリスの人骨や防御集落などの考古資料を検討した結果、考古学的な証拠の変遷では、単純な文化的進化モデル（社会が複雑化すると戦争が増加するなど）のような傾向は示さないことを明らかにし、紛争の一般理論（生殖、名誉、領土をめぐる競争などの各理論）は、イギリス先史時代の発展とは合致しないとする（Thorpe 2006）。

また、考古学における戦争研究を大きく進めたキーリーは『文明以前の戦争』の最終章において、「人類の過去の状況は考古学による証拠によってしか知ることはできないにも関わらず、考古学が先史時代の暴力や戦争をほとんど考えてこないこなかったことは残念」と述べており、伝聞や目撃証言の不確かさに比べると「考古学者の記す物的な状況証拠の重要性」を指摘している（Keeley 1996）。

上記のような問題点から、今後の研究の方向性としては、先史時代の同時代資料たる考古資料を中心に、文化人類学、さらにそれ以外の諸科学との総合的な研究を進めることが重要である。

かかる意味において本書の意義が明らかになる。つまり考古学を中心として先史時代の戦争問題を検討したこと、特に、世界的にも発掘調査事例件数の多い日本列島という一地域に限定して、その変遷や特徴を比較的に長いスパンで検討したことが特徴であり、さらにいえば、単に考古学的な分類学のみに留ま

らず、文化人類学や文献史学、社会学的な理論研究などの知見から、総合的にこれを解釈しようとしたところに研究の大きな意義がある。

　では上記の研究史を踏まえ、かつ本書の実証的な研究成果を加味すると、課題となっている戦争の定義や戦争の起源はどのように考えればよいであろうか。考古学的な視点から戦争の定義を考えるにあたっては、佐原真が提起した、戦争を認識する考古学的事実という視点は高く評価しておきたい。すでに本文中に登場しているが、改めてここに記すと、佐原は戦争のあった社会、あるいは戦争を知っていた社会を認識するための考古学的事実として武器や殺傷人骨などの6つを掲げている（佐原 1999）。

　これら証拠の検討のうち、特に戦争の起源を考えるには、狩猟採集民の社会の戦争を示す考古学的証拠がポイントになる。なぜなら、人類の歴史の99％以上が、実に狩猟採集社会であったためにほかならない。ガットは文化人類学による狩猟採集社会の調査から、過去の狩猟採集社会を"類推"して戦争があったと考えているが（ガット 2012）、純粋に考古資料をみてみると、実のところ、戦争の存在を示す証拠は何もない。

　キーリーによれば、人類の歴史の中で武器の使用が認められるのは、わずか4万年前、永続的な村や防御施設の出現は1万5千年前まで遡るにすぎず、確実な戦争の記録は、過去2～3万年前の、しかも世界のわずかな地域でのみ把握することができるとする（Keeley 1996）。

　日本列島に限定すれば、武器になる可能性がある石槍の出現は後期旧石器時代後半（白石浩 2009）、弓矢が普及するのは縄文時代草創期（大工原 2014）であって、定型的な武器が出現するのは弥生時代の初頭である。いずれにせよ、戦争の考古学的事実の出現は、決して人類の開始にまで遡ることはできない。

　暴力の最も確実な考古資料としては殺傷人骨が非常に重要であるが、殺傷の痕跡のみでは、それが"暴力"なのか"戦争"なのか判別は困難である。殺傷人骨そのものは、先述したようにソープによれば、25万年前まで遡る可能性があるものの（Thorpe 2003）、これと同地域であるスペイン・アタプエルカ地方のグラン・ドリーナの洞窟出土の人骨についてはカニバリズム（食人）が想定されているなど（Ferna *et al.* 1999）、その殺傷が戦争に伴うものか否かの判断は容易ではない。旧石器時代のヨーロッパの殺傷人骨に関しても、ネアンデル

タール人に骨折や殺傷痕が残るものも知られているが、それについては暴力、儀式、食人などで議論されており（Guilaine and Zammit 2005）、殺傷人骨が存在するからといって、そのまま戦争の開始を古くまで遡らせることはできない。

　これら欧米の研究に対し、発掘調査事例の多い日本で、近年、注目すべき研究が行われている。山口大学と岡山大学の共同研究グループは、約1万年におよぶ縄文時代の人骨データ（2,582点）を網羅的・体系的に収集し、暴力による死亡率数量的に算出したところ、その受傷例は23点、暴力による死亡率は1%であり、さまざまな地域・時代の狩猟採集文化における死亡率（10数%）よりも低いとする（中尾ほか 2016）。

　このような確実な考古学データによると、狩猟採集社会（縄文時代）においても、過去において暴力が少ない社会が存在していたことが実証できるのであって、戦争を人類の生来のものとみなしてはならないのである。では、考古学的な立場に立てば、どの段階をもって戦争の起源と判断すればよいのであろうか。

　本研究の前史に該当する時代、すなわち定型的な武器が出現する（第一の画期）以前の、狩猟採集社会である縄文時代においても、わずかであるが殺傷人骨が存在している（表13）。チンパンジーの暴力的な性質から判断しても、人類の開始とともに暴力的な社会行動が行われていた蓋然性はきわめて高い。

　むしろ、人類の誕生以来、集団や社会生活の中には、常に何かしらの暴力が内在しているのが常態であるといえよう。しかしながらそれは、ホッブズ的な意味での、極端な形として社会が暴力的であるのではなく、人類は本来的には互いに協力・共同する社会的な存在であって、交換をし、婚姻関係を結ぶが、同時に、生物の種としての進化適応環境や、資源や女性をめぐるトラブル、集団生活に伴う葛藤やストレスを原因として、暴力という戦略を選択することもあったとすることができる。

　これを考古学的な文脈で述べるなら、人類の誕生、もしくはそれ以前においても、生物由来の感情や欲求によって、集団内において暴力や攻撃を伴うトラブルが生じた蓋然性は高い。殺傷人骨の存在からすると、狩猟採集社会においても弓矢や石槍などを対人暴力へ転用していたことは確実である。しかしながら、こういった状況は人類の歴史の99%以上を占めており、当初から意図的に

第13章 戦争の考察をめぐる理論的な展望と本書の位置づけ 283

表13 縄文時代の殺傷人骨一覧

所在地	遺跡名	人骨番号	性別	時期	殺傷具	殺傷状況	殺傷方法(復元)	文献
大分県	枌洞窟		♂	縄文後期	石鏃	胸腔・腹腔から出土	弓矢による殺傷(先端欠損)	橘 1975
岡山県	粒江貝塚	103号	♂		石鏃	第3胸椎に水平に嵌入		清野ほか 1922
愛媛県	上黒岩岩陰	6901号	♂	縄文早期	ヘラ状骨器(槍?)	右腸骨翼に嵌入	後方からの投槍	森本ほか 1970
高知県	居徳遺跡	J002	♀	縄文晩期	骨鏃・金属器?	大腿骨貫通	他、殺傷骨5点	高知県埋文センター 2004
愛知県	伊川津貝塚	20号	♂		石鏃	右尺骨後面に嵌入	背後から射られる	鈴木尚 1938
愛知県	伊川津貝塚	16号	♀		鈍器	左頭頂部に楕円形の孔	石斧によって2回(頭へ)加撃	鈴木尚 1938
愛知県	保美貝塚	20号	♂		鈍器	後頭部、頭頂部に楕円形の孔	2人が頭へ加撃	鈴木尚 1938
愛知県	保美貝塚	7号		縄文晩期	利器(石斧・一部石鏃?)	頭蓋骨に利器による8つの孔	複数による後方からの頭への加撃	鈴木尚 1950
静岡県	蜆塚貝塚	1号	♀		石鏃?	右側頭部に小孔		鈴木 1958b
千葉県	高根木戸遺跡	5号	♂	縄文中期	石鏃?	右上腕骨に小孔		小片ほか 1971
千葉県	加曽利南貝塚	6号		縄文後期	槍(?)	頭頂部に2つの孔		鈴木尚ほか 1976
東京都	下沼部貝塚			縄文後期	鈍器(棍棒・石斧類)			清野 1950
福島県	三貫地貝塚	22号	♂	縄文晩期	石鏃(有頸式)	右寛骨	後方上より射られる	鈴木尚 1958a
岩手県	宮野貝塚	BL-2	♂	縄文中期	石鏃(凹基)	右腸骨翼後面	後上方やや外側より射られる	林ほか 1980
北海道	有珠10遺跡		♂	続縄文	石鏃(平基)	右大腿骨後上部	背面の右斜め上方より射られる	松村 1989

対人殺傷を目的とする"武器"が出現するのは人類の歴史の最後の、わずか1%の時間幅にすぎないのである。

日本列島においては、ようやく、農耕文化の開始以降に定型的な武器が出現し(本研究でいう第一の画期)、殺傷人骨も増加していく。佐原真はこれに加え、環濠集落や武器の副葬といった考古学的な事実を取り上げ、弥生時代の開始期をもって戦争が始まると判断した。

これに対し、本書では、それが"戦争"の名に値するのかを検討するため、弥生時代の人骨に残る武器の殺傷痕(殺傷人骨)や、防御集落とされることの

多かった環濠集落の再検討を行った。そして、弥生時代においては"奇襲・襲撃・裏切り"といった数人単位の戦術や儀礼的な戦闘こそが主体であったことを明示し、これまでの研究で指摘されてきた、農耕文化の開始時期から"戦争"と称するような戦闘が始まったという見解に異を唱えた。

とはいえ、戦闘行為、本書において未開戦争の段階と位置づけた弥生時代の戦闘も、それが集団的な武力闘争であることは間違いない。では、未開戦争のような集団的な闘争に関しては、それを"戦争"と呼ぶことはできないのであろうか。

本章で理論的に検討しているように、戦争の概念を突き詰めていくと、むしろ重要になるのは戦争当事者の背後にある社会組織の内容、その規模や特質である。それは社会における武装集団のあり方や軍事組織の形態と非常に大きく関連している。

弥生時代における武装集団を検討した成果によると、弥生時代前期〜中期の武装集団像は、集落内の一般成員が主に石製の武器で武装化するような、共同体全体の武装状況（武装した農耕集団）であり、せいぜい、弥生時代後期末（北部九州地域では中期以降）に威信財としての金属製武器を独占した、首長階層や戦士的な階層の成立が推定され、軍事的な組織が成立する萌芽を認めることができる。

軍事的な組織の萌芽とはいえ、弥生時代における武装集団の組織力はきわめて脆弱であって、ようやく、古墳時代中期において、大量の武器の生産や配布などを管理した政治機構（ヤマト政権）によって、地方の専門的な武装集団を点的に組み込み、全国的な軍事組織が日本列島において初めて構築される。そして古墳時代後期になると、さまざまな武装集団の階層（職掌）化が進行し、軍事組織が整備充実してくるのである。

このような軍事組織の変化過程を想定すると、戦争当事者の背後にある社会組織の内容や規模・特質の変容は、むしろ、弥生時代初頭（第一の画期）や弥生時代後期（第二の画期）よりも、古墳時代中期（第三の画期）において特に大きな飛躍があったことが理解できる。そういった大きな軍事的な変化の背景には、社会全体の組織や制度の大きな変革、あえていえば国家の存在や形成が、そこに推察できるのである。

では前国家的な戦闘（未開戦争）と、国家段階以後の戦争では、何が本質的に異なるのであろうか。これについて、政治人類学者ピエール・クラストルの見解を参考に未開戦争の歴史的な意義を考察しておこう。

クラストルによれば、未開社会は決して未完成な社会ではない。むしろ、未開な社会とは、積極的に、自由な意思として、"国家"に含まれるような権威や強制力といった、政治的な要素を拒否することが特質である。すなわち、未開社会とは社会体そのものが絶対的な権力を行使し、集中化した、個別の政治権力を禁じようとするのである（クラストル 1987）。

こういった、未開社会の"国家機械"の出現を阻止する政治的な働きを指摘したクラストルは、多数の分化していない共同体にあっては、社会の統合化をもたらす求心力に対抗して、戦争が、その分散をもたらす遠心力として機能していると評価している。つまり、未開社会とは本質的に戦争なしに存続することはできないのである（クラストル 2003）。

クラストルの見解に従えば、未開戦争の背後にある社会や集団の原理は、非国家的な存在でなくてはならない。ここにおいて、非国家的な戦争（未開戦争）と、国家規模の戦争との間には、きわめて大きな断絶を認めることができる。またこのことは、ターニー＝ハイが未開の戦争と真の戦争との境界を示した見解とも合致しており（Turney-High 1971）、未開戦争と国家形成以後の戦争とは、その性質と概念とを厳密に区別しなければならないのである。

上記の分析と考察を踏まえ、戦争の概念については次のように結論しよう。あくまでも"考古学的な戦争の証拠を顕著に残すような"と前書きを付け足した上で、本書では、戦争を"国家規模による集団間の組織的な武力闘争"と定義したい。

第3節　戦争と国家の関係性について

戦争の定義を"国家規模による集団間の組織的な武力闘争"であると結論づけ、戦争と国家との深い関連性を明らかにすることができた。そこで、本章の最後に戦争と国家との関係性についてさらに深く論じていきたい。

欧米における社会学や文化人類学においては、戦争と国家、特に戦争と国家

形成の関連性は盛んに論じられたテーマの一つであるため、前節に引き続き、その学史や理論を整理しつつ、この問題を考えてみよう。

　国家とは非常に複雑な社会的統一体である。そのため、その形成についてはさまざまな視点があるが、国家の形成に戦争が重視されるようになるのは主として 19 世紀以降であって、初期の戦争理論はダーウィニズムの影響が色濃いのが特徴である。たとえばエンゲルス理論は、野蛮→未開→文明へと社会が発展するというモルガンの学説を発展させたものであり、フランツ・オッペンハイマーの征服国家説は、社会発展の原因を集団間の闘争であるとした、グンプロビッチやラッツェンホーファーなどの社会的ダーウィニズムの系譜を引くものであった。

　このうち、フリードリヒ・エンゲルスの『家族・私有財産・国家の起源』は、史的唯物論の理論的支柱として著名であるが、その中で、アテナイによる国家形成は、氏族社会そのものの内部で発展する階級対立から発展したものであり、他方、ドイツにおける国家は、外国の広大な領域を征服したことから直接に発生するとしている（エンゲルス 1954）。植木武が分析しているように、これは闘争・戦争モデルの一典型であって、すでに 19 世紀後半（原著出版 1884 年）において、闘争（内部抗争）と戦争（外部抗争）による国家形成のモデルが提示されているといえるだろう（植木 1999）。

　その後、エンゲルスの学説は主に階級闘争（内部抗争）の部分に注目が集まっていくが、これに対し、戦争（外部抗争）による国家形成論はオッペンハイマーによって発展をみた。彼によると、狩猟民や原始農耕民の社会は、基本的に戦争や掠奪による利益が存在しないために、国家が発生することはない。しかし、牧畜民は戦争で得た捕虜を奴隷とする傾向にあり、そういった征服による政治的な支配が、習慣、法律、服従義務等によって永続化することで経済的な搾取が行われ、ここにおいて国家が形成されるというのである。オッペンハイマーは国家を発生させる唯一の法則は強力な集団による弱小な集団の征服であると断言した（オッペンハイマー 1926）。

　オッペンハイマーの国家征服起源説は有力な理論として注目を浴びる一方、これに対する批判も早くから論じられた。人類学者のロバート・ローウィは諸部族の統治機構（支配機構）に国家という資格を認め、オッペンハイマーの理

論は国家の理論ではなくて社会階級の理論であるとし、結社（association）による国家の形成力を重視した（ローウィ 1973）。

しかしながらその後、ロバート・カーネイロの研究によって国家形成と征服や戦争との関係は改めて大きく注目されるようになる。カーネイロは国家を、法を執行する中央政府により租税や労働力、兵士などを徴収する自治的な政治単位とした。そしてオッペンハイマーの征服理論を紹介しつつ、戦争は国家形成の原動力ではあるが、国家が発生しなかった地域でも戦争はみかけられることから、戦争は国家形成のための必要条件であるかもしれないが、十分なものではないとする。

ではどうすれば戦争によって国家が成立するのか、カーネイロは戦争によって国家が発生する条件として環境や社会的な制限・制約を挙げ、具体的な事例として、海や山に囲まれた狭い渓谷からなるペルーの海岸地域を取り上げた。ここでは、戦争の敗者は逃げる場所がないために勝者に対し隷属することになる。カーネイロはこうした戦争に伴う隷属の結果によって政治的な統一が達成され、中央集権化した国家が成立すると理論づけた（Carneiro 1970）。

カーネイロはオッペンハイマー説を評価しつつも、その欠陥点を批判しているが、戦争によって生じる国家形成のアウトライン（戦争→征服や服従→これに伴う政治と経済組織の整備→国家形成）は概ね同じ過程を想定している。相違点としては、オッペンハイマーが征服理論を国家形成の唯一の法則としたのに対し、カーネイロはより慎重に、戦争は国家形成に必要かもしれないが、十分ではないとし、その条件として生態学的な環境制約を取り入れた点であろう。

1970～1980年代にはカーネイロの研究に触発され、マルコム・ウエッブやデイヴィッド・ウェブスター、ロナルド・コーエンなどの人類学者によって戦争による国家形成論が盛んに検討される（植木 1999）。たとえば、コーエンによれば、威信、女性、食料などの希少資源（Competition for Scarce Recources＝CSR）への競争が高い環境ほど、紛争が起きやすい社会である。しかしながら、紛争や戦争それ自体では国家は成立し得ない。むしろ、戦争の制御、防衛、紛争を解決する能力といった社会的な機能が国家形成の核であるとコーエンは説く。しかし同時に彼は、一度、国家が成立すると、戦争は政権の目的を達するための合理的な選択肢の一つとなり、そうなると戦争そのものが組織や編成に

強い影響を与えることを指摘している（Cohen 1984）。

　このように、国家形成と戦争との関係が詳しく論じられるようになると、当初、オッペンハイマーが想定したように、戦争のみが国家社会を生み出す唯一の要因とみなすことは困難になってきた。むしろ戦争は、複合的な諸条件や制約（環境、人口圧、交易による富の集中、耕地や資源の偏在等）と相まってはじめて、国家を成立に導くと評価されるようになるのである。

　こういった理解の背景としては、灌漑にせよ、戦争にせよ、人口増加にせよ、交易にせよ、階層化社会の出現は単一なものでは不十分であるとし、多要因による階層化社会の出現を主張したケント・フラナリーの理論も見逃せないだろう（Flannery 1972）。

　また、アンリ・クラッセンをはじめとする初期国家（Early State）の理論においても、当初は国家の形成に関わるファクターとして、人口の増加、戦争、侵略、イデオロギー、余剰生産、既存の国家からの影響という6つの要素が挙げられていたが（Claessen and Skalník 1978）、初期国家プロジェクトの展開過程において、イデオロギーや経済が重要視されるようになった反面、戦争や侵略的な要素は、必ずしも初期国家の出現に影響を与えるものでないとされ、普遍的ファクターから外されていくことになる（須藤 2014）。

　クラッセンの戦争と国家に関する近年の発言では、戦争概念としてコーエンの定義を評価し、戦争を"大規模で組織化された社会間の暴力（war is usually associated with large-scale, organised violence between societies）"としている。ここでいう"大規模"とは具体的に組織化が進んだ首長制社会や国家段階（well-organised chiefdoms and states）が想定されており、クラッセンは戦争（War）や紛争（Conflict）は人間文化における一般的な現象と位置づけつつも、しかしながら、戦争と紛争との区別を明確にする。その上で、議論の多い戦争と国家形成との問題に触れ、戦争や暴力は複雑な社会組織の形成と関連しているが、それは因果関係によって解釈すべきでない、と結論づけている（Claessen 2006）。

　もちろん、国家形成における戦争の役割は依然として重視されてはいるのであるが、"国家"という存在の複合的な要素が重視されると、単純に戦争を唯一の国家形成の原動力とすることは無理であって、戦争は、国家を成立に至らし

めるための十分条件でも必要条件でもなくなっていく。

　これに追い打ちをかけるように、1990年代以降、"国家"の枠組みそのものの見直しが進む。国家とは、文化人類学の世界では、主に政治的な制度の一つとみなされることが多く、たとえばクレーダーは、すべての社会には国家の有無に関わらず、なんらかの形の政治形態があるとする一方、国家は、それが存在する社会における究極的な権力の機関であるとしており（クレーダー　1972）、さまざまな政治制度の中でも特に重要な役割が与えられてきた。

　社会学における古典的なマックス・ヴェーバーの概念では、国家とは合法的な物的強制力（暴力の独占）にもとづく支配関係とされており（ヴェーバー　1960）、その軍事的な要素が非常に重視されてきた。ここにおいて国家は、領土や国民などからなる実態としてアプリオリに存在しており、命令や監視という一方的で暴力的な支配関係が想定されてきたのである。

　こういった国家概念を見直す代表的な研究は、社会学者マイケル・マンの理論がある。マンは社会を構成するのは4つの"力（Power）"のネットワークであるとし、その源泉としてイデオロギー、経済、軍事、政治を挙げ、社会はこの4つの諸関係が重なり合い、交錯し合うものと評価した（マン　2002）。このことによって、それまで国家として一元的に把握されていた社会の実態は、より複雑な、さまざまな力の流動的な重なり合いにすぎなくなり、これまで自明のものとされていた国家の枠組みそのものが不鮮明になっていく。

　新制度派経済学者のダグラス・ノースを中心とする研究でも一般的には国家は流動的で、どこまでが国家という明確な把握はない。ノースたちの分析によれば歴史上に存在した社会秩序は3種類（狩猟採集社会、アクセス制限型社会（自然国家）、アクセス開放型社会）のみであるが、そのような概念的枠組みは静的な社会均等ではなく、常に変動する環境であって、社会秩序のダイナミズムは決して"進化"にあるのではなく"変化"であるという（ノースほか　2017）。

　このように、戦争や国家の研究が進んでくると、国家形成の原動力としての戦争の役割は低くなり、同時に、社会の視点も複合的になることで国家の枠組みそのものも曖昧になってきた。

　では、戦争と国家との関係は寡少に評価してもよいのであろうか。答えは断じて否である。どのように国家の枠組みが変更し、戦争の役割に制限が附せら

れようと、社会や国家に戦争が果たす役割は大きく、ここに戦争を研究する意義がある。

先にみたマンの社会論において国家は「中心性を具現する分化した諸制度とその職員との組合せ」と、非常に狭い範囲、行政機関の一部程度にしかすぎなくなってしまったが、しかしながら、むしろ社会全体でみると、軍事的な力は、社会を構成する4つの源泉の一つであって、依然として非常に重要な位置を占めている。

ノースらの研究によれば、あらゆる社会において暴力の問題は存在しており、たとえ暴力を排除しようとしても、社会から暴力が排除された例はなく、抑圧され、管理されるのがせいぜいであるという。そして、個人による暴力の制御が可能なのは25～50人くらいの小集団にすぎず、社会の規模は暴力の規模に影響を与えるため、社会の中に大規模な集団が現れるならば、暴力を制御するための何らかの社会制度が必要になる。ここにおいて、歴史的な社会の変革に際しては、社会と暴力（軍事力や軍事組織、戦争）との関連性は無視することができなくなるのである。

その他の政治的・哲学的な研究でも、国家と戦争の関係は論じられ続けている。歴史学の分野では"戦争が国家をつくった"と明言して近代国家の形成を論じたチャールズ・ティリーの研究が有力な学説として著名であるが（Tilly 1985）、哲学の分野ではポスト構造主義の哲学者、ジル・ドゥルーズとフェリックス・ガタリが"国家装置"と"戦争機械"との関係性を考察している。

哲学的な議論は難解で意味不明瞭な部分もあるが、考察の冒頭で「戦争機械は国家装置の外部に存在する」というテーゼが示されている。ここでいう機械（machinique）とは実態としての機械ではなく、通常、社会とされているものの中において機能する要素のすべてを含むアジャンスマン（agencement）の概念で理解したほうがいいだろう（吉澤 2015）。

ドゥルーズとガタリによると、戦争装置とはそもそもノマド（遊牧民）が発明したものであり、その第一の目標はノマド空間の拡大、砂漠や草原を増大させることにあった。だからそれはかならずしも戦争を目的とするものではなかったが、しかしながら戦争機械が国家に所有されるとき、戦争機械は戦争を、直接かつ第一の目標にすることになるという（ドゥルーズ・ガタリ 1994）。

この議論にあるように、国家装置と戦争機械との関係性は、（他の国家論の見直しと同じく）相対的で流動的であり、戦争と国家は常に固定的な関係性にあるものではない。しかしながらそうではあっても、戦争装置それそのものは権力装置であることに間違いはなく、国家との関係によって戦争機械が大きく変容するといった理解は、国家と戦争との関連が依然として重要であることを示している。

さて蛇足であるが、国家と軍事力の理解が深まったため、ここで軍事組織について付言しておこう。戦争に比べると、軍事組織の一般的な概念を検討した研究は比較的に少ない。近・現代の軍事組織に特化した研究を除けば、スタニスラフ・アンジェイエフスキー（アンジェイエフスキー 2004）、ジョルジュ・カステラン（カステラン 1955）、モートン・フリード（Fried 1961）、スタニスラフ・アンドレスキー（Andreski 1968）、ロナルド・コーエン（Cohen 1984）、アンソニー・ギデンズ（ギデンズ 1999）、マイケル・マン（マン 2002）などが知られている。

歴史学においてはドイツのオットー・ヒンツェの研究で知られているように軍事組織が国家組織との関連で注目されているが（Hintze 1906）、文化人類学の分野ではオッターバインが、部族社会の軍事組織に注目し、軍事の専門性（専門集団か非専門集団か）を横軸に、政治組織（中央集権的か非中央集権的か）を縦軸にし、軍事組織を4つに区分している。その上で、政治的な集中化と軍事組織の専門集団による構成との相関性の高さを指摘しており、政治的な中央集権の出現には、ある程度の専門的な軍事組織が必要と想定している（Otterbein 1994）。

アンジェイエフスキーについては本文中に触れたので、先に触れたマンの議論を中心に軍事組織の一般概念や意義について補足しておきたい。

マンの権力資源論では、これまでの国家概念で同一視されることが多かった、政治的な力と軍事的な力が識別されているのが特色である。マンによれば、国家と物理的強制力とを同一視することは軍事力を独占している近代国家の場合は道理に合うが、歴史上の多くの国家は軍事組織の独占権を有していなかったとし、政治的な力とは中央集権的・制度的・領域的規制であり、他方、軍事的な力とは組織されている限りでの物理的強制力であるとした。

このような見解は、"戦争機械は国家装置の外部に存在する"とするドゥルーズとガタリの見解にも一脈通じるものがあるだろう。すなわち、軍事組織という形態で組織化される軍事的な力のシステムは、政治組織とは完全に同一ではないということである。

軍事組織の特徴とは、社会における軍事的な力（パワー）を組織化することである。そこには、意図的な資源の投資と、その永続性（人員の補充、武器の装備、補充物資の生産）が不可欠であって、自然への投資（要塞の築造）、家畜への投資（騎兵）、道具への投資（武器）などが必須となる。そしてこのことが、軍事組織とその背後にある社会や政治機構（国家組織）との深い繋がりを生むのである。

他方、軍事的な組織は、その機能性から本質的に一点集中的・強制的であるため、通常は命令や指揮系統といった中央集権的な権力構造や階層化を伴う。むしろ、こういった権力構造のあり方から、多くの識者によって非国家から国家への飛躍する契機として戦争が注目されてきたといえよう。

また、コーエンが述べるように、国家の成立に戦争は不可欠ではないかもしれないが、国家が成立し軍事的な力が国家に統制されると、軍事組織と政治組織は相互的に影響力を与え合う。そして、中央集権的な国家形態が解体すると、社会における軍事的な力は分散されてしまうのである。

本書の研究は、上記のような問題点も念頭におきつつ、社会の軍事的な側面を軍事組織として抽象化することで、その理論化を試みた。換言すれば、複合的な社会における、軍事的な部分のみを切り離して個別実証的な研究を積み重ねることで、考古学で把握することができる武装集団の位置づけを試み、その歴史的な意義を考えてきたのである。

そしてアンジェイエフスキーの社会学的な研究を基礎として考察を行い、弥生時代前期〜中期社会の軍事組織の様相はタレンシ型(Msc)、弥生時代後期(中期の北部九州地域含む)〜古墳時代前期における軍事組織は騎士型（msc）、古墳時代中期〜後期の軍事組織は職業戦士型（mSC）の軍事組織であると規定した。

また、鉄製武器が普及する弥生時代後期や、軍事組織が整備化されていく古墳時代中期を変化の画期として重視し、特に古墳時代中期（5世紀）において

は、軍事参与率・服従度・凝縮性がともに変化する最大の画期を認め、この段階こそ、国家規模の軍事組織が本格的に指向され始めた段階であると評価したのである。

すなわち、弥生時代から古墳時代前期までは、武器の大部分も各地域において生産され、戦闘の規模も小さいものであるなど、軍事的な"力"は社会の中において分散されていた。そのために、弥生社会の背後にある政治組織も非国家的なものが想定できるのである。

しかしながら古墳時代中期においては、古墳のあり方で顕著化したように階層化が高度に進行しており、鉄器の生産、甲冑の一元供給、馬匹生産など、社会のさまざまな面で軍事的な投資が行われ、同時に、武器副葬を介した共通性を有する武装集団が成立するなどのイデオロギーの共通化も進行していたことを明らかにした。これらのことから、古墳時代中期は軍事的な"力"が組織化され、中央政府による軍事組織が編成されていた段階と評価することができる。

これを歴史的な文脈の中で位置づけるならば、弥生時代から古墳時代にかけては経済的（農耕生産の開始や鉄器の流通など）な要因によって、社会の軍事的な諸力は階層化・組織化の萌芽をみる。しかしながら、前国家社会においては、権力の集中に抵抗する社会的な機能（未開戦争）が存在しており、長期間にわたって軍事的な諸力は分散したままであった。国家の形成について戦争は必要でも十分な条件でもないものといえるだろう。

軍事的な力（パワー）の本格的な組織化は、むしろ朝鮮半島との対外交流を契機としており、古墳時代中期以降の国家形成と軌を一つとして組織化が促され、律令国家によって軍事的な組織化は完成する。

ここにおいて戦争機械は国家装置に取り込まれることになるが、国家体制（律令国家）の解体と同時に、社会の軍事的な力（パワー）も分散化し、中世社会では各地域に武装集団が形成され、古代国家に替わって軍事的な力が各地で分散しつつ組織化されていくのである。

註
(1) 原文は下記の通り。
　　War refers to publicly legitimized and organized offensive and/or defensive

deadly violence between polities. Parts of polities may engage in violent and organized actions for reasons of vengeance, inherited feuds, Communal hunts, and raiding for material, social, or prestige rewards. This action is warlike and people who do more of it than most are warlike people. But warlike and war are different.

(2) 原文は下記の通り。

Warfare is defined as armed combat between political communities. Armed combat, which is fighting with weapons, is performed by military organizations. When political communities within the same cultural unit engage in warfare, this is considered to be internal war. When warfare occurs between political communities which are not culturally similar, this is referred to as external war.

(3) オッターバインは、戦争に関する主要な理論として、キラーエイプ理論、開発理論、狩猟仮説、世界システム論の4つを挙げている (Otterbein 2004)。この他でも戦争に関しては、進化適応環境 (EEA)、生物学、文化、生態、経済、歴史、政治、領土、生殖、ステータスをめぐる競争など、さまざまな視点から検討が行われている (Thorpe 2003、Helbling 2006)。

一例を挙げると、生態・経済的な視点では、戦争は希少資源と人口の圧迫による競争の結果生じるとし、文化的な視点では、道徳的な理想や規範などが暴力や戦争を激化する要因であるといった具合である。

終　章

　日本列島における先史社会の軍事的側面の変遷を整理し、本書の研究成果の概要を要約する。

　近年の類人猿（チンパンジー）研究を参照にすると、人類はその出現期より集団的な暴力を行っていた蓋然性が非常に高い。類人猿の暴力から類推すると、かかる暴力行為は、なわばりや食料・性をめぐった、利益や欲望にもとづく闘争が主であったと推定できる。

　生物としてのヒトは、生命体を維持するための食物摂取や、遺伝子を後世に伝えるための生殖活動といった、生物上の目的を達成するための戦略の一つとして、攻撃的な行動を選択することもあったであろう。そのような意味では、初期人類においても暴力的な行為が普遍的に存在していたことは疑い得ない。

　しかしながら、旧石器時代〜縄文時代においては、戦争を示す考古学的証拠がまったくないか、非常に少ない。そのため、考古学での検討は非常に困難である。

　本書では、対人殺傷道具としての武器が出現する弥生時代から具体的な研究を開始し、これをもって歴史上の第一の画期とした。そして、弥生時代の大部分の戦闘は、個人的ないさかいや、資源や性をめぐるトラブルなどを原因とし、"奇襲・襲撃・裏切り"といった戦術が多用される、人類学でいうところの"未開戦争"の段階にあったと想定した。

　そして、こういった武力闘争の様式（未開戦争）は、厳密な意味での戦争とは区別すべきであって、むしろ未開戦争の歴史的な意義としては、集中化した個別の政治権力を禁じるような、国家の発生を阻止しようとする社会的機能が想定できるのである。

　軍事的な側面に関する第二の画期は、日本列島各地に鉄製武器が副葬される

首長墓が形成され、軍事的な階層が広域に成立した段階である。これは弥生時代の後期後半の段階（北部九州では弥生時代中期以降）に該当する。この画期以降、各地域の共同体はそれぞれの首長の求心力が増し、軍事的な関係性や集団的な武装を形成していく。しかしながら、弥生時代後期〜古墳時代前期における首長層の武器の扱いは儀礼的な様相が顕著であるため、祭政未分離で広域な軍事組織の整備は未発達であったといえるであろう。

　軍事面における第三の画期は古墳時代中期であり、いまだ点と線との関係ながら、列島初の広域な軍事組織が形成されていたと評価することができる。その具体像は、近畿地方におけるヤマト政権を中心として、軍事に特化した、中小の専門的な武装集団（首長階層）によって構成されている状況を復元した。

　また、古墳時代中期の社会では、鉄器の生産、甲冑の一元供給、馬匹生産など、軍事に直結する社会的な投資が多く認められる。それと同時に大陸での城郭戦闘や重装騎兵との接触による対外的な戦闘の苛烈化や、武器副葬を介した葬送儀礼（イデオロギー）の共通性などを認めることもできる。このことから、社会における軍事的な"力"が組織化され、政治的な中央政権によって軍事組織が編成されていたと評価することができるのである。

　そしてこのような軍事組織のあり方から、本書では古墳時代中期（第三の画期）において、歴史的に"国家"と"戦争"とが発生した段階と位置づけた。古墳時代中期に成立した汎列島規模での軍事組織の構造は、その後、古墳時代後期に制度的・システム的に充実していくのであるが、古墳時代後期の近畿地方中枢部の首長層においては、武器の威信財としての機能が急速に縮小していく。

　このことは、武器の配布や副葬といった行為を介して維持されてきた、儀礼的な、または人的な結合原理を中心に組織化されていた軍事組織が、より制度的に組織化されていくと評価できるだろう。また一方では、古墳時代後期は全国的な規模で社会的な武器の所持階層がより広範囲になり、武器の保有階層が拡大していくが、このことは後の律令軍制へとつながっていく。

　古墳時代中期に成立し、後期において充実していった汎列島規模の軍事組織構造は、7〜8世紀における律令兵制の成立をもって、次の新しい第四の画期を迎えることになるのである。

【付表1】環濠集落・環濠遺跡一覧

韓国

番号	遺跡名	所在地	時期	概要	分類
1	川上里	蔚山	無紋土器中期		
2	檢丹里	蔚山	無紋土器中期	集落（同時期・溝外にも住居あり）	I-a3
3	芳基里	蔚山	無紋土器前期		
4	蓮岩洞	蔚山	無紋土器中期	なし（儀礼場所？）	
5	明山里	蔚山	無紋土器中期	集落？	
6	新峴里	蔚山	無紋土器中期		
7	校洞里	蔚山	無紋土器後期		
8	達川	蔚山	無紋土器後期		
9	新華里	蔚山	無紋土器中期		
10	東川洞	大邱	無紋土器中期	集落	
11	八達洞	大邱	無紋土器前期		
12	月城洞	大邱	無紋土器中期		
13	大泉洞	大邱	無紋土器中期		
14	南山	昌原	無紋土器中期	集落？ 空閑地多し	I-a3
15	德川里	昌原	無紋土器中期		
16	加音丁洞	昌原	原三国～三国	集落	I-c3
17	上村里	晋州	新石器時代中期		
18	大坪里玉房	晋州	無紋土器中期	集落 方形溝が貯蔵穴群を囲む	I-b2
19	加虎洞	晋州	無紋土器中期		
20	耳谷里	晋州	無紋土器中期	集落	
21	草田洞	晋州	無紋土器中期	集落	
22	網谷洞	晋州	無紋土器中期	集落（住居、墓）	
23	上南	晋州	無紋土器中期		
24	鳳凰台	金海	原三国時代		I-b2
25	大成洞	金海	原三国時代		
26	温泉洞	釜山	無紋土器後期	集落（住居、木棺）	
27	多芳里貝塚	梁山	原三国時代		
28	平山里	梁山	原三国時代	集落（住居、木棺）	
29	玉山里	山清	無紋土器中期	集落	
30	沙月里	山清	無紋土器中期	集落	
31	佳長洞	鳥山	無紋土器後期	竪穴	
32	樓邑里	鳥山	無紋土器後期		
33	大栗里	清原	無紋土器前期	集落	
34	林洞	慶山	無紋土器後期		
36	錫杖洞	慶州	無紋土器後期		
37	東鶴山	華城	無紋土器後期	集落	
38	松邑里	清道	無紋土器中期		
39	文鶴洞	仁川	無紋土器中期		
40	雙松里	華城	無紋土器中期	なし	
41	古康洞	富川	無紋土器後期	集石	
42	栗田洞	水原	無紋土器後期	竪穴	
43	盤諸里	安城	無紋土器後期	自然石	
44	芳洞里	江陵	無紋土器後期	集落	
45	上星里	牙山	無紋土器後期		
46	月岐里	舒川	無紋土器後期	集落？	
47	上彦里	星州	無紋土器後期	柱穴	
48	盈倉里	陝川	無紋土器後期	住居跡、竪穴	
49	夢芝里	泗川	無紋土器後期	集落	
50	石宅城	洪城	原三国時代	集落	
51	德岩里	順天	原三国時代	集落	

福岡県

番号	遺跡名	所在地	時期	概要	分類
52	那珂	福岡市	早期（夜臼）	？	a2
53	那珂	福岡市	前期後葉～中期初頭（板付Ⅰ～Ⅱb）	貯蔵穴のみ	Ⅱ-a2
54	有田	福岡市	早期～前期初頭（夜臼・板付Ⅰ）	集落	Ⅰ?-b2
55	有田	福岡市	前期前半	集落	Ⅰ?-a2
56	今宿五郎江	福岡市	後期	集落	Ⅰ-b1
57	野方中原	福岡市	後期	集落	Ⅰ-a1
58	板付	福岡市	前期（夜臼・板付Ⅰ）	内濠内は貯蔵穴のみ	Ⅱ-a2
59	雀居	福岡市	後期	集落	Ⅰ-b1
60	比恵	福岡市	後期	住居・井戸等あり	Ⅰ-a2
61	大井三倉	宗像市	前期中葉・短期	何もなし	Ⅱ-a2
62	田熊石畑	宗像市	前期		
63	東郷登り立	宗像市	前期（板付Ⅰ?）	遺構なし	Ⅱ?
64	光岡長尾	宗像市	前期後半（板付Ⅱ?）～中期初頭	貯蔵穴のみ	Ⅱ-a2
65	今川	福津市	前期（板付Ⅰ）	なし（検出住居は環濠に切られる）	a2
66	平塚川添	朝倉市	後期	集落	Ⅰ-b1
67	西ノ迫	朝倉市	後期	集落（高地性、住居あるが生活臭なし）	Ⅰ-a3
68	大碇	うきは市	前期後半～中期初頭	貯蔵穴？ 住居は溝外、貯蔵穴は溝内外	Ⅱ-a1
69	大南	春日市	中期～後期 長期	集落	

番号	遺跡名	所在地	時期	概要	分類
70	江辻	粕屋町	早期・短期	集落	非環濠集落
71	彼坪	久留米市	前期後半	溝内土坑のみ	I-a1
72	道倉	久留米市	後期〜末		b1
73	津古内畑	小郡市	前期後半（板付II）	溝内外から主に貯蔵穴	II-a2
74	三沢南沢	小郡市	前期後半（板付II）	溝内から主に貯蔵穴	II-a2
75	力武内畑	小郡市		貯蔵穴、住居	
76	横隈山	小郡市	前期後半	貯蔵穴	II-a2
77	上岩田	小郡市	前期（板付I）	溝内は墓のみ 住居は溝外か	II?-a2
78	三沢中尾	小郡市	前期中〜後半（板付II）	溝内から貯蔵穴	II-a2
79	大保横枕	小郡市	前期後半（板付II）	二重環濠内は主に貯蔵穴	II-a2
80	横隈北田	小郡市	前期中〜末	貯蔵穴	II-a2
81	三国の鼻	小郡市	後期	集落	I-a2
82	立野・大坪	八女市	前期後半〜末	溝内に掘柱建物、溝外に貯蔵穴・掘柱建物	a1
83	辻垣畠田・長通	行橋市	前期前半〜末	貯蔵穴・土坑	II?-a2
84	矢留堂ノ前	行橋市	前期		
85	葛川	苅田町	前期中葉（板付IIa）	貯蔵穴のみ	II-a2
86	神手	みやこ町	前期後葉〜中期前半	貯蔵穴のみ	

佐賀県

87	岡浦	佐賀市	後期	集落	I-a1
88	惣座	佐賀市	後期		I-b1
89	榎木	佐賀市	後期（終末〜古墳）	集落	I-a1
90	小楠	武雄市	前期前半	遺構なし	II?-b2
91	八ツ並金丸	鳥栖市	前期（I前半〜II期）	環濠内堅穴1、貯蔵穴多数あり	II-a2
92	千塔山	基山町	中期〜後期	集落（後期は内外住居、終末は倉庫群）	I-a2
93	町南	みやき町	前期末〜		
94	原古賀三本谷	みやき町	後期		a1
95	背ノ尾	吉野ヶ里町			
96	松原	吉野ヶ里町	後期末		
97	吉野ヶ里	吉野ヶ里町	前期〜後期	集落	I-c2

長崎県

98	原の辻	壱岐市	前期〜古墳	集落	I-c2
99	カラカミ	壱岐市	中期後半〜後期	非集落？ 祭祀関連？	II-b3

大分県

100	小部	宇佐市	後期	集落	
101	下郡	大分市	後期		a1
102	松木	豊後大野市	後期	集落？ 空閑地、溝廃絶後に住居群	I?-a3
103	中原船久手	豊後大野市	後期	集落	I-a3
104	二本木	豊後大野市	後期	集落	I-c3
105	三輪教田	日田市	後期	集落	I t-a2
106	佐寺原	日田市	後期〜	不明	a2
107	小迫辻原	日田市	後期〜	方形居館あり	I?-a2
108	白岩	玖珠町	後期後半	土坑のみ、非集落？	II?-b3

宮崎県

109	下郷	宮崎市	中期末〜後期（IV〜V期）	集落	I-a2
110	高田	都城市	中期前葉〜中葉	集落	I-a1

熊本県

111	蒲生上原	山鹿市	後期	集落	I-b2
112	方保田東原	山鹿市	後期		I-c3
113	八反畑	合志市	後期		b2
114	西弥護免	大津町	後期	集落	I-b3
115	二子塚	嘉島町	後期	集落	I-c3
116	南鶴	南阿蘇村	後期	集落	
117	二子塚	嘉島町	後期	集落	I-c3
118	台	菊池市	後期	集落	

鹿児島県

119	入来	日置市			
120	松木薗	南さつま市			
121	西ノ丸	鹿屋市	中期	集落	

山口県

122	綾羅木郷	下関市	前期〜中期	貯蔵穴のみ 非集落	II-c2
123	吉永	下関市	前期後半	住居検出なし（古墳時代の住あり）	II?-a2
124	突抜	山口市	中期	集落	I-a2
125	宮ヶ久保	山口市	中期（III期）	集落	I-a2
126	朝田墳墓群	山口市	中期前半（IV期）	貯蔵穴20、土坑1、堅穴住居2	II?-a3
127	下東	山口市	前期末〜中期初	溝内は土坑群のみ	II-a1

付表1 環濠集落・環濠遺跡一覧

番号	遺跡名	所在地	時期	概要	分類
128	宮原	下松市	前期後半	第Ⅰ環濠内は土坑群、第Ⅱ環濠内は住居1	Ⅱ?-a1
129	岡山	周南市	中期後半(Ⅳ期)	集落？ 番小屋程度か	Ⅰ-a3
130	石走山	田布施町	後期	集落	Ⅰ-a3
広島県					
131	大宮	福山市	前期（後半）〜Ⅱ古	環濠内は住居なし	Ⅱ-a1
132	亀山	福山市	前期（後半）〜Ⅱ古	非集落か 同時期の住居等なし	Ⅱ?-a2
133	助平2号	東広島市	中期（Ⅲ期）	非集落 環濠内は何もなし	Ⅱ-a3
134	溝口4号	東広島市	中期	集落？	
135	焼け	北広島町	後期	集落	Ⅰ-a3
岡山県					
136	百間川沢田	岡山市	前期（後半）	集落	Ⅰ-a1
137	京免	津山市	後期	集落	Ⅰ-b1
138	清水谷	矢掛町	前期（中）〜中期（初頭）	集落	Ⅰ-a2
島根県					
139	田和山	松江市		なし？	Ⅱ-a2
140	佐太前	松江市	前期末	溝と同時期の遺構、ほぼなし	Ⅱ-a1
141	経塚鼻	安来市	前期末〜中期	非集落	Ⅱ-a3
142	要害	雲南市	前期・中期	なし？	Ⅱ-a3
143	古八幡付近	江津市	中期〜後期	集落	Ⅰ-a3
144	前立山	吉賀町	中期	非住居（土坑）	Ⅱ-a3
鳥取県					
145	天王原	米子市	前期後葉	非住居	
146	今津岸の上	米子市	前期後葉		a3
147	妻木晩田	米子市	後期前葉	何もなし	Ⅱ-a3
148	日下寺山	米子市	後期前葉	何もなし？	
149	尾高浅山	米子市	後期	集落	Ⅰ-a3
150	大塚岩田	大山町	前期後葉	住居あり、集落と溝の関係は不透明	
151	宮尾	南部町	中期前葉		a2
152	清水谷	南部町	前期後葉	貯蔵穴のみ	Ⅱ-a3
153	後中尾	倉吉市	中期	集落	Ⅰ-a3
愛媛県					
154	岩崎	松山市	前期後半〜Ⅱ期	貯蔵穴のみ	Ⅱ-a1
155	久米高畑	松山市	前期末〜中期	非集落か 土坑はあり	Ⅱ-a2
156	来住Ⅴ	松山市	前〜中期中頃	非集落か	Ⅱ?-a2
157	祝谷畑中	松山市	前期末〜中期初頭	集落	Ⅰ-b2
158	斎院烏山	松山市	前期末〜中期初頭		
香川県					
159	鬼無藤井	高松市	前期後半	集落	Ⅰ-a1
160	龍川五条	善通寺市	前期（突帯文共伴）〜中期初頭	集落	Ⅰ-a1
161	五条	善通寺市	前期後半〜Ⅱ期	集落	Ⅰ-a1
162	中の池	丸亀市	前期前半（Ⅰ期中段階）〜Ⅱ期初	集落 松菊里形住居	Ⅰ-a1
163	鴨部・川田	さぬき市	前期前半（中段階）〜中期	集落	Ⅰ-a1
高知県					
164	田村	南国市	前期（中頃）〜中期	集落	Ⅰ-a1
徳島県					
165	庄・蔵元	徳島市	前期中頃〜中期	集落？ 土坑群多し	Ⅰ?-a1
166	カネガ谷	鳴門市	後期		Ⅰ-b3
兵庫県					
167	大開	神戸市	前期前半	集落	Ⅰ-a1
168	表山	神戸市	後期		
169	熊内	神戸市	後期	集落	Ⅰ-c1
170	加茂	川西市	中期中葉〜後期	集落	Ⅰ-c2
171	寄居	たつの市	後期	集落	
172	東家の上	養父市	前期〜中期	非集落？ 住居と環濠が重複	Ⅱ?-a3
173	大盛山	朝来市	後期	非集落？ 環濠内外に住居1、外に住居4	Ⅱ?-a3
大阪府					
174	安満	高槻市	前期（後半）	集落？	Ⅰ-b1
175	古曽部・芝谷	高槻市	後期	集落	Ⅰ-c3
176	東奈良	茨木市	前期（後半）	集落	Ⅰ-a1
177	田井中	八尾市	前期（前半〜後半）	集落	Ⅰ-a1
178	池内	松原市	前期（中頃）	集落	Ⅰ-a1
179	東山	河南町	後期	集落	Ⅰ-a?1
180	野々井	堺市	後期末	集落	Ⅰ-a2
181	観音寺山	和泉市	後期	集落	Ⅰ-c3
182	池上・曽根	和泉市ほか	前期（後半）〜後期	集落	Ⅰ-c1
奈良県					
183	平等坊・岩室	天理市	前期〜後期	集落	Ⅰ-b1
184	東大寺山	天理市	後期	集落	Ⅰ-b3

番号	遺跡名	所在地	時期	概要	分類
185	唐古・鍵	田原本町	前期（新）～後期	集落	I-c1
186	多	田原本町	前期～中期（Ⅲ期）	集落	I-c1
187	坪井・大福	橿原市	前期～後期	集落	I-c1
188	四条シナノ	橿原市	前期前半～Ⅱ期	住居なし、貯蔵穴、土坑あり	Ⅱ?-a1
189	川西根成柿	橿原市ほか	前期		
190	桜井公園	桜井市	後期		
191	鴨都波	御所市	前期（後半）～後期		I-c1

和歌山県

番号	遺跡名	所在地	時期	概要	分類
192	太田・黒田	和歌山市	前期後半～中期（Ⅱ期）	集落	I-b1
193	堅田	御坊市	前期（前半～後半）	集落	I-a1

京都府

番号	遺跡名	所在地	時期	概要	分類
194	雲宮	長岡京市	前期前半～後半	集落	I-a1
195	上久世	京都市	後期	集落	I-a1
196	木津城山	木津川市	後期	集落	
197	太田	亀岡市	前期（後半）～中期（Ⅱ期）	集落？ 土壙墓とピット群	I-c1
198	日吉ヶ丘	与謝野町	中期（Ⅲ期）～Ⅳ期	非集落？、住居は溝外	Ⅱ-a2
199	須代	与謝野町	中期（Ⅳ期）～後期	集落？ 工房か	I?-a2
200	扇谷	京丹後市	前期（後半）～中期（Ⅱ期）	不明 住居なし	Ⅱ?-b3
201	途中ヶ丘	京丹後市	前期～後期	不明	I?-a3
202	浦明	京丹後市	中期（Ⅱ期）	集落	

滋賀県

番号	遺跡名	所在地	時期	概要	分類
203	下之郷	守山市	中期（Ⅲ期～Ⅳ期）	集落	I-c1
204	二ノ畔・横枕	守山市	中期（Ⅳ期）～後期	集落	I-c1
205	服部	守山市	中期（Ⅲ期）～後期	集落	
206	伊勢	守山市	後期	集落	I-b1
207	針江北・川北	高島市	後期	集落	I-a1
208	下鈎	栗東市	中期（Ⅳ期）～後期	集落	I-c1

三重県

番号	遺跡名	所在地	時期	概要	分類
209	大谷	四日市市	前期（中段階～後半）	集落	I-a2
210	永井	四日市市	前期（後半）	集落？	I?-a2
211	大城	津市	後期～古墳	集落	I-a3
212	納所	津市			
213	林垣内	津市	後期～古墳		
214	堀町	松坂市	後期	集落	I-a1
215	筋違	松坂市	前期前半	集落 畑	I?-a1
216	村竹コノ	松坂市	後期	集落	
217	天王	鈴鹿市	後期～		
218	天花寺丘陵	嬉野町	後期		

愛知県

番号	遺跡名	所在地	時期	概要	分類
219	見晴台	名古屋市	後期	集落	I-b2
220	三王山	名古屋市	後期～古墳	集落	I-a2
221	平手町	名古屋市	中期（Ⅱ期～Ⅳ期）	集落？ 西志賀貝塚北限か	
222	松河戸	春日井市	前期（中段階～後半）	住居未検出・土坑・墓検出	Ⅱ?-a1
223	朝日	清須市	中期（Ⅱ期）～古墳	集落	I-c1
224	阿弥陀寺	あま市	中期（Ⅲ期）～後期	集落	I-c1
225	梅坪	豊田市	後期～	集落	I-a2
226	猫島	一宮市	中期（Ⅱ期～Ⅲ期）	集落	I-b1
227	山中	一宮市	前期（後半？）	住居と方形周溝墓を区画する条溝	
228	伝法寺野田	一宮市	中期（Ⅳ期）	集落	I-a1
229	赤日子	蒲郡市	後期		
230	若宮	豊橋市	後期		
231	中根山	吉良町			

静岡県

番号	遺跡名	所在地	時期	概要	分類
232	伊場	浜松市	後期	集落	I-a1
233	伊場遺跡群	浜松市	中期（Ⅲ期）・後期	集落	I-c1
234	松東	浜松市	後期	集落？（住居未検出）	I?-a1
235	山の神	浜松市	後期	集落	I-b1
236	西通北	静岡市	中期中葉	内部未調査	

石川県

番号	遺跡名	所在地	時期	概要	分類
237	西念・南新保	金沢市	中期（Ⅳ期）～	集落	I-a1
238	河田山	小松市	後期		
239	東の場タケノハナ	羽咋市	中期～後期		
240	鉢伏茶臼山	かほく市	後期	集落	
241	杉谷チャノバタケ	中能登町	中期（Ⅳ期）（2号）、後期（1号）	集落	I-a3
242	北吉田フルワ	志賀町	後期		

付表1　環濠集落・環濠遺跡一覧

番号	遺跡名	所在地	時期	概要	分類
富山県					
243	新堀西	富山市	後期	集落？	
新潟県					
244	古津八幡山	新潟市	後期	集落	I-a3
245	裏山	上越市	後期	集落	I-a3
246	斐太	妙高市	後期～古墳		I?-a3
247	山元	村上市	中期末～後期		I?-a3
248	釜蓋	村上市	後期～古墳	集落	I?-a1
岐阜県					
249	宮塚	各務原市	中期	非集落？	II?-a1
長野県					
250	篠ノ井	長野市	後期	集落（溝外にも住居あり）	I-a1
251	餅田・西一里塚	佐久市	後期		
252	戸坂	佐久市	後期		
253	城の前	東御市	後期		
254	大門田	東御市	後期		
255	八名の上	東御市	後期		
256	上木戸	塩尻市	後期	集落（溝外にも住居あり）	
257	中村B	伊那市	後期		I-a2
258	座光寺原	飯田市			
259	恒川遺跡群	飯田市			
群馬県					
260	清里・庚申塚	前橋市	中期後半（竜見町）	集落	I-a2
261	西原	前橋市	後期終末～古墳前期	集落	I-a2
262	中村	渋川市	中期	集落　住居・周溝墓	I-a2
263	日影平	沼田市	後期後半（櫛）	集落　溝外にも住居あり	I-a2
264	町田小沢II	沼田市	後期終末	集落	I-a2
265	高崎城三ノ丸	高崎市	後期	集落	I-a2
266	日高	高崎市	後期		I-a1
神奈川県					
267	そとごう	横浜市	後期	住居・周溝墓	I-a2
268	殿屋敷C区	横浜市	後期	集落	I-a2
269	朝光寺原	横浜市	中期末(宮の台)	集落	I-b2
270	大塚	横浜市	中期末（宮の台）～後期初頭（朝光寺）	集落	I-b2
271	折本西原	横浜市	中期（宮の台）	集落	I-b2
272	四枚畑	横浜市	後期前半（朝光寺原）		I-a2
273	網崎山	横浜市	中～後期	集落	I-b2
274	大原	横浜市	後期（久ヶ原・弥生町）	集落（溝内外に周溝墓あり）	I-a2
275	権田原	横浜市	中期（宮の台）	集落	I-b2
276	中里	小田原市	中期中頃	集落	自然流路？
277	神埼	綾瀬市	後期	集落	I-a2
278	原口	平塚市	後期	集落	I-a2
279	海老名本郷	海老名市	後期	集落	I-b2
280	西方A	茅ヶ崎市	中期末	集落	I-c2
281	臼久保A	茅ヶ崎市	後期	集落	
282	砂田台	秦野市	中期	集落	I-a2
283	千年伊勢山台	川崎市	後期後半	集落	I-a2
東京都					
284	山王	大田区	後期	集落	I-a2
285	四葉地区	板橋区	後期	集落？	I?-a2
286	赤羽台	北区	後期	集落	I-b2
287	飛鳥山	北区	中期末	集落	I-b2
288	方南峰	杉並区	後期	集落	
289	下山	世田谷区	後期	集落	I-a2
埼玉県					
290	中里前原	さいたま市	後期	集落	I-a2
291	中里前原北	さいたま市	後期	集落	I-a2
292	北袋新掘	さいたま市	後期		I-b2
293	深作東部	大宮市	後期末(前野町)		
294	池上	熊谷市	中期中頃		非環濠集落
295	北宿	浦和市	後期	集落	I-a2
296	馬場北	浦和市	後期	集落	I-a2
297	木曽良	羽生市	後期（弥生町）	集落	I-a2
298	午王山	和光市	中期後半～後期	集落	I-b2
299	吹上	和光市	後期（前野町）	集落	I-b2
300	花ノ木	和光市	中期後半～後期	集落	I-b2
301	北通	富士見市	後期	集落	I-b2
302	南通	富士見市	後期	集落	
303	伊佐島	ふじみ野市	後期	集落	I-a2
304	稲荷山東	朝霞市	後期		

番号	遺跡名	所在地	時期	概要	分類
千葉県					
305	国府台	市川市	中期（宮の台）	集落	I-b2
306	草刈	市原市	中期	集落？	I-a2
307	大厩	市原市	中期	集落	I-a2
308	台	市原市	中期（宮の台）	集落	I-b2
309	根田代	市原市	中期（宮の台）	集落	I-b2
310	南総中	市原市	中期末〜後期初頭	集落	I-b2
311	潤井戸西山	市原市	中期		
312	南岩崎	市原市	中期		
313	戸張作	千葉市	中期		
314	高岡大山	佐倉市	終末〜古墳		
315	石川阿ら地	佐倉市	終末〜古墳		
316	大崎台	佐倉市	中期	集落	I-b2
317	田原窪	八千代市	中期		
318	道庭	東金市	中期〜後期	集落	I-b2
319	根形台遺跡群	袖ヶ浦市	中期	集落	
320	鹿島台	君津市	中期〜後期	集落	I-b2
321	萱野	館山市	後期		
茨城県					
322	屋代B	龍ヶ崎市	中期（IV期）	集落？	

【付表2】『日本書紀』の武器・戦闘記述一覧

I群 神代

記述類型	巻		記述箇所	武器使用者	内容
A 形記述 武器・個人	神代・上	巻一	第五段	伊奘諾尊	軻遇突智を剣で斬る
〃	〃	〃	第五段	伊奘諾尊	剣を振るい黄泉より脱出
〃	〃	〃	第五段	月夜見尊	保食神を剣で殺す
〃	神代・上	巻一	第六段	天照大神	武装記述
〃	〃	〃	第八段	素戔嗚命	八岐大蛇を剣で斬る
〃	神代・下	巻二	第九段	味耜高彦根命	喪屋を刀で斬る
D 形記述 儀礼・祭礼	神代・上	巻一	第六段	素戔嗚命	剣を使って誓約
〃	〃	〃	第七段	天鈿女命	天石窟戸の前で矛で踊る
E 形記述 その他	神代・下	巻一	第四段	伊奘諾尊	矛で国造り
〃	〃	巻二	第九段	天稚彦	反矢の故事
〃	〃	〃	〃	武甕槌神ほか	国譲りで剣の上に坐る
〃	〃	〃	〃	大己貴神	国譲りで広矛を授ける

II群 神武～安康

記述類型		巻	記述箇所	武器使用者	内容
A 形記述 武器・個人	神武	巻三	戊午八月二日	兄猾	剣・弓で追い込む、久米歌有り
〃	綏靖	巻四	神武～安康	神渟名川命	狩猟用鏃で殺害
〃	崇神	巻五	四十八年一月十日	豊城君	山上で槍を突き、剣を振るう
〃	〃	〃	六十年七月十四日	出雲振根	刀と木刀を取り替える
〃	垂仁	巻六	四年九月二十三日	皇后狭穂姫	匕首による天皇暗殺未遂
〃	景行	巻七	十二年九月五日	神夏磯媛	白旗による帰順
〃	〃	〃	二十七年十月十三日	日本武尊	童女に変装して川上梟師を殺す
〃	〃	〃	四十年七月十六日	東夷	箭を頭に蔵し、刀を衣に佩く
〃	応神	巻十	九年四月	武内宿禰	横刀で殴仆す
〃	仁徳	巻十一	四十年二月	阿俄能胡ほか	隼別皇子、雌鳥皇女の殺害
〃	〃	〃	六十五年是歳	宿儺	剣を佩き、弓を使う
〃	〃	〃	六十七年是歳	笠臣県守	虬を剣で斬る
〃	履中、反正	巻十二	即位前紀	刺領巾	仲皇子を厠で刺殺す
〃	允恭、安康	巻十三	允恭五年七月	玉田宿禰	尾張吾襲を道路に殺す
B1 形記述 簡素・国内	神武	巻三	戊午十月一日	神武	八十梟師を国見坂で撃つ。久米歌有り
〃	〃	〃	己未二月二十日	神武	土蜘蛛を皆誅す
〃	崇神	巻五	十年九月九日	四道将軍	派遣
〃	〃	〃	十一年四月	四道将軍	帰還
〃	景行	巻七	十二年十月	土蜘蛛	襲って殺す
〃	〃	〃	〃	打猿	撃って破る
〃	仲哀	巻八	元年閏十一月四日	仲哀	兵卒を遣わして蒲見別王を誅す
〃	〃	〃	二年三月～八月	仲哀	熊襲を討とうと出発・信託有り
〃	神功	巻九	仲哀九年三月	神功	熊襲他を兵を挙げて撃つ
〃	仁徳	巻十一	即位前紀	仁徳	大山守皇子を伏兵で囲み溺死
〃	〃	〃	五十五年	上毛野田道	蝦夷に敗れる
〃	履中、反正	巻十二	履中即位前紀	仲皇子	兵を興して宮を囲む
〃	允恭、安康	巻十三	允恭五年七月十四日	允恭	玉田宿禰の家を囲み誅す（衣に甲の記載有り）

記述類型	巻	記述箇所	武器使用者	内容
B2形記述 簡素・国外	〃	〃	安康即位前紀	安康	木梨軽皇子を兵で囲む、穴穂括箭・軽箭の記事
	〃	〃	安康元年二月五日	安康	兵を起こし大草香皇子の家を囲む
	垂仁	巻六	二年是歳		任那・新羅の抗争
	神功	巻九	仲哀九年十月	神功	新羅親征・船師海に満ちと云々
	〃	〃	〃	神功	新羅親征異伝・軍船海に満ち云々
	〃	〃	四十九年三月	荒田別・鹿我別	精兵を率いて新羅を撃ち破る
	〃	〃	六十二年	葛城襲津彦	新羅を撃たしむ
C1形記述 具体・国内	神武	巻三	戊午四月九日	神武	長髄彦と孔舎衛坂で戦い、後退
	〃	〃	戊午十一月七日	神武	兄磯城を挟撃して破る、久米歌有り
	〃	〃	戊午十二月四日	神武	兵を縦って急に攻める、歩靫の記述、久米歌有り
	崇神	巻五	十年九月二十七日	彦国葺	武埴安彦の乱、挑河で矢合戦
	垂仁	巻六	四年十月一日	八綱田	狭穂彦王の乱、稲城での攻防
	神功	巻九	二年二月	武内宿禰	忍熊王の乱、欺いて撃つ
C2形記述 具体・国外	仁徳	巻十二	五十三年五月	上毛野田道	対新羅での騎馬戦
D形記述 儀礼・祭祀	崇神	巻五	九年三月十五日	崇神	盾・矛を神社に奉納
	垂仁	巻六	三年三月	天日槍	刀・鉾の神宝とする
	〃	〃	三九年十月	五十瓊敷命	一千口の剣を石上神宮に納める
	〃	〃	八十八年七月十日	天日槍	出石の小刀を祠に祀る
	成務	巻七	五年九月	成務	造長、稲置に盾・矛を与えて表とした
	神功	巻九	仲哀九年四月	武内宿禰	剣・鏡を捧げて祈る
	〃	〃	仲哀九年九月	神功	新羅親征を前に刀・矛を奉る
	〃	〃	五十二年九月十日	久氐	七枝刀を献る
	仁徳	巻十一	十二年七月三日		高麗国が鉄盾・鉄的を貢る
E形記述 その他	神武	巻三	戊午十月一日	道臣命	忍坂邑に饗宴を設け虐殺、久米歌有り
	〃	〃	己未三月七日	神武	令、凶徒就戮されぬ云々
	〃	〃	三十一年四月一日	伊奘諾尊	日本は細戈の千足る国云々
	垂仁	巻六	七年七月七日	野見宿禰	拷力する
	〃	〃	三十四年三月二日	垂仁	矛を挙げて亀を刺す
	景行	巻七	四十年是歳	日本武尊	東征、賊を焼き滅ぼす
	〃	〃	四十年七月十六日	日本武尊	蝦夷、戦わずして従う
	〃	〃	十二年九月一日	麻剥	誘って捕らえて殺す
	〃	〃	十二月	市乾鹿文	熊襲梟帥酔わせて殺す
	仲哀	巻八	八年九月五日	神	神託、兵を挙げて熊襲を伐つより新羅を云々
	神功	巻九	仲哀九年四月	神功	新羅親征の決意、夫れ師を興こし云々
	〃	〃	仲哀九年九月	神功	親征前の命令、金鼓節無く云々

Ⅲ群 雄略〜崇峻

記述類型	巻	記述箇所	武器使用者	内容
A形記述 武器・個人	雄略	巻十四	安康三年八月九日	眉輪王	安康天皇を熟睡中に刺し弑す
	〃	〃	〃	雄略	八釣白彦皇子を刀で斬る。武装記述有り
	〃	〃	安康三年十月	雄略	市辺押磐皇子を狩りに誘い射殺す
	〃	〃	元年十月三日	雄略	刀を抜いて大津馬飼を斬る
	〃	〃	三年四月	根使主	不意に打ち殺す、経き死ぬ云々
	〃	〃	五年二月	雄略	猪を弓で刺し、舎人を斬らむとす云々
	〃	〃	七年八月	吉備下道臣	小女・鶏を刀を抜きて殺す
	〃	〃	九年五月	紀大磐宿禰	在韓将軍の内紛、後より射る

付表2 『日本書紀』の武器・戦闘記述一覧

記述類型	巻		記述箇所	武器使用者	内容
	〃	〃	十三年八月	大樹臣	刀を抜いて文石子麻呂を斬る、敢死志一百を領し宅を囲む云々
	武烈	巻一六	即位前紀	武列	大太刀をたれはき立ちて抜かずとも云々
	安閑	巻十八	元年閏十二月	武蔵国造笠原使主	武蔵国造の同族争い
	欽明	巻十九	五年十一月	椎子の皮甲	二人に化りて相闘う
	〃	〃	六年十一月	膳臣巴提便	刀を帯び甲を擐て虎を刺殺す
	敏達	巻二十	元年六月	高麗大使	暗殺される、杖で頭を打ち、刀で腹を刺す
	〃	〃	十二年是歳	日羅	甲を被り、馬に乗り云々
	〃	〃	〃	日羅	日羅暗殺（武器記述はなし）
	〃	〃	十四年八月	蘇我馬子ほか	誅の応酬、刀を偑き、猟箭等の記事
	用明	巻二十一	二年四月	迹見赤檮	刀を抜きて中臣勝海を殺しつ
	〃	〃	〃	大伴毘羅比	手に弓箭、皮盾を執りて大臣を守護る
	崇峻	〃	五年十月	東漢直駒	崇峻を殺せまつらしむ云々、人を断つ・兵杖の記事有り
B1 形記述 簡素・国内	雄略	巻十四	即位前紀	雄略	兵を興こして円大臣宅を燔く
	〃	〃	七年八月	雄略	物部の兵三十を遣わし七十人を誅殺す
	〃	〃	十四年四月	根使主	稲城を造りて待ち戦う、城は堅しの記述
	清寧	巻十五	雄略二十三年	大伴室屋ほか	軍士を発して大蔵を囲繞み火を縦ける云々
	武烈	巻一六	即位前紀	大伴金村	数千の兵を将て鮪臣を戮す
	〃	〃	〃	大伴金村	兵を率て大臣の宅を囲み燔く
	敏達	巻二十	十年閏二月	蝦夷	数千、辺境を寇ふ
	用明	巻二十一	元年五月	穴穂部皇子	兵を率て囲繞む、物部守屋三輪君逆を斬す
	崇峻	〃	即位前紀	佐伯丹経手	兵を飾りて穴穂部皇子宮を囲む（肩を撃つ）
B2 形記述 簡素・国外	雄略	巻十四	二十年冬	高麗王	軍兵を発して伐ちて百済を尽す
	〃	〃	二十三年是歳	筑紫安到臣ほか	船師を率いて高麗を撃つ
	継体	巻十七	七年六月	伴跛国	己汶の土を略奪ふ云々
	〃	〃	二十三年三月	新羅	三城を抜り、亦五城を抜る
	宣化	巻十八	二年十月	大伴狭手彦	新羅、任那に寇ふ、往きて任那を鎮め云々
	継体	巻十九	六年		高麗大乱、鼓を伐ちて宮門に戦闘へり
	〃	〃	七年是歳		高麗大乱、闘い死ねる者二千余
C1 形記述 具体・国内	雄略	巻十四	十八年八月	物部目連	朝日郎の討伐
	〃	〃	二十三年八月	吉備臣尾代	新羅遠征途中の蝦夷反乱、尾代の奮戦
		巻二十一	即位前紀	蘇我馬子	蘇我・物部戦争
		（続）	（続）	（続）捕鳥部万	一人でゲリラ戦・弓箭・剣・刀子の使用例
C2 形記述 具体・国外	雄略	巻十四	八年二月	膳臣斑鳩	新羅救援・高句麗軍撃破
	〃	〃	九年三月	紀小弓宿禰	対新羅戦、大伴津麻呂の敵陣へ赴く奮戦
	顕宗	巻十五	三年是歳	紀大磐宿禰	軍を進めて百済を逆撃つ
	継体	巻十七	八～十年	物部伊勢ほか	己汶・帯沙をめぐる争い（城・船師の記述有り）
	〃	〃	二十一～二十二年	筑紫国造磐井	磐井の乱・旗鼓相望み埃塵相接ぐる云々
	〃	〃	二十三～二十四年	近江毛野臣	渡海・将軍・境を越え、四村を抄掠め、兵を迎え討ち、城を抜く云々

記述類型	巻	記述箇所	武器使用者	内容
	欽明	巻十九	九年四月	百済対高句麗	馬津城の役、高麗兵を率いて馬津城を囲む
			(続) 九年十一月	(続)	三百七十人を百済に送り城を築かしむ
			(続) 十一年二月	(続)	矢三十具を賜う
			(続) 十一年四月	(続)	百済聖明王、高麗を攻めて禽れる奴を献上
			(続) 十一年四月	(続)	百済、狛の虜十口を献る
			(続) 十二年三月	(続)	一千斛を百済王に賜う
			(続) 十二年是歳	(続)	聖明王、高麗を伐ち漢城を獲つ
	欽明	巻十九	十三年是歳	百済対新羅・高句麗	百済漢城を棄る、新羅入り居り
			(続) 十四年正月	(続)	百済軍兵を乞う
			(続) 十四年六月	(続)	馬二匹、弓五十張、箭五十具等を賜う
			(続) 十四年八月	(続)	百済の上表文・援軍依頼・前軍後軍の記述有り
			(続) 十四年十月	(続)	百済王子余昌、高麗軍と戦う
			(続) 十五年正月	(続)	百済の援軍要請・軍千、馬百、船四十を約束
			(続) 十五年二月	(続)	援軍要請、同時に上番の交代あり
			(続) 十五年五月	(続)	内臣、船師を率いて百済へ詣る云々
			(続) 十五年十一月	(続)	内臣の援軍、物部莫奇委沙奇火箭で活躍
			同上記事	(続)	事方に急なり云々、援軍要請
	欽明	巻十九	十五年十二月	余昌	新羅討伐へ、聖明王戦死
			(続)		余昌囲繞まれ、筑紫国造が箭を雨の如く発し活躍
			(続) 十六年二月	(続)	聖明王戦死の報告、兵革の単語
			(続) 十七年正月	(続)	百済王子恵帰国、船師と勇士千人が送る
			(続) 二十二年是歳	(続)	新羅、城を築きて日本に備ふ
			(続) 二十三年正月	(続)	任那滅亡
			(続) 二十三年六月	(続)	新羅に報復の詔、長戟強弩の武器記述
	欽明	巻十九	二十三年七月	紀男麻呂ほか	任那へ、印書を落とし河辺臣大敗
	欽明	巻十九	二十三年八月	大伴連狭手彦	兵数万高麗へ、勝ち宮へ入る
	崇峻	巻二十一	四年十一月	紀男麻呂	二万余の軍を領して筑紫へ
D 形記述 儀礼・祭礼	雄略	巻十四	十三年八月	雄略	馬八匹・太刀八口で祓除う
	清寧	巻十五	清寧四年九月一日		百寮と海表の使者に射させられる
	継体	巻十七	即位前紀	倭彦王	兵杖を設け迎え奉る
	宣化	巻十八		宣化	剣・鏡を上り即位
E 形記述 その他	雄略	巻十四	二十三年四月	雄略	兵器、筑紫軍士五百人を遣わす
	顕宗	巻十五	即位前紀	顕宗	受禅中・射す・節を持つ、の記述
	武列	巻一六	一～三年	武列	暴虐記述・城・三刃の矛・弓等の記述
	欽明	巻十九	元年九月五日	欽明	幾許の軍卒で新羅を伐つこと得む
	〃	〃	二年四月～	聖明王	任那復興会議・攻め・救援など単語有り
	〃	〃	五年十一月	聖明王	任那復興会議・三千の兵士・城などの単語有り
	敏達	巻二十	十二年是歳	日羅	対百済政策、伏兵、塁塞を築かむ
	〃	〃	十四年三月	物部守屋	塔を倒して火を縦きて燔く
	用明	巻二十一	二年四月	中臣勝海	家に衆を集へて
	崇峻	〃	即位前紀	物部守屋	軍衆、三度驚駭す（気勢をあげる）
	〃	〃	〃		餌香川原に斬られた人あり

付表2 『日本書紀』の武器・戦闘記述一覧　307

IV群　推古・舒明

記述類型	巻	記述箇所	武器使用者	内容
A 形記述 武器・個人	推古	巻二十二	二十年正月	推古	太刀ならば呉の真刀云々
〃	〃	〃	二十六年是歳	河辺臣	剣案りて曰く（剣の柄を握って）
〃	〃	〃	三十二年四月	一僧	斧を執りて祖父を殴つ
〃	舒明	巻二十三	八年三月	三輪君小鷦鷯	頸を刺して死せむ
B2 形記述 簡素・国外	推古	巻二十二	二十六年八月	高麗使	隋の煬帝三十万の衆で攻め、弩、石弓等を献上
C1 形記述 具体・国内	舒明	巻二十三	即位前紀	蘇我蝦夷	境部臣を殺さむとして兵を興こして遣す
〃	〃	〃	九年是歳	上毛野君形名	蝦夷征伐、敗たれて囲まる、妻、剣を佩き
C2 形記述 具体・国外	推古	巻二十二	八年四月	境部臣	万余の衆を率ゐ新羅を撃つ
〃	〃	〃	十年二月～四月	久米皇子	軍衆二万五千人、船舶、軍糧の単語有り
〃	〃	〃	三十一年是歳	境部臣雄麻呂	数万の衆を率ゐ新羅を征討つ（船師海に満つ）
D 形記述 儀礼・祭礼	推古	巻二十二	十一年十一月	皇太子(厩戸皇子)	大盾と靫とを作り旗幟に絵く
〃	舒明	巻二十三	四年十月	大伴連馬養	唐使の迎えに鼓、吹、旗幟を用いる
E 形記述 その他	舒明	巻二十三	即位前紀	山背大兄王	厳矛の中取りもてる事の如くに云々

V群　皇極～天智

記述類型	巻	記述箇所	武器使用者	内容
A 形記述 武器・個人	皇極	巻二十四	四年六月	中大兄皇子	乙巳の変、蘇我入鹿暗殺、武器使用記述多
〃	〃	〃	（続）	中大兄皇子	法興寺に入り、城として備ふ
〃	〃	〃	（続）	漢直等	甲を擐し、兵を持ち、軍陣を設ける
〃	孝徳	巻二十五	即位前紀	古人大兄皇子	佩かせる刀を解きて地に投擲ち云々
〃	〃	〃	大化元年八月		兵庫を起治り刀、甲、矢を収聚め云々
〃	〃	〃	大化元年九月		種々の兵器を集めしむ
〃	〃	〃	大化五年三月	物部二田造塩	大刀を抜き其の穴を刺し挙げて云々
B1 形記述 簡素・国内	孝徳	巻二十五	大化元年九月	中大兄皇子	兵若干（三十人）を将て古人大市皇子を討たしむ
〃	〃	〃	大化五年三月	蘇我倉山田麻呂	天皇兵を興こして大臣の宅を囲む
〃	斉明	巻二十六	四年四月	阿倍臣	舟師一百八十艘を率ゐ蝦夷を討つ
〃	〃	〃	四年十一月	有馬皇子	造宮の丁を率ゐて家に囲ましむ
〃	〃	〃	四年是歳	阿倍引田臣比羅夫	粛慎を討つ
〃	〃	〃	五年是歳	阿倍臣	舟師一百八十艘を率ゐ蝦夷国を討たしむ
〃	〃	〃	〃	或本に云はく	阿倍臣、粛慎と戦ひて帰り虜四十九人を献る
B2 形記述 簡素・国外	皇極	巻二十四	元年正月	阿曇比羅夫	百済国、今し大いに乱れたり云々
〃	〃	〃	〃	高麗使	高句麗大臣、百八十余人を殺せり
〃	斉明	巻二十六	四年是歳	或本に云はく	大唐、新羅、百済を伐つ
〃	〃	〃	六年七月	日本世記に曰く	（新羅王）春秋、蘇定方の手を借りて百済を撃たしめ亡ぼしぬ
C1 形記述 具体・国内	皇極	巻二十四	二年十一月	奴三成	山背皇子襲わる、三成の奮戦
〃	斉明	巻二十六	六年三月	阿倍臣	二百艘を率て粛慎国を伐たしむ
C2 形記述 対百済	斉明	巻二十六	六年九月	蘇定法、新羅王春秋	舟師、兵馬を率て百済を挟撃て王城を陥とす云々
〃	〃	〃	〃	鬼室福信	散けたる卒を誘ひ聚む、兵、梧を以ちて戦ふ云々
〃	〃	〃	（続）	（続）	援軍要請、筑紫に軍器を備ふ
〃	〃	〃	（続）	（続）	御舟西に征きて始めて海路に就く

記述類型	巻	記述箇所	武器使用者	内容
	天智	巻二十七	斉明七年八月	阿曇比邏夫	百済を救はしむ、兵杖、五穀を送りたまふ
	〃	〃	斉明七年九月	豊璋	軍五千余を率て本郷に衛送らしむ
	〃	〃	元年正月	鬼室福信	矢十万隻、糸五百斤ほかを賜ふ
	〃	〃	元年五月	阿曇比邏夫	船師一百七十艘を率て豊璋等を百済国に送り
	〃	〃	元年十二月	豊璋	避城遷都、山険を設置き、尽く防御としと云々
	〃	〃	元年是歳		兵甲を修繕め、船舶を備具へ軍糧を儲設く
	〃	〃	二年二月	新羅人	百済の南畔の四州を焼燔き、京を戻す
	〃	〃	二年三月	上毛野君稚子	二万七千人を率て新羅を打たしむ
	〃	〃	二年六月	〃	新羅の二城を取る
	〃	〃	二年六月	豊璋	鬼室福信を斬りて首を醢にす
	〃	〃	二年八月		大唐の軍将、白村江に陣烈れしと云々
	〃	〃	〃		白村江の戦い、官軍敗績れぬ
	〃	〃	二年九月		百済、州柔城降ひぬと云々
C2 形記述 対高麗	天智	巻二十七	斉明七年七月	蘇定方	水陸二路よりして高麗の城下に至る
	〃	〃	斉明七年十二月		唐軍の雲車、衝棚、鼓鉦吼然す
	〃	〃	元年（二月）		唐人、新羅人、高麗を伐つ
	〃	〃	七年十月	（唐将軍）英公	高麗を打ち滅ぼす
D 形記述 儀礼・祭礼	皇極	巻二十四	元年五月	翹岐	射猟を観しむ
	〃	〃	元年七月	翹岐	健児に命じて相撲とらしむ
	考徳	巻二十五	即位前紀	大伴長徳ほか	考徳即位時、金の靭を帯びて壇の左右に立つ
	〃	〃	大化三年正月		朝庭にして射す
	斉明	巻二十六	四年七月	蝦夷二百余	蝋旗・鼓・弓矢・刀・鎧ほかを賜ふ
	〃	〃	五年七月	難波吉士男人書	蝦夷、弓三、箭八十を（大唐）天子に献る
	天智	巻二十七	斉明七年是歳	岸田臣麻呂	宝剣を献りて
	〃	〃	天智三年二月	大氏・小氏・伴造	大刀、小刀、干盾、弓矢を賜ふ
	〃	〃	六年十一月	椽磨ら	斧二十六、釵六十四、刀子六十二枚ほかを賜う
	〃	〃	七年七月	近江国	武を講ひ、又多に牧を置きて馬を放つ
E 形記述 その他	皇極	巻二十四	三年十一月	蘇我蝦夷・入鹿	邸宅の記述、家の外に城柵を作りと云々
	考徳	巻二十五	大化二年正月		改新詔・凡そ兵は人の身ごとにと云々
	〃	〃	大化三年是歳		渟足柵を造り柵戸を置く
	〃	〃	大化四年是歳		磐舟柵を治めて蝦夷に備ふ
	斉明	巻二十六	四年是歳	或本に云はく	兵士甲冑を以ちて西北の畔に陣ね城柵を繕修ふ
	天智	巻二十七	斉明七年是歳	高麗を救う軍将等	火を然く、細き響有り、鳴鏑の如し
	〃	〃	天智三年是歳		防、烽を置き、水を貯え水城と曰ふ
	〃	〃	四年八月	憶礼福留ほか	長門、筑紫に城を築かしむ
	〃	〃	四年十月		大いに菟道に閲す
	〃	〃	六年十一月		高安城、屋島城、金田城を築く
	〃	〃	七年是歳	道行	草薙剣を盗み新羅に逃げ向く
	〃	〃	八年八月	天智	城を修めむと欲すも止めて作りたまはず
	〃	〃	八年十月	藤原鎌足	生きては軍国に務無しと云々
	〃	〃	八年是冬		高安城を修りて
	〃	〃	九年二月		長門城一、筑紫城二つを築く
	〃	〃	十年十一月	郭務悰ら	彼の防人驚駭きて射戦はむ

付表2 『日本書紀』の武器・戦闘記述一覧

VI群　天武

記述類型		巻	記述箇所	武器使用者	内容
C1形記述		〃	〃	元年五月	朴井雄君	山陵造る人夫に兵を執らしむ
C1形記述	1	天武	巻二十八	元年六月	村国男依	東国へ挙兵指令、壬申乱勃発
	2	〃	〃	(続)	伊賀郡司ら	数百の衆を率て帰りまつる
	3	〃	〃	(続)	伊勢国司ら	五百軍を発して鈴鹿山道を塞へむとす
	4	〃	〃	(続)	村国男依	美濃の師三千人を発して不破道を塞ふる
	5	〃	〃	(続)	山背部小田ほか	東海の軍を発す
	12	〃	〃	(続)	尾張国司小子部鉏鉤	二万の衆を率て帰りまつる
	13	〃	〃	(続)	高市皇子	臂を攘り剣を按りて
	15	〃	〃	元年七月	紀阿閉麻呂	数万の衆を率て伊勢より越えて倭に向はしめ
	16	〃	〃	(続)	村国男依	数万の衆を率て近江に入らしめたまふ
	24	〃	〃	(続)	村国男依	各地で勝ち瀬田に至る、途中、千余騎を倭京へ
	25	〃	〃	(続)	村国男依	瀬田の合戦
	27	〃	〃	(続)	羽田矢国ら	三尾城を降しつ
	31	〃	〃	(続)	天武	乱終結、処分者を宣する
C1形記述	近江方	天武	巻二十八	元年六月	一臣	急く驍騎を聚へて逐はむには
	7	〃	〃	(続)	韋那君磐鍬ほか	東国、倭京、筑紫、悉くに兵を興さしむ
	8	〃	〃	(続)	樟使主磐手	(吉備国守広島を)刀を抜きて殺す
	9	〃	〃	(続)	栗隈王	挙兵を断る、剣を按り進む
	10	〃	〃	(続)	書直薬	伏兵山より出でて薬等が後を遮ふ
	17	〃	〃	元年七月	山部王ほか	数万の衆を率いて不破を襲わんとして云々
	18	〃	〃	(続)	羽田矢国	山部王殺され、近江軍帰順
	19	〃	〃	(続)		精兵を放ち忽ちに玉倉部邑を衝く
	22	〃	〃	(続)	田辺小隅	「金」の合言葉で夜襲、田中足麻呂軍を破る
	23	〃	〃	(続)	田辺小隅	小隅さらに進むも多品治に敗れる
	26	〃	〃	(続)	智尊	旗幟野を覆い云々、智尊の奮戦
	28	〃	〃	(続)	大友皇子	瀬田より逃げるも、自ら縊れる
C1形記述	吹負方	天武	巻二十八	元年六月	大伴吹負	(倭に)留りて豪傑を招き数十人を得つ
	14	〃	〃	(続)	〃	吹負の策略、穂積臣百足を斬るて殺しつ
	20	〃	〃	元年七月	〃	古京の橋板を盾とし守る
	21	〃	〃	(続)	〃	近江方の大野果安と戦い敗らる
	29	〃	〃	(続)	〃	散卒を招聚め葦池の側に戦ふ、勇士来目の奮戦
	30	〃	〃	(続)	〃	犬養五十君と戦る、廬井鯨の奮戦
D形記述	儀礼・祭礼	天武	巻二十八	元年五月	郭務悰ら	甲、冑、弓矢を賜ふ
		〃	〃	元年七月	高市許梅	神がかり、馬と種々の兵器を奉れ
E形記述	その他	天武	巻二十八	即位前紀	天武	雄抜にして神武あり
		〃	〃	(続)		私の兵器を取りて悉くに司に納めたまふ
		〃	〃	元年五月	朴井雄君	山陵造る人夫に兵を執らしむ

第VII群　天武・持統

記述類型		巻	記述箇所	武器使用者	内容
A形記述 武器・個人	天武	巻二十九	四年十一月	人	妖言して自ら刎ねて死ぬ
	〃	〃	十三年閏四月	福揚	自ら頸を刺して死ぬ
	〃	〃	十四年十一月		大角、鼓、幡旗、弩ほか、私家に置くべからず
	持統	巻三十	七年十月		人ごとに甲一領、大刀一口、弓一張云々
B1形記述 簡素・国内	持統	巻三十	称制前紀		敢死者数万に命せて諸の要害の地に置きたまふ
	〃	〃			美濃の軍将等と大倭の桀豪と云々

記述類型	巻		記述箇所	武器使用者	内容
D 形記述 儀礼・祭礼	天武	巻二十九	三年八月	忍壁皇子	石上神宮の神宝を瑩かしむ
〃	〃	〃	四年一月		西門の庭に射ふ
〃	〃	〃	四年三月	土佐大神	神刀一口を以ちて進む
〃	〃	〃	五年正月		西門の庭に射ふ
〃	〃	〃	五年八月		大祓の用物、刀、刀子、矢ほか
〃	〃	〃	六年正月		南門に射ふ
〃	〃	〃	七年正月		南門に射ふ
〃	〃	〃	八年正月		西門に射ふ
〃	〃	〃	八年十月	新羅	刀、旗の類を貢る
〃	〃	〃	九年正月		南門に射ふ
〃	〃	〃	九年九月		馬的射させたまふ
〃	〃	〃	十年正月		朝庭に射ふ
〃	〃	〃	十一年七月	隼人	朝庭に相撲る
〃	〃	〃	十三年四月		東庭に御しまし射はしむ
〃	〃	〃	朱雀元年六月		病を卜ふに草薙剣に祟れり
〃	〃	〃	朱雀元年九月	藤原大嶋	兵政官の事を諌たてまつる
	持統	巻三十	二年十一月	草壁皇子	盾節儛を奏へまつる
〃	〃	〃	三年七月		習射所を築かしむ
〃	〃	〃	三年閏八月	河内王	兵杖を授け
〃	〃	〃	四年正月	物部(石川)麻呂	大盾を樹つ、剣を奉上る
〃	〃	〃	八年正月	六位より以下	射す
〃	〃	〃	九年正月		射す
〃	〃	〃	九年五月	隼人	相撲を観す
〃	〃	〃	十年正月		南門に射ふ
〃	〃	〃	十年三月	越・粛慎	斧等を賜ふ
E 形記述 その他	天武	巻二十九	四年二月	天武	高安城に幸す
〃	〃	〃	四年六月	恵尺	大き役に労えり
〃	〃	〃	五年九月		京、畿内に遺して人別の兵を校へしむ
〃	〃	〃	八年二月	紀堅麻呂	壬申の年の功を以ちて
〃	〃	〃	八年二月		兵と馬とを検校へむ
〃	〃	〃	八年三月	大分稚見	大役に先鋒として瀬田の営を破れり
〃	〃	〃	八年十一月		難波に羅城を築く
〃	〃	〃	十一年二月	舎人糠虫	壬申の年の功を以ちて
〃	〃	〃	十一年三月	土師真敷	壬申の年の功を以ちて
〃	〃	〃	十二年六月	大伴望多	壬申の年の勲績
〃	〃	〃	十二年十一月		諸国に陣法を習はしむ
〃	〃	〃	十三年閏四月		閲す、因りて進士、威儀を教えよ
〃	〃	〃	十三年閏四月		凡そ政の要は軍事なり云々
〃	〃	〃	十四年九月		各人夫の兵を校へしむ
〃	〃	〃	十四年十一月	筑紫大宰	鉄一万斤、箭竹二千連を請す
〃	〃	〃	十四年十二月	防人	海中に飄蕩ひ
	持統	巻三十	三年二月	筑紫の防人	年限に満ちなば替へよ
〃	〃	〃	三年八月		射を観す
〃	〃	〃	閏八月	諸国司	其の兵士は武事を習はしめよ
〃	〃	〃	三年九月	石川麻呂	新城を監しめたまふ
〃	〃	〃	三年十月	持統	高安城に幸す
〃	〃	〃	三年十一月	高田三成	三兵に閑へることを褒美て物賜ふ
〃	〃	〃	四年九月	大伴部博麻	軍丁(兵士)遣唐使と帰還
〃	〃	〃	四年十月	大伴部博麻	百済を救ふ役に虜にせられたり
〃	〃	〃	七年九月	蚊屋木間	壬申の年の役に功を褒めたまふとなり
〃	〃	〃	七年十二月	陣法博士	諸国に教習はしむ

【付表3】古墳時代の甲冑副葬古墳一覧

遺跡名	所在地	時期	墳形	規模(m)	古墳構造 主体部	短兵 刀	短兵 剣	長兵 槍	長兵 矛	飛兵 銅鏃	飛兵 鉄鏃	冑 衝角	冑 眉庇	冑 その他	甲 短甲	甲 挂甲	甲冑類型
椿井大塚山	京都府	前期	前円	170	竪穴式石槨	7	10	7		19	200			1		1	II
安土瓢箪山	滋賀県	前期	前円	162	竪穴式石槨	3	14			30	17				1		II
黒塚	奈良県	前期	前円	130	竪穴式石槨	1	26				170			600			II
石山	三重県	前期	前円	120	中央			44			1			1			II
石山	三重県	前期	前円	120	東	22	2	19		48	220				1		II
松林山	静岡県	前期	前円	116	竪穴式石槨	3	12		12	80					1		II
紫金山	大阪府	前期	前円	100	竪穴式石槨	37	32				153				1		II
大丸山	山梨県	前期	前円	99	竪穴式石室	8	8				12				1		II
園部垣内	京都府	前期	前円	82	粘土郭	23	50	23		15	87				1		II
雪野山	滋賀県	前期	前円	70	竪穴式石郭	3	7	1		92	33			1	1		II
新沢千塚500号	奈良県	前期	前円	62	主＋副槨	23	4	8	1	26	1				1		II
若八幡宮	福岡県	前期	前円	48	舟形木棺	2	1				20				1		I
瓦谷1号	京都府	前期	前円	30	1号		1	1	7		46			1	1		I
瓦谷1号	京都府	前期	前円	30	2号	2	1		2	1	30				1		I
庭鳥塚	大阪府	前期	前方	56	木棺	4	3	1		56	135				1		II
岩瀬狐塚	茨城県	前期	前円	44	粘土槨	1	1			4					1		I
中山B-1号	島根県	前期	前円	22	第一主体		2								1		I
鴨都波1号	奈良県	前期	方	20	粘土石槨	2	5	2			35				1		I
久津川車塚	京都府	中期	前円	180	竪穴式石室	56	11	1			50	5			5		II
百舌鳥大塚山	大阪府	中期	前円	168	1号槨	8	8	1	1		3束	1			1		II
百舌鳥大塚山	大阪府	中期	前円	168	2号槨		1					1			5		III
心合寺山	大阪府	中期	前円	157	粘土槨	3	2					1		1	1		I
黒姫山	大阪府	中期	前円	144	前方部主体部	14	10		9		56	11	13		24		III
雲部車塚	兵庫県	中期	前円	140	長持型石棺	34			2		107	4			6		II
埼玉稲荷山	埼玉県	中期	前円	120	第1主体	4	2		2		180					1	I
黄金塚	大阪府	中期	前円	109	東	2	4	3	1		110	1			1		I
黄金塚	大阪府	中期	前円	109	西	3	4			1	110	1			1		I
ベンショ塚	奈良県	中期	前円	106	第2主体部			1			1〜		1		1		I
鶴山	群馬県	中期	前円	104	竪穴式石室	6	1				100〜	1	1		3		I
津屋崎41号	福岡県	中期	前円	97	横穴式石室	41	4				300				1		II
古郡家1号	鳥取県	中期	前円	90	第3主体主体		5								1		I
三昧塚	茨城県	中期	前円	85	箱式石棺	1										1	I
三昧塚	茨城県	中期	前円	85	棺外木箱施設	1					160	1			1	1	I
老司	福岡県	中期	前円	76	3号石室	8	7		3		104				1		II
津屋崎10号	福岡県	中期	前円	70	竪穴系石槨	1			11		160	1			3000		I
大谷	和歌山県	中期	前円	70	家型石棺	6	2				多数					1	II
大谷	和歌山県	中期	前円	70	木箱ほか				5						1		II
盾塚	大阪府	中期	帆貝	64	後円部	11	7				388	1			1		I
鋤崎	福岡県	中期	前円	62	3号棺	1		1							1	1	I
風吹山	大阪府	中期	帆貝	59	南棺	1	1					1			1		I
赤堀茶臼山	群馬県	中期	帆貝	59	1号槨	2	3		1		9				1		I
和田山5号	石川県	中期	前円	56	A棺	5	10	4	2		多数		1		1		II
和田山5号	石川県	中期	前円	56	B棺	11	3		2		多数				1		II
御獅子塚	大阪府	中期	前円	55	第1主体部	1	2				30	1			1		I

遺跡名	所在地	時期	墳形	規模(m)	主体部	刀	剣	槍	矛	銅鏃	鉄鏃	衝角	眉庇	その他	短甲	挂甲	甲冑類型
御獅子塚	大阪府	中期	前円	55	第2主体部	1		3	4		170		1		1		I
狐山	石川県	中期	前円	54	箱式石棺	4	2		1		3～	1			1		I
唐櫃山	大阪府	中期	前円	53	家形石棺	1	1				50	2	2		2		I
志段味大塚	愛知県	中期	帆貝	51	粘土槨						500					700	I
向山1号	福井県	中期	前円	48	第1主体部	7	4	1	3		41				2		II
向山1号	福井県	中期	前円	48	第2主体部	7		1	2		50				1		II
天狗山	岡山県	中期	前円	46	竪穴式石室	2	1				9					1	I
溝口の塚	長野県	中期	前円	46	竪穴式石室	3	1	1			64	1			2		I
勝負砂	岡山県	中期	帆貝	42	竪穴式石室		2		2		3束				1		I
毘売塚	島根県	中期	円	41	舟形石棺	2	2	1	1		2				1		I
随庵	岡山県	中期	前円	40	竪穴式石室	2	4	1	2		12				1		I
浄土寺山	宮崎県	中期	前円	34	粘土槨	6	12		1		80		1		1		I
今井1号	奈良県	中期	前円	31	前方部土坑						100	1			1		I
カンス塚	兵庫県	中期	前円	30	竪穴式石室	9	3				7束				1		II
近代	三重県	中期	前円	30	竪穴式石槨	2	2	2							1		I
池殿奥5号	奈良県	中期	前円	22	前方部南棺	1									1		I
池尻2号	兵庫県	中期	円	11	組合式木棺				3		5+2束	1			1		I
東車塚	大阪府	中期	前方	65	第1号棺	4	6					1			1		II
新沢千塚109号	奈良県	中期	前方	28	前方部主体部	6	2	2	1		5束				1	1	II
茶すり山	兵庫県	中期	円	91	第1主体部	30	19	15	19		389	2			1		II
野毛大塚	東京都	中期	帆貝	82	第1主体部	19					25				1		II
野毛大塚	東京都	中期	帆貝	82	第2主体部	6	3								1		I
私市丸山	京都府	中期	円	71	第1主体部		2				38				1		I
私市丸山	京都府	中期	円	71	第2主体部	4					47	1			1		I
月の輪	岡山県	中期	円	60	中央主体部	3	13	1		3束	2束				1		II
セスドノ	福岡県	中期	円	60	横穴式石室	7	1		2		150				1		II
大塚	大阪府	中期	円	56	第2主体東槨	10	8	3				2			3		I
大塚	大阪府	中期	円	56	第2主体西槨		1	3			28	1			1		I
八重原1号	千葉県	中期	円	55	木棺直葬	2			1		49				2		I
天神山7号	福井県	中期	円	52	1号埋納施設	2	8		3		3	1			1		II
風吹山	大阪府	中期	円	50	南棺							1			1		I
産土山	京都府	中期	円	50	長持形石棺	3	4				2	1			1		I
七観	大阪府	中期	円	50	中央部							5			5		III
佐野八幡山	栃木県	中期	円	46	箱式石棺	2	1				35	1			1		I
小野大塚	兵庫県	中期	円	45	割竹形木棺	4		2	1		1束		1		2		I
西小山	大阪府	中期	円	40	竪穴式石室	23			2		107		1		2	800	II
亀山	兵庫県	中期	円	40	第1主体部	1	6	1	1		1束		1		1		II
亀山	兵庫県	中期	円	40	第2主体部	1	3				1束				1		I
飯綱山第10号	新潟県	中期	円	40	竪穴式石室	2	1		2		束				1		I
鞍塚	大阪府	中期	円	39	組合式木棺	4	2	2	2		163	1			1		I
朝光寺原1号	神奈川	中期	円	37	割竹形木棺	3	8		1		3束		1		1		I
新開1号	滋賀県	中期	円	36	南遺構	7	7		4		80	1	4		4		II
斑鳩大塚	奈良県	中期	円	35	割竹形木棺	3					24				1		I
谷内21号	富山市	中期	円	30	土坑	1	2				60				2		I
原間6号	香川県	中期	円	30	木棺	3	1								1		I
宮山	兵庫県	中期	円	30	第2主体部	40			5		3束～					840	II
宮山	兵庫県	中期	円	30	第3主体部	26～			5		100～	1			1		II
妙前大塚	長野県	中期	円	30	礫郭	4	4		1		40		1				I

付表3　古墳時代の甲冑副葬古墳一覧

遺跡名	所在地	時期	墳形	規模(m)	主体部	刀	剣	槍	矛	銅鏃	鉄鏃	衝角	眉庇	その他	短甲	挂甲	甲冑類型
原間6号	香川県	中期	円	30	木棺	3								1	1		I
亀山第1号	広島県	中期	円	28	粘土槨	1	3	4	4		150				1		I
東間部多1号	千葉県	中期	円	28	南棺	1					16				1		I
安久路3号	静岡県	中期	円	27	北主体部	3	2								1		I
安久路2号	静岡県	中期	円	26	木棺直葬	1	1					1			1		I
宮司井出ノ上	福岡県	中期	円	25	2号主体部	1	2			1	25				1		I
恵解山2号	徳島県	中期	円	25	西棺	2	8				98	1			1		II
長瀞西	群馬県	中期	円	25	竪穴式石室				1		一括				1		I
琵琶隈	福岡県	中期	円	25	竪穴式石室	1	1				19					1	I
堂山1号	大阪府	中期	円	25	箱形木棺	18	3	1	1		198				1		II
かんかん塚	山梨県	中期	円	25	竪穴式石室		1		2		123				1		I
東耕地3号	埼玉県	中期	円	25	割竹形木棺	1	1		1		10				1		I
烏山2号	千葉県	中期	円	23	木棺		1				3				1		I
新沢千塚281号	奈良県	中期	円	23	組合式木棺	2	2			3	47	1			1		I
舟塚山8号	茨城県	中期	円	23	木棺	3									1		I
柴垣円山1号	石川県	中期	円	22	箱式石棺	3									1		I
市尾今田1号	奈良県	中期	円	22	木棺直葬	5	1	1	2		160				2		I
稲童21号	福岡県	中期	円	22	横穴式石室	2	2		3		40			1	2		I
川上	香川県	中期	円	22	竪穴式石室	1	1		2		2				1		I
月の木1号	長野県	中期	円	22	埋葬施設1	1					10				1		I
寺内63号	和歌山県	中期	円	21	粘土槨		1	1			42	1			1		I
城ノ下1号	広島県	中期	円	21	土壙墓	3	1		1		83				1		I
二子山1号	京都府	中期	円	20	西椁	4	1	1			17				1		I
正崎2号	岡山県	中期	円	20	第1主体部	1	2		2		5				1		I
大井七ツ塚	香川県	中期	円	20	4号	6		1			一式		1		1		II
小谷13号	三重県	中期	円	20	粘土槨	2	4				13				1		I
土保山	大阪府	中期	円	20	木棺		1		3		50				2		I
土保山	大阪府	中期	円	20	粘土槨						100	2			1		I
花野井大塚	千葉県	中期	円	20	木棺直葬	2					3束				1		I
金塚	千葉県	中期	円	20	墳頂西端				1		2				1		I
真野	滋賀県	中期	円	20	木棺	8	2	2				1		1	1		II
稲童8号	福岡県	中期	円	19	横穴式石室	3	1		2		34	1			1		I
新沢千塚115号	奈良県	中期	円	18	組合式木棺	3	1				48	1			1		I
文殊堂11号	静岡県	中期	円	18	第1埋葬施設	2	2				23				1		I
龍門寺1号	岐阜県	中期	円	17	割竹形木棺	2					49				1		I
新沢千塚508号	奈良県	中期	円	17	東棺		2								1		I
黒田長山4号	滋賀県	中期	円	17	南棺	2					32				1		I
黒田長山4号	滋賀県	中期	円	17	北棺	1	4		2		46				1		I
雲雀山2号	滋賀県	中期	円	17	竪穴式石室	2	3				35				1		I
林2号	静岡県	中期	円	16	第1埋葬施設	1	2				4				1		I
茶白山9号	石川県	中期	円	16	第2主体部	1	1				1束	1			1		I
池ノ内5号	奈良県	中期	円	16	第1埋葬施設	1					20				1		I
桜ヶ丘	長野県	中期	円	15	竪穴式石室		5		1		31				1		II
奥山大塚	兵庫県	中期	円	15	竪穴式石室	3			3		1		1		1		I
吸坂丸山5号	石川県	中期	円	15	木棺				1		5	1			1		I
新沢千塚173号	奈良県	中期	円	14	組合式木棺	1			1		21				1		I

遺跡名	所在地	時期	墳形	規模(m)	古墳構造 主体部	短兵 刀	短兵 剣	長兵 槍	長兵 矛	飛兵 銅鏃	飛兵 鉄鏃	冑 衝角	冑 眉庇	冑 その他	甲 短甲	甲 挂甲	甲冑類型
後出2号	奈良県	中期	円	14	割竹形木棺	4	4	2	5		96				3		II
湯山6号	鳥取県	中期	円	13	箱式石棺	3					17	1			1		I
円照寺墓山1号	奈良県	中期	円	13	東側主体部	6	2				27～	2	4		6		II
後出3号	奈良県	中期	円	13	第1主体	1	2				11				1		I
後出3号	奈良県	中期	円	13	第2主体			1	1		62				1		I
倭文6号	鳥取県	中期	円	13	木棺	2				3	90	1			1		I
六野原6号	宮崎県	中期	円	12	粘土槨	2	3			2	25	1			1		I
後出7号	奈良県	中期	円	12	割竹形木棺	10～		1			2束				1		II
新沢千塚510号	奈良県	中期	円	12	組合式木棺	2	3				20				1		I
本関町2号	群馬県	中期	円	12	組合式木棺	1					25				1		I
古保利44号	広島県	中期	円	10	竪穴式石室						2					1	I
恵解山1号	徳島県	中期	円	6	箱式石棺	2	2				24	1			2		I
花立1号	福岡県	中期	円		竪穴式石室	1					26				1		I
西山3号	石川県	中期	円		木棺直葬	2	1				30		1		1		I
兵家12号	奈良県	中期	円		木棺		2				47		1		1		I
塚山	島根県	中期	方	33	礫床	1	4	1							1		I
五条猫塚	奈良県	中期	方	32	竪穴式石室		1		6		724		3		2	2領～	II
野中	大阪府	中期	方	28	1列	8	3					3	7		10		III
野中	大阪府	中期	方	28	2列						625		1				III
佐野山	岡山県	中期	方	25	箱式石棺		2				48				1		I
塚山	奈良県	中期	方	24	組合式石棺	1	2		1		15	1			1		I
高山1号	奈良県	中期	方	23	割竹形木棺	3	4				50				2		I
新沢千塚139号	奈良県	中期	方	23	木棺直葬	2	2				83		1		1		I
今林6号	京都府	中期	方	22	木棺	2	2		1		14				1		I
ニゴレ	京都府	中期	方	20	割竹形木棺		2				11	1			1		I
沖田11号	兵庫県	中期	方	18	第2主体	2	1				1束				1		I
八重田16号	三重県	中期	方	16	木棺直葬	2		2			36	1			1		I
亀井	大阪府	中期	方	7	2号	1					9	1			1		I
法花堂2号	兵庫県	中期			箱式石棺	2					39～	1			1		I
岡本山A-3号	大阪府	中期			隅円方穴	1					19				1		I
六野原8号地下式	宮崎県	中期			地下式横穴墓	5	4				1		1		1		I
六野原10号地下式	宮崎県	中期			地下式横穴墓	8	3						1		1		II
下北方5号地下式	宮崎県	中期			地下式横穴墓	2	3			4	50		1		1		I
島内3号	宮崎県	中期			地下式横穴墓		3				5				1		I
綿貫観音山	群馬県	後期	前円	97	横穴式石室	7				9	493			1		1	II
金鈴塚	千葉県	後期	前円	95	箱式石棺	17				3	500	1				1	II
一夜塚	埼玉県	後期	円	36	木炭槨	3					○					1	I
どうまん塚	埼玉県	後期	円	25	木棺	2					2束					1	I
団子塚9号	静岡県	後期	円	17	木棺						3束					1	I

引用・参考文献

青木　敦　1981「英雄伝承考―古代文学史におけるその座標と背景―」跡見学園短期大学紀要 17

青木　保　2006『儀礼の象徴性』岩波書店

麻柄一志　1999「焼かれた村―北陸地方の火災住居について―」『考古学に学ぶ：遺構と遺物』同志社大学考古学シリーズⅦ　同志社大学考古学シリーズ刊行会

東　潮　1999『古代東アジアの鉄と倭』渓水社

穴沢咊光　1988「「蒙古鉢形」冑と四～七世紀の軍事技術」『考古学叢考』中　斉藤忠先生頌寿記念論文集　吉川弘文館

穴沢咊光・馬目順一　1986「日本における龍鳳環頭大刀の製作と配布―一つの試論―」『考古学ジャーナル』266

甘粕　健　1970「武蔵国造の反乱」『古代の日本』7　角川書店

天野末喜　2010「倭王武の時代―雄略朝をめぐる一視点―」『同志社大学考古学研究会50周年記念論集』同志社考古刊行会事務局

天野末喜　2017「古市古墳群の被葬者像について」『古室山・大鳥塚古墳 附章狼塚古墳』藤井寺市教育委員会

荒田敬介　2011「弥生墓から出土した鋒の性格―嵌入・副葬・供献―」『考古学雑誌』95-3

アンジェイエフスキー，S.（坂井達朗訳）2004『軍事組織と社会』新曜社

安藤広道　2003「弥生時代集落群の地域単位とその構造」『考古学研究』50-1

アードレイ，R.（徳田喜三郎・森本佳樹・伊沢紘生訳）1973『アフリカ創世記』筑摩書房

碇　修二ほか　1997「隈・西小田地区遺跡群出土弥生人骨の骨病変について」『隈・西小田遺跡群』筑紫野市教育委員会

諫早直人　2013「日韓初期馬具の比較検討」『日韓交渉の考古学』古墳時代　日韓交渉の考古学古墳時代研究会

石井紫朗・宇野隆夫・赤澤　威編　2002『武器の進化と退化の学際的研究―弓矢編―』日文研叢書 27　国際日本文化研究センター

石川恒太郎　1973『地下式古墳の研究』帝国地方行政学会

石野博信　1973「3世紀の高城と水城」『古代学研究』68

石原道博編訳　1985『新訂　魏志倭人伝・後漢書倭伝・宋書倭国伝・隋書倭国伝』中国正史日本伝 1　岩波書店

石母田　正　1947「古代貴族の英雄時代―古事記の一考察―」『論集史学』（歴史科学協議会編　1972「日本原始共産制社会と国家の形成」『歴史科学大系』1　校倉書房に再録）

石母田　正　1971『日本の古代国家』岩波書店

市毛　勲　1964「人物埴輪顔面の赤彩色について」『考古学雑誌』50-1
市毛　勲　1985「人物埴輪における隊と列の形成」『古代探叢』Ⅱ　早稲田大学考古学会創立35周年記念考古学論集　早稲田大学出版部
市毛　勲　1991「人物埴輪における姿態別服飾について―古墳時代の階層と職掌―」『古代探叢』Ⅲ　早稲田大学考古学会創立40周年記念考古学論集　早稲田大学出版部
市毛　勲　1993「埴輪と入墨」『考古学ジャーナル』357
市丸靖子　1996「人物埴輪赤彩考―茨城県内古墳出土の人物埴輪の様相―」『埴輪研究会誌』2
市元　塁　2001「北朝鎮墓俑の甲冑」『古代武器研究』2
伊藤　純　1984「古代日本における鯨面系譜試論」『ヒストリア』104
伊藤東涯（飯田傳一校註）1912『制度通』金港堂書籍
伊藤　実　1991「瀬戸内の環濠集落と高地性集落」『古文化論叢　児嶋隆人先生喜寿記念論集』児嶋隆人先生喜寿記念事業会
稲村　繁　1999『人物埴輪の研究』同成社
稲村　繁　2000「家形埴輪論」『埴輪研究会誌』4
稲村　繁　2001「初期人物埴輪があらわすもの」『日本考古学の基礎研究　茨城大学考古学研究室20周年記念論文集』茨城大学人文学部考古学研究室
乾　哲也　1996「弥生中期における池上曽根遺跡の集落構造」『ヒストリア』152
井上晃孝・井上貴央・井上　仁・遠藤　実・岡田吉郎　1991「古人骨（古墳時代人）にみられた疾患と損傷」『法医学の実際と研究』34　東北大学医学部法医学教室
井上貴央・松本充香　2002「青谷上寺地遺跡から検出された人骨」『青谷上寺地遺跡』4　本文編2　財団法人鳥取県教育文化財団
井上　正　2006「天武天皇の音楽教育政策―歌舞集中の実践とその意義―」『帝京大学文学部教育学科紀要』31
井上秀雄　1980「百済三書の資料的価値」『ゼミナール日本古代史』下　光文社
井上秀雄　1987「東アジアの中の古代朝鮮の城郭」『東アジアと日本　考古・美術編』田村圓澄先生古稀記念　吉川弘文館
井上光貞　1949「大和国家の軍事的基礎」『日本古代史の諸問題』思索社（井上光貞　1971『日本古代史の諸問題』思索社に再録）
井上裕一　2004「人物埴輪の構造と主題（1）表象の分類と構成」『古代』116
井上裕一　2005「人物埴輪の構造と主題（2）表象による序列の表現」『古代』118
井上義也　2013「福岡平野の弥生時代青銅器生産の開始期―須玖遺跡群を中心に―」『福岡大学考古学論集』2　福岡大学考古学研究室
尹武炳（島津義昭訳）1991「山城・王城・泗沘都城」『古文化談叢』24
今井　堯　1982「古墳時代前期における女性の地位」『歴史評論』383
今井晃樹　2001「西周時代青銅武器の分類と系譜」『中国考古学』1
今尾文昭　1984「古墳祭祀の画一性と非画一性」『橿原考古学研究所論集』6　吉川弘文館

今西　竜 1970『百済史研究』国書刊行会
芋本隆裕 1986「甲と盾」金関恕・佐原真編『弥生人の世界』弥生文化の研究9　雄山閣
岩松　保 1992「墓域の中の集団構成（前編・後編）―近畿地方の周溝墓群の分析を通じて―」『京都府埋蔵文化財情報』44・45　京都府埋蔵文化財調査研究センター
岩松　保 2006「古墳時代後期における葬送儀礼の実際」『京都府埋蔵文化財情報』99　京都府埋蔵文化財調査研究センター
岩永省三 2010「弥生時代における首長層の成長と墳丘墓の発達」『九州大学総合研究博物館研究報告』8　九州大学総合研究博物館
岩永省三 2011「弥生時代開始年代再考Ⅱ―青銅器年代論から見た―」『九州大学総合研究博物館研究報告』9
ヴェーバー，M.（石尾芳久訳）1960『国家社会学―合理的国家と現代の政党および議会の社会学』法律文化社
ヴェーバー，M.（脇圭平訳）1980『職業としての政治』岩波書店
植木　武 1999「闘争・戦争モデル」『国家の形成　人類学・考古学からのアプローチ』三一書房
上田正昭 1960「大化前代における軍事団の諸問題―建部問題を中心として」『国史学』72・73（上田正昭 1968『日本古代国家論究』塙書房に再録）
上田正昭 1967『大和朝廷』角川書店
上田正昭 1968「戦闘歌舞の伝流」『日本古代国家論究』塙書房
宇垣匡雅 1997「前期古墳における刀剣副葬の地域性」『考古学研究』44-1
内野那奈 2013「受傷人骨からみた縄文の争い」『立命館文學』633
内堀基光・山下晋司 1986「トラジャにおける死の解決」『死の人類学』弘文堂
内山敏行 2006「古墳時代後期の甲冑」『古代武器研究』7
内山敏行 2008「小札甲の変遷と交流―古墳時代中・後期の繊孔2列小札とΩ字型腰札―」菅谷文則編『王権と武器と信仰』同成社
内山敏行 2012「豪族居館・首長居宅と関わる鉄器生産―北関東地域の古墳時代鍛冶―」『たたら研究』51
エンゲルス，F.（村井康男・村田陽一訳）1954『家族、私有財産および国家の起源』大月書店
大川原竜一 2009「国造制の成立とその歴史的背景」『駿台史学』137
大阪府立弥生文化博物館編 2001「環濠集落基礎資料集」『弥生都市は語る　環濠からのメッセージ』
大澤正己 1991「大県遺跡とその周辺遺跡出土製鉄関連遺物の金属学的調査」『河内・大県遺跡周辺の鉄・鉄器生産の検討』古代を考える会
大澤正己 2005「長原遺跡出土鉄滓およびスラグ様遺物の金属学的調査」『長原遺跡発掘調査報告』ⅩⅡ　市営長吉長原東住宅6.7号館建設に伴う発掘調査報告書　財団法人大阪市文化財協会

太田博之 1995「句兵を表現する埴輪」『古代』100
大谷　徹 2001「埼玉県内における全身立像人物埴輪の様相─日高市高萩公民館旧蔵の人物埴輪の紹介─」『埴輪研究会誌』5
大塚初重 1966「古墳の変遷」『日本の考古学Ⅳ』古墳時代　上　河出書房新社
大塚初重 1974「古墳の発生は何を物語るか」斉藤忠編『日本考古学の視点』下　日本書籍
大塚初重・小林三郎 1968「茨城県舟塚古墳」『考古学集刊』Ⅰ（4-1）　明治大学考古学研究室
大塚初重・小林三郎 1971「茨城県舟塚古墳」『考古学集刊』Ⅱ（4-4）　明治大学考古学研究室
大林太良 1984「原始戦争の諸形態」大林太良編『戦』社会思想社
大藪由美子 2008「弥生時代の武器による骨切創の実験研究」菅谷文則編『王権と武器と信仰』同成社
小笠原好彦 2014「日本の古墳に配列された形象埴輪と中国の明器と俑」『日本古代学』6
小片丘彦 1981「日本古人骨の疾患と損傷」人類学講座編纂委員会編『人類学講座』5　日本人Ⅰ　雄山閣
小片丘彦ほか 1971「高根木戸遺跡人骨群」『高根木戸』船橋市教育委員会
岡田英弘 1977『倭国』中央公論社
岡村秀典 1993「中国新石器時代の戦争」『古文化談叢』30（下）
岡本孝之 1998「外土塁環濠集落の性格」『異貌』16
岡安光彦 1983「馬具副葬古墳と東国舎人騎兵」『考古学雑誌』71-4
小川清彦（斉藤国治編著）1997『古天文・暦日の研究』皓星社
小倉芳彦訳 1988『春秋左氏伝』上　岩波書店
オッペンハイマー，F.（廣島定吉訳）1926『国家』白揚社出版
小野忠凞 1951『島田川』周防島田川流域の遺跡調査研究報告　山口大学島田川遺跡学術調査団
小野本　敦 2004「盾持人物埴輪の研究」『史観』151
小野山　節 1959「馬具と乗馬の風習　半島経営の盛衰」『世界考古学体系』3　日本Ⅲ　古墳時代　平凡社
カイヨワ，R.（秋枝茂夫訳）1974『戦争論　われわれの内にひそむ女神ベローナ』法政大学出版局
鏡山　猛 1956a「環溝住居阯小論（一）」『史淵』67・68 合併号
鏡山　猛 1956b「環溝住居阯小論（二）」『史淵』71 号
鏡山　猛 1958「環溝住居阯小論（三）」『史淵』74 号
鏡山　猛 1960「環溝住居阯小論（四）」『史淵』81 号
柏田有香 2009「京都盆地における変革期の弥生集落─鉄器生産遺構の発見─」『古代文

化』61-3

春日宇光 2015「古墳時代中期における甲冑集中地域の一様相―長野県飯田古墳群を例として―」松藤和人編『森浩一先生に学ぶ 森浩一先生追悼論集』同志社大学考古学シリーズⅪ 同志社大学考古学シリーズ刊行会

カステラン，G.（西海太郎・石橋英夫訳）1955『軍隊の歴史』白水社

片岡宏二 2003「環濠の新解釈」『三沢北中尾遺跡』小郡市教育委員会

片山一道 1998「新方人骨」『縄文人と弥生人』神戸市教育委員会

片山一道・杉原清貴 1998「四分遺跡の合葬墓で出土した弥生時代の人骨」『奈良国立文化財研究所年報』1998-Ⅱ

片山祐介 2001「伊那谷の甲冑（一），（二）」『長野県考古学会誌』95・96号

ガット，A.（石津朋之・永末聡・山本文史監訳 歴史と戦争研究会訳）2012『文明と戦争』上・下 中央公論新社

葛城市歴史博物館 2015『古代忍海の渡来人を探る 葛城市寺口忍海古墳群』葛城市歴史博物館企画展図録

加藤謙吉 2017「東漢氏」『渡来氏族の謎』祥伝社

角川日本地名大辞典編纂委員会編 1986『角川日本地名大辞典』45 宮崎県 角川書店

金関丈夫 1951「根獅子人骨について（予報）」『平戸学術調査報告』京都大学平戸学術調査団

金関丈夫ほか 1961「山口県土井浜遺跡」日本考古学会編『日本農耕文化社会の生成』東京堂

金原正子・金原正明 1999「えびの市島内地下式横穴墓群69号墓から検出された糞石の寄生虫分析および花粉分析」『人類史研究』11

兼康保明 1996「弥生時代の弑殺をめぐって」『横田健一先生還暦記念日本史論集』横田健一先生還暦記念会

神谷正弘 2006「中国・韓国・日本出土の馬冑と馬甲」『東アジア考古学論叢―日中共同研究論文集―』奈良文化財研究所・遼寧省文物考古研究所

神谷正弘 2013「武具―弥生時代木製短甲・組み合わせ木甲について―」柳田康雄編『弥生時代政治社会構造論 柳田康雄古稀記念論文集』雄山閣

亀井正道 1995「武装する人たち」『人物・動物はにわ』日本の美術346 至文堂

亀田修一 1995「日韓古代山城比較試論」『考古学研究』42-3

亀田修一 2000「鉄と渡来人―古墳時代の吉備を対象として―」『福岡大学総合研究所報』240 福岡大学総合研究所

亀田修一 2003「渡来人の考古学」『七隈史学』4

川口勝康 1993「瑞刃刀と大王号の成立」『岩波講座日本通史』2 古代1 岩波書店

川越哲志 1968「鉄および鉄素材の起源をめぐって」『たたら研究』14

川越哲志編 2000『弥生時代鉄器総覧』広島大学考古学研究室

川西宏幸 1988『古墳時代政治史序論』塙書房

川畑　純　2011「衝角付冑の型式学的配列」『日本考古学』32
川畑　純　2015『武具が語る古代史　古墳時代社会の構造転換』京都大学学術出版会
河村秀根・河村益根（阿部秋生解題詢）1969『書紀集解』1～5　臨川書店
菅　榮太郎　1999「弥生時代環溝集落小論」『考古学に学ぶ』同志社大学考古学シリーズⅦ　同志社大学考古学シリーズ刊行会
カンリフ，B.（大渕憲一・熊谷智博訳）2007「戦争の起源」ジョーンズ，M.・フェビアン，A.C.編『コンフリクト』培風館
ギアツ，C.（小泉潤二訳）1990『ヌガラ―19世紀バリの劇場国家』みすず書房
キーガン，J.（遠藤利国訳）1997『戦略の歴史　抹殺・征服技術の変遷』心交社
菊地大樹　2009「中国先秦時代におけるウマと馬車の変革」『中国考古学』9
ギグリエリ，M.P.　2002（松浦俊輔訳）『男はなぜ暴力をふるうのか―進化から見たレイプ・殺人・戦争』朝日新聞社
岸　俊男　1955「防人考―東国と西国―」『万葉集大成』平凡社（岸　俊男　1966『日本古代政治史研究』塙書房に再録）
岸　俊男　1984「画期としての雄略朝　稲荷山鉄剣銘付考」『日本政治社会史研究』上（小笠原好彦・吉村武彦編　2000『展望日本の歴史』4　大和王朝　東京堂出版に再録）
岸本一宏　2010「第1主体部副葬品配置の検討」『茶すり山古墳』総括編　兵庫県教育委員会
喜田貞吉　1914「上古の陵墓（太古より奈良朝末に至る）」『皇陵』仁友社
北郷泰道　1982「地下式横穴墓の形態分類と副葬品のセット関係」『宮崎考古』8
北郷泰道　1994「武装した女性たち」『考古学研究』40-4
ギデンズ，A.（松尾精文・小幡正敏訳）1999『国民国家と暴力』而立書房
北野耕平　1963「中期古墳の副葬品とその技術史的意義―鉄製甲冑における新技術の出現―」『近畿古文化論攷』吉川弘文館（野上丈助編　1991『論集武具』学生社に再録）
北野耕平　1975「稲城考」『日本史論集』時野谷勝教授退官記念論集　清水堂
北野　重　1991「柏原市所在の製鉄関連遺跡」『河内・大県遺跡周辺の鉄・鉄器生産の検討』古代を考える会
来村多加史　2001「古代国家と軍制」『季刊考古学』76
北山峰生　2003「蛇行剣の分布と変遷」『考古学ジャーナル』498
木下礼仁　1993「『三国史記』にみえる倭関係記事」『日本書紀と古代朝鮮』塙書房
九州考古学会・嶺南考古学会　1998『環濠集落と農耕社会の形成』
清野謙次　1950『人類の起源』弘文堂
清野謙次ほか　1922「化石病理学特ニ日本原住民族ノ骨疾病ニ就テ」『日本微生物学会雑誌』16
金泰植　2005「4世紀の韓日関係史―広開土王碑文の倭軍問題を中心に―」『日韓歴史共同研究報告書』第1分科編　日韓歴史共同研究委員会
金斗喆　2003「무기・무구 및 마구를 통해 본 가야의 전쟁」『가야 고고학의

새로운　조명』서울：혜안
金斗喆　2004「加耶と倭の馬具」『古代東アジアにおける倭と加耶の交流』国立歴史民俗博物館研究報告110
金富軾　1983（井上秀雄訳注）『三国史記』1　東洋文庫
クーン，T.（中山茂訳）1971『科学革命の構造』みすず書房
忽那敬三　2015「舟塚古墳の埴輪配列の復元」『舟塚古墳　埴輪編』茨城県教育委員会
グドール，J.（杉山幸丸・松哲郎監訳）1990『野生チンパンジーの世界』ミネルヴァ書房
久保哲正　2001「恵解山古墳の鉄器埋納施設について」『京都府埋蔵文化財論集』4　財団法人京都府埋蔵文化財調査研究センター
久保天随校訂　1913『七書』上　博文館
熊谷公男　2015「倭王武上表文の真意—いわゆる「高句麗征討計画」を中心に—」『季刊考古学』別冊22
クラウゼヴィッツ，C.（清水多吉訳）2001『戦争論』上・下　中央公論社
クラストル，P.（渡辺公三訳）1987『国家に抗する社会』水声社
クラストル，P.（毬藻充訳）2003『暴力の考古学　未開社会における戦争』現代企画室
倉本一宏　1991「氏族合議制の成立—「オホマヘツキミ－マヘツキミ」制—」『ヒストリア』131（倉本一宏　1997『日本古代国家成立期の政権構造』吉川弘文館に再録）
栗田　寛　1901『栗里先生雑著　巻十二』「上古の兵制　明治二十三年七月稿」吉川弘文館
栗林誠治　1999「馬具の修理痕」『徳島県埋蔵文化財センター研究紀要　真朱』3　徳島県埋蔵文化財センター
栗本英世　1998「戦士的伝統，年齢組織と暴力—南部スーダン・パリ社会の動態—」田中雅一編『暴力の文化人類学』京都大学学術出版会
栗本英世　1999『未開の戦争，現代の戦争』岩波書店
車崎正彦　2004「人物埴輪・動物埴輪」『考古資料大観4　弥生・古墳時代　埴輪』小学館
クレーダー，L.（吉田禎吾・丸山孝一訳）1972『国家の形成』鹿島研究所出版会
クレフェルト，M.（石津朋之監訳）2010『戦争文化論』上　原書房
クレフェルト，M.（石津朋之監訳）2011『戦争の変遷』原書房
黒坂勝美編　1951『新訂増補国史大系　日本書紀』前篇　吉川弘文館
黒坂勝美編　1952『新訂増補国史大系　日本書紀』後篇　吉川弘文館
桑原久雄　1997「戦士と鹿—清水風遺跡の弥生絵画を読む—」『宗教と考古学』金関恕先生の古稀をお祝いする会　勉誠社
小出輝雄　2006「環濠は戦争用遺構か」『古代』119
鴻巣隼雄　1939『日本書紀の編纂に就いて　特に使用語句を中心として見たる上代に於ける国史編纂についての一考察』刀江書院
光本　順　2001「古墳の副葬品配置における物と身体の分類及びその論理」『考古学研究』48-1

小丘　保 1961「骨損傷のある古墳時代赤色頭蓋」『解剖学雑誌』36
国立歴史民俗博物館 2003『炭素 14 年代測定と考古学』国立歴史民俗博物館研究業績集
小島憲之 1988『上代日本文学と中国文学　出典論を中心とする比較文學的考察』塙書房
小島憲之ほか校訂 1994『日本書紀』1　新編日本古典文学全集　小学館
小島憲之ほか校訂 1996『日本書紀』2　新編日本古典文学全集　小学館
小島憲之ほか校訂 1998『日本書紀』3　新編日本古典文学全集　小学館
古代を考える会 1991『河内・大県遺跡周辺の鉄・鉄器生産の検討』
後藤守一 1928「原始時代の武器武装」『考古学講座』1　雄山閣
後藤守一 1935「前方後円墳雑考『歴史公論』4-7（後藤守一 1936『墳墓の研究』雄山閣に再録）
後藤守一 1937a「埴輪より見た上古時代の葬礼」『齋藤先生古稀祝賀記念論文集』刀江書院
後藤守一 1937b「日本上古時代の弓」『民族学研究』3-2（後藤守一 1942『日本古代文化研究』河出書房に再録）
後藤守一 1942a「上古時代の冑」『日本古代文化研究』河出書房
後藤守一 1942b「上古時代の楯」『古代文化』上（13-4）・下（13-5）
小林謙一 1974a「甲冑製作技術の変遷と工人の系統（上）」『考古学研究』20-4
小林謙一 1974b「甲冑製作技術の変遷と工人の系統（下）」『考古学研究』21-2
小林謙一 1997「古墳時代における初期の甲冑」『文化財論叢』Ⅱ　奈良国立文化財研究所創立 40 周年記念論文集刊行会　同朋舎出版
小林謙一 2006「東アジアにおける甲冑の系譜をめぐって」『東アジア考古学論叢』日中共同研究論文集　奈良文化財研究所・遼寧省文物考古研究所
小林行雄 1941「竪穴式石室構造考」『紀元二千六百年記念史学論文集』（小林行雄 1976『古墳文化論考』平凡社に再録）
小林行雄 1949「黄泉戸喫」『考古学集刊』2（小林行雄 1976『古墳文化論考』平凡社に再録）
小林行雄 1950「古墳時代における文化の伝播」『史林』33-34（「中期古墳時代文化とその伝播」と改題し，小林行雄 1961『古墳時代の研究』青木書店に再録）
小林行雄 1951a『日本考古学概説』東京創元社
小林行雄 1951b「上代日本における乗馬の風習」『史林』34-3（小林行雄 1961『古墳時代の研究』青木書店に再録）
駒田信二編 1985『世界の戦争』4　中国の戦争　講談社
近藤好和 1997『弓矢と刀剣　中世合戦の実像』吉川弘文館
近藤義郎 1956「日本古墳文化」歴史学研究会・日本史研究会編『日本歴史講座』1　岩波書店
近藤義郎 1966「序説・古墳とは何か」『日本の考古学　古墳時代　上』河出書房新社

近藤義郎 1976「原始資料論」『岩波講座日本歴史 25　別巻 2』岩波書店
近藤義郎・今井　堯 1971「群集墳の盛行」『古代の日本』4　角川書店
コンラン，T. 1997「南北朝期合戦の一考察―戦死傷からみた特質―」『日本社会の史的構造　古代・中世』大山喬平教授退官記念論集　同朋社
サーヴィス，E.（増田義郎監）1991『民族の世界―未開社会の多彩な生活様式の探究―』講談社
蔡煕国（全浩天訳）1987「高句麗の城の特徴」『東アジアと日本　考古美術編』田村圓澄先生古稀記念吉川弘文館
崔鍾圭（定森秀夫・緒方泉訳）1984「韓国・中期古墳の性格に関する若干の考察」『古代文化』36-12
崔鍾澤（才本佳考訳）2001「5～6 世紀高句麗の武器と馬具―漢江流域出土遺物を中心として―」『古代武器研究』2
西郷信綱 1967『古事記の世界』岩波書店
財団法人大阪府文化財センター編 2006『古墳時代に生きた渡来人の軌跡―長原遺跡・蔀屋北遺跡・上私部遺跡を中心に―』
齊藤大輔 2014「古代東アジアにおける装飾鉄鉾の系譜」『第 11 回古代武器研究会発表資料集』
酒井清治 2002「倭における須恵器生産の開始とその背景」『駒澤大学文学部研究紀要』60
境　靖紀 2004「弥生時代の鍛冶工房の研究―福岡県春日市赤井手遺跡の再検討―」『たたら研究』44
阪口英毅 2009「前期・中期型甲冑の技術系譜」『考古学ジャーナル』581
阪口英毅 2014『七観古墳の研究―1947・1952 年出土遺物の再検討―』京都大学大学院文学研究科
坂本太郎 1946「纂記と日本書紀」『史学雑誌』56-6（坂本太郎 1988『古事記と日本書紀』坂本太郎著作集 2　吉川弘文館に再録）
坂本太郎 1988『古事記と日本書紀』坂本太郎著作集 2　吉川弘文館
佐川正敏 1996「王と鉞―中国新石器時代の戦争―」『考古学研究』43-2
桜岡正信 2014「金井東裏遺跡の調査―古墳人の生活空間―」『金井東裏遺跡と渋川市の古墳時代』平成 26 年度調査遺跡発表会　群馬県埋蔵文化財調査事業団
佐々木憲一 2004「古代国家論の現状」『歴史評論』655
笹山晴生 1975『古代国家と軍隊』中央公論社
笹山晴生 1984「文献に見られる戦術と武器」大林太良編『日本古代文化の探求　戦』社会思想社
佐田　茂 1974「人物埴輪に見える衣服の型式」『史観』111
佐原　真 1964「石製武器の発達」『紫雲出』詫間町文化財保護委員会
佐原　真 1979「弥生時代論」大塚初重ほか編『日本考古学を学ぶ』3　有斐閣

佐原　真　1986a「初め戦争はなかった―考古学からみた戦争の歴史―」『一粒の籾』学習院大学考古学研究会定期講演会講演録（「戦争と平和」と改題し，佐原真 1993『考古学千夜一夜』小学館に再録）

佐原　真　1986b「家畜・奴隷・王墓・戦争―世界の中の日本―」『歴史科学』103（金関恕・春成秀爾編 2005『戦争の考古学』に再録）

佐原　真　1992『日本人の誕生』体系日本の歴史１　小学館

佐原　真　1999「日本・世界の戦争の起源」国立歴史民俗博物館編『人類にとって戦いとは』１　東洋書林

佐原　真　2005 金関恕・春成秀爾編『戦争の考古学』佐原真の仕事４　岩波書店

澤田吾一　1927『奈良朝時代民生経済の数的研究』冨書房

塩谷　修　2001「盾持人物埴輪の特質とその意義」『日本考古学の基礎研究』茨城大学考古学研究室20周年記念論文集　茨城大学考古学研究室

篠川　賢　1996『日本古代国造制の研究』吉川弘文館

清水幾太郎　1970「コントとスペンサー」『コント　スペンサー』世界の名著36　中央公論社

清水和明　2009「小札甲の製作技術と系譜の検討」『考古学ジャーナル』581

島田貞彦　1929「埴輪土物の配置に就いて」『史林』14-4

下條信行　1991「西日本　第一期の石剣・石鏃」『日韓交渉の考古学』弥生時代　六興出版

下向井龍彦　1987「日本律令軍制の基本構造」『史学研究』175

シャグノン，N.（蒲生正雄訳）1977「報告／ヤノマメ族の社会組織と戦争」M・フリードほか編『戦争の人類学』ぺりかん社

朱永剛（徳留大輔訳）2002「中国東北先史環濠集落の変遷と伝播」『東北アジアにおける先史文化の比較考古学的研究』九州大学

ジョミニ，A.H.（佐藤徳太郎訳）2001『戦争概論』中央公論新社

白石太一郎　1969「畿内における大型古墳群の消長」『考古学研究』16-1

白石太一郎　1975「ことどわたし考―横穴式石室の埋葬儀礼をめぐって」『橿原考古学研究所論集』創立35周年記念　吉川弘文館

白石太一郎　1990「渡来文化の大きな波」『古墳時代の工芸』古代史復元　7　講談社

白石太一郎（代）2008『近畿地方における大型古墳群の基礎的研究』平成17年度～平成19年度科学研究費補助金（基盤研究（A））

白石浩之　2009「旧石器時代から縄文時代にかけての狩猟具とその文化」『名古屋大学加速器質量分析計事業報告書』XX

末永雅雄　1934『日本上代の甲冑』岡書院（1981年に増補改訂）

末永雅雄　1968「円照寺墓山一号墳」『奈良市史　考古編』奈良市史編纂審議会

菅谷文則　1975「前期古墳の鉄製ヤリとその社会」『橿原考古学研究所論集　創立三十五周年記念』吉川弘文館

菅谷文則 2000「晋の威儀と武器について」『古代武器研究』1
杉井　健・上野祥史編 2012『マロ塚古墳出土品を中心にした古墳時代中期武器武具の研究』国立歴史民俗博物館研究報告 173
杉山秀宏 2009「榛東村高塚古墳出土人物埴輪について―上毛野の武人埴輪の系譜について―」『群馬県立歴史博物館紀要』30　群馬県立歴史博物館
杉山秀宏・桜岡正信・友廣哲也・德江秀夫 2014「群馬県渋川市金井東裏遺跡の発掘調査概要」『日本考古学』38
杉山晋作 1996「東国の人物埴輪群像と死者儀礼」『国立歴史民俗博物館研究報告』68
杉山晋作 2000「千葉県／芝山古墳の埴輪配列」『はにわ群像を読み解く』かみつけの里博物館
杉山晋作ほか 1999「討論　埴輪変質の背景を語る」国立歴史民俗博物館編『はにわ人は語る』
鈴木一有 2010「古墳時代後期の衝角付冑」『待兼山考古学論集』Ⅱ　大阪大学考古学研究室 20 周年記念論集　大阪大学考古学研究室
鈴木　尚 1938「日本石器時代人骨の利器による損傷に就いて」『人類学雑誌』53-7
鈴木　尚 1958a「石鏃が嵌入した先史時代人骨盤」『人類学雑誌』66-3
鈴木　尚 1958b「蜆塚遺跡人骨―第二次発掘―」『蜆塚遺跡その第二次発掘調査』浜松市教育委員会
鈴木　尚 1975「斗争により損傷された 3 個の古人骨」『人類学雑誌』83-3
鈴木　尚ほか 1976「加曽利貝塚発掘の人骨」杉原荘介編『加曽利南貝塚』中央公論美術出版
鈴木正信 2017「人制研究の現状と課題―国造制・部民制の史的前提として―」篠川賢・大川原竜一・鈴木正信編『国造制・部民制の研究』八木書店
鈴木靖民 1985「倭の五王の外交と内政―府官制的秩序の形成」林陸朗先生還暦記念会編『日本古代の政治と制度』続群書類従完成会
鈴木靖民 1990「歴史学と民族学（文化人類学）―日本古代における首長制社会論の試み―」『日本民俗学大系』10　國學院大學
鈴木靖民 1990「六世紀の朝鮮三国と伽耶と倭」『東アジアの古代文化』62
須藤智恵美 2014「初期国家論研究の成果と現在―初期国家プロジェクトを中心とした研究動向について―」『考古学研究』60-4
スペンサー，H.（藤井宇平訳）1898『綜合哲学原理』経済雑誌社
清家　章 1998「女性首長と軍事権」『待兼山論集』32　大阪大学考古学研究室
清家　章 2010『古墳時代の埋葬原理と親族構造』大阪大学出版局
積山　洋 1990「古墳時代中期の大型倉庫群―難波のクラと紀伊のクラをめぐる試論―」『大阪の歴史』30　大阪市史編纂所
全栄来 1987「古代山城の発生と変遷」『東アジアと日本』考古美術編　田村圓澄先生古稀記念吉川弘文館

大工原　豊 2014「石鏃の出現について」『岩宿フォーラム 2014／シンポジウム　石器の変遷と時代の変革―旧石器から縄文石器へ―予稿集』
高木市之助 1933「叙事詩と上代文学」『上代日本文学講座』3（高木市之助 1976『吉野の鮎』講談社に再録）
高久健二 2004「嶺南地域の武器組成―紀元前 2 世紀後葉～紀元後 4 世紀を中心に―」『古代武器研究』4
高倉洋彰 1973「墳墓からみた弥生時代社会の発展過程」『考古学研究』20-2
高島忠平 1980「佐賀県川寄吉原遺跡出土の銅鐸土製品の人物絵画」『考古学雑誌』66-1
高橋克壽 1993「四世紀における短甲の変化」『紫金山古墳と石山古墳』京都大学文学部博物館
高橋克壽 1996『埴輪の世紀』講談社
高橋健自 1922『古墳と上代文化』国史講習会
高橋健自 1926『考古学講座　埴輪及装身具』国史講習会　雄山閣
高橋　工 1995「東アジアにおける甲冑の系統と日本―特に 5 世紀までの甲冑製作技術と設計思想を中心に―」『日本考古学』2
滝口　宏ほか 1956『千葉県芝山古墳群調査速報』『古代』19・20 合併号
滝口　宏 1963『はにわ』日本経済新聞社
滝沢　誠 1991「鋲留短甲の編年」『考古学雑誌』76-3
滝沢　誠 2015『古墳時代の軍事組織と政治構造』同成社
武末純一 1990「北部九州の環溝集落」『九州上代文化論集』乙益重隆先生古希記念論文集　乙益重隆先生古希記念論文集刊行会
武末純一 2010「弥生武器形青銅祭器の集落内埋納」『先史学・考古学論究』Ⅴ　甲元眞之先生退任記念　上　龍田考古会
武田佐知子 1993「埴輪の衣服について」『考古学ジャーナル』357
竹中正巳・大西智和 1998「宮崎県えびの市島内地下式横穴墓群 69・70 号墓発掘調査概報」『人類史研究』10
竹中正巳・大西智和 1999「宮崎県えびの市島内地下式横穴墓群 69・70・71・72・73・74・75 号墓発掘調査報告」『人類史研究』11
竹中正巳・大西智和 2000「宮崎県えびの市島内地下式横穴墓群 76・77・78・79・87・88・89・90・91 号墓発掘調査概報」『人類史研究』12
竹中正巳・東　憲章・中村直子・倉重加代・満田タツ江・新里貴之・早田　隆 2007「地下式横穴墓から出土した古墳時代人骨に認められた陥没骨折」『南九州地域科学研究所所報』23　南九州地域科学研究所
竹中正巳・柄本優子・下野真理子 2010「島内地下式横穴墓群から新たに出土した受傷痕の認められる古墳時代人骨」『鹿児島女子短期大学紀要』45　鹿児島女子短期大学
橘　昌信 1975「大分県枌洞窟の発掘調査」『考古学ジャーナル』115
辰巳和弘 2011『他界へ翔る船―黄泉の国の考古学』新泉社

伊達宗泰 1968「円照寺墓山二号墳」『奈良市史　考古編』奈良市史編集審議会
舘野和己 2012「ミヤケ制の研究の現在」『日本考古学協会 2012 年度大会研究発表要旨』日本考古学協会
田中新史 1975「五世紀における短甲出土古墳の一様相―房総出土の短甲とその古墳を中心として―」『史館』5
田中晋作 1981「武器の所有形態からみた古墳被葬者の性格」『ヒストリア』93
田中晋作 1993a「武器の所有形態からみた常備軍成立の可能性について（上）―百舌鳥・古市古墳群を中心に―」『古代文化』45-8
田中晋作 1993b「武器の所有形態からみた常備軍成立の可能性について（下）―百舌鳥・古市古墳群を中心に―」『古代文化』45-10
田中晋作 1994「古墳時代常備軍成立の可能性について」『古代王権と交流』5　ヤマト王権と交流の様相　名著出版
田中晋作 1995「古墳時代中期における軍事組織について」『考古学研究』41-1
田中晋作 2000「古墳時代常備軍成立の可能性」『古代武器研究』1
田中晋作 2001a「古墳時代中期における武器の副葬・埋納に関する理解をめぐって」『古代学研究』155
田中晋作 2001b『百舌鳥・古市古墳群の研究』学生社
田中晋作 2008「古墳時代における軍事組織について」『古代武器研究』9
田中晋作 2013「軍事組織」『古墳時代の考古学』6　人々の暮らしと社会　同成社
田中史生 2005「古代史からみた渡来人―令制前の渡来人をめぐって―」大橋信弥・花田勝広編『ヤマト王権と渡来人』サンライズ出版
田中史生 2015「倭王権の渡来人政策」『季刊考古学』別冊 22
田中雅一 1998「平等主義社会における暴力―ブッシュマンの神話と現実」田中雅一編『暴力の文化人類学』京都大学学術出版会
田中　琢 1991『倭人争乱』集英社版日本の歴史 2　集英社
田中義昭 1976「南関東における農耕社会の成立をめぐる若干の考察」『考古学研究』22-3
田中良之 1995『古墳時代親族構造の研究―人骨が語る古代社会―』柏書房
田中良之 2008「断体儀礼考」『九州と東アジアの考古学』九州大学考古学研究室 50 周年記念論文集　九州大学考古学研究室 50 周年記念論文集刊行会
田中良之・小山田康人ほか 2017「金井東裏遺跡出土人骨」公益財団法人群馬県埋蔵文化財調査事業団編『金井東裏遺跡甲着装人骨詳細調査報告書』群馬県教育委員会
谷木光之助 1930「埴輪の装置状態」『考古学』1-4
谷畑美帆・鈴木隆雄 2004『考古学のための古人骨調査マニュアル』学生社
千葉基次 2015「夏家店上層文化―銅冑―」『駒沢考古』40　駒澤大学考古学研究室
チャイルド，V.G.（金関恕訳）2002「先史社会の戦い」藤木久志・宇田川武久編『人類にとって戦いとは 4 攻撃と防御の軌跡』東洋書林

朝鮮民主主義人民共和国文化保存指導局写真帳編集室編 1979『高句麗壁画』朝鮮中央歴史博物館
塚田良道 1994「埴輪の軍楽隊」『考古学と信仰』同志社大学考古学シリーズⅥ 同志社大学考古学シリーズ刊行会
塚田良道 1996「人物埴輪の型式分類」『考古学雑誌』81-2
塚田良道 1998「女子埴輪と采女―人物埴輪の史的意義―」『古代文化』上巻（50-1），下巻（50-2）
塚田良道 1999「武装人物埴輪の成立過程」『考古学に学ぶ』同志社大学考古学シリーズⅦ 同志社大学考古学シリーズ刊行会
塚田良道 2001「埼玉丸墓通出土の人物埴輪―小古墳における人物埴輪の構造―」『埴輪研究会誌』5
塚田良道 2007『人物埴輪の文化史的研究』雄山閣
塚田良道 2010「男子埴輪の衣服と文様」『考古学は何を語れるか』同志社大学考古学シリーズⅩ 同志社大学考古学シリーズ刊行会
塚本敏夫 1993「鋲留甲冑の技法」『考古学ジャーナル』366
辻川哲朗 1999「器財埋納施設に関する一解釈」『考古学に学ぶ』同志社大学考古学シリーズⅦ 同志社大学考古学シリーズ刊行会
辻村純代 1988「古墳時代の親族構造について―九州における父系制問題に関連して―」『考古学研究』35-1
津田左右吉 1924『古事記及び日本書紀の研究』岩波書店
都出比呂志 1974「古墳出現前夜の集団関係」『考古学研究』20-4
都出比呂志 1983「環濠集落の成立と解体」『考古学研究』29-4
都出比呂志 1991「日本古代の国家形成論序説―前方後円墳体制の提唱―」『日本史研究』343
都出比呂志 1996「国家形成の諸段階―首長性・初期国家・成熟国家―」『歴史評論』551
都出比呂志 1997「都市の形成と戦争」『考古学研究』44-2
都出比呂志 2011『古代国家はいつ成立したか』岩波書店
都出比呂志編 1998『古代国家はこうして生まれた』角川書店
津野　仁 2011「楯列と陣法の源流―古墳時代の楯の配置と組成―」『考古学ジャーナル』616
津曲大祐 2016「類型化による地下式横穴墓の成立と展開に関する考察」『古代武器研究』12
テスタール，A.（山内昶訳）1995『新不平等起源論　狩猟＝採集民の民族学』法政大学出版局
鉄器文化研究会 2000『表象としての鉄器副葬』第7回鉄器文化研究集会
寺沢　薫 1978「大和の高地性集落―「上ノ山遺跡」の紹介とその占める位置―」『青陵』36　橿原考古学研究所

寺沢　薫　1999「環濠集落の系譜」『古代学研究』146
寺沢知子　1979「鉄製農工具副葬の意義」『橿原考古学研究所論集』4　吉川弘文館
寺前直人　2010『武器と弥生社会』大阪大学出版会
藤間生大　1962「四・五世紀の東アジアと日本」『岩波講座日本歴史』1　原始および古代1　岩波書店
トゥーキュディデース（久保正彰訳）1966『戦史』岩波書店
ドゥルーズ，G.・ガダリ，F.（宇野邦一・小沢秋広・田中敏彦・豊崎光一・宮林寛・守中高明訳）1994『千のプラトー』河出書房新社
鳥取県教育委員会監修／濱田竜彦・高田健一編　2005『日本海をのぞむ弥生の国々―環濠から見える弥生社会とは―』編集工房遊
友田真理　2008「胡漢交戦図の分布とその歴史的背景―漢代画像石を中心として―」『中国考古学』8
豊島直博　2000a「古墳時代中期の畿内における軍事組織の変革」『考古学雑誌』85-2
豊島直博　2000b「鉄器埋葬施設の性格」『考古学研究』46-4
豊島直博　2010『鉄製武器の流通と初期国家形成』塙書房
虎尾俊哉編　2000「巻第八　神祇八　祝詞」『延喜式』上　集英社
敦煌文物研究所編　1980『中国石窟敦煌莫高窟』1　平凡社
内藤芳篤　1974「弥生人腰椎に見られた石鏃嵌入の1例」（抄）『人類学雑誌』82-1
内藤芳篤ほか　1973「平戸島根獅子出土の弥生時代人骨」（抄）『解剖学雑誌』46-33
直木孝次郎　1958『日本古代国家の構造』青木書店
直木孝次郎　1965「古代国家と村落―計画村落の視点から―」『ヒストリア』42
直木孝次郎　1968『日本古代兵制史の研究』吉川弘文館
中井　均　2010「中世城館遺跡から戦争は語れるか」『考古学は何を語れるか』同志社大学考古学シリーズⅩ　同志社大学考古学シリーズ刊行会
中尾　央・田村光平・有松　唯・中川朋美・松本直子・松木武彦　2016 Violence in the prehistoric period of Japan：the spatio-temporal pattern of skeletal evidence for violence in the Jomon period.「日本先史時代における暴力：縄文時代における人骨データの時空間パターン」 Biology Letters 12-3.
中川朋美・中尾　央　2017「人骨から見た暴力と戦争―国外での議論を中心に」『日本考古学』44
中久保辰夫　2014「古墳時代原初的官僚層形成に関するノート」『待兼山論集』史学編48
中久保辰夫　2017『日本古代国家の形成過程と対外交流』大阪大学出版会
中園　聡　1991「墳墓にあらわれた意味―とくに弥生時代中期後半の甕棺墓にみる階層性について―」『古文化談叢』25
中野和浩　1998「地下式横穴墓の群構造」『宮崎考古』16
中橋孝博　1990「永岡遺跡出土の弥生時代人骨」『永岡遺跡』Ⅱ筑紫野市教育委員会

中橋孝博 1997「福岡県筑紫野市隈・西小田遺跡出土の弥生時代人骨」『隈・西小田地区遺跡』筑紫野市教育委員会
中橋孝博 1999「北部九州における弥生人の戦い」福井勝義・春成秀爾編『人類にとって戦いとは1』東洋書林
中橋孝博・永井昌文 1987「福岡県志摩町新町遺跡出土の縄文・弥生移行期の人骨」『新町遺跡』志摩町教育委員会
中村慎一編 2001『東アジアの囲壁・環濠集落』金沢大学文学部考古学研究室　平成12年度文部科学省科学研究費補助金・特別研究（A1）
中村友博 1987「祭人が模擬戦をすること」金関恕・佐原真編『弥生文化の研究』8　雄山閣
中山清隆 2001「馬具の系譜―最古の轡をもとめて―」『季刊考古学』76
永井昌文 1976「磨製石剣嵌入人骨について」『スダレ遺跡』穂波町教育委員会
長野県立歴史館編 1998『古代シナノの武器と馬具』長野県立歴史館
新納　泉 1983「装飾付太刀と古墳時代後期の兵制」『考古学研究』30-3
新納　泉 2001「空間分析からみた古墳時代社会の地域構造」『考古学研究』48-3
西川　宏 1961「陪塚論序説」『考古学研究』8-2
西川　宏 1966「武器」近藤義郎・藤沢長治編『日本の考古学Ⅴ』古墳時代　下　河出書房新社
西嶋定生 1961「古墳と大和政権」『岡山史学』10　岡山史学会（西嶋定生 1972「古墳と大和政権」歴史科学協議会編『歴史科学大系』2　古代国家と奴隷制　下　校倉書房に再録）
西宮一民 1970『日本上代の文章と表記』風間書房
日韓集落研究会編 2009『日韓集落研究の新たな視角を求めて』日韓集落研究会
仁藤敦史 1998「古代における宮の成立と発展」『古代王権と都城』吉川弘文館
仁藤敦史 2015「『日本書紀』編纂史料としての百済三書」『国立歴史民俗博物館研究報告』194
日本考古学協会編 1961『日本農耕社会の生成』東京堂
日本考古学協会2012年度福岡大会実行委員会 2012「弥生時代後半期の鉄器生産と流通」『一般社団法人日本考古学協会2012年度福岡大会研究発表資料集』
禰宜田佳男 1986「打製短剣・石槍・石戈」金関恕・佐原真編『弥生文化の研究』9　雄山閣
禰宜田佳男 1998「石器から鉄器へ」『古代国家はこうして生まれた』角川書店
禰宜田佳男 2013「弥生時代の近畿における鉄器製作遺跡―「石器から鉄器へ」の再検討の前提として―」『日本考古学』36
野上丈助 1968「古墳時代における鉄および鉄器生産の諸問題」『考古学研究』15-2
野上丈助 1975「甲冑製作技法と系譜をめぐる問題点―上―」『考古学研究』14-4
野島　永 2000「鉄器からみた諸変革―初期国家形成期における鉄器流通の様相―」『国

家形成過程の諸変革』考古学研究会例会シンポジウム記録 2　考古学研究会例会委員会

野島　永　2008「弥生時代における鉄器鋳造をめぐって」『弥生時代における初期鉄器の舶載時期とその流通構造の解明』研究成果報告書　平成 17 ～ 平成 19 年度科学研究費補助金（基盤研究（C））

野島　永　2009『初期国家形成過程の鉄器文化』雄山閣

ノース，D. C.・ウォリス，J. J.・ワインガスト，B. R.（杉之原真子訳）2017『暴力と社会秩序：制度の歴史学のために』（叢書　制度を考える）NTT 出版

野田嶺志　1995「古代の精兵」門脇禎二編『日本古代国家の展開』上　思文閣

野田嶺志　2010『日本古代軍事構造の研究』塙書房

乗安和二三　2005「弥生時代における乳幼児用埋葬をめぐって」『考古論集』川越哲志先生退官記念論文集　川越哲志先生退官記念事業会

萩原恭一　1995「房総半島の古代集落遺跡に見る人口動態」『研究紀要』16　千葉県文化財センター

橋口達也　1986「犠牲者」金関恕・佐原真編『弥生文化の研究』9　雄山閣

橋口達也　1992「弥生時代の戦い―武器の折損・研ぎ直し―」『九州歴史資料館研究論集』17　九州歴史資料館

橋口達也　1995「弥生時代の戦い」『考古学研究』42-1

橋口達也　2007『弥生時代の戦い　戦いの実態と権力機構の生成』雄山閣

橋本達也　1996「古墳時代前期甲冑の技術と系譜」『雪野山古墳の研究』考察編　八日市市教育委員会

橋本達也　2005「古墳時代中期甲冑の出現と中期開始論―松林山古墳と津堂城山古墳から―」『待兼山考古学論集―都出比呂志先生退官記念―』大阪大学考古学友の会

橋本達也　2006「甲冑編年研究の日韓比較―帯金式甲冑を中心として―」『日韓古墳時代の年代観』歴博国際研究集会発表要旨

橋本達也　2010「古墳時代中期甲冑の終焉とその評価―中期と後期を分かつもの―」『待兼山考古学論集Ⅱ―大阪大学考古学研究室 20 周年記念論集―』大阪大学考古学研究室

橋本達也　2012a「九州南部における島内地下式横穴墓の位置づけ」『シンポジウム「島内地下式横穴墓群の出土品の評価と被葬者像」予稿集』えびの市教育委員会

橋本達也　2012b「地下式横穴墓とは何か」『南九州とヤマト王権―日向・大隅の古墳―』大阪府立近つ飛鳥博物館

橋本達也　2015「古墳時代中期の武器・武具生産」『季刊考古学』別冊 22

橋本達也・鈴木一有　2014『古墳時代甲冑集成』大阪大学大学院文学研究科　科学研究費補助金　基盤研究 A

橋本輝彦　2002「纒向遺跡第 109 次出土の木製輪鐙」『古代武器研究』3

橋本博文　1980「埴輪祭式論―人物埴輪出現後の埴輪際列をめぐって―」『塚廻り古墳群』

群馬県教育委員会
橋本博文 1993「人物埴輪にみる装身具」『考古学ジャーナル』357
橋本博文 2008「古墳時代の豪族居館と生産組織」『國學院雑誌』109-11　國學院大學
バタイユ，G.（生田耕作訳）1973『呪われた部分』二見書房
ハート，D.・サスマン，R.W.（伊藤伸子訳）2007『ヒトは食べられて進化した』化学同人
花田勝広 1989「倭政権と鍛冶工房」『考古学研究』36-30
花田勝広 1999「手工業生産の展開と渡来人—鉄器生産工房を中心に—」『渡来文化の受容と展開—5世紀における政治的・社会的変化の具体相—』2　第46回埋蔵文化財研究集会発表要旨集
花田勝広・阪口英毅 2012「鉄と鉄製品」『講座日本の考古学』8　古墳時代　下　青木書店
土生田純之 2003『日本全国古墳学入門』学生社
浜田耕作 1936「前方後円墳の諸問題」『考古学雑誌』26-9
林　謙作ほか 1980「寛骨に石鏃の嵌入をみる岩手県宮野貝塚出土人骨」(抄)『人類学雑誌』88-2
林　巳奈夫 1972『中国殷周時代の武器』京都大学人文科学研究所
林屋辰三郎 1952「継体・欽明朝内乱の史的分析」『立命館文学』88（1955『古代国家の解体』東大出版会に再録）
早野浩二 2005「臨海の古墳時代集落—松崎遺跡の歴史的素描—」『研究紀要』6　愛知県埋蔵文化財センター
原　秀三郎 1972「日本における科学的原始・古代史研究の成立と展開」歴史科学協議会編『歴史科学大系』1　校倉書房
原田大六 1962「南鮮政策と後期古墳」『考古学研究』34
春成秀爾 1990a『弥生時代の始まり』東京大学出版会
春成秀爾 1990b「男と女の闘い—銅鐸絵画の一齣—」『国立歴史民俗博物館研究報告』25
春成秀爾 2003「弥生早・前期の鉄器問題」『考古学研究』50-3
春成秀爾 2007「節分，方相氏，熊送り」『歴史書通信』歴史書懇談会
坂　靖 1998a「古墳時代における大和の鍛冶集団」『橿原考古学研究所論集』13　創立六十周年記念　吉川弘文館
坂　靖 1998b「近畿地方」『古墳時代の豪族居館をめぐる諸問題』第8回東日本埋蔵文化財研究会
坂　靖 2000「埴輪祭祀の変容」『古代学研究』150
坂　靖 2009『古墳時代の遺跡学—ヤマト王権の支配構造と埴輪文化—』雄山閣
坂　靖 2013a「三ツ寺Ⅰ遺跡は「豪族居館」か」『古代学研究』198
坂　靖 2013b「古墳時代中期の遺跡構造と渡来系集団」『古代学研究』199

菱田哲郎 2007『古代日本国家形成の考古学』京都大学出版局
日高　慎 2000「埼玉県埼玉瓦塚古墳の埴輪群像を読み解く」『はにわ群像を読み解く』かみつけの里博物館
日高　慎 2002「形象埴輪の意義追求をめぐる方法的課題について―塚田良道氏の研究方法をめぐって―」『埴輪研究会誌』6
日高　慎 2010「茨城県玉里古墳群にみる古墳時代後期首長墓系列」『考古学は何を語れるか』同志社大学考古学シリーズⅩ　同志社大学考古学シリーズ刊行会
日高　慎 2014「甲塚古墳の埴輪配列について」『甲塚古墳』下野市教育委員会
日高　慎 2015「埴輪に表現された被葬者」『同支社大学考古学シリーズ』Ⅺ森浩一先生に学ぶ 1　森浩一先生追悼論集
日高　慎 2016「盾持人埴輪の世界〜古墳をまもる埴輪〜」『大室古墳の教室　考古学講演会・講座の記録』2　前橋市教育委員会
日高正晴 1958「日向地方の地下式墳」『考古学雑誌』43-4
平石　充 2015「人制再考」『前方後円墳と東西出雲の成立に関する研究』島根県古代文化センター
平郡達哉 2008「朝鮮半島嶺南地域における副葬磨製石剣の性格」菅谷文則編『王権と武器と信仰』同成社
平野邦雄 1955「「部」に関する若干の修正的研究」『九州工業大学研究報告　人文・社会科学』3
広瀬和雄 1991「前方後円墳の畿内編年」近藤義郎編『前方後円墳集成』中国・四国編　山川出版社
広瀬和雄 1998「弥生都市の成立」『考古学研究』45-3
広瀬和雄 2003『前方後円墳国家』角川書店
広瀬和雄 2007『古墳時代政治構造の研究』塙書房
広瀬和雄 2008「前方後円墳祭祀の理論―墳頂部の内方外円区画をめぐって―」『国立歴史民族博物館研究報告』145（広瀬和雄 2010『カミ観念と古代国家』角川学芸出版に再録）
兵庫県立考古博物館編 2010「雲部車塚古墳の研究」『研究紀要』3
ピンカー，S.（幾島幸子・塩原通緒訳）2015『暴力の人類史』上　青土社
深澤芳樹 1998「戈を持つ人」『みずほ』24　大和弥生文化の会
福井勝義 1987「せんそう　戦争 war」梅棹忠夫ほか編『文化人類学事典』弘文堂
福尾正彦 1980「日向中央部における地下式横穴とその社会」『古文化談叢』7
福島孝行 2007「弥生墳墓における鉄剣の副葬（1）―丹後地域―」『考古学に学ぶ』Ⅲ　森浩一先生傘寿記念献呈論集　同志社大学考古学シリーズⅨ　同志社大学考古学シリーズ刊行会
福島日出海 1998「石製及び青銅製武器の切先副葬について」『九州考古学』73
福田アジオ 1980「村落領域論」『武蔵野大学人文学会雑誌』12-2　武蔵野大学（「ムラの

領域」と改題し、福田アジオ 1982『日本村落の民俗的構造』弘文堂に再録)
藤井信男 1952「日本書紀各巻成立の一考察」『大倉山論集』1　大倉精神文化研究所
藤井　整 2005「畿内の方形周溝墓制」『季刊考古学』92
藤井康隆 2004「中国東晋南朝の武装について」『古代武器研究』5
藤尾慎一郎 1996「弥生戦死者の証言」『倭国乱る』国立歴史民俗博物館
藤尾慎一郎 1999「弥生時代の戦いに関する諸問題―鉄・鉄素材の実態と戦い―」松木武彦・宇田川武久編『人類にとって戦いとは』2　東洋書林
藤尾慎一郎 2013『弥生文化像の新構築』吉川弘文館
藤尾慎一郎 2014「弥生鉄史観の見直し」『国立歴史民俗博物館研究報告』185
藤田和尊 1988「古墳時代における武器・武具保有形態の変遷」『橿原考古学研究所論集』8　吉川弘文館
藤田和尊 1991「奈良県御所市名柄遺跡」『日本考古学年報』42　1989年版
藤田和尊 1993「陪塚考」『関西大学考古学研究室開設四十周年記念考古学論叢』関西大学考古学研究室
藤田和尊 1995「古墳時代中期における軍事組織の実態―松木武彦氏の批判文に応えつつ―」『考古学研究』41-1
藤田和尊 2006『古墳時代の王権と軍事』学生社
藤田和尊 2011「陪冢論の現状」一瀬和夫・福永伸哉・北條芳隆編『古墳時代の考古学』3　墳墓構造と葬送祭祀　同成社
藤田三郎 1999「唐古・鍵遺跡出土「盾をもつ人物」の絵画土器」『みずほ』29
藤田　等 1987「鉄戈」『東アジアの考古と歴史』中　岡崎敬先生退官記念論集　同朋舎出版
藤原　哲 2004「弥生時代の戦闘戦術」『日本考古学』18
藤原　哲 2009「弥生時代の武器と戦闘の技術」設楽博己・藤尾慎一郎・松木武彦編『弥生時代の考古学』6　弥生社会のハードウェア　同成社
藤原　哲 2011「弥生社会における環濠集落の成立と展開」『総研大文化科学研究』7
藤原　哲 2012「副葬品配列からみた武器の価値」『総研大文化科学研究』8
藤原　哲 2013a「古墳時代中期における軍事組織の一側面―島内地下式横穴墓群の分析を中心に―」『日本考古学』36
藤原　哲 2013b「『日本書紀』戦闘記述における考古学を用いた批判的検討」『古代学研究』198
藤原　哲 2014『戦争・国家・軍事組織の発生―弥生時代から古墳時代の軍事組織，軍事参与率，服従度，凝縮性の割合から考える―』『古代学研究』204
藤原　哲 2015「古墳時代における軍事組織像の検討」『古代文化』67
藤原　学 2003「須恵器生産と鉄」佐々木憲一・吉村武彦・大塚初重編『古墳時代の日本列島』青木書店
古瀬清秀 1991「鉄器の生産」石野博信・岩崎卓也・河上邦彦・白石太一郎編『古墳時代

の研究』5　雄山閣
ヘロドトス（松平千秋訳）1971『歴史』上　岩波書店
ホイジンガ，J.（里見元一郎訳）1989「遊びと戦争」『ホモ・ルーデンス』ホイジンガ選書Ⅰ　河出書房新社
ホール，S. 2007「アイスマン　その悲運の最期」『ナショナルジオグラフィック日本版』7月号
ホッブズ，T.（水田洋訳）1992『リヴァイアサン』1　岩波書店
ボードリヤール，J.（宇波彰訳）1980『物の体系―記号の消費』法政大学出版局
ボードリヤール，J.（宇波彰・今村仁司訳）1981『生産の鏡』法政大学出版局
穂積裕昌　2012『古墳時代の喪葬と祭祀』雄山閣
堀田啓一　1979「高句麗壁画古墳にみる武器と武装」『橿原考古学研究所論』4　創立四十周年記念　吉川弘文館
堀田　満　1999「宮崎県えびの市島内地下式横穴墓群69号墓から出土した種子の鑑定結果」『人類史研究』11
堀　伸二　1935『戦争論』三笠書房
ポパー，K.（大内義一・森博訳）1971『科学的発見の理論』上　恒星社厚生閣
埋蔵文化財研究会　2006『弥生集落の成立と展開』第55回埋蔵文化財研究集会
埋蔵文化財研究会・東海埋蔵文化財研究会　1988『弥生時代の環濠集落をめぐる諸問題』愛知考古学談話会
前澤輝政　1996「「倭国大乱」考」『古代学研究』134
前田豊邦　1996「弥生時代の大溝についての覚書」『紀要　村川行弘先生古稀記念特輯』財団法人のじぎく文化財保護研究財団
真壁成史　2003「西日本における古墳時代後期の精錬・鍛冶遺構の検討」『考古学に学ぶ』（Ⅱ）考古学研究室開設五十周年記念　同志社大学考古学シリーズⅧ　同志社大学考古学シリーズ刊行会
増田精一　1967「画像石よりみた漢代の騎馬戦闘」『東京教育大学文学部紀要』61
増田精一　1970「武器・武装―とくに札甲について―」『新版考古学講座』5　雄山閣
増田精一　1976『埴輪の古代史』新潮社
松尾昌彦　1996「補修痕のある馬具」『伊那』6
松木武彦　1989「弥生時代の石製武器の発達と地域性―とくに打製石鏃について―」『考古学研究』35-4
松木武彦　1991「前期古墳副葬鏃の成立と展開」『考古学研究』37-4
松木武彦　1992「古墳時代前半期における武器・武具の革新とその評価」『考古学研究』39-1
松木武彦　1994「古墳時代の武器・武具および軍事組織研究の動向」『考古学研究』41-1
松木武彦　1995a「考古資料による軍事組織研究の現状と課題」『展望考古学』考古学研究会40周年記念論集　考古学研究会

松木武彦 1995b「弥生時代の戦争と日本列島社会の発展過程」『考古学研究』42-3
松木武彦 1999「戦争」安斎正人編『用語解説現代考古学の方法と理論』Ⅰ　同成社
松木武彦 2000「戦死か刑死か副葬か？—棺内の石製武器からみた弥生社会像—」『瀬戸内弥生文化のパイオニア—新方遺跡の新視点—』文部省科学研究費　古人骨と動物遺存体に関する総合研究シンポジウム実行委員会
松木武彦 2001a「弓と矢の系譜」『季刊考古学』76
松木武彦 2001b『人はなぜ戦うのか　考古学からみた戦争』講談社
松木武彦 2007『日本列島の戦争と初期国家形成』東京大学出版局
松下孝幸 1985「福岡県小郡市横隈狐塚遺跡出土の弥生時代人骨」『横隈狐塚遺跡』Ⅱ　小郡市教育委員会
松下孝幸 2001「弥生時代の殺人事件—スケルトン探偵の事件簿」『シャレコウベが語る』長崎新聞社
松村博文 1989「石鏃を射込まれた有珠10遺跡出土の続縄文時代恵山文化期の人骨について」『人類学雑誌』97-1
松本政春 1999「広嗣の乱と隼人」『続日本紀研究』33（松本政春 2002『律令兵制史の研究』清文堂出版に再録）
松本政春 2002『律令兵制史の研究』清文堂出版
豆谷和之 2003「弥生環濠論」『山口大学考古学論集』近藤喬一先生退官記念論集
マリノフスキー，B.（寺田和夫・増田義郎訳）1967「西太平洋の遠洋航海者」『世界の名著』59　中央公論社
マルクス，K.（向坂逸郎訳）1969『資本論』岩波書店
丸山竜平 1995「魏志倭人伝にみる「倭国大乱」と考古学—その問題の所在をめぐって—」『東海学園国語国文』48
マン，M.（森本醇・君塚直隆訳）2002『ソーシャルパワー：社会的な〈力〉の世界歴史Ⅰ先史からヨーロッパ文明の形成へ』NTT出版
三品彰英 2002「百済記・百済新撰・百済本記」『日本書紀朝鮮関係記事考證』上　天山舎
水野敏典 1993「古墳時代後期の軍事組織と武器副葬—長頸鏃の形態変遷と計量に見る武器供給から—」『古代』96
水野敏典 2009『古墳時代鉄鏃の変遷にみる儀仗的武装の基礎的研究』平成18〜20年度科学研究費補助金基礎研究（C）
水野正好 1971「埴輪芸能論」『古代の日本』2　角川書店
水野　祐 1954『増補　日本古代王朝史論序説』小宮山出版
宮本一夫 2012「北部九州の鉄器生産と流通」『一般社団法人日本考古学協会2012年度福岡大会研究発表資料集』日本考古学協会2012年度福岡大会実行委員会
向井一雄 1990「西日本の古代山城遺跡—類型化と編年についての試論—」『古代学研究』125

むしゃこうじ・みのる 1973「『日本書紀』のいくさがたり―「欽明紀」を例として―」『日本書紀研究』7
村上恭通 1995「星ヶ谷遺跡の鍛冶遺構について」『みずほ』15
村上恭通 1998『倭人と鉄の考古学』青木書店
村上恭通 1999「鉄製武器形副葬品の成立とその背景―三韓・三国時代と前方後円墳成立期を対象として―」『先史学・考古学論究』Ⅲ　白木原和美先生古稀記念献呈論文集　龍田考古学
村上恭通 2007『古代国家成立過程と鉄器生産』青木書店
モース，M.（吉田禎吾・江川純一訳）2009『贈与論』筑摩書房
桃崎祐輔 2006「馬具からみた古墳時代実年代論―五胡十六国・朝鮮半島三国伽耶・日本列島の比較の視点から―」『日韓古墳時代の年代観』歴博国際研究集会研究発表資料
森　貞次郎 1966「武器」和島誠一編『日本の考古学』Ⅲ　弥生時代　河出書房新社
森　博達 1999『日本書紀の謎を解く　述作者は誰か』中央公論新社
森井貞雄 2015「弥生時代の城塞集落が物語ること」『森浩一先生に学ぶ』森浩一先生追悼論集　同志社大学考古学シリーズⅪ　同志社大学考古学シリーズ刊行会
森岡秀人 1996「弥生時代抗争の東方波及」『考古学研究』43-3
森岡秀人 2002「高地性集落研究の現状と今後の展開」『古代文化』54
モリス，D.（日高敏隆訳）1979『裸のサル―動物学的人間像―』角川文庫
森田克行 2008「新・埴輪芸能論」『埴輪群像の考古学』大阪府近つ飛鳥博物館　青木書店
森田克行 2011「大王の荘厳なる埴輪宇宙」『考古学ジャーナル』617
森田　悌 1995「埴輪の祭り」『風俗』34-1
森田　悌 2001「埴輪の武人像」『群馬大学教育学部紀要』50
森本岩太郎ほか 1970「受傷寛骨を含む縄文早期の二次埋葬例」『人類学雑誌』78-3
モルガン，L.H.（青山道夫訳）1961『古代社会』岩波書店
門田誠一 1988「古代伽耶の戦士」『考古学と技術』同志社大学考古学シリーズⅣ　同志社大学考古学シリーズ刊行会
門田誠一 2006a「古墳出土の曲げられた鉄器について」『文学部論集』90
門田誠一 2006b「高句麗古墳壁画における鎧馬図考―鎧馬騎乗人士の階層的位置づけをめぐって」『鷹陵史学』32
モンターギュ，A.（尾本恵市・福井伸子訳）1982『暴力の起源―人はどこまで攻撃的か』どうぶつ社
柳田康雄 2014「青銅武器・武器形祭器の使用痕跡」『日本・朝鮮半島の青銅武器研究』雄山閣
山内紀嗣 2008「古墳時代の布留遺跡」『ヤマトの開発史』2　奈良女子大学21世紀COEプログラム報告集19
山尾幸久 1978「百済三書と日本書紀」『朝鮮史研究会論文集』15

山尾幸久 1986『新版・魏志倭人伝』講談社
山極寿一 2007『暴力はどこからきたか』日本放送出版協会
山極寿一 2010「戦争の起源」『戦争を総合人間学から考える』総合人間学会編学文社
山崎純男 1990「環濠集落の地域性―九州地方」『季刊考古学』31
山崎　武 1995「生出塚埴輪窯製品と供給先」『関東における埴輪の生産と供給』日本考古学協会1995年度茨城大会シンポジウム資料
山崎頼人 2009「武器副葬のはじまり」『地域の考古学』佐田茂先生佐賀大学退官記念論文集　佐田茂先生論文集刊行会
山崎頼人・杉本岳史・井上愛子 2005「筑後北部三国丘陵における弥生文化の受容と展開」『古文化談叢』54
山田隆一 1988「近畿弥生社会における鉄器化の実態について」『網干善教先生華甲記念考古学論集』網干善先生華甲記念会
山田隆治 1960「首狩りと人身供犠」『図説世界文化史体系』2　世界の民族　角川書店
湯浅邦弘 1999「『春秋』に於ける戦争とその思想」『中国古代軍事思想史の研究』研文出版
楊泓（来村多加史訳）1985『中国古兵器論叢』関西大学出版部
用田政晴 1980「前期古墳の副葬品配置」『考古学研究』27-3
横山浩一 1985「型式論」『岩波講座日本考古学』1　岩波書店
吉澤　保 2015「『千のプラトー』における「歴史」哲学」『津田塾大学紀要』47
吉田　広 2012「近畿における銅戈の展開」『菟原』Ⅱ　森岡秀人さん還暦記念論文集　菟原刊行会
吉田　広 2014「弥生青銅器祭祀の展開と特質」『国立歴史民俗博物館研究報告』185
吉留秀敏 1994「環濠集落の成立とその背景」『古文化談叢』33
吉永匡史 2015「古代国家の軍事組織とその変遷」『岩波講座　日本歴史　古代4』岩波書店
吉永匡史 2016『律令国家の軍事構造』同成社
吉村和昭 1987「短甲系譜試論―鋲留技法導入期を中心として―」『考古学論攷』13
吉村和昭 2003「地下式横穴墓出土の甲冑」石野博信編『古代近畿と物流の考古学』学生社
吉村和昭 2012「被葬者像の検討」『シンポジウム「島内地下式横穴墓群の出土品の評価と被葬者像」予稿集』えびの市教育委員会
吉村武彦 1993「倭国と大和王権」『岩波講座日本通史』2　古代1　岩波書店
ランガム，R.W.・ピーターソン，D.（山下篤子訳）2007『男の凶暴性はどこからきたか』三田出版会
李秀鴻 2015「韓半島南部地域青銅器～三国時代における環濠集落の変化と性格」『国立歴史民俗博物館研究報告』195
立命館大学文学部考古学・文化遺産専攻『畿内の首長墳』平成25～28年度科学研究費補

助金（基盤研究 B）研究成果報告書

李南奭 2004「韓国 忠清南道出土の武器・馬具について―龍院里古墳群出土品を中心に―」『古代武器研究』4

李蘭暎・金斗喆 1999『韓國의 馬具』馬文化研究叢書Ⅲ 韓国馬事会・馬事博物館

柳涵 1959「北朝的鎧馬騎俑」『考古』1959 年第 2 期

柳昌煥（諫早直人訳）2008「加耶馬具の変遷と性格」『古代武器研究』9

ルソー，J. J.（桑原武夫・前川貞次郎訳）1972『人間不平等起原論』岩波書店

レヴィ＝ストロース，C.（福井和美訳）2000『親族の基本構造』青弓社

ローウィ，R. H.（古賀英三郎訳）1973『国家の起源』法政大学出版局

ローレンツ，K.（香原志勢・鈴木正男・田中二郎・西田利貞訳）1972「儀式化された闘争」カーシ，J. D.・エブリング，F. J. 編『攻撃性の自然史』ぺりかん双書 7 ぺりかん社

ロジェ，M.（山内昶訳）1984「流通形態」『経済人類学の現在』法政大学出版局

ロングハム，R.（大渕憲一・熊谷智博訳）2007「なぜザルと人間は仲間どうし殺しあうのか」ジョーンズ，M.・フェビアン，A. C. 編『コンフリクト』培風館

若狭 徹 2000「人物埴輪再考―保渡田八幡塚古墳形象埴輪の実態とその意義を通じて―」群馬町教育委員会『保渡田八幡塚古墳』史跡保渡田古墳群 八幡塚古墳保存整備事業報告書 調査編

若槻真治 2009「倭国軍事考」『古代文化研究』17

若槻真治 2011「倭国軍事考」『古代文化研究』19

若槻真治 2013「倭国軍事考」『古代文化研究』21

若林邦彦 2001「弥生時代大規模集落の評価」『日本考古学』12

若林邦彦 2013『「倭国乱」と高地性集落論・観音寺山遺跡』シリーズ「遺跡を学ぶ」91 新泉社

若松良一 1992「再生の祀りと人物埴輪―埴輪群像は殯を再現している―」『東アジアの古代文化』72

若松良一 2013「職能の衣装―埴輪表現におけるその非日常性―」一瀬和夫・福永伸哉・北條芳隆編『古墳時代の考古学 6 人々の暮らしと社会』同成社

若松良一・日高 慎 1992「形象埴輪の配置と復元される葬送儀礼（上）―埼玉瓦塚古墳の場合を中心に―」『埼玉県立さきたま資料館 調査研究報告』5

若松良一・日高 慎 1993「形象埴輪の配置と復元される葬送儀礼（中）―埼玉瓦塚古墳の場合を中心に―」『埼玉県立さきたま資料館 調査研究報告』6

若松良一・日高 慎 1994「形象埴輪の配置と復元される葬送儀礼（下）―埼玉瓦塚古墳の場合を中心に―」『埼玉県立さきたま資料館 調査研究報告』7

和歌森太郎 1958「大化前代の喪葬制について」『古墳とその時代』2 朝倉書店（和歌森太郎 1980『和歌森太郎著作集 4 古代の宗教と社会』に再録）

和田晴吾 1987「古墳時代の時期区分をめぐって」『考古学研究』34-2

和田晴吾 1998「古墳時代は国家段階か」都出比呂志・田中琢編『古代史の論点 4 権力と国家と』小学館
和田晴吾 2014「古墳づくりと軍事行動」『古墳時代の葬制と他界観』吉川弘文館
和田理啓 2001「日向の地下式横穴」『九州の横穴墓と地下式横穴墓』第Ⅰ分冊 九州前方後円墳研究会
和田理啓 2008「西諸県地域における地下式横穴墓の展開」『楠牟礼1号地下式横穴墓』宮崎県埋蔵文化財センター
和田秀松 1936『本朝書籍目録考証』宮本印刷所

Allen, M. W. and Jones, T. L. eds. 2004 *Violence and warfare among hunter-gatherers*. Left Coast Press.
Andreski, S. 1968 *Military organization and society*. University of California Press.
Allen, M W. and Arkush, E. N. eds. 2008 *The archaeology of warfare : Prehistories of raiding and conquest*. University Press of Florida.
Bossen, C. 2006 War as practice, power, and processor : a framework for the analysis of war and social structural change. *Warfare and Society : Archaeological and Social Anthropological Perspectives*. Aarhus Universitetsforlag.
Carneiro, R. L. 1970 A theory of the origin of the state : Traditional theories of state origins are considered and rejected in favor of a new ecological hypothesis. *Science* 169.
Chagnon, N. A. 1983 *Yanomamo : The fierce people*. New York : Holt, Rinehart and Winston.
Claessen, H. J. M. 2006 War and state formation : What is the connection? *Warfare and Society : Archaeological and Social Anthropological Perspectives*. Aarhus Universitetsforlag.
Claessen, H. J. M. and Skalník, P. eds. 1978 *The early state*. Walter de Gruyter.
Cohen, R. 1984 Warfare and state formation : Wars make states and states make wars. *Warfare, culture, and environment* 329.
Fernández-Jalvo, Y., J. Carlos Diez, Isabel Caceres and Jordi Rosell 1999 Human cannibalism in the Early Pleistocene of Europe (Gran Dolina, Sierra de Atapuerca, Burgos, Spain). *Journal of Human Evolution* 37.
Ferguson, R. B. 2008 Ten points on war. *Social Analysis* 52.2.
Ferguson, R. B. and Whitehead, N. L. 1992 *War in the tribal zone*. School of American Research Press : Santa Fe.
Flannery, K. V. 1972 The cultural evolution of civilizations. *Annual review of ecology and systematics* 3.1.
Fried, M. H. 1961 Warfare, military organization, and the evolution of society.

Anthropologica 3-2.
Guilaine, G. and Zammit, J. 2005 *The Origins of War : Violence in Prehistory*. Blackwell Publishing.
Hintze, O. 1906 *Staatsverfassung und Heeresverfassung v*. Zahn & Jaensch : Dresden.
Helbling, J. 2006 War and peace in societies without central power : theories and perspectives. *Warfare and Society : Archaeological and Social Anthropological Perspectives*. Aarhus Universitetsforlag.
Keeley, L. H. 1996 *War before civilization*. Oxford University Press.
Lahr, M. M. *et al*. 2016 Inter-group violence among early Holocene hunter-gatherers of West Turkana, Kenya. *Nature* 529.
Nikitin. Y ほか（徳留大輔訳）2002「沿海州地方における古代の城塞と環濠集落」『東北アジアにおける先史文化の比較考古学的研究』九州大学
Otterbein, K. F. 1994 *Feuding and Warfare*. Gordon and Breach Publishers.
Otterbein, K. F. 1997 The origins of war. *Critical Review* 11-2.
Otterbein, K. F. 1999 A history of research on warfare in anthropology. *American Anthropologist* 101-4.
Otterbein, K. F. 2004 *How war began*. Texas A & M University Press.
Riches, D. 1991 Aggression, war, violence : space/time and paradigm. *Man* 26.
Otto, T., Thrane H. and Vandkilde, H. eds. 2006 *Warfare and society : Archaeological and Social Anthropological Perspectives*. Aarhus University Press.
Thorpe, I. J. N. 2003 Anthropology, archaeology, and the origin of warfare. *World Archaeology* 35-1.
Thorpe, I. J. N. 2006 Fighting and feuding in neolithic and bronze age Britain and Ireland. *Warfare and Society : Archaeological and Social Anthropological Perspectives*. Aarhus Universitetsforlag.
Tilly, C. 1985 War making and state making as organized crime. *Violence : A reader*.
Turney-High, H. H. 1971 *Primitive War its Practice and Concepts*. 2nd ed. University of South Carolina Press.
Vencl, S. L. 1984 War and warfare in archaeology. *Journal of anthropological archaeology* 3-2.
Vandkilde, H. 2003 Commemorative tales : archaeological responses to modern myth, politics, and war. *World Archaeology* 35-1.
Vayda, A. P. 1976 *War in Ecological Perspective*. Plenum Press.
Webster, D. 1975 Warfare and the Evolution of the State : A Reconsideration. *American Antiquity* 40-4
Wilson, M. L. *et al*. 2014 Lethal aggression in Pan is better explained by adaptive strategies than human impacts. *Nature* 513.

〔報告書等文献〕
全国
帝室博物館編 1931〜1944『埴輪集成図鑑』1〜12
日本考古学協会茨城大会実行委員会 1995『関東における埴輪の生産と供給』日本考古学協会 1995 年度茨城大会シンポジウム資料
橋本達也・鈴木一有 2014『古墳時代甲冑集成』（大阪大学大学院文学研究科　科学研究費補助金　基盤研究 A）
埋蔵文化財研究集会 1988『定形化する古墳以前の墓制』第Ⅰ〜Ⅲ分冊　第 24 回埋蔵文化財研究集会
埋蔵文化財研究会 1993『甲冑出土古墳にみる武器・武具の変遷』埋蔵文化財研究会第 33 回研究集会実行委員会
埋蔵文化財研究会第 20 回研究集会世話人 1986『弥生時代の青銅器とその共伴関係』埋蔵文化財研究会第 20 回研究集会資料第Ⅰ〜第Ⅳ分冊
埋蔵文化財研究会・東海埋蔵文化財研究会 1988『弥生時代の環濠集落をめぐる諸問題』愛知考古学談話会
福島県
会津若松史出版委員会編 1964『会津若松史』別巻 1
郡山市教育委員会 1999『大安場古墳群』
福島県教育委員会 2001『はにわ一座がやってきた』
福島県立博物館 1988『東国のはにわ』
茨城県
赤羽横穴群報告書作成委員会 1987『赤羽横穴墓群 B 支丘 1 号墓の調査』
茨城県教育委員会 1960『三昧塚古墳』
茨城県教育委員会 2015『舟塚古墳』埴輪編
茨城県立博物館 2013『はにわの世界―茨城の形象埴輪とその周辺―』
茨城県立歴史館 2004『茨城の形象埴輪―県内出土形象埴輪の集成と調査研究―』
石岡市教育委員会 1972『舟塚山古墳周濠調査報告書』
財団法人茨城県教育財団 1988『竜ヶ崎ニュータウン内埋蔵文化財調査報告書』17
西宮一男 1969『常陸狐塚』
筑波大学 1981『筑波古代地域史の研究』
水戸市立博物館 1983『関東の埴輪―人物を中心に―』
明治大学博物館 2010『王の埴輪』玉里舟塚古墳の埴輪群
栃木県
大平町教育委員会 1974『七廻り鏡塚古墳』
小山市教育委員会 1972『桑 57 号墳発掘調査報告書』
下野市教育委員会 2014『甲塚古墳―下野国分寺跡史跡整備関連発掘調査報告書―』
栃木県教育委員会 1996『はにわワンダーランド―埴輪に見る下野の古墳文化―』

栃木県教育委員会 2014『しもつけの"埴輪群像"―そのすがたをさぐる―』
藤岡町教育委員会 1977『山王寺大桝塚古墳』
前澤輝政 1983「佐野市八幡山古墳調査概報」『古代』16
三木文雄 1986『那須駒形大塚』

群馬県

伊勢崎市教育委員会ほか 2011『本関町古墳群』
太田市教育委員会 2009『世良田諏訪下遺跡』
太田市教育委員会 2012『オクマン山古墳』
かみつけの里博物館 2000『はにわ群像を読み解く　保渡田八幡塚古墳の人物・動物埴輪復元プロセス』
かみつけの里博物館 2012『古墳の守り人―盾持ち人はにわと古墳―』
群馬県 1932「上芝古墳阯・八幡塚古墳」『群馬県史蹟名勝天然記念物調査報告』2
群馬県 1981『群馬県史』資料編3　原始古代3
群馬県教育委員会 1980『塚廻り古墳群』
群馬町教育委員会 1990『保渡田Ⅶ遺跡　保渡田古墳群に関連する遺跡群』
群馬県教育委員会 1992『神保下條遺跡　鏑川流域における埴輪出土古墳の調査』
群馬町教育委員会 2000『保渡田八幡塚古墳』調査編
群馬県立歴史博物館 2009『国宝武人ハニワ、群馬へ帰る！―これが最後、東と西の埴輪大集合―』
後藤守一 1932『上野国佐波郡赤堀村茶臼山古墳』
財団法人群馬県埋蔵文化財調査事業団 1981『清里・庚申塚遺跡』
財団法人群馬県埋蔵文化財調査事業団 1986『荒砥北原遺跡　今井神社古墳群　荒砥青柳遺跡』
財団法人群馬県埋蔵文化財調査事業団 1990『有馬遺跡』Ⅱ
財団法人群馬県埋蔵文化財調査事業団 1993『新保田中村前遺跡』Ⅲ
財団法人群馬県埋蔵文化財調査事業団 1998『綿貫観音山古墳』Ⅰ墳丘・埴輪編
財団法人群馬県埋蔵文化財調査事業団 1999『綿貫観音山古墳』Ⅱ石室・遺物編
財団法人群馬県埋蔵文化財調査事業団 2004『多田山古墳群』
財団法人群馬県埋蔵文化財調査事業団 2008『成塚向山古墳群』
渋川市教育委員会 1980『空地遺跡第2次・諏訪ノ木遺跡発掘調査概報』
渋川市教育委員会 1986『中村遺跡』
高崎市教育委員会 1991『山名原口Ⅱ遺跡』
高崎市教育委員会 2005『史跡日高遺跡』
高崎市観音塚考古資料館 2010『古墳時代後期中型円墳の埴輪群像―高崎市吉井町中原1号墳―』
帝室博物館 1937「上野国碓氷郡八幡村大字剣崎字長瀞西古墳」『古墳発掘品調査報告』
富岡市教育委員会 1972『富岡5号墳』

沼田市教育委員会 1995『沼田市史』
前橋市教育委員会 1997『小二子古墳』
埼玉県
朝霞市教育委員会 2011『一夜塚古墳出土遺物調査報告書』
浦和市教育委員会 1986『北宿・馬場北・馬場小室山遺跡発掘調査報告書』
浦和市遺跡調査会 1994『井沼方遺跡発掘調査報告書（第 12 次）』
鴻巣市教育委員会 1987a『鴻巣市遺跡群Ⅱ　生出塚遺跡（A 地点）』
鴻巣市教育委員会 1987b『鴻巣市遺跡群Ⅲ　生出塚遺跡（D・E 地点）』遺構・遺物編
鴻巣市遺跡調査会 1999『生出塚遺跡』（P 地点）
埼玉県 1982『新編埼玉県史』資料編 2　原始・古代・弥生・古墳
埼玉県教育委員会 1980『埼玉稲荷山古墳』
埼玉県教育委員会 1986『瓦塚古墳』
埼玉県教育委員会 1997『将軍山古墳　史跡埼玉古墳群整備事業報告書』
埼玉県立さきたま資料館 1988『埴輪人の世界』
埼玉県立さきたま史跡の博物館 2014『ハニワの世界』
財団法人埼玉県埋蔵文化財調査事業団 1984『関越自動車道関係埋蔵文化財発掘調査報
　　告 XVII　屋田・寺ノ台』
財団法人埼玉県埋蔵文化財調査事業団 1986『小前田古墳群』
財団法人埼玉県埋蔵文化財調査事業団 1999『中里前原北遺跡』Ⅱ
東松山市教育委員会 2008『おくま山古墳』（第 1・2 次）
東松山市 2010「鉄製短甲を探る―東耕地 3 号墳の出土品から―」『広報ひがしまつやま』
富士見市教育委員会 1987『針ヶ谷遺跡群』
和光市教育委員会 1993『午王山遺跡』
千葉県
我孫子町教育委員会（東京大学文学部考古学研究室編）1969『我孫子古墳群』
市川考古博物館 2002『市川市出土の埴輪』
市川博物館 1981『法皇塚古墳』
市原市教育委員会 1976『上総国分寺台遺跡発掘調査概要』Ⅲ
市原市教育委員会 1980『上総山王山古墳発掘調査報告』
市原市教育委員会 1988『「王賜」銘鉄剣概報』千葉県市原市稲荷台一号墳出土
市原市教育委員会・財団法人市原市文化財センター 2004『市原市山倉古墳群』
市原市埋蔵文化財調査センター 1989『市原市文化財センター年報』昭和 62 年度
大崎台 B 地区遺跡調査会 1997『大崎台遺跡発掘調査報告』Ⅱ
小見川町教育委員会 1978『城山第 1 号前方後円墳』
柏市教育委員会 2001『花野井大塚古墳ほか』
上総国分寺台遺跡調査団 1974『東間部多古墳群』
上総国分寺台遺跡調査団 1982『上総国分寺台発掘調査概』

国府台遺跡第29地点調査会 2002『国府台遺跡』
小林三郎・熊野正也編『法皇塚古墳』市川博物館研究調査報告3
財団法人君津郡市文化財センター 1988『宮脇遺跡』
芝山町 1992『芝山町史』資料集1原始・古代編第2分冊
芝山はにわ博物館 1975『遺跡　日吉倉―千葉県印旛郡富里村日吉倉遺跡調査報告書―』
芝山はにわ博物館 1975『下総小川台古墳群』
芝山はにわ博物館 1976『下総片野古墳群』
芝山はにわ博物館 2004『芝山はにわ解説書』
杉山晋作ほか 1989「千葉県君津市所在八重原1号墳・2号墳の調査」『古墳時代研究』3
千葉県 2003『千葉県の歴史』資料編　考古2
千葉県開発公社 1971『市原市大厩遺跡』
千葉県教育委員会 1951『上総金鈴塚古墳』
千葉県教育委員会 1988『千葉県成田市所在竜角寺古墳郡第101号古墳発掘調査報告書』
千葉県都市部 1974『市原市菊間遺跡』
土浦市立博物館 1990『常陸のはにわ―埴輪が語る古墳時代の常陸―』
道庭遺跡調査会 1983『道庭遺跡』
流山市教育委員会 2000『下総のはにわ』
早稲田大学 2010『武射経僧塚古墳』石棺編

東京都

北区飛鳥山博物館 2001『環濠を持つムラ・飛鳥山遺跡』
北区教育委員会 1998『七社神社前遺跡』Ⅱ
熊野神社遺跡調査会 1991『山王三丁目遺跡』
狛江市教育委員会 1992『弁財天池遺跡』
世田谷区教育委員会 1982『下山遺跡』Ⅰ
世田谷区教育委員会 1999『野毛大塚古墳』
都立赤塚公園遺跡範囲確認調査会 1989『都立赤塚公園内にける環濠集落範囲確認調査
　　概要報告』Ⅱ

神奈川県

厚木市教育委員会 1992『登山1号墳出土遺物調査報告書』
綾瀬市教育委員会 1996『綾瀬市史』9
折本西原遺跡調査団 1988『折本西原遺跡』Ⅰ
神奈川県教育委員会 1988『神奈川県埋蔵文化財調査報告』30
考古資料刊行会 1971『そとごう遺跡調査概報』
財団法人かながわ考古学財団 2003『下寺尾西方A遺跡』
財団法人神奈川県立埋蔵文化財センター 1985『山王山遺跡』
財団法人神奈川県立埋蔵文化財センター 1991『砂田台遺跡』Ⅱ
財団法人横浜市埋蔵文化財センター 1990『全遺跡調査概報』

財団法人横浜市埋蔵文化財センター 1991『大塚遺跡』
殿屋敷遺跡群C地区発掘調査団 1985『殿屋敷遺跡群C地区発掘調査報告書』
東海大学校地内遺跡調査委員会 1990『東海大学校地内遺跡調査報告』1
本郷遺跡調査団 1995『海老名本郷』Ⅹ
三田史学会 1953『日吉加瀬古墳』
緑区教育委員会 1986『緑区史』資料編第二巻
横浜市域北部埋文調査委員会 1968『横浜市域北部埋蔵文化財調査報告書』

新潟県
新潟県教育委員会 2000『上信越自動車道関係発掘調査報告書』Ⅵ
新潟県教育委員会 2009『県内遺跡発掘調査報告書』Ⅰ山元遺跡
新津市教育委員会 2004『八幡山遺跡発掘調査報告書』

富山県
小矢部市教育委員会 1992『谷内21号墳』

石川県
財団法人石川県埋蔵文化財センター『谷内・杉谷遺跡群』
金沢市教育委員会 1996『西念・南新保遺跡』Ⅳ
羽咋市教育委員会 1973『羽咋市史』原始・古代編

福井県
甘粕健ほか 1967「福井市原目山古墳群の調査」『日本考古学協会第33回総会発表要旨』日本考古学協会
福井県郷土誌懇談会 1960『足羽山の古墳』
福井県埋蔵文化財調査センター 1994『福井県教育庁埋蔵文化財調査センター年報』8
福井市 1990『福井市史』資料編1　考古

山梨県
帝室博物館 1937「甲斐国東八代郡左右口村大字上向大丸山発掘短甲」『古墳発掘品調査報告』

長野県
飯田市教育委員会 1972『妙前大塚（3号）古墳―発掘調査報告書―』
飯田市教育委員会 1992『八幡原遺跡』
飯田市教育委員会 2001『溝口の塚古墳』
飯田市教育委員会 2002『月の木遺跡　月の木古墳群』
飯田市教育委員会 2007『飯田における古墳の出現と展開』
木島平村 2002『根塚遺跡』
財団法人長野県埋蔵文化財センター 1988『中央自動車道長野線埋蔵文化財発掘調査報告書』2
財団法人長野県埋蔵文化財センター 1997『中央自動車道長野線埋蔵文化財発掘調査報告書』16

財団法人長野県埋蔵文化財センター 1999『上信越自動車道埋蔵文化財発掘調査報告書』8
財団法人長野県埋蔵文化財センター 1999『上信越自動車道埋蔵文化財発掘調査報告書』16
財団法人長野県埋蔵文化財センター 2000『上信越自動車道埋蔵文化財発掘調査報告書』5
下伊那誌編纂会 1995『下伊那誌』第2巻
長野県 1982-1983『長野県史』考古資料編　主要遺跡
長野県教育委員会 1972『長野県中央道埋蔵文化財包蔵地発掘調査報告書　飯田地区』
長野市教育委員会 1992『篠ノ井遺跡群』4
松本市教育委員会 1978『弘法山古墳』

岐阜県

大垣市教育委員会 1992『花岡山古墳群』
岐阜市教育委員会 1962『岐阜市長良龍門寺古墳』
各務原市教育委員会 1994『宮原遺跡A地区発掘調査報告書』

静岡県

庵原村教育委員会 1961『三池平古墳』
磐田市教育委員会 1982『新富院山墳墓群』
磐田市教育委員会 1989『安久路2・3号墳発掘調査写真集』
静岡県教育委員会 1990『静岡県史』資料編2　考古2
財団法人静岡県埋蔵文化財調査研究所 2006『森町円田丘陵の遺跡』
財団法人静岡県埋蔵文化財調査研究所 2008『森町円田丘陵の古墳群』
大東町教育委員会 2004『史跡高天神城跡　二の丸ゾーン発掘調査報告書』
財団法人浜松市文化協会 1990『松東遺跡発掘調査報告書』
財団法人浜松市文化協会 2000『山の神遺跡』5
財団法人浜松文化協会 2005『梶子北（三永）・中村遺跡』
浜北市教育委員会 1966『遠江赤門上古墳』
浜松市教育委員会 1998『千人塚古墳，千人塚平・宇藤坂古墳群』
浜松市教育委員会 2008『伊場遺跡総括編』
袋井市教育委員会 1994『団子塚九号墳』
袋井市教育委員会 1999『石ノ形古墳』
袋井市教育委員会 2004『愛野向山Ⅱ遺跡』
富士宮市教育委員会 1993『富士宮市の遺跡』
御厨村郷土教育研究会 1939『静岡県磐田郡松林山古墳発掘調査報告』

愛知県

愛知県 2007『愛知県史』資料編3　考古編2
財団法人愛知県埋蔵文化財センター 1990『阿弥陀寺遺跡』

財団法人愛知県埋蔵文化財センター 1991〜1994『朝日遺跡』
財団法人愛知県埋蔵文化財センター 1992『山中遺跡』
財団法人愛知県埋蔵文化財センター 2002『平手町遺跡』
財団法人愛知県埋蔵文化財センター 2003『猫島遺跡』
財団法人愛知県埋蔵文化財センター 2007『伝法寺野田遺跡』
春日井市教育委員会 2000『松河戸遺跡』
吉良町 1957『吉良町資料』1
豊田市教育委員会 1996『梅坪遺跡』Ⅲ
名古屋市教育委員会 1999『埋蔵文化財調査報告書』30
日進町教育委員会 1987『岩崎城跡発掘調査報告書』

三重県

安濃町教育委員会 1998『大城遺跡発掘調査報告書』
豊田洋三 2006「近代古墳の研究」『研究紀要—特集古墳時代—』15-1 号　三重県埋蔵文化財センター
松阪市教育委員会 1981『八重田古墳群発掘調査報告書』
松阪市教育委員会 2005『三重県松阪市史跡宝塚古墳　保存整備事業に伴う宝塚 1 号墳・宝塚 2 号墳調査報告
三重県教育委員会 2005『三重県史』資料編　考古 1
三重県埋蔵文化財センター 1998『一般国道 42 号松坂・多気バイパス埋蔵文化財発掘調査概報』Ⅷ
三重県埋蔵文化財センター 2004『筋違遺跡発掘調査報告』
三重県埋蔵文化財センター 2005『天花寺丘陵内遺跡群発掘調査報告』Ⅵ
森浩一ほか 1973「三重県わき塚古墳の調査」『古代学研究』66
四日市市教育委員会 1966『大谷遺跡発掘調査報告書』
四日市市教育委員会 1973『永井遺跡発掘調査報告書』

滋賀県

大阪市立大学 1953「滋賀県東浅井郡湯田村雲雀山古墳調査報告」『大阪市立大学文学部歴史学教室紀要』大阪市立大学文学部歴史学教室
大津市教育委員会 2016『真野遺跡発掘調査報告書』Ⅱ
京都大学 1923『近江国高島郡水尾村の古墳』京都帝国大学文学部考古学研究報告 8
滋賀県教育委員会 1938『滋賀県史蹟調査報告』7
滋賀県教育委員会 1961『滋賀県史跡調査報告』12
滋賀県教育委員会 1981『北陸自動車道関連遺跡発掘調査報告書』Ⅵ
滋賀県教育委員会 1986『服部遺跡発掘調査報告書』Ⅲ
滋賀県教育委員会 1992『針江北遺跡・針江川北遺跡』Ⅰ
滋賀県教育委員会 2005『下鈎遺跡』
滋賀県教育委員会 2010『宇佐山古墳群発掘調査現地説明会資料』

守山市教育委員会 1990『守山市文化財調査報告書』38
守山市教育委員会 2006『下之郷遺跡確認調査報告書』Ⅲ
守山市教育委員会 2007『伊勢遺跡確認調査報告書』Ⅴ
京都府
綾部市教育委員会 1979『綾部市文化財調査報告』5
岩滝町教育委員会 2000『大風呂南遺跡群』
梅原末治 1920『久津川古墳研究』
大阪大学 1992『長法寺南原古墳の研究』
大宮町教育委員会 1987『大谷古墳』
加悦町教育委員会 1992『須代遺跡』
加悦町教育委員会 2005『日吉ヶ丘遺跡』
京都帝国大学文学部考古学研究室 1943『大和唐古弥生遺跡の研究』桑名文星堂
京都府 1933『京都府史蹟名勝天然記念物調査報告』14
京都府 1936『京都府史蹟名勝天然記念物調査報告』17
京都府 1939『京都府史蹟名勝天然記念物調査報告』20
京都府教育委員会 1960『京都府文化財調査報告』22
京都府教育委員会 1987『埋蔵文化財発掘調査概報』
財団法人京都市埋蔵文化財研究所 1996『平成5年度京都市埋蔵文化財調査概要』
財団法人京都市埋蔵文化財研究所 2007『平安京右京六条四坊二町跡・西京極遺跡』
財団法人京都府埋蔵文化財調査研究センター 1986『京都府遺跡調査報告書』6
財団法人京都府埋蔵文化財調査研究センター 1989『京都府遺跡調査概報』36
財団法人京都府埋蔵文化財調査研究センター 1991『京都府遺跡調査報告』15
財団法人京都府埋蔵文化財調査研究センター 1997『瓦谷古墳群』
財団法人京都府埋蔵文化財調査研究センター 1999『京都府遺跡調査概報』89
財団法人京都府埋蔵文化財調査研究センター 2001『京都府遺跡調査概報』97
財団法人京都府埋蔵文化財調査研究センター 2004『京都府遺跡調査報告書』36
城陽市教育委員会 1974『城陽市埋蔵文化財調査報告書』2
同志社大学 1990『園部垣内古墳』
丹後郷土資料館 1980『水無月山遺跡調査報告書』
丹後町教育委員会 1983『丹後大山墳墓群』
長岡京市教育委員会 1990『史跡恵解山古墳』
野田川町教育委員会 1990『西谷遺跡発掘調査』現地説明会資料
野田川町教育委員会 1990『犬石西B古墳群発掘調査』現地説明会資料
堀内明博 1998「雲宮遺跡（シンポ工業敷地内）」『第6回京都府埋蔵文化財研究集会発表資料集』
峰山町教育委員会 1977『途中ヶ丘遺跡発掘調査報告書』
峰山町教育委員会 1975〜1985『扇谷遺跡発掘調査報告書』

山城考古学研究所 1983『丹波の古墳』Ⅰ
山城町教育委員会 1953『椿井大塚山古墳発掘調査報告書』
弥栄町教育委員会 1979『坂野』

大阪府

瓜生堂遺跡調査会 1973『瓜生堂遺跡』Ⅱ
大阪市立美術館 1960『富木車塚古墳』
大阪大学 1964『河内における古墳の調査』
大阪大学 1976『河内野中古墳の研究』
大阪府 1932『大阪府史跡名勝天然記念物調査報告』3
大阪府 1936『大阪府史蹟名勝天然記念物調査報告』7
大阪府教育委員会 1953『河内黒姫山古墳の研究』
大阪府教育委員会 1982『唐櫃山古墳発掘調査概要』
大阪府教育委員会 1987『陶邑』
大阪府教育委員会 1989『東山遺跡発掘調査概要』
大阪府教育委員会 1999『土師里遺跡』
大阪府教育委員会 1999『田井中遺跡発掘調査概報』Ⅷ
大阪府教育委員会 1994『甲田南遺跡発掘調査概報』
大阪府立近つ飛鳥博物館 2005『王権と儀礼 埴輪群像の世界』平成17年度秋季特別展図録
柏原市教育委員会 1996『大県の鉄―発掘調査15年―』
柏原市教育委員会 2002『田辺遺跡―国分中学校プール建設に伴う遺物編―』
交野市教育委員会 1992『森遺跡』Ⅳ
交野市教育委員会 2000『交野東車塚古墳』
岸和田市教育委員会 1995『久米田古墳群発掘調査概要』
京都大学大学院文学研究科 2005『紫金山古墳の研究―古墳時代前期における対外交流の考古学的研究―』上原真人（代表）平成14〜16年度科学研究費補助金（基盤研究（B）（2））
京都大学文学部博物館 1993『紫金山古墳と石山古墳』
古代学研究会 1953『カトンボ山古墳の研究』
財団法人大阪市文化財協会 1998『山之内遺跡発掘調査報告』
財団法人大阪市文化財協会 1991『長原遺跡発掘調査報告』Ⅳ 市営長吉住宅建設に伴う発掘調査報告書 前編
財団法人大阪市文化財協会 2005『長原遺跡発掘調査報告書』ⅩⅡ
財団法人大阪府文化財センター 1979『池上遺跡』第2分冊
財団法人大阪文化財センター 1980『亀井・城山』
財団法人大阪文化財センター 1981『巨摩・瓜生堂』
財団法人大阪文化財センター 1982『亀井遺跡』

財団法人大阪文化財センター　1984『府道松原和泉大津千関連遺跡発掘調査報告書』Ⅰ
　　西浦遺跡・菱木下遺跡・万崎池遺跡・太平寺遺跡
財団法人大阪文化財センター　1984『山賀』その3
財団法人大阪府文化財調査研究センター　2002『亀川遺跡』
財団法人大阪府文化財調査研究センター　2009『讃良郡条里遺跡』Ⅸ
財団法人大阪府文化財調査研究センター　2010『蔀屋北遺跡』Ⅰ
財団法人大阪府文化財調査研究センター　2011『私部南遺跡Ⅲ・有池遺跡・上私部遺跡・
　　上の山遺跡』
財団法人大阪文化財調査研究センター　1996『大阪府下埋蔵文化財研究会（34回）資料』
堺市教育委員会　1982「東上野芝遺跡発掘調査報告」『堺市文化財調査報告』10
堺市教育委員会　1989「百舌鳥大塚山古墳発掘調査報告」『堺市文化財調査報告』40
阪口英毅　2014『七観古墳の研究―1947・1952年出土遺物の再検討―』京都大学大学院
　　文学研究科
第二阪和国道内遺跡調査会　1969〜1971『池上・四つ池遺跡』1〜17
高槻市教育委員会　1996『古曽部・芝谷遺跡』
高槻市教育委員会　1977『安満遺跡発掘調査報告書―9地区の調査―』
同志社大学　1999『大阪府和泉市観音寺山遺跡発掘調査報告書』
豊中市教育委員会　1972『勝部遺跡』
豊中市教育委員会　1987『摂津豊中大塚古墳』
豊中市教育委員会　1990『御獅子塚古墳』
寝屋川市教育委員会　1988『高宮八丁遺跡』石器編
日本考古学協会　1954『和泉黄金塚古墳』
能勢町教育委員会　1998『原田遺跡発掘調査報告書』
羽曳野市教育委員会　2010『庭鳥塚古墳発掘調査報告』
東奈良遺跡調査会　1981『東奈良発掘調査概報』
藤井寺市教育委員会　1994『土師の里8号墳』
藤井寺市教育委員会　1997『西墓山古墳』
藤井寺市教育委員会　2013『津堂城山古墳―古市古墳群の調査研究報告Ⅳ―』
藤井寺市教育委員会　2017『古室山・大鳥塚古墳　附章　狼塚古墳』
八尾市教育委員会　2001『史跡　心合寺山古墳発掘調査概要報告書』
由良大和古代文化研究協会　1991『盾塚鞍塚珠金塚古墳』

兵庫県

淡路市教育委員会　2011『五斗長垣内遺跡発掘調査報告』
出石町教育委員会　1993『出石町史』
伊丹市教育委員会　2000『口酒井遺跡』
揖保川町教育委員会　1985『養久山墳墓群』
加古川市教育委員会　1985『カンス塚古墳発掘調査概報』

加古川市教育委員会 1997『行者塚古墳発掘調査概報』
香寺町教育委員会 1986『法花堂2号墳』
神戸市教育委員会 1993『大開遺跡』
神戸市教育委員会 2003『新方遺跡』
権現山51号墳刊行会 1991『権現山51号墳』
三田市教育委員会 1983『北摂ニュータウン内遺跡調査報告書』Ⅰ
山東町教育委員会 1978『柿坪中山古墳群』
龍野市教育委員会 1984『龍野市史』4
龍野市教育委員会 1996『新宮東山古墳群』
豊岡市教育委員会 1975『但馬・妙楽寺遺跡群』
豊岡市教育委員会 1987『北浦古墳群・立石墳墓群』
豊岡市教育委員会 1988『大篠岡・半坂墳墓群』
豊岡市教育委員会 1992『上鉢山・東山墳墓群』
兵庫県 1935『兵庫県史蹟名勝天然記念物調査報告』11
兵庫県 1992『兵庫県史』考古資料編
兵庫県教育委員会 1985『兵庫県埋蔵文化財調査年報』昭和59年度
兵庫県教育委員会 1993『内場山遺跡』
兵庫県教育委員会 1994『玉津田中遺跡』第1分冊
兵庫県教育委員会 2010『史跡茶すり山古墳』
兵庫県立考古博物館 2010「雲部車塚古墳の研究」『研究紀要』3
兵庫県社会文化協会 1974『兵庫県埋蔵文化財調査集報』2
八鹿町教育委員会 1990『小山古墳群・東家の上遺跡』
八鹿市教育委員会 2002「沖田11号墳・短甲の発見」『八鹿発掘超情報』2
和田山町教育委員会 1978『秋葉山墳墓群』
和田山町教育委員会 1996『和田山町文化財調査報告書』7

奈良県

橿原考古学研究所 1977『メスリ山古墳』
橿原考古学研究所 1978『兵家古墳群』
橿原考古学研究所 1981『奈良県遺跡調査概報』
橿原考古学研究所 1981『新沢千塚古墳群』
橿原考古学研究所 1982『見田・大沢古墳群』
橿原考古学研究所 1985『宇陀地方の遺跡調査』昭和59年度
橿原考古学研究所 1986『宇陀地方の遺跡調査』昭和60年度 大和高原パイロット事業地内の発掘調査概報告書
橿原考古学研究所 1989『斑鳩藤ノ木古墳概報』
橿原考古学研究所 1992『野山遺跡群』Ⅲ
橿原考古学研究所 1993『奈良県文化財調査報告書』69 後出古墳群—18号墳—

橿原考古学研究所 1996『奈良県遺跡調査概報』1995 年度
橿原考古学研究所 1996『南郷遺跡群』Ⅰ
橿原考古学研究所 1999『黒塚古墳調査概報』
橿原考古学研究所 1999『南郷遺跡群』Ⅱ
橿原考古学研究所 2000『南郷遺跡群』Ⅳ
橿原考古学研究所 2000『南郷遺跡群』Ⅴ
橿原考古学研究所 2003『後出古墳群』
橿原考古学研究所 2003『南郷遺跡群』Ⅲ
橿原考古学研究所 2008『ホケノ山古墳の研究』
橿原考古学研究所 2008『四条シナノ遺跡』
橿原考古学研究所付属博物館 2008『はにわ人と動物たち―大和の埴輪大集合―』
御所市教育委員会 2001『鴨都波 1 号墳』
田原本町教育委員会 1985『多遺跡発掘調査報告』
田原本町教育委員会 1995『唐古・鍵遺跡』
天理市教育委員会 1999『平等坊・岩室遺跡』
奈良県 1930『奈良県史蹟名勝天然記念物調査報告』11
奈良県 1941『奈良県史蹟天然記念物調査会抄報』2
奈良県教育委員会 1957『奈良県埋蔵文化財調査報告書』1
奈良県教育委員会 1973『磐余・池ノ内古墳群』
埋蔵文化財天理教調査団 2010『布留遺跡杣之内（樋ノ下・ドウドウ）地区発掘調査報告書』遺構編

和歌山県

有田川町遺跡調査会 2009『旧吉備中学校校庭遺跡』第 4 次発掘調査
御坊市教育委員会 2002『堅田遺跡』
財団法人和歌山県文化財センター 2007『太田・黒田遺跡』
樋口隆康ほか 1985『大谷古墳』
和歌山県 1983『和歌山県史』考古資料

鳥取県

会見町教育委員会 1993『天王原遺跡発掘調査報告書』
倉吉市教育委員会 1982『四王寺地域遺跡群遺跡詳細分布調査報告書』
倉吉市教育委員会 1996『下張坪遺跡発掘調査報告書』
西伯町教育委員会 1992『清水谷遺跡』
財団法人鳥取県教育文化財団 1996『宮内第 1 遺跡・宮内第 4 遺跡・宮内第 5 遺跡・宮内 2・63〜65 号墳』
財団法人鳥取県教育文化財団 2001『大塚岩田遺跡・大塚塚根遺跡』
財団法人鳥取県教育文化財団 2002『青谷上寺地遺跡』4
財団法人鳥取県文化振興財団 1999『長瀬高浜遺跡Ⅷ・園第 6 遺跡』

財団法人鳥取市教育福祉振興会 1994『紙子谷古墳群・宮長竹ケ鼻遺跡』
佐々木古文化研究所 1962『馬山古墳群』
大山町教育委員会 2000『妻木晩田遺跡発掘調査報告書』
鳥取県教育委員会 2000『㠀古墳群ほか』
鳥取市 1983『鳥取市史』

島根県

石見町教育委員会 1977『中山古墳群発掘調査概報』
出雲市教育委員会 2007『出雲市埋蔵文化財発掘調査報告書』17
鹿島町教育委員会 1985『奥才古墳群』
江津市教育委員会 1973『波来浜遺跡発掘調査報告書』
財団法人松江市教育文化振興事業団 2005『田和山遺跡』
島根県教育委員会 1980『中国縦貫自動車道建設に伴う埋蔵文化財発掘調査報告書』
島根県教育委員会 1991『要害遺跡』
島根県教育委員会 2000『一般国道９号江津道路建設予定地内埋蔵文化財発掘委調査報告書』Ⅲ
島根県教育委員会 2002『田中谷遺跡・塚山古墳・下がり松遺跡・角谷遺跡』
島根大学 1992『山陰地方における弥生墳丘墓の研究』
安来市教育委員会 1974『宮山墳墓群』
山本清 1989「山陰の石棺について」『出雲の古代文化』六興出版

岡山県

今井堯ほか 1969「美作津山市沼六号墳調査報告」『古代吉備』6
岡山県 1986『岡山県史』
岡山県教育委員会 1982『殿山遺跡・殿山古墳群』
岡山県教育委員会 1986『岡山県史』18巻　考古資料
岡山県教育委員会 1994『山陽自動車道建設に伴う発掘調査』8
岡山県教育委員会 1998『高下遺跡・浅川古墳群ほか』
岡山県教育委員会 2007『百間川兼基遺跡4　百間川沢田遺跡5』
岡山大学 2007『勝負砂古墳第７次発掘調査』現地説明会資料
近藤義郎 1992『楯築弥生墳丘墓の研究』
山陽町教育委員会 1975『用木古墳群』
山陽町教育委員会 2004『正崎2号墳』
月の輪古墳刊行会 1969『月の輪古墳』
津山市教育委員会 1982『京免・竹ノ下遺跡』
日本古文化研究所 1938『近畿地方古墳墓の調査』3
矢掛町教育委員会 2001『清水谷遺跡』

広島県

広島県教育委員会 1979『広島県史』考古編

広島県教育委員会 1983『亀山遺跡』第 2 次発掘調査概報
財団法人広島県埋蔵文化財調査センター 1981『石槌山古墳群』
財団法人広島県埋蔵文化財調査センター 1985『大槇遺跡群』
財団法人広島県埋蔵文化財調査センター 1986『大宮遺跡発掘調査報告書』
財団法人広島県埋蔵文化財調査センター 1990『東郷遺跡・焼け遺跡』
財団法人広島県埋蔵文化財調査センター 1998『山の神遺跡群・池ノ迫遺跡群』
広島市歴史科学事業団 1991『広島市佐伯区五日市町所在城ノ下 A 地点遺跡発掘調査報告書』
東広島市教育委員会 1993『西条第一土地区画整理事業地内埋蔵文化財発掘調査報告書』Ⅱ
東広島市教育委員会 1994『史跡三ツ城古墳整備事業報告』

山口県

阿東町教育委員会 1998『宮ヶ久保遺跡』
財団法人山口県埋蔵文化財センター 1988『国森古墳』
財団法人山口県埋蔵文化財センター 2004『吉永遺跡Ⅵ地区』
下関市教育委員会 2000『綾羅木郷遺跡』
山口県教育委員会 1961『山口県文化財概要』4
山口県教育委員会 1973『宮原遺跡・上広石遺跡』
山口県教育委員会 1983『朝田墳墓群』Ⅵ
山口県教育委員会 1985『よみがえる弥生のムラ—突抜・馬場遺跡—』
山口県教育委員会 1987『岡山遺跡』
山口県教育委員会 1993『石走山遺跡』
山口県教育委員会 2000『山口県史』資料編　考古 1
山口市教育委員会 1990『下東遺跡』

徳島県

徳島県教育委員会 1946『眉山周辺の古墳』
徳島県教育委員会 1963『前山古墳』
徳島県教育委員会 2005『四国横断自動車道建設に伴う埋蔵文化財調査報告』
徳島県立埋蔵文化財総合センター 2012『阿波式石棺の世界—犬山天神山古墳展—』
徳島大学 1998『庄・蔵本遺跡』1

香川県

綾歌町教育委員会 1998『平尾墳墓群』
大川町教育委員会 1992『大井七つ塚古墳発掘調査報告書』
香川県教育委員会 1951『史跡名勝天然記念物調査報告』15
香川県教育委員会 1994『香川県埋蔵文化財発掘調査報告』
香川県埋蔵文化財センター 1998『四国横断自動車道建設に伴う埋蔵文化財発掘調査報告』29
香川県埋蔵文化財センター 2002『鴨部・川田遺跡』Ⅲ

坂出市教育委員会 2001『市内遺跡発掘調査報告書』
善通寺市教育委員会 1992『史跡有岡古墳群（王墓山古墳）保存整備事業報告書』
高松市教育委員会 2001『鬼無藤井遺跡』
長尾町教育委員会 1991『川上・丸井古墳発掘調査報告』
丸亀市教育委員会 2006『中の池遺跡―第12次調査―』
日本考古学協会 1983『香川の前期古墳』

愛媛県

今治市教育委員会 1974『唐子台遺跡群』
愛媛県 1986『愛知県史』資料編　考古
愛媛県教育委員会 1981『一般国道11号松山東道路関係遺跡埋蔵文化財調査報告書』Ⅱ
財団法人愛媛県埋蔵文化財調査センター 1995『持田町3丁目遺跡』
財団法人愛媛県埋蔵文化財調査センター 1998『斎院・古照』
財団法人松山市埋蔵文化財センター 1991『祝谷六丁場遺跡』
財団法人松山市埋蔵文化財センター 1998『岩崎遺跡』
財団法人松山市埋蔵文化財センター 2003『久米高畑遺跡』
山本雅夫ほか 1984「伊予市猪の窪古墳発掘調査報告書」『愛媛考古学』7

高知県

高知県教育委員会 2006『田村遺跡群』Ⅱ
財団法人高知県文化財団埋蔵文化財センター 2004『居徳遺跡群』Ⅴ

福岡県

甘木市教育委員会 1979『池の上墳墓群』
甘木市教育委員会 1983『古寺遺跡群』Ⅱ
甘木市教育委員会 2004『平塚川添遺跡』Ⅱ
大牟田市教育委員会 1975『潜塚古墳』
小郡市 2001『小郡市史』資料編・原始古代
小郡市教育委員会 1985『横隈狐塚遺跡』Ⅱ
小郡市教育委員会 1988a『横隈北田遺跡』
小郡市教育委員会 1988b『三国の鼻遺跡』Ⅲ
小郡市教育委員会 1992『津古内畑遺跡』6
小郡市教育委員会 2000『小郡市史』4
小郡市教育委員会 2002『上岩田周辺遺跡』
小郡市教育委員会 2003『三沢北中尾遺跡1地点』
小郡市教育委員会 2007『三沢南沢遺跡』
小郡市教育委員会 2008『力武内畑遺跡』8・9・10
小郡市教育委員会 2012『大保横枕遺跡』2
小田富士雄 1979「福岡県・丸隈山古墳」『九州考古学研究』古墳時代編　学生社
春日市教育委員会 1976『大南遺跡調査概報』

粕屋市教育委員会 2002『江辻遺跡第 5 地点』
嘉穂町教育委員会 1992『アナフ遺跡』
苅田町教育委員会 1984『葛川遺跡』
北九州市教育委員会 1994『南方裏山古墳』
九州大学文学部考古学研究室 1968『有田遺跡』
児玉真一「福岡県京都郡豊津町平遺跡発見の箱式石棺墓と副葬品」『九州考古学』55
犀川町教育委員会 1997『古川平原古墳群』
財団法人北九州市教育文化事業団 1991『高津尾遺跡』4
佐野一ほか 1969「福岡県鞍手郡若宮町西ノ浦古墳調査概報」『九州考古学』36・37
志摩町教育委員会 1987『新町遺跡』
志免町教育委員会 1974『七夕池遺跡群』
下稗田遺跡調査会指導会 1985『豊前下稗田遺跡』
竹並遺跡調査会 1979『竹並遺跡』
筑紫野市教育委員会 1990『永岡遺跡』Ⅱ
筑紫野市教育委員会 1993『隈・西小田地区遺跡群』
津屋崎町教育委員会 1991『宮司井出ノ上古墳』
原田大六 1991『平原弥生古墳』
福岡県教育委員会 1952『福岡県史蹟名勝天然記念物調査報告書』13
福岡県教育委員会 1963『福岡県須玖・岡本遺蹟調査概報』
福岡県教育委員会 1971『今宿バイパス関係埋蔵文化財調査報告』2
福岡県教育委員会 1977『九州縦貫自動車道関係埋蔵文化財調査報告』Ⅷ
福岡県教育委員会 1979『九州縦貫自動車道関係埋蔵文化財調査報告』XXVI
福岡県教育委員会 1981『三雲遺跡』Ⅱ
福岡県教育委員会 1983『石崎曲り田遺跡』Ⅰ
福岡県教育委員会 1986『九州横断自動車道関係埋蔵文化財調査報告』6
福岡県教育委員会 1992『椎田バイパス関係埋蔵文化財調査報告』6
福岡県教育委員会 1993『九州横断自動車道関係埋蔵文化財調査報告』25
福岡県教育委員会 1994a『堺町・大碇遺跡』
福岡県教育委員会 1994b『江垣畠田・長通遺跡』
福岡県教育委員会 1995『板付遺跡環境整備報告』
福岡県教育委員会 1997『塚崎東畑遺跡』
福岡県教育委員会 2005『彼坪遺跡』Ⅲ
福岡県飯塚市立岩遺跡調査委員会 1977『立岩遺跡』
福岡市教育委員会 1983『比恵遺跡』
福岡市教育委員会 1986『吉武高木』弥生時代埋葬遺跡の調査概要
福岡市教育委員会 1989a『有田・小田部』10
福岡市教育委員会 1989b『老司古墳』

福岡市教育委員会 1992a『福岡県西区国史跡野方遺跡環境整備報告書』
福岡市教育委員会 1992b『カルメル修道院内遺跡』2
福岡市教育委員会 1995『クエゾノ遺跡』
福岡市教育委員会 2000『吉武高木遺跡群』Ⅶ　弥生時代墳墓の調査3
福岡市教育委員会 2001『雀居遺跡』6
福岡市教育委員会 2001『那珂』27
福岡市教育委員会 2005『雑餉隈遺跡』5―第14・15次調査報告―
福岡市教育委員会 2007『伊都国を支えた大型環濠集落を発見―西区・今宿五郎江遺跡, 大塚遺跡第11次調査―』報道発表資料
文化財保護委員会 1956『志登支石群』
穂波町教育委員会 1976『スダレ遺跡』
宗像市教育委員会 1986『宗像埋蔵文化財発掘調査概報』
宗像市教育委員会 1997『宗像市史』1
宗像市教育委員会 1988『久原遺跡：概報古代棟方をさぐる』
宗像市教育委員会 1999『田久松ヶ浦遺跡』
宗像市教育委員会 2001『東郷登リ立』
宗像市教育委員会 2004『光岡長尾』Ⅰ
宗像市教育委員会 2009『概報田熊石畑遺跡』
夜須町教育委員会 1986『広報やすまち』
八女市教育委員会 1983『立山山古墳群』
八女市教育委員会 1986『室岡山ノ上遺跡』
八女市教育委員会 1997『埋蔵文化財概報』Ⅳ
行橋市教育委員会 2005『稲童古墳群』
呼子町教育委員会 1981『大友遺跡』
佐賀県
唐津湾周辺遺跡調査委員会 1982『末櫨国』佐賀県唐津市東松浦郡の考古学的調査研究
基山市教育委員会 1978『千塔山遺跡』
唐津市教育委員会 1982『菜畑遺跡　佐賀県唐津市における初期稲作遺跡の調査』
佐賀県教育委員会 1979『二塚山』
佐賀県教育委員会 1983『西原遺跡』
佐賀県教育委員会 1989『礫石遺跡』
佐賀県教育委員会 1990『西石動遺跡』
佐賀県教育委員会 2003『柚比遺跡群』3
佐賀県教育委員会 2005『吉野ヶ里遺跡』
佐賀県教育委員会 2012『中原遺跡Ⅵ』
佐賀県文化館 1967『新郷土』20-1
武雄市教育委員会 1991『小楠遺跡』

千代田町教育委員会 2000『高志神社遺跡』
中原町教育委員会 1990『原古賀遺跡群』Ⅰ
長崎県
九州大学大学院人文科学研究院考古学研究室 2013『カラカミ遺跡』Ⅳ
坂田邦洋 1975『対馬の遺跡』長崎県教育委員会
豊玉町教育委員会 1980『対馬豊玉町ハロウ遺跡』
長崎県教育委員会 1974『対馬：浅茅湾とその周辺の考古学調査』
長崎県教育委員会 2005『原の辻遺跡』総集編Ⅰ
浜田耕作ほか 1926a「肥前国有喜貝塚発掘報告（上）」『人類学雑誌』41-1
浜田耕作ほか 1926b「肥前国有喜貝塚発掘報告（下）」『人類学雑誌』41-2
峰町教育委員会 1974『恵比須山遺跡発掘調査報告』
熊本県
江本直ほか 1978「阿蘇谷の石棺」『九州考古学』53
熊本県教育委員会 1987『下山西遺跡』
西合志町教育委員会 1993『西合志町埋蔵文化財報告』3
西弥護免遺跡調査団 1980『西弥護免遺跡調査概報』
山鹿市教育委員会 1982『方保田東原遺跡』
三角町教育委員会 1986『宇土半島古墳群分布調査報告』Ⅱ
大分県
宇佐市教育委員会 2001『宇佐地区遺跡群発掘調査』
宇佐風土記丘資料館 1986「兎ヶ平古墳発掘報告書」『研究紀要』3
宇土市教育委員会 1978『向野田古墳』
大分県教育委員会 1989『草場第二遺跡』
大分県教育委員会 1997a『三和教田遺跡Ｃ地点』
大分県教育委員会 1997b『九州横断自動車道関係埋蔵文化財発掘調査報告書』6
大分県教育委員会 1998『九州横断自動車道関係埋蔵文化財発掘調査報告書』9
大分県教育委員会 2000『中原舟久手遺跡』
大野町教育委員会 1980『大野原の遺跡』
中津市教育委員会 1995『幣旗邸古墳1号墳』
宮崎県
えびの市教育委員会郷土史編さん委員会 1994『えびの市史』上　えびの市
えびの市教育委員会 1990『永田原遺跡・小木原遺跡群蕨地区（A・B地区）・口ノ坪遺跡』
えびの市教育委員会 2000a『内小野遺跡』
えびの市教育委員会 2000b『佐牛野遺跡』
えびの市教育委員会 2001『島内地下式横穴墓群』
えびの市教育委員会 2002『長江浦地区遺跡群　内丸遺跡・弁財天遺跡・馬場田遺跡・水

流遺跡・役所田遺跡・小路下遺跡・浜川原遺跡』
えびの市教育委員会 2005『東川北遺跡群　手仕山遺跡・古屋敷遺跡・内牧遺跡・彦山第5遺跡』
えびの市教育委員会 2009『島内地下式横穴墓群Ⅲ・岡元遺跡』
えびの市教育委員会 2010a『北岡松地区遺跡群　天神免遺跡　岡松遺跡』
えびの市教育委員会 2010b『島内地下式横穴墓群』Ⅱ
えびの市教育委員会 2012『島内地下式横穴墓群』Ⅳ
えびの市教育委員会 2015『えびの市島内139号地下式横穴墓調査速報—1500年前の大量の副葬品を納めた地域首長墓を完全な状態で発見—』
栗原文蔵 1967「えびの町真幸・島内地下式横穴」『宮崎県文化財調査報告書』12
国富町教育委員会 1985「市の瀬地下式横穴墓群」『国富町文化財調査資料』4
西都市教育委員会 2003『堂ヶ嶋第2遺跡』
新富町教育委員会 1986『川床遺跡』
日本古文化研究所 1940『西都原古墳の調査』
延岡市教育委員会 2004『平成15年度市内遺跡発掘調査に伴う埋蔵文化財発掘調査報告書』
高千穂町教育委員会 1989「春姫登横穴墓」『高千穂町文化財調査報告書』8
高原町教育委員会 1991『立切地下式横穴墓群』
高城町教育委員会 2005『牧ノ原遺跡群』
延岡市教育委員会 2004『野地古墳』
宮崎県 1915『西都原古墳群調査報告』
宮崎県 1944『六野原古墳調査報告』
宮崎県 1993『宮崎県史』資料編　考古2
宮崎県教育委員会 1966『宮崎県文化財調査報告書』29
宮崎県教育委員会 1969『持田古墳群』
宮崎県教育委員会 1994『九州縦貫自動車道（人吉～えびの間）建設工事にともなう埋蔵文化財調査報告書』2
宮崎県教育委員会 1997『池内横穴墓群発掘調査整理報告書』
宮崎市教育委員会 1999『下郷遺跡』
宮崎県教育委員会 2003『西都原171号墳』
宮崎県教育委員会 2004『史跡　生目古墳群』
宮崎県教育委員会 2005『高田遺跡』
宮崎県教育委員会 2007『西都原173号・西都原4号地下式横穴墓・西都原111号墳』
宮崎県教育委員会 2007『西都原古墳群男狭穂塚女狭穂塚陵墓参考地中探査事業報告書』
宮崎県総合博物館 1980『下北方古墳—遺物編—』
宮崎県埋蔵文化財センター 2006『下耳切第3遺跡』

宮崎市教育委員会 1977『下北方地下式横穴第5号』
鹿児島県
鹿児島県教育委員会 1984『外川江遺跡・横岡古墳』
鹿児島県教育委員会 2007「入来遺跡」『先史・古代の鹿児島』資料編
鹿児島大学総合研究博物館 2008『岡崎古墳群の研究』
文化庁 1974『成川遺跡』
中国
河北省文物管理処 1975「河北易県燕下都44号墓発掘報告」『考古』1975年第4期
遼寧省文物考古研究所 1997「朝陽十二台郷磚廠88M1発掘簡報」『文物』1997年第11期
山西省考古研究所・晋城市文化局・高平市博物館「長平之戦遺址永禄一号屍骨坑発掘簡報」『文物』1996年第6期
韓国
慶星大学校博物館 2000『金海大成洞古墳群―概報―』（日本語版）
国立晋州博物館 2001『晋州大坪里玉房1地区遺蹟』Ⅰ
東義大学校博物館 2000『金海良洞里古墳文化』（日本語版）
嶺南文化財研究院 2002『蔚山川上里聚落遺蹟』
嶺南文化財研究院 2002『大邱東川洞聚落遺蹟』
釜慶大学校博物館 1998『山清沙月里環濠遺蹟』
釜山大学校博物館 1983『東莱福泉洞古墳群』
釜山大学校博物館 1993『金海禮安里古墳群』Ⅱ
釜山大学校博物館 1995『蔚山檢丹里마을遺蹟』
釜山大学校博物館 2001『蔚山蓮岩洞遺蹟』
釜山大学校博物館 2002『蔚山芳基里遺蹟』
朝鮮民主主義人民共和国
朱栄憲 1963「薬水里壁画古墳発掘報告」『各地遺跡整理報告　考古学資料集』3

あとがき

　本書は、平成28年度に総合研究大学院大学に提出した博士学位論文『弥生時代と古墳時代の軍事組織と社会』を改訂したものである。収録した各章は、過去に発表した論文を改筆したものと、新たに作成した新稿とで構成されている。これを目次の順に記せば次のとおりである。

序章　　　新稿
第1章　「弥生時代の武器と戦闘の技術」『弥生時代の考古学　6　弥生社会のハードウェア』同成社（2009年）、「弥生時代の戦闘戦術」『日本考古学』18号（2004年）
第2章　「弥生社会における環濠集落成立と展開」『総研大文化科学研究』7号（2011年）
第3章　新稿
第4章　新稿
第5章　「『日本書紀』戦闘記述における考古学を用いた批判的検討」『古代学研究』198号（2013年）
第6章　「古墳時代における軍事組織像の検討」『古代文化』67巻2号（2015年）
第7章　「副葬品からみた武器の価値―軍事組織復元の可能性―」『総研大文化科学研究』8号（2012年）
第8章　「古墳時代中期における軍事組織の一側面～島内地下式横穴墓群の分析を中心に～」『日本考古学』36号（2013年）
第9章　新稿
第10章　新稿
第11章　新稿
第12章　「戦争・国家・軍事組織の発生～弥生時代から古墳時代の軍事組織、

　　　　　軍事参与率、服従度、凝縮性の度合いから考える〜」『古代学研究』
　　　　　204号（2014年）
第13章　新稿
終章　　新稿

　本書のもとになった学位論文の作成では、総合研究大学院大学の広瀬和雄先生、藤尾慎一郎先生、仁藤敦史先生、上野祥史先生から、特に懇切丁寧なご指導を賜った。博士論文の審査では、国立歴史民俗博物館の松木武彦先生、山口大学の田中晋作先生、鹿児島大学の橋本達也先生より貴重なご意見を授かることができた。改めて衷心よりお礼を申し上げたい。
　なお、諸先生から受けた指摘については、可能な限り改善に努めたが、論じ尽くせなかった点も多く、今後の課題として取り組んでいきたい。
　また、本書の執筆や旧稿論文の作成にかかわる資料調査や文献調査にあたっては、非常に多数の考古学・文化財関係者および関係機関に多大なるご協力をいただいた。本来ならばすべてのご芳名を記して感謝を申し上げるべきところであるが、この場を借りて謝意の表明にかえさせていただきたい。

　思えば、実家の近所で発掘していた大阪府池上・曽根遺跡にアルバイトで参加し、初めて本物の土器や石器に触れ、発掘調査の楽しさに引き込まれたのが、今から24年前のことである。
　池上曽根遺跡は近畿地方屈指の環濠集落として知られており、私がアルバイトで参加した最初の調査区でも環濠の一部が検出されていたが、真っ黒の、ドロドロの環濠埋土を掘りながら、環濠が防御用という説は本当なのだろうかと思ったのが、戦争の考古学を研究するきっかけであったと思う。
　卒業後は、財団法人や教育委員会において、曲がりなりにも埋蔵文化財の発掘調査や考古学に携わる仕事を続けてくることができた。これも職場の同僚を含め、多数の考古学・文化財関係者の友誼や協力のお蔭である。
　そうはいっても、バブル崩壊以降は行政発掘への風当たりも強く、その課題も山積している。個人的には埋蔵文化財保護行政は非常に大きな曲がり角を迎えたと感じており、行政職員と戦争の研究という二足の草鞋を履く私にとって

は、研究や考古学をやめようと思うこともしばしばであった。

　そんな時、学位の取得や研究書の出版といった目標を定め考古学の研究活動を続けてきたことは、自分を見失わないための救いであったと、今になっては思う。その成果を一冊の書籍としてまとめることができて、こんなに嬉しいことはない。多くの方々のお蔭で本書があることに改めて感謝申し上げたい。

　最後に私事であるが、筆者の研究生活は家族の協力なくしては成立しなかった。両親の庇護のもと自由気ままに生きてきたことは、研究のセンスを磨く大きな財産になったし、美大を卒業し、デザインの仕事をしている姉の仁恵は、図版等の作成について惜しみなく協力してくれた。妻の智美や娘のあかりの、家庭での楽しそうな笑い声は、常に私の研究生活、否、人生そのものの原動力であった。本当に、家族には感謝し尽しきれない。

　しかしながら、研究の成果が実を結ぶ前に、母のマリ子は平成18（2006）年に闘病の末に亡くなった。私の投稿論文が初めて学術雑誌に掲載された際は自分のことのように喜んでくれた母の顔を昨日のことのように思い出す。長子の拓馬は博士論文の作成に取り組んでいる平成26（2014）年に、病により生後1ヶ月で夭折した。

　本書の筆を擱くにあたって、この書籍は何よりも、愛する母と息子の霊前に捧げたい。

　　2018年6月

　　　　　　　　　　　　　　　　　　　　　　　　　　　　藤原　哲

日本列島における戦争と国家の起源

■著者略歴■

藤原　哲（ふじわら・さとし）

1972 年　大阪府生まれ。
花園大学文学部史学科卒業、花園大学大学院日本文学研究科修士課程、総合研究大学院大学文化科学研究科日本歴史研究専攻博士課程修了。
博士（文学）。
財団法人松江市教育文化振興事業団調査員、栃木県教育委員会文化財課埋蔵文化財技師等を経て、
現在、大阪市教育委員会文化財保護課学芸員。

〔主要著作論文〕
「弥生時代の武器と戦闘の技術」『弥生時代の考古学6　弥生社会のハードウェア』同成社、2009 年。「弥生社会における環濠集落成立と展開」『総研大文化科学研究』7 号、2011 年。「古墳時代中期における軍事組織の一側面〜島内地下式横穴墓群の分析を中心に〜」『日本考古学』36 号、2013 年。「『日本書紀』戦闘記述における考古学を用いた批判的検討」『古代学研究』198 号、2013 年。「戦争・国家・軍事組織の発生〜弥生時代から古墳時代の軍事組織、軍事参与率、服従度、凝縮性の度合いから考える〜」『古代学研究』204 号、2014 年。「古墳時代における軍事組織像の検討」『古代文化』67 巻 2 号、2015 年。

2018 年 9 月 21 日発行

著　者　藤　原　　　哲
発行者　山　脇　由紀子
印　刷　三報社印刷㈱
製　本　協栄製本㈱

発行所　東京都千代田区飯田橋 4-4-8　㈱同成社
　　　　（〒 102-0072）東京中央ビル
　　　　TEL 03-3239-1467　振替 00140-0-20618

ⒸFujiwara Satoshi 2018. Printed in Japan
ISBN978-4-88621-797-4 C3021